허위사실 표현에 대한 형사적 규제와 그 헌법적 한계

# 가짜뉴스 형사처벌과
# 언론·출판의 자유

허위사실 표현에 대한 형사적 규제와 그 헌법적 한계

# 가짜뉴스 형사처벌과 언론·출판의 자유

이문한 저

# ▌머리말

저자는 1998년 3월 검사로 임관하여 재직하던 중 2004년 7월부터 1년간 미국 로스앤젤레스(Los Angeles)의 UCLA Law School에서 수학하면서 국제인권법을 공부할 수 있는 기회를 갖게 되었다. 귀국 후인 2006년 1월부터 법무부 인권과에 파견되어 1개 과에 불과하던 조직을 1국 3과의 법무부 인권국으로 재출범하는 준비팀장을 맡아 이를 추진한 결과 2006년 5월 법무부 인권국이 출범하게 되는 의미 있는 성과를 이루었다. 그 후 법무부 인권국 검사로서 2년간 근무하면서 UN 인권위원회 등의 국제인권규약 심사에 대한민국 정부대표단으로 여러 차례 참석하여 국제사회의 인권 기준과 대한민국의 인권 현실과의 격차를 확인할 수 있었다. 이를 계기로 공익의 대표자이자 형사사법에 있어서 인권보호자 역할을 하는 검사로서 헌법상 기본권에 대하여 좀 더 깊이 있는 공부를 해야 되겠다는 생각을 가지게 되었다. 이와 같은 인권 분야에 대한 관심은 그 후 모교인 한양대학교 대학원에 입학하는 계기가 되었고, 헌법 박사과정까지 이수하면서 2020년 2월에는 '가짜뉴스 등 허위사실 표현에 대한 형사적 규제와 그 헌법적 한계'라는 제목으로 헌법학 박사학위를 취득하는 결실로 맺어지기에 이르렀다.

헌법상 기본권 중 현대 자유민주주의 제도하에서 가장 중요한 기본권 중 하나로 인식되고 있는 것이 우리 헌법 제24조 제1항에서 보장하고 있는 언론·출판의 자유이다. 하지만, 국가공권력에 의하여 가장 많이 제한이 시도되고 있는 기본권이기도 하며 국제인권기구에서 그간 우리나라의 언론·출판의 자유가 침해된 사례를 여러 차례 지적한 바도 있다. 최근에는 디지털 기술이 발달하고 인터넷과 휴대폰 등이 보급되면서 이를 통한 허위사실 유포, 특히 '가짜뉴스'가 광범위하게 유포되는 사례가 급증하고 그 폐해가 심각해지면서 이에 대하여 좀 더 강력한 법적 규제가 시도되고 있다. 하지만 이와 같은 법적인 규제, 특히 형사적인 규제는 헌법상 보장된 언론·출판의 자유를 침해하지 않는 범위에서 헌법과 법률에 따라 필요 최소한으로 진행되어야 한다. 저자는 검사로서 공공 수사 분야에서 상당 기간 근무하면서 허위사실 유포와 관련된 많은 형사적인 사례를 다루었고 그때마다 항상 이와 같은 법리적 문제를 심도 있게 검토하고 고민해 왔다.

이 책은 이와 같은 저자의 개인적인 관심과 경험을 바탕으로 가짜 뉴스 등 허위사실 표현에 대한 형사적 규제에 대하여 언론·출판의 자유라는 헌법적 관점에서의 이해를 증진하고자 하는 바람에서, 박사학위 논문을 좀 더 다듬어 편찬한 것이다. 전체적으로 살펴보면 헌법상 언론·출판의 자유에 대한 개념과 보호영역 등을 고찰하는 제1장과 제2장에 이어 제3장에서 가짜뉴스 등 허위사실 표현에 대한 법적인 규제, 즉 비형사적 및 형사적 규제에 대하여 전반적으로 검토한 후, 제4장에서 현행법상 가짜뉴스 등 허위사실 표현을 형사 처벌 할 수 있는 각 규정들이 헌법상 합헌적인지 여부를 실제 우리의 적용사례와 외국의 사례를 분석하여 상세히 검토하였고, 제5장에서 현행 형사처벌 규정이 위헌적인 문제점이 있다면 이를 어떻게 개선할 것인가에 대한 향후 개선방안을 구체적으로 제시하였다. 그리고 마지막으로 제6장에서 전체 내용을 간략히 정리하여 결론에 갈음하는 방식을 취하였다.

법조 실무가로서 아무래도 학문적인 깊이가 부족한 저자가 이 책의 발간을 결심하게 된 것은 저자가 23년간 준사법기관인 검찰, 입법부인 국회 등에 근무하면서 실무업무와 학문적 연구를 병행한 결과 취득한 실무적인 경험과 법리적인 지식을 정리하여 공개함으로써, 헌법상 언론·출판의 자유에 대한 형사적인 규제가 실무에서 어떻게 적용되고 있으며 이에 대한 헌법적 쟁점과 문제점은 무엇인지에 대한 학문적인 관심을 제고 하고, 이 분야에 관심 있는 분들의 지속적인 연구가 이어지기를 바라는 마음에서이다. 부족하지만 이 연구 서적이 그분들의 연구에 조금이나마 도움이 되기를 간절히 바라는 마음이다.

저자가 검사로서 수사업무에 대부분 종사하면서도 인권 보호의 대표자로서 헌법에 대한 공부를 계속할 수 있도록 격려와 조언을 아끼지 않으시고 아울러 학위논문의 지도교수로서 열과 성을 다해 가르쳐 주신 방승주 교수님께 우선 감사를 드린다. 그리고 2006년 처음 헌법 공부를 시작할 수 있도록 이끌어 주신 양건 전 감사원장님, 박사 논문 심사과정에서 많은 가르침과 깨달음을 주신 오영근, 김선택, 황성기, 김종철 교수님, 자료수집에 많은 도움을 준 국회 입법조사처의 이재일 조사관에게도 깊은 감사를 드린다. 아울러 부족함이 많은 이 책의 출간을 위해 교정·발간 과정에서 애써주신 출판사 관계자분들에게도 감사를 드린다.

　끝으로, 언제나 한결 같은 신뢰와 사랑으로 법조인으로서 바른 삶을 이끌어 주신 존경하는 부모님과 헌신적인 내조로 학위논문 작성과 이 책의 출간을 성원해준 사랑하는 나의 아내, 그리고 어려움이 있을 때마다 항상 활기찬 모습으로 아빠를 응원해준 사랑하는 딸 수현에게도 진심으로 감사의 마음을 전한다.

# 목 차

# 제3장 가짜뉴스 등 허위사실 표현에 대한 법적 규제

# 제4장 현행 형사처벌 규정의 합헌성 검토

# 제6장 결 론

# ▌표 목차

제1장

# 서 론

# 제1절 언론·출판의 자유의 개념과 연혁

## Ⅰ. 언론·출판의 자유의 개념

우리 헌법은 헌법 제21조 제1항에서 "모든 국민은 언론·출판의 자유와 집회·결사의 자유를 가진다"라고 규정하고, 제2항에서 "언론·출판에 대한 허가나 검열과 집회·결사에 대한 허가는 인정되지 아니한다."라고 규정하고 있다. 언론·출판의 자유는 모든 국민이 자기 생각이나 감정, 의사를 말이나 글, 그림, 문자, 도형, 기호, 상징 등 그 밖의 모든 표현수단과 매체를 동원하여 전달하고 상대방 또는 불특정 다수의 사람들과 그러한 의사표현을 주고받을 수 있는 커뮤니케이션의 자유라고 할 수 있다. 이러한 의사표현의 자유는 개인의 의사표현의 자유는 물론, 언론매체에 대한 접근권, 언론기관의 자유, 알 권리 등을 포괄하는 넓은 의미의 의사소통의 자유라고 할 수 있다.1) 언론·출판의 자유와 집회·결사의 자유를 통칭하는 개

---

1) 헌법학계의 다수설도 개념 설명에 다소 차이는 있으나 대부분 이와 유사한 개념으로 언론·출판의 자유를 설명하고 있다. 권영성, 「헌법학원론」, 법문사, 2010. 495면; 성낙인, 「헌법학」, 법문사, 2017, 1196면; 이부하, 「헌법학 (상)」, 법영사, 2019. 2. 366면-367면; 정종섭, 「헌법학원론」, 제12판, 박영사, 2018. 9. 611면 등; 또한, 언론·출판·집회·결사의 자유를 '표현의 자유'라고 하고 그 내용에 방송과 신문의 자유, 출판권, 알 권리 등을 모두 포함하여 설명하는 견해도 있다.; 양건, 「헌법강의」, 제8판, 법문사, 2019, 666면; 정재황, 「신헌법입문」, 제9판, 박영사, 2019. 2. 443면.

념으로 '표현의 자유'가 논의되는데 이는 미국 수정헌법 제1조의 'freedom of speech'와 'freedom of press'의 표현 방식에 영향을 받은 것으로서, 오늘날 그 전달수단이 매체의 다양성에 따라 다양해졌으므로 형식 여하를 불문하고 표현행위로 볼 수 있는 포괄적 대상을 '표현의 자유'라는 개념으로 보호하고 있다.[2]

언론·출판의 자유의 핵심은 자신의 사상이나 의견을 표현하고 전달하는 것이다. 적극적으로 자신의 견해를 밝히는 것은 물론이고 소극적으로 침묵하거나 동조하지 않음으로써 자신의 입장을 전달하는 것까지 포함된다. 사상이나 의견의 표현방식은 언론·출판의 자유라고 일컬어지는 것처럼 구두 혹은 문자 등에 의한 방법이 기본이나 텔레비전이나 라디오, 영화, 비디오물, 인터넷 등 다양한 표현방법이 포함되고, 표현 방식이나 내용에 따라서는 통신의 자유(헌법 제18조), 학문과 예술의 자유(헌법 제22조 제1항), 종교의 자유(헌법 제20조) 등 다른 기본권 규정에 의하여도 특별한 보호를 받는다.

## II. 언론·출판의 자유의 규정 연혁

역사적으로 볼 때 언론·출판의 자유는 1694년 영국의 「인민협약」 (The Agreement of the People)에서 선언되었고, 1965년 「검열법」 (The Licensing Act)의 폐지로 확립되었다. 그 후 1776년의 미국의 「버지니아 권리장전」 제12조, 1789년 프랑스 「인권선언」 제11조,

---

[2] 김옥조, 「미디어법」, 커뮤니케이션북스, 2005. 3면; 성낙인, 전게서, 1195면; 언론·출판의 자유의 내용으로서는 의사표현·전파의 자유, 정보의 자유, 신문의 자유 및 방송·방영의 자유 등이 있는데, 이러한 언론·출판의 자유의 내용 중 의사표현·전파의 자유에 있어서 의사표현 또는 전파의 매개체는 어떠한 형태이건 가능하며 그 제한이 없으므로, 담화·연설·토론·연극·방송·음악·영화·가요 등과 문서·소설·시가·도화·사진·조각·서화 등 모든 형상의 의사표현 또는 의사전파의 매개체를 포함한다(헌재 2002. 4. 25. 2001헌가27, 판례집 14-1, 251).

1791년 「미연방헌법」 수정 제1조 등에서 표현의 자유가 규정된 이래 오늘날 각국의 헌법이 대부분 이를 규정하고 있다.[3]

우리 헌법상으로는 1919년 구성된 상해 임시정부에서 그 해 4. 11. 선포한 임시헌정 제4조에 "대한민국의 인민은 신교 언론 저작 출판 결사 집회 신서 주소 이전 신체 급 소유의 자유를 향유함"이라고 규정하여 최초로 언론·출판의 자유가 언급되었고, 그 해 9. 11. 선포한 대한민국임시헌법 제8조에서 "대한민국의 인민은 법률범위 내에서 좌예 각항의 자유를 향유함"이라고 규정하고 제3호에서 "언론 저작 출판 집회 결사의 자유"를 명시하였다.[4] 그 이후 3차례 개정을 거쳐 1944. 4. 22. 개정된 임시헌법에서는 제5조 제1호에 "언론 출판 집회 결사 파업 급 신앙의 자유"로 규정되었다.

이와 같은 임시헌법을 거쳐 1948년 제헌헌법에서 "모든 국민은 법률에 의하지 아니하고는 언론·출판·집회·결사의 자유를 제한 받지 아니한다."라고 개별적 법률유보를 가진 기본권으로 규정되었다. 그 후 4·19 직후인 1960년 제2공화국 헌법에서 비로소 개별적 법률유보에서 벗어나 "모든 국민은 언론·출판·집회·결사의 자유를 제한받지 아니한다."라고 하여 언론·출판 자유의 헌법상 보호가 강화되었다. 1962년 헌법에서는 현행 헌법과 유사하게 언론·출판에 대한 허가제 및 검열제 금지를 명시하였으나,[5] 영화나 연예에 대한 검열은 할 수 있다고 규정하였다. 또한 "언론·출판은 타인의 명

---

3) 권영성, 전게서, 492면.

4) 대한민국임시헌법은 전문, 8장, 본문 58개 조로 구성되어 있었다.

5) 우리 헌법상 검열제 금지는 제헌헌법에는 규정되지 않았다가, 1960. 6. 15. 헌법 제4호로 일부 개정된 헌법 제28조 제2항에서 "국민의 모든 자유와 권리는 질서유지와 공공복리를 위하여 필요한 경우에 한하여 법률로써 제한할 수 있다. 단, 그 제한은 자유와 권리의 본질적인 내용을 훼손하여서는 아니되며 언론, 출판에 대한 허가나 검열과 집회, 결사에 대한 허가를 규정할 수 없다."라고 기본권의 일반적 법률유보 조항에 함께 규정되었다. 그 후, 1962년 헌법에서 언론·출판의 자유와 함께 규정되었다.

예나 권리 또는 공중도덕이나 사회윤리를 침해하여서는 아니 된다."라는 규정이 처음 도입되었고, "신문이나 통신의 발행시설기준은 법률로 정할 수 있다."라는 규정도 도입되었다. 그러나 1972년 유신헌법은 다시 언론·출판에 대한 허가나 검열을 금지하는 조항 등을 모두 삭제하면서 "모든 국민은 법률에 의하지 아니하고는 언론·출판·집회·결사의 자유를 제한받지 아니한다."라고 하여 개별적 법률유보가 다시 등장하였고 표현의 자유는 대폭 위축되었다. 1980년 헌법은 "모든 국민은 언론·출판의 자유와 집회·결사의 자유를 가진다."라고 규정하여 개별적 법률유보주의가 삭제되는 진전을 보였으나, 실제로는 언론기본법을 제정하여 언론기관 통폐합을 시도하고 언론시장을 인위적으로 조정하는 등 여전히 언론·출판의 자유가 제한되는 시기를 거쳐 1987년 현행 헌법에 이르게 되었다. 이상의 경과를 볼 때 현행 헌법은 상당히 진전된 모습을 보이며, 문언상으로는 고전적 의미의 소극적 표현의 자유만을 규정하고 있지만, 국민의 민주주의에 대한 열망에 따라 한국 헌정사상 최초로 여야 합의에 따라 제정된 헌법 규정으로서 그 이후 민주화의 과정을 겪으면서 언론·출판의 자유도 많이 신장하였다.6)

## 제2절 헌법상 기본권으로서 언론·출판의 자유

### I. 언론·출판의 자유의 의의

현대 민주주의 사회에 있어서 언론·출판의 자유가 중요시 되고

---

6) 법제처, 「헌법주석서 I」, 2010. 3. 707-712면; 양건, 전게서, 666면.

철저히 보장되는 이유는 헌법학자들 사이에서 여러 가지 근거로 설명하고 있지만 대략 두 가지 정도로 요약될 수 있다. 우선은 자유로운 의견의 형성과 표현을 통해 개인의 인격을 실현할 수 있다는 것이고, 또 하나는 민주주의 제도의 불가결한 요소이기 때문이라는 것이다. 왜냐하면 민주주의 국가에서는 국민의 의사형성에 기반을 둔 정치가 기본인데 그러기 위해서는 국민의 자유로운 정치적 의사표현의 자유가 보장되어야 하기 때문이다.7) 미국의 헌법학자 에머슨(T. I. Emerson)도 언론·출판의 자유의 기능으로서 개인의 인격의 자유로운 형성과 전개, 입헌 민주주의의 유지형성, 진리에의 도달, 사회의 안정과 변화 간의 균형을 적시한 바 있다.8)

우리의 헌법재판소도 "언론·출판의 자유는 민주체제에 있어서 불가결의 본질적 요소이다. 사회구성원이 자신의 사상과 의견을 자유롭게 표현할 수 있다는 것이야말로 모든 민주사회의 기초이며, 사상의 자유로운 교환을 위한 열린 공간이 확보되지 않는다면 민주정치는 결코 기대할 수 없기 때문이다. 또한 언론·출판의 자유는 인간이 그 생활 속에서 지각하고 사고한 결과를 자유롭게 외부에 표출하고 타인과 소통함으로써 스스로 공동사회의 일원으로 포섭되는 동시에 자신의 인격을 발현하는 가장 유효하고도 직접적인 수단으로서 기능한다. 요컨대, 헌법 제21조가 언론·출판의 자유를 보장하고 있는 것은 이 같은 헌법적 가치들을 확보하기 위한 전제조건을 마련하기 위한 것이다."9)라고 하여 언론·출판의 자유의 위와 같은 기능에 대하여 명백히 밝히고 있다.

---

7) 양건, 전게서, 667면; 권영성, 전게서, 492면; 허영, 「한국헌법론」, 전정15판, 박영사, 2019, 605-606면 등.

8) 성낙인, 전게서, 1197면.

9) 헌재 1998. 4. 30. 95헌가16, 판례집 10-1, 327, 338.

## II. 언론·출판의 자유의 중요성과 우월적 지위 여부

우리 헌법재판소는 언론·출판의 자유의 위와 같은 중요한 기능에 근거하여 "언론의 자유는 바로 민주국가의 존립과 발전을 위한 기초가 되기 때문에 특히 우월적인 지위를 지니고 있는 것이 현대 헌법의 한 특징이다."라고 언론·출판의 자유에 대하여 '우월적 지위'를 언급하고 있으나,[10] 그 구체적인 근거 등에 대하여는 판례상 명백히 설시하고 있지는 않아 우리 헌법의 해석상 언론·출판의 자유가 다른 기본권에 비하여 우월적 지위를 가지는 것인지에 대하여 논란이 되고 있다.[11]

언론·출판의 자유에 대하여 '우월적 지위(preferred position)'를 인정하는 이론은 미국의 연방대법원 판례를 통해서 형성된 이론이다. 미국 연방대법원은 이러한 '우월적 지위'에 근거하여 언론·출판의 자유를 제한하는 법률에 대한 위헌성 추정과 엄격한 해석의 원칙, 사전제한 금지와 사후 처벌의 범위 한정, 정부에 대한 높은 수준의 적정 절차 요구 등을 들고 있으며,[12] 그중 핵심적인 것은 '이중 기준의 원칙(double standard)', 즉 언론·출판의 자유에 대한 규제가 헌법에 부합하는가를 판단함에 있어서 합헌성 심사 기준을 다른 자유권의 규제보다 엄격하게 적용해야 한다는 것이다.[13] 미국에서는 기본권 보장 범위의 확대와 충실화를 위해 통상의 심사 기준보다 상대적으로 엄격한 심사 기준의 도입이 필요하다는 입장이 20세기

---

10) 헌재 1991. 9. 16. 89헌마165, 판례집 3, 518, 524.

11) 우월적 지위에 근거하여 설명하고 있는 학자들의 저서로는 성낙인, 전게서, 1197면; 양건, 전게서, 667면-668면; 안경환, 「미국헌법의 이해」, 박영사, 2014. 331면 등이며, 우월적 지위를 부인하는 저서로는 한수웅, 「헌법학」, 제9판, 법문사, 2019. 2. 776-777면 등이다.

12) 안경환, 전게서, 331면.

13) 양건, 전게서, 668면.

중반 이후 설득력을 얻게 되면서 언론·출판의 자유를 제한하는 법률의 심사 기준과 관련하여 '우월적 지위'와 이에 따른 '이중기준의 원칙'이 정립되었다.[14] 우월적 지위가 최초로 언급된 판례는 1983년 U.S. v. Carolene Products, co. 판결[15]에서 연방대법원 스톤(Harlan Fiske Stone) 대법관이 기본권의 더욱 실질적인 보장을 위하여 전통적이고 원칙적인 심사 기준인 합리성 심사 기준(rationality review)보다 상대적으로 엄격한 심사 기준(more exacting scrutiny)이 적용되어야 할 예외적인 경우가 있음을 주장한 이후 미국 연방대법원의 판례[16]에 의해 정립되었고, 우월적 지위를 부여 받은 기본권을 제한하는 법률에 대해 사실상 입증책임의 전환과 함께 상대적으로 강화된 내지 보다 엄격한 심사 기준을 적용하는 위헌법률심사의 이중기준 원칙으로 진화하였다.[17]

우리 헌법재판소가 '우월적 지위'를 언급하고 있으나, 언론·출판의 자유와 관련하여 미국과 같은 이중기준의 단계적 심사 기준 등에 근거한 위헌심사 논리를 체계적으로 전개하지는 않고 있는 것으로 보아 우리 헌법재판소가 언론·출판의 자유에 대하여 미국의 '우월적 지위'에 따른 '이중기준의 원칙'까지 이론적·체계적으로 받아들였다고 단정하기는 어렵다.[18] 오히려 언론·출판의 자유의 중요성을 강조하고 이를 제한하는 과정에서는 다른 기본권의 제한보다 좀 더 엄격한 법익형량을 요구한다고 해석하는 것이 적절하다고 판단

---

14) 이우영, "미국 위헌법률심사 기준의 정립과 우월적 지위이론(Preferred Position Doctrine)의 의의 : 표현의 자유 법리를 중심으로", 「공법학연구」, 제12권 제4호, 한국비교공법학회, 2011. 11. 312면.

15) U.S. v. Carolene Products, co. 304 U.S. 144, 152(1938).

16) Jones v. Opelika, 316 U.S. 584(1941); Murdock v. Pennsylvania, 319 U. S. 105(1943) 등.

17) 이우영, 각주 14) 전게 논문, 312-314면.

18) 같은 취지: 이우영, 각주 14) 전게논문, 322면.

된다.19) 왜냐하면 우리 헌법상 언론·출판의 자유가 어느 정도 '우월적 지위'를 가지는가와 그 내용이 무엇인지는 미국 연방대법원의 이론 전개와는 상관없이 우리의 헌법 조문상의 규정체계, 그간의 헌법재판소 판례 등을 고려하여 판단해야 하기 때문이다. 우리 헌법학계에도 미국의 '우월적 지위' 이론과 '이중기준 원칙' 등의 법리에 근거하여 언론·출판의 자유에 대하여 설명하고 있는 견해들이 있다.20) 그러나 우리 헌법은 기본권 간의 일정한 위계질서를 규정하고 있지 않으며, 나아가 헌법 제21조 제4항에서 표현의 자유의 일방적인 우위를 규정하지 않고 일정한 한계를 명시하고 있으므로 미국 연방대법원에 의하여 형성된 법리를 비판 없이 그대로 수용하는 것에는 신중을 기해야 한다.21)

독일 등 대륙법계 국가에서는 미국과 달리 이러한 법리가 정착되었다거나 제도화되어있지 않지만, 독일에서도 언론·출판의 자유에 대하여 상호 간의 의사소통은 민주사회에서 가장 중요한 여론을 형성하기 때문에 인간이 갖는 기본권 가운데 가장 원초적이면서 핵심적이고 구성적인(schlechthin konstituierend) 기본권이며,22) 오늘날 민주국가에서 국민주권을 실현하는 데 필수불가결한 궁극적인 기본

---

19) 같은 취지: 이우영, "표현의 자유 법리와 헌법재판소의 위헌법률심사 기준",「서울대학교 법학」, 제53권 제2호, 서울대학교 법학연구소, 2012. 6. 303면.

20) 성낙인, 전게서, 1197면; 양건, 전게서, 668면; 안경환, 전게서, 331면 등.

21) 같은 취지: 한수웅, 전게서, 776-777면; 미국 연방대법원의 판결 과정에서도 이러한 우월적 지위와 이중기준에 대하여 비판은 꾸준히 제기되어 왔다. 대표적으로 1949년 공공장소에서의 확성기 사용을 금지한 뉴저지(New Jersey)주 트렌턴(Trenton) 시의 조례가 연방헌법이 보장하는 표현의 자유에 비추어 위헌인가가 문제된 사안인 Kovacs v. Cooper 사건의 판결[Kovacs v. Cooper 336 U. S. 77, 90(1949)]에서 별개의견을 제시한 프랭크퍼터(Felix Frnakfurter) 대법관은, 다수의견이 사용한 우월적 지위의 개념과 논리에 대하여 비판하면서 "표현의 자유의 중요성에 비추어 우월적인 지위를 가질 수 있으나 표현의 자유가 구체적 상황에서 상충하는 다른 기본권과 비교형량 될 때 그 비교형량의 일차적 권한과 책임은 다른 기본권 영역에서와 동등한 정도로 입법부에게 주어지는 것으로 위헌성을 추정하거나 입증책임을 전환하는 것은 과도하다"라고 주장하였다.

22) BVerfGE 5, 85; 20, 56; 25, 256.

권(finales Grundrecht)[23])이라고 보고 있어 우월적 지위에 상응하는 중요한 기본권으로 보고 있다.

언론·출판의 자유에 반드시 '우월적 지위'라는 특별한 지위를 부여할 것인가의 여부를 떠나 언론·출판의 자유의 기능과 중요성에 대하여는 특별한 이견이 없다는 점에서 이를 제한함에 있어서는 다른 기본권에 비하여 비교적 엄격한 법익형량이 요구된다고 본다. 그렇다 하더라도 미국의 '이중기준의 원칙' 이론에 따라 획일적으로 구분된 기준을 제시하여 그 제한의 위헌 여부를 판단할 것이 아니라, 다른 기본권들이 가지는 중요성을 고려하되 관련 기본권과의 관계와 구체적 타당성을 고려하여 개별적인 사안별로 철저한 법익형량을 거쳐 결정되어야 할 것이다.

---

23) BVerfGE 7, 198.

# 제2장

# 언론 · 출판의 자유의 보호영역과 가짜뉴스 등 허위사실 표현

# 제1절 언론·출판의 자유의 보호영역과 표현행위

## I. 언론·출판의 자유의 보호영역

언론·출판의 자유를 실질적으로 충분히 보장하기 위해서는 우선 그 보호 대상이 되는 영역의 확정이 필요하다. 언론·출판의 자유의 보호영역을 확정하기 위해서는 그 개념적인 요소와 기능적인 요소를 함께 고려하여야 하는데 독일과 미국 그리고 우리나라의 각 헌법 규정형식 등의 차이로 이를 확정하는 접근방법에 있어서도 각 국가마다 차이를 보인다.

독일의 경우, 독일 기본법 제5조 제1항에서 언론·출판의 자유를 규정하면서도 그 제한의 가능성을 전제로 제2항에서 언론·출판의 자유의 한계 규정을 두고 있다. 따라서 언론·출판의 자유가 침해되는 것을 방지하기 위한 전제로 그 보호영역을 확정하려고 한다. 이처럼 보호영역이 확정되면 그 범위 내에서의 표현만이 기본권의 행사로 인정되며, 제한의 문제와 그 정당성의 문제는 그다음 단계에서 심사하게 된다.[24] 즉, 독일의 전통적인 자유권적 기본권의 헌법적

---

24) 조재현, 「언론·출판의 자유의 보호영역에 관한 연구 : 보호영역에 관한 미국·독일·우리나라의 접근방법을 중심으로」, 연세대학교 박사학위논문, 연세대학교 대학원, 2001. 8. 3면.

심사구조는 ① 보호영역의 확정, ② 제한의 확인, ③ 제한의 정당화의 구조를 가진다.[25]

미국의 경우, 미국 연방헌법 수정 제1조에서 언론·출판의 자유를 제한하는 법률을 제정할 수 없다고 규정하여 독일과는 다르게 제한 가능성을 헌법에서 적시하지 않고 절대적 기본권의 형식을 취하고 있다. 미국 수정헌법의 형식이 절대적 기본권의 형식을 취하였다고 하여 언론·출판의 자유가 어떠한 경우에도 제한될 수 없는 절대적 기본권이라고 볼 수는 없으며, 미국 연방대법원도 판례나 법리 전개를 통해 이를 제한하는 이론을 발전시켜 왔다. 그 과정에서 일정한 영역의 표현이 헌법 수정 제1조에 의하여 보호되는 것인가에 대한 유형화와 범주화가 이루어졌다. 학계의 이론구성도 언론·출판의 자유라는 절대적 기본권을 정부의 이익이나 다른 헌법적 가치에 의하여 제한하려고 하는 제한이론(L. H. Tribe의 Two-Track 이론, M. B. Nimmer의 유형별 이익형량이론 등),[26] 일정한 영역의 표현은 수정헌법 제1조에 의하여 절대적으로 보호하려는 절대주의 이론(Alexander Meiklejohn),[27] 그리고 일정한 영역의 표현은 절대적 보호를 부여하면서 그 이외의 표현은 제한이 가능하다고 보는 이분론(T. I. Emerson의 표현·행동 이분론 등)[28] 등으로 전개되었다.[29]

---

25) 한수웅, 전게서, 450면-459면; 윤정인, 「자유권 보호영역의 범위와 한계」, 고려대학교 박사학위논문, 고려대학교 대학원, 2013. 2. 6면.

26) LAURENCE H. TRIBE, AMERICAN CONSTITUTIONAL LAW, 789 (2d ed. 1988).; 임종훈, "미국헌법에 있어서 언론의 자유에 대한 접근방법 : Two Tracks 접근방식을 중심으로", 「미국헌법연구」, 제10호, 미국헌법학회, 1999. 7. 162면; M. B. Nimmer, *The Right to Speak From Times to Time : First Amendment Theory Applied to Libel and Misapplied to Privacy*, 56 Ca. L. Rev. 936; 조소영, 「표현의 자유의 제한방법론에 관한 연구 : 미국의 연방대법원 판례를 중심으로」, 연세대학교 박사학위논문, 연세대학교 대학원, 2000. 12. 112-135면; 조재현, 전게논문, 4면, 116면.

27) ALEXANDER MEIKLEJOHN, POLITICAL FREEDOM: THE CONSTITUTIONAL POWERS OF THE PEOPLE 245-255 (1965); 김윤홍, 「명백하고 현존하는 위험의 원칙에 관한 헌법적 고찰」, 서울대학교 석사학위논문, 서울대학교 대학원, 1988. 2. 96면.

우리의 헌법상의 규정과 학계의 전통적인 이론적 접근 방식은 기본적으로 독일의 접근 방식을 따르고 있으나, 미국에서 발전된 판례이론도 역시 많은 영향을 미치고 있다. 이와 같은 보호영역의 개념은 국내의 학계에서도 대부분 받아들이고 있으나, 이를 설명하는 방식은 조금씩 차이가 있다. 보호영역의 개념에 대하여 독자적 의의를 두고 별도로 상세히 다루는 경우,30) 개별 기본권의 개념과 내용으로 다루는 경우,31) 이를 혼용하는 경우32) 등 다양한 형태로 설명하고 있다.

언론·출판의 자유의 보호영역에 허위사실 표현이 포함되는지 여부는 기본권의 사항적·물적 보호영역에 해당하므로 언론·출판의 자유의 사항적·물적 보호영역의 확정이 필요하다. 보호영역은 기본권 보호 심사의 첫 단계로서 '언론·출판의 자유'라는 기본권이 주장되는 사안에 있어 기본권과 연관된 경우와 그렇지 않은 경우를 구별하게 하는 최초의 표지로서 기능하므로, 기본권 보장이라는 법적 결과를 위한 최소한의 조건으로서 매우 중요한 의미를 가진다.33) 이와 관련하여 보호영역의 해당성이 부인되면 다음 단계인 기본권 제한이 발생하였는지 여부나 그 정당성 여부를 심사하는 단계로 넘어가지 못하고 위헌 여부의 심사가 종결된다고 볼 수도 있으나, 언론·

---

28) T. I. EMERSON, THE SYSTEM OF FREEDOM EXPRESSION (1970); 조소영, 전게논문, 112-135면; 조재현, 전게논문, 4면, 50면.

29) 조재현, 전게논문, 4면.

30) 김우성, "표현의 자유의 보호영역",「저스티스」, 통권 제153호, 한국법학원, 2016. 4. 5면 이하; 문재완, "음란과 헌법상 표현의 자유의 보호영역 : 헌법재판소 2009. 5. 28. 2007헌바83결정을 중심으로",「언론과 법」, 제8권 제2호, 한국언론법학회, 2009. 12. 293면 이하; 서보건, "기본권의 보호범위와 인터넷상 표현의 자유",「유럽헌법연구」, 제10호, 유럽헌법학회, 2011. 12. 313면 이하; 한수웅, "자유권의 보호범위",「헌법학연구」, 제12권 제5호, 한국헌법학회, 2006. 12. 41면 이하 등.

31) 권영성, 전게서, 498면; 성낙인, 전게서, 1203면; 허영, 전게서, 608면 등.

32) 전광석,「한국헌법론」, 집현재, 2011.

33) 윤정인, 전게논문, 7면; 김일환, "기본권의 제한과 침해의 구별 필요성에 관한 고찰",「공법연구」, 제27집 제2호, 한국공법학회, 1999. 6. 320면.

출판의 자유의 보호범위에서 제외된다고 하여 바로 위헌심사가 종결된다고 보기보다는 행복추구권 등 더 일반적인 기본권에 의해서 보충적으로 보호될 수 있는지를 심사하는 것이 국민의 기본권 보호에 충실한 헌법해석이라고 보아야 한다.[34]

언론·출판의 자유의 보호영역에 대한 판단의 중요성과 그 구별의 실익에 대하여는 우리 헌법재판소도 '음란'표현의 보호영역 포함 여부를 판단하면서 상세히 적시한 바 있다. 헌법재판소는 음란한 표현이 언론·출판의 자유의 보호 대상인가를 판단한 사안에서 "국민의 모든 행위나 주장하는 이익이 헌법상 기본권에 의하여 보호되는 것은 아니므로, 공권력에 의한 기본권 침해의 위헌여부를 판단하는 헌법재판에 있어서 먼저 확인해야 할 것은 공권력에 의하여 침해되었다는 자유나 이익이 과연 헌법상의 기본권조항의 보호영역에 해당하는가 하는 점이다."라고 판시하여 기본권 보호영역의 개념을 명확히 구분하고 그 해당 판단의 필요성을 언급하였다.[35]

과거에 헌법재판소는 "언론·출판의 영역에서 표현의 해악을 시정하는 1차적 기능은 시민사회 내부에 존재하는 사상의 경쟁메커니즘에 맡겨져 있기 때문에 국가가 단순히 어떤 표현이 가치 없거나 유해하다는 주장만으로 그 표현에 대한 규제를 정당화시킬 수는 없지만, 대립하는 다양한 의견과 사상의 경쟁메커니즘에 의하더라도 그 표현의 해악이 처음부터 해소될 수 없는 성질의 것이거나 또는 다른 사상이나 표현을 기다려 해소되기에는 너무나 심대한 해악을 지닌 표현은 언론·출판의 자유에 의한 보장을 받을 수 없고 국가에 의한 내용규제가 광범위하게 허용된다."라는 전제하에, "'음란'이란

---

34) 같은 취지: 방승주, "직업선택의 자유 - 헌법재판소의 지난 10년간 판례를 중심으로 -", 「헌법 논총」, 제9집, 헌법재판소, 1998. 224-234면.

35) 헌재 2009. 5. 28. 2006헌바109 등, 판례집 21-1하, 545.

인간존엄 내지 인간성을 왜곡하는 노골적이고 적나라한 성표현으로서 오로지 성적 흥미에만 호소할 뿐 전체적으로 보아 하등의 문학적, 예술적, 과학적 또는 정치적 가치를 지니지 않은 것으로서, 사회의 건전한 성도덕을 크게 해칠 뿐만 아니라 사상의 경쟁메커니즘에 의해서도 그 해악이 해소되기 어려워 언론·출판의 자유에 의한 보장을 받지 못한다."라고 판단하였다.36)

그러나 2009년 5월 헌법재판소는 선례를 변경하면서 "'음란'한 표현이 언론·출판의 자유의 보호영역에 해당하지 아니한다고 해석할 경우 음란표현에 대하여는 언론·출판의 자유의 제한에 대한 헌법상의 기본원칙, 예컨대 명확성의 원칙, 검열 금지의 원칙 등에 입각한 합헌성 심사를 하지 못하게 될 뿐만 아니라, 기본권 제한에 대한 헌법상의 기본원칙, 예컨대 법률에 의한 제한, 본질적 내용의 침해금지 원칙 등도 적용하기 어렵게 되는 결과, 모든 음란표현에 대하여 사전 검열을 받도록 하고 이를 받지 않은 경우 형사처벌을 하거나, 유통목적이 없는 음란물의 단순소지를 금지하거나, 법률에 의하지 아니하고 음란물 출판에 대한 불이익을 부과하는 행위 등에 대한 합헌성 심사도 하지 못하게 됨으로써, 결국 음란표현에 대한 최소한의 헌법상 보호마저도 부인하게 될 위험성이 농후하다는 점을 이유로 '음란'한 표현도 언론·출판의 자유의 보호범위에 포함된다."라는 결정을 하였다.37)

이미 살펴본 전통적인 이론이나 헌법재판 실무의 판단에 의해서도 기본권의 보호영역 판단은 기본권 보장과 제한에 있어서 반드시 선행되어야 할 것이라고 판단된다. 따라서 본 저서의 주요 검토대상

---

36) 헌재 1998. 4. 30. 95헌가16, 판례집 10-1, 327.

37) 헌재 2009. 5. 28. 2006헌바109 등, 판례집 21-1하, 545.

인 가짜뉴스 등 허위사실 표현이 언론·출판의 자유의 보호영역에 포함되는가를 판단하는 것은 매우 중요한 문제이다. 이를 위해서는 우선 사상·의견의 표명뿐만 아니라 '사실'의 주장도 언론·출판의 자유의 내용에 포함되는가(의견과 사실의 구분은 명확한가), 포함된 다면 진실과 허위사실의 구별이 명확한 것인지, 그 구별기준은 무엇인지, 어떻게 허위 여부가 입증될 수 있는지 등의 문제가 선행되어야만 최종적으로 허위사실을 구별해 내어 보호영역에의 포함 여부를 판단할 수 있을 것이다.

## II. 의견 표명과 사실의 주장[38]

언론·출판의 자유는 '의사표현'의 자유를 보호하는 기본권으로서 '사상이나 의견을 표명'하는 행위를 보호하는 것이 본질적이라는 데에는 이론이 없다. '의견 표명'이란 사실 주장과는 달리 한 과정이나 상태를 표현행위자의 입장에 따라 판단한 결과를 표현하는 것이다. 즉, 의견 표명은 가치척도에 따른 판단의 표현이며, 존재하는 사실관계에 대한 평가로서 옳고 그름이 문제 된다.[39] 언론·출판의 자유의 핵심은 이처럼 자신의 사상이나 의견을 표명하고 전달하는 것으로, 자신의 견해를 밝히는 것은 물론이고 소극적으로 침묵하거나 동조하지 않음으로써 자신의 견해를 전달하는 것까지 포함한다.

이에 반하여, '사실의 주장'은 일정하거나 특정한 사항에 관한 구체화한 진술로 그 존부나 진위가 증명대상으로서 증명될 수 있는 진

---

38) 이번 항목에서는 언론·출판의 자유에 있어서 '의사표현의 자유'를 '의견 표명'과 '사실의 주장'으로 구분하여 설명하고 '사실의 주장' 중 '허위사실의 주장'은 허위사실을 작성하고 유포하는 행위를 포함하는 개념으로 사용한다.; 같은 취지: 한수웅, 전게서, 747-754면.

39) 박용상, 「명예훼손법」, 현암사, 2008. 79면.

술을 말한다.[40] 자신의 의견이나 사상을 뒷받침하기 위한 객관적인 '사실을 주장' 하는 행위도 언론·출판의 자유로서 보호를 받지만, 그 보호의 정도에 있어서는 의견 표명과 차이가 있으므로,[41] 이를 구별하는 것은 매우 중요하다. 특정한 표현행위에 대하여 어떠한 법적 평가를 하여 그 효과를 부여할 것인가를 판단하기 위해서는 그 표현행위가 가지는 의미를 정확하게 해석해야 한다. 그렇게 함으로써 헌법적 보호를 받는 행위인가뿐만 아니라 법률상 어느 정도 제한이 가능한가를 판단하는 전제가 되기 때문이다.[42] 대법원은 표현행위의 구별과 해석에 대하여 "언론매체의 어떤 기사가 타인의 명예를 훼손하여 불법행위가 되는지의 여부는 일반 독자가 기사를 접하는 통상의 방법을 전제로 그 기사의 전체적인 취지와의 연관하에서 기사의 객관적 내용, 사용된 어휘의 통상적인 의미, 문구의 연결방법 등을 종합적으로 고려하여 그 기사가 독자에게 주는 전체적인 인상을 기준으로 판단하여야 하고, 여기에다가 당해 기사의 배경이 된 사회적 흐름 속에서 당해 표현이 가지는 의미를 함께 고려하여야 한다."라고 판시하고 있다.[43]

그러나 판례의 이와 같은 기준에 의한다고 하여도 의견 표명과 사실 주장의 구별이 명확한 것은 아니다. 표현내용이 의견 표명과 사실 주장이 혼재되어 사실상 구별이 어려운 경우도 있고, 사실의 주

---

40) 오윤식, "공직선거법상 허위사실공표죄 등에서 사실진술과 의견의 구별, 그리고 허위성 증명", 「사법」, 제33호, 사법발전재단, 2015. 9. 208면.

41) 독일과 미국의 법리와 판례에 의하여도 의견의 표명이 사실의 진술보다 더 두터운 보호를 받고 있다. 우리 형법상 명예훼손죄(형법 제307조)도 의견표명인 경우는 처벌하지 않으며, 공직선거법상 허위사실공표죄(제250조)나 후보자비방죄(제251조)도 사실의 적시를 요건으로 하고 있다. 또한 언론피해자중재법상 반론보도청구나 정정보도청구도 사실의 보도에만 인정하고 있다(언론중재및피해구제등에관한법률 제16조 제1항).

42) 박용상, 전게서, 26면.

43) 대법원 2002. 1. 22. 선고, 2000다37524, 37531 판결.

장이라 하더라도 때로는 일정한 가치판단이 고도로 압축되어 있거나 내포된 경우도 있으며, 반대로 의견의 표명이라고 하더라도 사실의 주장이 암시되거나 내포된 경우도 있을 수 있다. 이렇게 의견 표명과 사실 주장은 서로 중복되거나 융합되어 그 양자 간 경계가 명확하지 않은 부분이 있어 그 구별이 매우 어렵다.[44] 그런데도 현행 헌법과 법률의 해석상 의견 표명과 사실 주장은 구분되고 있으며 그 헌법상 보호의 정도나 취급도 다르므로 의견 표명과 사실 진술의 구분은 필요하다. 의사표현의 방식은 다양하고 복잡하기 때문에 단순히 어떠한 의사표현의 내용이 '의견 표명'과 '사실 주장'으로 구별되어 있는 경우보다는 두 가지가 혼재되어 있는 경우가 더 많다.

따라서 일응의 구별기준으로 ① 진술에 사용된 언어의 통상적인 용법 또는 의미, ② 진술의 전체적 문맥, ③ 진술의 증명 가능성, ④ 진술이 이루어진 사회적 맥락 등에[45] 기초하여 의사표현의 내용을 분석하여 보되, ⑤ 명백히 구분되지 않는 경우에는 언론·출판의 자유의 중요성을 고려하여 전체 의사표현을 충실하게 보호한다는 취지에서 전체를 의견 표명으로 해석하여 국민의 의사표현 행위를 두텁게 보호할 필요가 있다고 판단된다. 우리 헌법재판소도 "어떠한 표현에서 '의견'과 '사실'을 구별해 내는 것은 매우 어렵다."라는 이유로 언론·출판의 자유에 대한 형사적 규제에 매우 신중한 판단을 한 사례가 있으며,[46] 독일의 연방헌법재판소도 "의견표현과 사실주장의 구분이 불가능한 경우 그 표현은 효과적으로 기본권을 보호하기 위하여 전체가 의견표명으로 인정되어야 하고, 표현의 자유의 보호영역에 해당시켜야 한다. 그렇지 않으면 기본권 보장이 본질적으

---

44) 같은 취지: 오윤식, 전게논문, 210면.
45) 같은 취지: 오윤식, 전게논문, 219면.
46) 헌재 2010. 12. 28. 2008헌바157 등, 판례집 22-2하, 684.

로 축소될 위험이 있기 때문이다."라고 판시하여 구별이 어려운 경우에는 의견 표명으로 해석하여야 한다는 태도를 보인다.[47)]

## 제2절 가짜뉴스 등 허위사실 표현[48)]의 보호영역 포함 여부

### I. '허위사실'과 '가짜뉴스'의 개념 정의

#### 1. '허위사실'의 개념 및 '진실'과의 구별기준

언론·출판의 자유와 관련하여 우리 헌법은 제21조 제4항에서 "타인의 명예나 권리 또는 공중도덕이나 사회윤리를 침해하여서는 아니 된다."라고 규정하여 그 행사와 관련하여 일정한 제한을 두고 있으나, 허위사실의 표현에 대하여는 헌법상 언론·출판의 자유로서 보호되는 대상이 되는지, 보호영역에 포함되나 다른 표현행위에 비하여 제한을 더 받는 것인지 등은 우리 헌법상 특별히 규정하고 있는 바가 없다. 사상·의견의 표명과 달리 사실의 공표는 그 진위가 객관적으로 밝혀질 수 있는 것을 전제로 하는 것이다. 진실한 사실의 공표에 대하여는 의견의 형성에 기여하므로 언론·출판의 자유의 보호영역에 포함된다는 것에 이론이 없으나, 허위사실을 표현하는 행위까지도 언론·출판의 자유의 보호영역에 포함되는지에 관하여는 논란이 있다.

---

47) BVerfGE 61, 1(9); 85, 1(15).

48) 통상 '의견 표명'과 '사실 주장'으로 구분하여 설명하고 있으므로 '사실 주장' 중 허위사실에 대하여는 '허위사실 주장'이라고 하는 것이 일관성 있으나, 이하에서는 사실에 대하여 이를 '주장, 진술, 전달'한다는 포괄적인 개념으로 '허위사실 표현'이라고 개념 정의하여 논의를 전개하고자 한다.

일반적으로 사전적 의미의 '허위(虛僞)'라고 하면 '진실이 아닌 것을 진실인 것처럼 꾸민 것'49)을 말하고, 논리학적인 측면에서는 '그릇된 사고로 인하여 외관상은 정당하게 보이나 실은 어떤 점에서 논리적 원리나 규칙에 저촉된 것'이다. '사실(진실)'은 명사로서 '실제로 있었던 일이나 현재에 있는 일'이라는 사전적 의미가 있는 것을 고려하면, '허위사실'이란 '실제로 있었던 일이나 현재에 있는 일이 아님에도 있었던 일이나 현재 있는 것으로 꾸민 것'이라고 할 수 있다. 우리 법제의 이론이나 실무상 허위와 진실을 구별하여 허위사실에 대하여는 법적으로 다른 법적 평가와 효과를 부여하고 있지만,50) 그 구분 기준이 명확하여 허위와 진실의 판단 결과가 항상 정확한 것인가에 대하여는 논란이 있으며, 허위와 진실이 구별하기 어렵다는 이유로 허위의 명백한 개념 정의 및 진실과 다른 법률적 취급에 부정적인 견해도 있다.51)

하지만 우리 법제뿐만 아니라 독일52) 등 선진 법제 국가에서도 허위와 진실에 대하여는 그 구분을 전제로 엄연히 다른 평가와 법적 취급을 하고 있다. 물론, 국가별로 허위사실의 표현행위와 진실의 표현행위에 대한 보호와 그 제재의 범위가 다를 수는 있지만, 허위와 진실의 구별이 어렵다는 이유로 그 구분 자체를 부인하면서 다른

---

49) 국립국어원 표준국어대사전 홈페이지(http://stdweb2.korean.go.kr/main.jsp), 네이버 국어사전(https://ko.dict.naver.com/).

50) 언론·출판의 자유의 제한과 관련하여 주요 논란이 되는 형사처벌규정으로 형법상 허위사실에 의한 명예훼손죄, 공직선거법상 허위사실공표죄(제250조), 국가보안법상 허위사실유포죄(제4조 제1항, 제5조 제1항, 제7조 제4항) 등도 진실인 사실과 허위사실을 구별하여 허위사실인 경우만 처벌하거나 가중처벌하도록 하고 있다.

51) 박경신, "허위사실유포죄의 위헌성에 대한 비교법적인 분석", 「법학연구」, 제12집 제1호, 인하대학교 법학연구소, 2009. 4. 34면.

52) 대표적으로 독일의 경우 형법 제130조[국민선동죄]에서 공공의 평온을 교란하기 적합한 방법으로 허위사실을 유포하여 명예를 훼손하거나(제1항 제2호), 특정 집단에 대해 허위사실을 유포하여 명예를 훼손하거나(제2항 제1호), 나치를 부인하는 허위사실을 유포하는 행위(제3항) 등 허위사실의 유포행위에 대하여는 진실과 달리 취급하여 형사처벌하는 규정을 두고 있다.

평가와 법적 취급을 하는 것이 부당하다는 주장은 지나치다고 판단된다. 신의 영역이 아닌 인간이 합리적 판단과 합의에 따라 만들어진 법과 제도가 시행되는 세상에서 확고부동한 진리의 입증을 요구하며 허위와 진실의 구별을 부정하고 구별 취급을 반대한다면 국가와 사회를 유지하는 법과 제도가 제대로 운영될 수 없다. 다만, 그 구별에 의하여 허위사실의 표현에 대하여 형사적인 처벌이라는 강한 제재가 가해질 경우는 허위와 진실을 판단함에 있어 좀 더 객관적이고 명백한 기준에 따라 신중하게 판단하여야 할 것이다. 표현행위가 특정한 사실을 공표하는 경우 그것이 허위인지의 판단이 명백한 경우도 있으나 표현내용이 길거나 여러 사실을 내포하고 있는 경우 등 허위 여부를 판단하기 어렵거나 복잡한 경우도 있을 수 있으므로,[53] 허위와 진실인 표현을 구별해 내는 작업은 쉽지 않다.

그간의 대법원 판례와 관련 사례 등을 종합하여 허위사실에 해당하는 판단 기준을 정립해보면, ① '진실에 부합하지 않는 사실'로서 상대방으로 하여금 정확한 판단을 그르치게 할 수 있을 정도로 '구체성'을 가져야 하며,[54] ② 표현행위의 일부가 허위라 하더라도 그 일부 허위사실이 전체 표현행위에서 어느 정도의 비중이나 중요성을 차지하고 있는지에 따라 전체 표현행위의 허위 여부를 판단하여야 하고,[55] ③ 허위 여부를 판단함에 있어서는 단순히 해당 문장 하

---

[53] 헌법재판소도 허위와 진실의 구별이 매우 어렵다는 점을 이유로 허위표현을 형사처벌 함에 있어서 그 처벌규정은 명백해야 한다는 입장을 밝힌바 있다(헌재 2010. 12. 28. 2008헌바157, 판례집 22-2하, 684).

[54] 대법원 1998. 9. 22. 선고 98도1992 판결; 대법원 2003. 2. 20. 선고 2001도6138 판결; 대법원 2010. 2. 11. 선고 2009도8947 판결 등(주로 공직선거법상 허위사실공표죄 사건과 관련하여 "어떤 표현의 허위여부는 그 표현이 선거인에게 주는 전체적인 인상이나 기준을 종합하여 판단하여야 하며, 진실에 부합하지 않은 사항은 선거인으로 하여금 후보자에 대한 정확한 판단을 그르치게 할 수 있을 정도로 구체성을 가진 것이면 충분하다"라고 판시하였다).

[55] 대법원 2009. 3. 12. 선고 2009도26 판결(공표된 사실의 내용 전체의 취지를 살펴볼 때 "중요한 부분이 객관적 사실과 합치되는 경우에는 세부에 있어서 진실과 약간 차이가 나거나 다소

나만의 표현만을 대상으로 볼 것이 아니라 표현내용의 전체 취지와 문맥 등을 고려하여 그것이 전체적으로 볼 때 허위라고 볼 수 있는지를 신중하게 판단하여야 한다.[56] 또한, 허위와 진실이 문제된 사실이 ① 객관적 역사적 사실에 관련된 것인지, ② 일반인에게 알려진 공개된 사실에 관련된 것인지, ③ 정보 접근이 제한된 분야와 관련된 사실인지, ④ 개인의 사생활 분야에 관련된 사실인지도 그 허위 여부와 허위에 대한 인식 여부를 판단함에 있어 중요한 고려요소가 될 수 있을 것이다. 결국 구체적인 허위와 진실의 판단 기준은 각 개별 구체적인 사안별로 구체적 타당성을 고려하여 판단하여야 할 것이며, 이는 제4장에 구체적인 사안을 다루면서 추가로 검토해 보도록 하겠다.

허위와 진실에 대한 법적 취급의 구별에 있어서 또 한 가지 중요한 점은 허위 여부를 누가 어느 정도로 입증하여야 하는지, 특히 허위사실 표현에 대하여 형사적인 처벌이 가해질 경우 입증책임을 누가 지는가이다. 이와 관련하여 대법원 판례는 공표한 사실이 진실이라는 증명이 없다는 것만으로는 죄가 성립할 수 없고, 검사가 공표된 사실이 허위라는 점을 합리적 의심의 여지 없이 적극적으로 증명할 것이 필요하다고 검사의 허위사실에 대한 입증책임을 명백히 밝히고 있다.[57] 다만, 그 입증의 방법과 관련해서는 의혹을 받을 일을 한 사실이 없다고 주장하는 사람에 대하여 의혹을 받을 사실이 존재한다고 적극적으로 주장하는 자가 그러한 사실의 존재를 수긍할 만한 소명자료를 제시할 부담을 지고, 검사는 제시된 자료의 신빙성을 탄핵하는 방법으로 허위성의 증명을 할 수 있다고 보고 있으며, 이

___

과장된 표현이 있다 하더라도 이를 허위사실이라고 볼 수 없다"라고 판시하였다).

56) 대법원 2003. 2. 20. 선고 2001도6138 판결; 대법원 2010. 2. 11. 선고 2009도8947 판결 등.

57) 대법원 2011. 12. 22. 선고 2008도11847 판결 등.

때 제시하여야 할 소명자료는 단순히 소문을 제시하는 것만으로는 부족하고 적어도 허위성에 관한 검사의 증명 활동이 현실적으로 가능할 정도의 구체성은 갖추어야 하며, 이러한 소명자료의 제시가 없거나 제시된 소명자료의 신빙성이 탄핵된 때에는 허위사실 공표로서의 책임을 져야 한다는 태도를 취하고 있어[58] 입증책임을 완화하거나 사실상 전환했다는 비판을 받고 있다.[59]

## 2. '허위사실'에 포함되는 이른바 '가짜뉴스'의 개념과 취급

### 가. 가짜뉴스의 개념

허위사실이 기사형식으로 유포되는 현상과 관련하여 최근 몇 년간 우리나라뿐 아니라 미국, 독일 등의 선거 과정에서 이른바 'Fake News(가짜뉴스)'[60]의 폐해와 심각성이 드러나면서 그와 관련된 법적 규제 문제가 대두되고 있다. 가짜뉴스는 허위사실이 뉴스형식으로 유포된다는 점에서 허위사실 표현의 범주에 속하는 것이나, 이를 논의하고 있는 학자들의 견해나[61] 가짜뉴스 규제를 위해 발의된 관

---

58) 대법원 2005. 7. 22. 선고 2005도2627 판결; 대법원 2009. 3. 12. 선고 2008도11743 판결 등.

59) 김종철, "공선법상 '낙선목적 허위사실공표죄'와 당선무효강제규정의 위헌성 : 소위 '조희연 교육감 사건' 제1심 판결을 중심으로", 「법학연구」, 제25권 제2호, 연세대학교 법학연구원, 2015. 6. 193면.

60) 일부 학자들은 가짜뉴스라는 개념 자체를 정의함으로써 허위 콘텐츠에 '뉴스'의 합법성을 부여하는 결과가 빚어진다는 이유(임종섭, "언론의 위기와 가짜뉴스 파동 - 뉴스에 가짜는 없다 -", 「관훈 저널」, 통권 제142호, 관훈클럽, 2017. 3. 88-89면) 또는 가짜뉴스 개념을 정의하면 '진짜 뉴스'가 무엇인지의 질문의 미궁에 빠질 수 있다는 이유(김익현, "[진단] 가짜뉴스 현상에 대한 두가지 고찰 : 의도된 가짜와 매개된 가짜라는 관점을 중심으로", 「언론중재」, 제142호, 언론중재위원회, 2017년 봄, 13-15면) 등을 논거로 개념 정의 자체를 반대하고 있으나, 이미 외국과 우리나라에서 Fake News(가짜뉴스)라는 개념으로 논의되고 있으므로 이에 대한 개념 정의를 살펴볼 필요가 있다.

61) 윤성옥, "가짜뉴스의 개념과 범위에 관한 논의", 「언론과 법」, 제17권 제1호, 한국언론법학회, 2018. 4. 51면 이하; 유의선, "가짜뉴스의 법적규제 - 사회적 법익 보호를 중심으로 -", 「언론과 법」, 제17권 제2호, 한국언론법학회, 2018. 8. 39면 이하; 한갑운/윤종민, "가짜뉴스의 규율 방법에 대한 법적 고찰", 「과학기술과 법」, 제8권 제1호, 충북대학교 법학연구소, 2017. 6. 59면 이하; 오일석/지성우/정운갑, "가짜뉴스에 대한 규범적 고찰", 「미국헌법연구」, 제29권 제1

련 법안62)의 내용을 종합하면 일반적인 허위사실 표현과는 다른 특별한 공통 개념요소를 가지고 있다. 아직도 논의가 진행 중인 개념으로 명백히 확정된 개념이라고 할 수는 없으나, 현재까지의 논의를 바탕으로 공통적인 요건인 "내용의 허위성, 고의성, 일정한 목적, 기사형식" 등을 추출하여 일응의 개념 정의를 하자면 "일정한 정치적·경제적 목적을 달성하기 위하여 허위의 내용을 그것이 허위임을 알면서도 작성하여 유통하는 기사형식의 정보"라고 할 수 있다.63)

현대사회에서 스마트폰과 인터넷 등 정보통신기술의 발전으로 인한 뉴스의 생산.유통구조의 변화, 과학기술의 비약적 발전에 따른 정보의 정교한 조작 가능성, 지나친 정보 과잉으로 인한 신속한 사실 확인의 어려움, 기존 전통적인 신문, 방송 등 언론기관에 대한 불신, 사회적 갈등과 정치 양극화 등이 가짜뉴스가 확대되고 있는 중요한 이유라고 분석된다.64)

## 나. 기존의 법제에 의한 가짜뉴스의 규제 가능성과
   새로운 규제의 시도

가짜뉴스에 대하여는 그 형식이 공신력 있는 언론 기사의 형식을 갖추었다는 점에서 종전의 일반적인 허위사실 유포에 비하여 그 폐

---

호, 미국헌법학회, 2018. 4. 157면 이하 등.

62) 제20대 국회에서 이른바 가짜뉴스를 규제하기 위한 법안들은 공직선거법, 정보통신망 이용촉진 및 정보보호 등에 관한 법률, 언론중재 및 피해구제 등에 관한 법률 등 3개 법안 16개 개정안이 국회에 제출된 바 있으며 이에 대하여는 아래의 제3장과 제4장에서 구체적으로 살펴본다.; 황성기, "가짜뉴스에 대한 법적 규제의 문제", 「관훈 저널」, 통권 제146호, 관훈클럽, 2018. 3. 84-85면; 황용석/정재관/정다운, "가짜뉴스 관련 국내 입법안 분석과 그 한계 : 위헌성 여부를 중심으로", 「사회과학연구」, 제25권 제2호, 동국대학교 사회과학연구원, 2018. 6. 101면 이하 등.

63) 김종현, 「이른바 '가짜뉴스'에 관한 헌법적 연구」, 헌법재판소 헌법재판연구원, 2019. 9. 25면.

64) 김종현, 전게서, 8-10면.

해와 영향력이 매우 크다. 가짜뉴스는 허위사실이 뉴스형식을 띠고 급속히 전파되면서 특정 개인의 명예를 훼손하거나 심각한 경우 사회 혼란을 일으키고 선거와 관련해서는 정치적 의사형성 과정을 왜곡하여 민주주의를 저해하는 등의 심각한 폐해를 일으킨다.[65] 따라서 가짜뉴스의 유포행위도 종전의 허위사실 유포행위를 규제하는 법제들에 의하여 당연히 규제를 받아야 하는 대상에 포함되며, 민사적·행정적 규제 등 비형사적인 규제뿐만 아니라, 형법상 명예훼손죄, 공직선거법상 허위사실공표죄, 국가보안법상 허위사실 날조·유포죄 등 형사처벌이라는 강력한 형사적 규제까지 가해질 수 있다.

그러나 현행 법 규정만으로는 사회적 혼란을 야기하는 가짜뉴스 등을 형사처벌 하거나 행정적인 규제를 하는 데 일정한 한계가 있다는 점에서 현재 이를 보완하기 위한 법률안 개정이 추진되고 있다. 특히 가짜뉴스의 확산 속도가 가장 빠르고 폐해가 심각한 정보통신망을 이용한 가짜뉴스 유포의 규제를 위해「정보통신망이용촉진 및 정보보호 등에 관한 법률」(이하 '정보통신망법'이라 한다) 개정이 지난 제20대 국회에서 추진되어 총 6건의 개정안이 발의되었으나, 모두 국회에서 통과되지 못하고 임기만료로 폐기되었다. 제21대 국회에서는 새로이 2건이 발의되어 심의 중에 있다.

## 다. 가짜뉴스 개념에 대한 특별한 법적 규제의 필요성 검토

위의 정보통신망법 개정안과 같이 최근 가짜뉴스의 유포로 인한 폐해가 커짐에 따라 이를 방지하기 위해 형사처벌을 포함한 좀 더 효과적이고 다양한 규제가 논의되고 있다. 그러나 가짜뉴스도 기존

---

65) 김균미, "가짜뉴스와의 전쟁에서 이길 수 있을까", 「관훈 저널」, 제146호, 관훈클럽, 2018. 3. 72-73면; 김해웅/고재욱/김동희/전삼현, "온라인상의 가짜뉴스와 법적제재에 관한 이론적 연구", 「한국 IT 정책경영학회 논문지」, 제11권 제2호, 한국IT정책경영학회, 2019. 4. 1174면 등.

의 허위사실 유포의 한 특별한 형태일 뿐이므로 종전의 허위사실을 규율하는 법제로 규제가 가능하다면 별도로 '가짜뉴스'의 개념을 규정하고 이에 특별한 규제를 가하는 것이 필요한지에 대하여는 좀 더 신중해야 한다고 판단된다. 왜냐하면 앞서 살핀 바와 같이 허위사실과 진실의 구별기준과 개념이 명백하지 않다는 비판이 아직도 제기되고 있는 상황에서 '허위사실'의 개념에서 다시 '가짜뉴스'라는 개념을 분리해 내어 이에 대한 형사처벌 등 디 강한 법적 제재를 기할 경우에는 그러한 규제가 헌법상 명확성의 원칙에 반해 언론·출판의 자유를 심각하게 침해할 위험성이 있기 때문이다. 따라서 본 저서에서도 가짜뉴스라는 개념은 허위사실 표현의 한 형태로 보아 허위사실에 대한 형사처벌 등 그 법적 규제를 검토함에 있어서 기본적으로 일반적인 허위사실과 별도로 구별하지 않고 함께 검토하되, '가짜뉴스' 만을 별도로 규정하여 법적 규제를 강화하는 법안들에 대한 필요성과 합헌성 여부는 제4장 제4절에서 상세하게 검토해 보도록 하겠다.

## II. 독일의 학설과 판례

### 1. 독일 학계에서의 논의

독일의 경우 기본법 제5조 제1항에서 "누구든지 자신의 의견(Meinung)을 말, 글, 그림으로 자유로이 표현하고 전달할 자유를 가진다."라고 규정하고 있어 '사실의 주장'이나 '사실의 전달'이 포함되어 보호되는지 여부가 논의되는데, 사실을 전달함에 있어 어떤 것은 상세하게 전달하거나 강조하고, 어떤 것은 중요하지 않은 것으로 생략하는 것에는 이미 평가적 입장표명과 의견의 표명이 존재한다는 것이 일반적이다. 또한, 사실의 전달이 의사형성의 조건에 해당하는 한 사실 전달은 기본법 제5조 제1항의 보호영역에 속한다는 것에는 특별한 이론이 없으나,66) 허위사실의 표현이 보호영역에 포함되는지에 대하여는 의견이 대립하고 있다.

명백한 가짜뉴스나 명예를 훼손하는 허위사실의 표현물은 보호받아야 할 의견의 표명도 아니고, 언론·출판의 자유에서 보장하고 있는 정보를 제공하는 것도 아니며, 단지 대중의 판단을 흐리게 하는 사실의 전달이라는 의미밖에 없기 때문에 헌법상 표현의 자유의 보호영역에 해당하지 않는다는 의견과,67) 기본권의 보호가 공동화되지 않으려면 발언의 내용이나 가치 또는 무가치, 목적 등은 기본법 제5조 제1항 제1문의 보호범위를 결정하는 기준이 되어서는 안 되며,68) 표현 주체의 의사를 반영하지 않는 진실에 대한 의식적인 왜곡은 표현 주체의 의사표시로서 보호받을 수 없겠으나 이러한 범위를 넘어 보호영역의 확정문제에 진리의 입증, 즉 사실의 객관적 정확성이 결정적인 의미를 가질 수는 없으며, 의사표현과 언론·출판의 자유는 항상 오류를 범할 수 있는 자유라는 점에서 이를 보호영역에서 제외하는 것에 대하여는 비판적인 견해 등으로 의견이 대립하고 있다.69) 2017년 독일에서 가짜뉴스 등의 규제를 위한 '네트워크법집행법(NetzDG)'이 시행되면서 가짜뉴스 등 허위사실의 표현에 대한 규제가 언론·출판의 자유를 과도하게 제한하는 것이라는 비판과 함께 허위사실 표현의 보호영역 포함 여부도 학자들 사이에

---

66) Rudolf Wendt, Art. 5, in: Ingo von Münch/Philip Kunig(Hrsg.), Grundgesetz-Kommentar, Band 1, 5. Aufl. 2010, Rn. 9.

67) Karl-Nikolaus Peifer, Fake News und Providerhaftung, in: CR 12/2017, S.810.

68) Edzard Schmidt-Jortzig, § 141 Meinungs- und Informationsfreiheit, in: Josef Isensee/Paul Kirchhof, Handbuch des Staatsrechts der Bundesrepublik Deutschland, Band VI: Freiheitrechte, 3.Aufl. 2009, Rn. 20; Michael Köhler, Zur Frage der Strafbarkeit des Leugnens von Völkermordtaten, in: NJW 1985, S.2390.

69) Rudolf Wendt, 전게논문, Rn. 10.

서 지속해서 논란이 되고 있는데 위 법안의 구체적 내용과 논란에 대하여는 독일의 비형사적 규제를 다루면서 상세히 살펴보도록 하겠다.

## 2. 독일 연방헌법재판소 대표적인 결정 사례

독일 연방헌법재판소는 "사실주장도 그것이 의견형성의 전제가 되는 경우에는 표현의 자유의 보호대상이 되지만, 고의에 의한 허위의 사실주장만은 처음부터 기본권의 보호영역에서 제외된다. 왜냐하면 그러한 사실주장은 헌법이 보장하는 의견형성에 기여할 수 없기 때문이다."70)라는 기본적인 태도를 취하고 있다. 독일은 제2차 세계대전 당시 나치의 유태인 대량학살 사건과 관련하여 이를 부인하는 등의 허위사실 주장에 대한 여러 법적 제재를 가해 왔는데, 허위사실의 표현이 언론·출판의 자유 보호영역에 포함되는가에 대한 독일 연방헌법재판소의 판단은 주로 이와 관련된 사건에서 언급되고 있다.

### 가. 집회에서 유태인 대량학살 부인 언급 회피 조치 사례

독일의 민족민주당(NPD, Nationaldemokratische Partei Deutschland)이 뮌헨에서 개최한 집회에서 나치의 유태인 학살 부인론자의 기조연설이 예상되자, 뮌헨시에서는 유태인 학살 부인 주장이 제기되지 않도록 적절한 조치를 요구하면서 이를 거부하면 형사처벌을 받게 될 수 있다는 경고 조치를 하였다. 그러나 민족민주당의 거부로 행정법원에서 뮌헨시 조치의 정당성 여부가 다투어 졌으며 주와 연방 행정법원에서 뮌헨시의 조치가 정당하다고 판결하였다. 이에 민족민주당은 위 행정법원의 판결들이 독일 기본법 제5조 제1항의 표현의 자

---

70) BVerfGE 61, 1(7); 95, 1(15).

유를 침해한 것이라며 헌법소원을 제기하였다. 독일 연방헌법재판소는 이 사건에서 "제3제국에서 유태인 박해가 없었다는 표현은 수없이 많은 증인, 문서, 형사재판의 사실인정 및 역사학적 인식에 의하여 허위로 입증된 사실주장에 불과하고, 그러한 주장은 그 자체로서 언론·출판의 자유에 의한 보장을 향유할 수 없는 것"이라며, 명백한 허위사실의 주장은 기본권 제5조 제1항이 보호하고 있는 의견표명의 자유에 있어 '의견'형성에 기할 수 없는 것으로 언론·출판의 자유의 보호영역 밖에 있는 것이라고 판단하였다.[71]

최근에는 「집회법」(Versammlungsgesetz) 제15조 제2항을 개정하여 국가사회주의 희생자를 위한 추모지역 내에서의 희생자와 피해자의 존엄성을 보호하는 조치가 가능하도록 하였다. 그에 따라 각 주의 지침을 통해 국가사회주의 시대 전쟁범죄를 부인하는 등을 내용으로 하는 집회를 금지하는 등의 조치도 가능하도록 하였다.[72] 예를 들면, 바덴-뷔르템베르크(Baden-Württemberg) 주(州)는 집회금지 사유의 하나로 "집회개최 시 공공의 안전 또는 질서를 직접적으로 위태롭게 하는 경우에 그 집회는 금지될 수 있다. 특히 역사적으로 중요한 의미를 가진 추모유적지로서 국가사회주의에 의한 폭력지배 및 자의적 지배하에 저질러진 비인간적인 행위의 희생자를 기념하는 장소에서 집회와 시위를 개최하고 그 집회와 시위를 통하여 피해자의 존엄성을 침해할 우려가 있는 경우가 금지될 수 있는 집회에 해당한다."[73]라고 규정하고 있다.

---

71) BVerfGE 90, 241(247f.).

72) Jürgen Schäfer, § 130 Volksverhetzung, in: Wolfgang Joecks/Klaus Miebach(Hrsg.), Münchener Kommentar zum StGB, 3.Aufl. 2017, Rn. 17.

73) Baden-Württemberg Innenministerium, Hinweis für die Durchführung von Versammlung, Dezember 2015, S.13.

## 나. 형법 제130조 제3항 '아우슈비츠거짓말' 처벌규정 관련 사례

독일 형법 제130조[국민선동죄] 제3항에서 나치 지배하의 범죄행위를 부인하는 허위사실을 주장하는 경우 형사처벌하는 일명 '아우슈비츠거짓말(Auschwitzlüge)' 처벌규정을 두고 있는데,[74] 독일 연방헌법재판소는 위 형법 제130조 위반으로 형사처벌을 받은 당사자가 제기한 헌법소원사건 등에서 허위사실의 표현도 독일 기본법 제5조의 언론출판의 자유에 포함될 수 있는 것인지에 대하여 여러 사례 판단한 바 있다.[75] 최근 판결 사례의 보호영역 판단내용은 다음과 같다.

> 헌법소원 청구인(89세, 여성)은 '국가사회주의 지배 하에서 유대교 신앙자의 대량학살은 발생하지 않았으며, 특히 집단학살수용소인 아우슈비츠-비르케나우(Auschwitz-Birkenau)에서는 집단적 가스주입살인은 가능하지도 않았다'라는 내용의 기사들을 발표하였다. 이 표현으로 인하여 1심 페르덴(Verden) 구(區)법원(Amtsgericht; AG)은 청구인에게 국민선동죄 7건, 국민선동미수죄 1건 등을 이유로 2년 6개월의 자유형을 선고하였고, 항소심 페르덴 주법원(Landgericht; LG)은 2년의 자유형을 선고하였다. 첼레(Celle)의 주최고법원(Oberlandesgericht; OLG)은 청구인의 상고에 대하여 각하하였다. 이에 청구인은 연방헌법재판소에 헌법소원(재판소원)을 청구하였다. 연방헌법재판소는 판결문에서 청구인의 표현은 허위로 입증되고 전문법원(Fachgericht)의 확인에 따른 명백한 허위의 사실 주장으로서 헌법적으로 보장된 의사형성에 기여할 수 없고, 그 허위사실의 유포 자체는 의사표현의 자유에 해당하지 않으며 의사표현이 그러한 사실 주장과 연결된 경우라 하더라도 변경되지 않는다고 판단하여 명백한 허위의 주장은 독일 기본법 제5조

---

74) 1994년 법 개정으로 도입된 규정으로 "국가사회주의(나치) 지배 하에서 범하여진 국제형법 제6조 제1항에서 규정된 종류의 행위를 공공의 평온을 교란하기에 적합한 방법으로 공연히 또는 집회에서 승인, 부인, 고무한 자는 5년 이하의 자유형 또는 벌금형에 처한다." 위 조항은 도입 당시부터 표현의 자유에 대한 과도한 침해라는 비판이 있었다(Daniel Beisel, "Die Strafbarkeit der Auschwitzlüge. Zugleich ein Beitrag zur Auslegung des neuen §130 StGB", in: NJW 1995, S.997ff.; Mathias Hellamnn/Julia Gärtner, "Neues beim Volksverhetzungstatbestand – Europäische Vorgaben und ihre Umsetzung", in: NJW 2011, S.961 이하).

75) BVerfGE 90, 241; BVerfG NJW 2012, 1273 등.

의 언론·출판의 자유의 보호영역에 포함되지 않는다는 종전의
태도를 명백히 밝혔다.[76]

## 다. 기타 명백한 허위사실 또는 혐오표현 관련 사례

허위사실에 의한 명예훼손 관련 사건에서 의도적으로 '허위의 인
용문(das unrichtige Zitat)'을 전달하는 경우 기본법 제5조 제1항의
보호범위에 속하지 않는다고 판시한 바 있다.[77] 또한, 최근에는 선
거와 관련된 선거방송에서 난민에 대한 혐오표현을 게재한 경우도
같은 취지로 판결한 사례가 있다. 2019년 5월 26일 유럽선거
(Europawahl)에 출마한 후보자가 선거홍보방송을 방송국에 제출하
였는데, 그 홍보방송은 암회색의 배경 화면에 핏방울이 흘러내리고,
그 후 무기를 장전하여 발사하는 소리가 들리며, 폭력범죄·살인범
죄의 행위 장소와 피해자의 이름이 빠르게 화면에 삽입되어 지나가
는 것이었다. 이러한 장면 하단에 다음과 같은 문구가 기재되어 있
다. "2015년 자의적인 국경공개 및 통제되지 않는 대량유입 이후 독
일인들은 거의 매일 외국의 칼을 든 사람들의 희생자가 되고 있다.
이주민을 살해하라(Migration tötet)! 우리의 안전을 위한 보호구역
을 만들기 위하여 지금이야말로 행동할 때이다."[78]

이에 대하여 독일 제2TV(ZDF; Zweites Deutsches Fernsehen) 편
집국장은 정당법(Parteiengesetz)에 의하여 선거홍보방송은 제한 없
이 방송되어야 하지만, 선거홍보방송이 명백하게 형법을 위반하고
그 위반이 경미하지 않을 때에는 선거홍보방송의 송출을 거부할 수

---

76) BVerfG, Beschluss der 3. Kammer des Ersten Senats vom 22. Juni 2018 – 1 BvR 2083/15(=
BVerfG HRRS 2018, 610 = BVerfG NJW 2018, 2861 = BVerfG DÖV 2018, 913), Rn. 17,
Rn. 20, Rn. 28.

77) BVerfGE 54, 208.

78) BVerfG, Beschluss der 2. Kammer des Ersten Senats vom 27. April 2019 – 1 BvQ 36/19.

있다는 이유로 선거홍보방송의 송출을 거절하였다. 이와 관련하여 라인란트팔츠주 최고행정법원은 본 사안의 선거홍보방송 내용은 형법 제130조 제1항 제2호(국민선동죄)를 명백하고 심각하게 위반하였다고 판단하였고, 연방헌법재판소도 행정법원의 판결은 기본법 제5조 제1항 제1문에 따른 헌법소원 청구인의 표현의 자유의 보호 내용을 오인하였다고 볼 수 없다고 판단하였다.[79]

## III. 미국의 학설과 판례

미국에서 언론·출판의 자유와 관련된 보호영역 이론을 검토하기 위해서는 우선, 미국 연방헌법 수정 제1조의 내용과 구조를 파악해 볼 필요가 있다. 미국 연방헌법 수정 제1조에서 언론·출판의 자유를 보장하면서 "언론·출판의 자유를 제한하는 법률을 제정할 수 없다."라고 규정하고 있다. 언론·출판의 자유를 규정하고 있는 기본법 제5조에 제2항에서 직접적 한계 규정을 두고 있는 독일이나, 헌법 제21조 제4항의 직접적 한계 규정 및 제37조 제2항을 두어 일반적인 제한 규정을 두고 있는 우리의 헌법 규정과는 달리 헌법상 법률로 언론·출판의 자유를 제한하는 규정을 두고 있지 않고 오히려 그러한 법률을 제정할 수 없다고 규정하고 있는 것이다. 그렇다고 미국에서 언론·출판의 자유가 무제한 보장되는 것은 아니다. 미국은 위와 같은 헌법 수정 제1조의 규정에도 불구하고 사실상 언론·출판의 자유를 제한하는 이론과 판례를 꾸준히 발전시켜 왔다. 다만, 헌법상 제한 근거 규정이 없으므로 주로 헌법 수정 제1조가 적용되는 영역과 그렇지 않는 기본권의 보호영역을 설명하는 과정과 함께

---

79) BVerfG, Beschluss der 2. Kammer des Ersten Senats vom 27. April 2019 – 1 BvQ 36/19.

전개되어 왔다.

## 1. 미국의 보호영역 관련 이론적 논의

미국에서 언론·출판의 자유 보호영역 관련 논의는 언론·출판의 자유를 보호하는 이론적 근거가 무엇인가를 살펴봄으로써 가능하며 그와 관련된 여러 이론들이 전개되었다. 전통적인 이론으로 다음의 세 가지 이론이 전개된 바 있다.

우선, 사상의 자유시장이론(Marketplace Theory)이다. 언론·출판의 자유는 진실을 발견하는 필수적인 것으로서 이를 통한 자유로운 사상의 교환을 통하여 진실을 발견할 수 있는 것이며, 국가가 특정한 사상을 진실이라고 규정지을 수 없는 것이라는 이론이다.[80] 두 번째는, 국민의 자기지배이론(Self-Government Theory)으로 언론·출판의 자유가 가지는 역할에 주목하여 민주주의 사회에서 주권자인 국민이 주권을 행사하기 위한 전제로서 언론·출판의 자유가 필요하며 사회적 관심 사안에 대한 숙의민주주의를 위해서 반드시 필요한 것이라고 하였다.[81] 세 번째로는, 국민의 자기만족이론(Self-Fullfillment Theory or Individual Autonomy Theory)으로 언론·출판의 자유는 민주사회에서의 정치참여 뿐만 아니라 국민 개인의 자기만족이나 개발에 도움이 되기 때문에 보호된다는 이론이다.[82] 이 이론에 따르면 정치적인 목적이 아닌 개인의 만족을 위한 영역까지 보호영역이 확

---

80) JOHN S. MILL, ON LIBERTY (2015); 김우성, 전게논문, 18면 등.

81) ALEXANDER MEIKLEJOHN, POLITICAL FREEDOM: THE CONSTITUTIONAL POWERS OF THE PEOPLE (1965); 김우성, 전게논문, 19면.

82) C. EDWIN BAKER, HUMAN LIBERTY AND FREEDOM OF SPEECH (1989); Martin H Redish, *The Value of Free Speech*, 130 U.PA.LEV. 591 (1982); T. I. Emerson, *Toward a General Theory of First Amendment*, 72 YALE L.J. 877, 879 (1963); ; 김우성, 전게논문, 19면.

대되게 된다.

전통적인 이론에 더하여 정부 관료에 대한 권한 남용을 견제하고
확인하는 것에 표현의 자유의 보호 이유를 찾는 견제가치이론
(Checking Value Theory), 반대자에 대한 보호가 표현의 자유의 본
질이라는 부(否)의 이론(Dissent Theory), 사회의 안정성과 변동성의
균형에 관한 진보적인 계획으로서 타인의 다양한 관점을 수용할 수
있는 사회를 민든 것에 가치를 확대하는 관용이론 등이 주장되고 있
다.83) 그러나 미국에서도 어떤 특정 이론에 의해 언론·출판의 자유
보장이유와 그 보호영역을 명확하게 확정하지는 못하고 있으며, 이
와 같은 다양한 이론 전개와 함께 미국 연방대법원도 언론·출판의
자유에 대한 보호영역 판단에 많은 변화를 거쳐 왔다.

## 2. 미국 연방대법원의 판례

미국 연방대법원은 위법행위의 선동(incitement of illegal activity),
도발적 언사(fighting words), 음란물(obscenity) 등을 보호되지 않는
언론으로 분류하고, 몇몇 형태의 성적인 언론(sexually oriented
speech)을 연방헌법 수정 제1조에 의하여 보호되기는 하지만 낮은
가치의 것으로 취급하는 등 언론·출판의 자유의 보호영역, 표현의
보호 가치 등에 관하여 설시한 바 있으나,84) 허위사실의 표현과 관
련해서 명시적으로 보호영역 해당 여부를 언급한 판례는 많지 않
다.85) '허위사실의 표현'이 헌법상 언론·출판의 자유의 보호영역에

---

83) T.I. Emerson, 각주 82) 전게논문, 884-886; 김우성, 전게논문, 19면.

84) Chaplinsky v. New Hampshire, 315 U.S. 568(1942); Roth v. U.S. 354 U.S. 476(1957).

85) 연방대법원의 판결은 아니지만 비행기나 자동차에 폭탄이 폭발의 목적으로 장착되어 있다는
    등의 허위사실(false information)을 고의·악의적으로 유포할 경우 형사처벌 하도록 한 연방법
    (18 U.S.C. §35 Imparting or conveying false information)에 대하여, 연방항소법원은 Schenk

포함되는가에 대한 연방대법원의 판결은 주로 민사상의 명예훼손 사건[86]과 관련하여 전개되었으며 주요 판례는 다음과 같다.

## 가. New York Times Co. v. Sullivan 사건[87]

이 사건은 1964년 뉴욕타임스에 기재된 전면 광고(마틴 루터 킹 목사에 대한 경찰의 강압 행위를 비난하는 내용)에 대하여 경찰의 책임자 설리번(L. B. Sullivan)이 허위사실보도로 인한 명예훼손을 당하였다면서 손해배상 소송을 제기한 사건이었다. 이 사건에서 허위사실의 보도도 보호받을 수 있는 것인가가 쟁점이 되었는데, 연방대법원은 "자유롭게 토론하기 위해서는 잘못된 표현은 불가피하며, 토론에 이른바 숨 쉴 공간(breathing space)이 있어야 한다."라고 판시하였다.[88] 위 판결은 공인에 대한 명예훼손을 인정하기 위해서는 '현실적 악의(actual malice)'가 있어야 한다는 개념을 도입한 판결로 유명하나, 허위사실의 보도에 대하여도 미국 연방헌법 수정 제1조에 의하여 보호받을 수 있다는 것을 최초로 언급한 점에서도 큰 의미가 있는 판결로 받아들여지고 있다.[89]

---

v. United States 사건에서 소수의견을 낸 홈즈 대법관이 '명백하고 현존하는 위험'이 있는 사례로 예시한 "사람으로 가득한 극장에서 거짓으로 '불이야'라고 소리치기(false cry of fire in a crowded theatre)"와 같이 명백하고 현존하는 위험이 있어 수정헌법 제1조의 보호를 받지 못한다고 보았다(United States v. Rutherford, 332 F.2d 444).

86) 미국 연방대법원의 명예훼손 판결들은 주로 공인에 대한 명예훼손에 '현실적 악의'를 필요로 한다는 공인 이론과 관련한 쟁점이 주된 것이었으나, 이에 대하여는 명예훼손 부분에서 상세히 다루고 여기서는 주된 쟁점인 허위사실의 보호가치와 보호영역 해당 여부 관련 판례의 논리 전개를 중점으로 다루도록 한다.

87) New York Times Co. v. Sullivan, 376 U.S. 254 (1964).

88) New York Times Co. v. Sullivan, 376 U.S. 254, 271-272(1964), "That erroneous statement is inevitable in free debate, and that it must be protected if the freedoms of expression are to have the 'breathing space' that they need to survive".

89) 문재완, "허위사실 표현과 표현의 자유 : 한국과 미국의 판례 비교를 중심으로", 「공법연구」, 제39집 제3호, 한국공법학회, 2011. 2. 124면.

## 나. Gertz v. Robert Welch, Inc. 사건[90]

이 사건은 시카고의 거츠(Elmer Gertz)라는 인권 변호사가 경찰관의 독직 가혹 행위에 의해 살해당한 소년의 유족을 대리하여 손해배상 청구 소송을 제기한 데 대하여 특정 언론사가 그를 '공산주의자이고 경찰 불신화 조직의 일원'이라고 보도하자, 위 언론사를 상대로 허위사실에 의한 명예훼손을 당했다며 손해배상 청구 소송을 세기한 사안이다. 연방대법원은 위 변호사가 공적 인물로 볼 수 없다는 점을 들어 '현실적 악의(actual malice)'의 법리가 적용되지 않는다고 보았다.

이 사건에서 연방대법원은 '잘못된 의견(a false idea)'과 '사실의 허위 진술(false statements of fact)'을 구별해야 한다고 하면서, "연방헌법 수정 제1조에서 잘못된 의견이란 없다. 의견이 아무리 해롭다고 하더라도 다른 의견에 의해서 수정될 뿐이며, 판사나 배심원의 양심에 따라 판단되어서는 안 된다. 그러나 사실의 허위진술에는 헌법적 가치가 없다."라고 판단하였다. 이 판례에 대하여 미국의 연방대법원이 허위사실의 표현에 대하여 헌법상 보호영역에 포함되지 않는 것으로 보는 것처럼 단정적으로 주장하는 의견도 있으나,[91] 위 판례의 말미 부분에 "중요한 언론 자유의 보호를 위해서는 어떤 허위성은 보호할 것이 요구된다"라고 언급하고 있으므로 이 판결이 허위사실의 표현은 완전히 헌법적 보호영역에 속하지 않는다고 결정한 사례라고 단정하기는 어렵고, 허위사실을 공표하는 경우 헌법적 보호 기준을 제시하였다는 의의 정도가 있다고 보아야 할 것이다.

---

90) Gerts v. Robert Welch, Inc. 418 U.S. 323 (1974).
91) 문재완, 각주 89) 전게논문, 115면.

### 다. Milkovich v. Lorain Journal Co. 사건[92]

이 사건은 미국 클리블랜드의 고등학교 간 스포츠 경기 중 발생한 폭력사태와 관련하여 출전정지 징계를 받은 고등학교 체육 교사 밀코비치(Milkovich)가 법원에 제소하여 징계 효력을 정지하는 처분을 받자, 상대 고등학교 지역 언론사(Lorain Journal)에서 법원 재판과정에서 밀코비치가 거짓 진술을 하였다는 점을 암시하는 내용[93]의 칼럼을 게재하였고, 밀코비치가 그 기사 내용은 허위로 자신의 명예를 훼손하였다며 소송을 제기한 사건이다. 연방대법원은 위 판결에서 '의견'의 형식이라 하더라도 표현의 자유에 있어서 무조건 보호되어 명예훼손이 성립하지 않는 것이 아니며, 의견과 사실이 혼재되어 있거나 의견 형식이라도 특정한 사실을 암시하고 있는 경우에는 그것이 허위사실인 경우 명예훼손죄가 성립할 수 있으며, 이 사건에서 기자의 칼럼은 밀코비치가 거짓 진술을 하였다는 점을 강력하게 암시하고 있는 것으로 그 내용의 진위를 확인할 수 있는 사실의 진술이라고 판단하였다.

랭퀴스트(Rehnquist) 대법관 등 다수의 대법관이 이와 같은 의견을 내었지만, 브래넌(Brennan) 대법관, 마샬(Marshall) 대법관 등은 의견과 사실의 구분에는 찬성하면서도 칼럼 내용은 의견임을 나타내는 내용이 충분하다고 다수의견과는 다른 결론을 피력하였다. 본건 판결은 허위사실의 표현이 의견과 혼합된 경우 문제 된 표현이 사실을 진술한 것으로 합리적으로 해석될 수 없거나, 진위가 입증될 수 없는 경우는 의견이라고 보아 표현의 자유로서 보호될 수 있다는

---

92) Milkovich v. Lorain Journal Co. 497 U.S. 1, 5 (1990).

93) Milkovich v. Lorain Journal Co. 497 U.S. 5(1990); "Anyone who attended the meet, whether he be from Maple Heights, Mentor, or impartial observer, knows in his heart that Milkovich and Scott lied at the hearing after each having given his solemn oath to tell the truth."

기준을 제시하였다는 점에서 의의가 있다고 본다.[94] 그러나 이와 같은 연방대법원의 판결에 대하여는 New York Times Co. v. Sullivan 판결에서 언급되었던 이른바 '숨 쉴 공간'을 사실상 사라지게 한 것이라는 비판도 제기되었다.[95]

### 라. United Sates v. Alvarez 사건[96]

2005년 제정된 일명 '빼앗긴 용냉법(Stolen Valor Act of 2005)'은 무공훈장을 받았다고 거짓말하는 행위를 연방 경범죄로 규정하고 명예 훈장(congressional Medal of Honor)을 받았다는 거짓말은 가중처벌하는 규정을 두었다. 이에 해당하여 1심에서 유죄판결을 받은 자이비어 알바레즈(Xavier Alvarez)가 위 법안이 연방헌법 수정 제1조의 표현의 자유를 침해하는 위헌적인 법률이라고 주장하면서 항소하였고, 항소법원은 이를 받아들였다. 위 사건은 연방대법원에서 6:3으로 위헌이 확정되었다. 이 사건에서 연방대법원은 종전 판례들이 허위사실의 보호영역과 관련하여 판시한 내용과 관련해서 의미 있는 내용을 설시하였다.

이 사건에서 다수의견을 주도한 Kennedy 대법관은 허위사실의 진술(false statements of fact)이라고 하여 반드시 연방헌법 수정 제1조의 보호를 받지 못하는 영역에 속하지 않으며, 본 사건 법률은 엄격한 심사를 통과하지 못한다고 판결하였다. 일정한 내용의 표현 자체를 규제하는 이른바 내용 기반 규제(content-based restrictions)는

---

94) 같은 취지: 문재완, 각주 89) 전게논문, 128면.

95) T. R. Hager, *Recent Development; Milkovich v. Lorain Journal Co.; Lost Breathing Space—Supreme Court Stifles Freedom of Expression by Eliminating First Amendment Opinion Privilege*, 65 TUL.L.REV. 944 (1991); 문재완, 각주 89) 전게논문, 128면.

96) United States v. Alvarez, 567 U.S. 709, 132 S. Ct. 2537(2012).

반증될 때까지 일단 위헌적으로 간주하며, 다만, 역사적·전통적으로 오랫동안 헌법적 보호 대상이 아닌 것으로 알려진 표현의 영역은 예외라고 하면서 선동, 음란, 명예훼손, 아동 포르노, 사기, 정부가 예방할 권한을 가지는 심각하고 절박한 위협을 야기하는 표현들만이 이에 해당한다고 하였다. 연방헌법 수정 제1조가 보장하고자 하는 활발한 견해의 표현이 가능하기 위해서는 그 과정에서의 약간의 허위사실은 불가피하다는 것이다. 또한, 연방대법원이 종전에 허위사실의 표현은 사상의 자유시장의 진리탐구 기능을 저해하기 때문에 진실한 사실에 비하여 보호를 받지 못한다고 한 판례들을 언급하면서 이와 같은 판례들에 대하여 허위사실의 표현이 연방헌법 수정 제1조의 보호에서 완전히 배제된다는 결론을 내린 것으로 해석하는 것은 잘못된 것이라고 지적하였다. 종전의 연방대법원 판례들에 나타난 허위사실의 표현은 타인의 명예나 프라이버시 등을 침해하는 것이었으나, 타인의 법익을 침해하지 않고 진술의 허위성만이 문제된 이 사건에서의 허위진술은 표현의 자유의 보호영역에서 배제된다고 볼 수 없다는 판단을 하였다.

## 마. 기타 참조 판결

그 외 미국 연방대법원 판례는 아니나, 캐나다 연방대법원에서 허위사실 표현에 대한 언론·출판의 자유의 보호영역 해당 여부를 판단한 사례가 있다. 1992년 캐나다 연방대법원에서 캐나다 형법상 허위사실유포죄[97]에 대하여 위헌 결정을 선고하면서 허위사실의 표현이 언론·출판의 자유의 보호영역에 포함되는 것인지에 대하여 언급하였다. 당시 홀로코스트가 유태인들에 의하여 날조된 것이라는

---

97) Criminal Code, RSC 1985, c. C-46, Section 181.

내용의 책자를 제작하여 허위사실을 유포(spreading false news)한 혐의로 유죄판결을 받고 상고한 피고인에 대한 재판에서, 캐나다 연방대법원은 출판물이 허위라고 하더라도 언론·출판의 자유에 의하여 보호된다면서 처벌근거조항이 헌법에 반한다고 판단하여 상고를 인용하였다.98) 위 판결에서 연방대법원 재판관 4인은 과장이나 명백한 허위도 유용한 사회적 목적에 기여하거나 정치참여 내지 자아실현을 증진할 수 있고, 복합적인 사회저·역사적 사실이 얽혀있는 경우 진실과 거짓의 구별이 어려우며, 어떤 이에게는 일정 부분 진실인 것이 어떤 이에게는 일정 부분 거짓인 것으로 받아들여질 수 있어 '허위'는 명백한 기준이 될 수 없다고 보았다.99) 재판관 3인은 위와 반대의견을 제출하였으나 '허위사실'이 언론·출판의 자유에 의하여 보호된다는 점에 대하여는 같은 의견을 제시하였다.

---

98) R. v. Zundel[1992] 2 SCR 731, "All communications which convey or attempt to convey meaning are protected by s. 2 (b), unless the physical form by which the communication is made (for example, a violent act) excludes protection. The content of the communication is irrelevant. The purpose of the guarantee is to permit free expression to the end of promoting truth, political or social participation, and self-fulfilment. That purpose extends to the protection of minority beliefs which the majority regards as wrong or false."

99) R. v. Zundel[1992] 2 SCR 731, "Given the broad, purposive interpretation of the freedom of expression guaranteed by s. 2 (b), those who deliberately publish falsehoods are not, for that reason alone, precluded from claiming the benefit of the constitutional guarantees of free speech. Before a person is denied the protection of s. 2 (b), it must be certain that there can be no justification for offering protection. The criterion of falsity falls short of this certainty, given that false statements can sometimes have value and given the difficulty of conclusively determining total falsity."

## IV. 국내의 학설과 판례

### 1. 국내의 학설

#### 가. 보호영역 미포함설

언론·출판의 자유에 있어서 표현행위는 헌법상 보호받는 표현과 보호받지 못하는 표현으로 구분되며 보호받는 표현이라고 하더라도 헌법 제37조 제2항 등에 의한 제한을 받는데, 허위사실의 표현은 언론·출판의 자유의 보호영역에 포함되지 않는다는 견해이다.100) 즉, 국민의 의사형성에 도움을 주는 사실의 공표는 그것이 진실임을 전제로 하는 것이고, 허위의 사실은 국민에게 잘못된 의사·사고·사상을 형성시킬 뿐만 아니라, 사회구성원의 다수 의사를 왜곡시켜 민주주의를 왜곡하므로 보호할 가치가 없어 언론·출판의 자유의 보호영역에 속하지 않는다는 주장이다.

#### 나. 보호영역 포함설

의견과 사실을 구별하는 것뿐만 아니라 객관적인 진실과 거짓을 구별하는 것 역시 어렵기 때문에 허위사실이라는 개념 자체가 명백하지 않다는 이유로 허위사실과 진실을 구별하지 않고 모두 언론·출판의 자유의 보호영역에 속한다고 보아야 한다는 견해로,101) 허위사실의 표현으로 확인된다고 하여도 그 표현이 언제나 타인의 명예

---

100) 문재완, 각주 89) 전게논문, 135면; 한수웅, 전게논문, 64-65면; 한수웅, 전게서, 754면.

101) 헌법학자들의 다수설이다.; 박경신, 각주 51) 전게논문, 2면, 34면; 박진애, "표현의 자유의 관점에서 바라본 인터넷에서의 허위사실유포", 「언론과 법」, 제8권 제1호, 한국언론법학회, 2009. 6. 143-148면; 황성기, "헌법적 관점에서 본 미네르바 판결 - 소위 '허위사실유포죄'의 헌법적 문제점을 중심으로", 「인권과 정의」, 통권 제395호, 대한변호사협회, 2009. 9. 6면 이하 등.

나 권리를 침해하는 결과를 가져온다거나, 공중도덕·사회윤리를 침해한다고 볼 수 없으며, 행위자의 인격의 발현이나, 행복추구, 국민주권의 실현에 도움이 되지 않는 것이라 단언할 수 없다는 점 등을 근거로 들고 있다.

## 2. 헌법재판소의 판례

언론·출판의 자유의 보호영역과 관련해 종전에 논란이 되었던 표현은 '음란성'을 띤 표현이었다. 이미 살펴본 바와 같이 헌법재판소는 종전에 음란한 표현은 헌법상 보호받지 못하는 표현이라고 판단하였으나,102) 그 이후인 2009년 5월 음란한 표현도 언론·출판의 자유의 보호범위에 포함된다고 결정을 변경하면서 언론·출판의 자유의 보호영역 등에 관한 이론을 그 이유 등에서 상세히 설시한 바 있다.103)

'허위사실 표현'에 대하여 헌법재판소가 언론·출판의 자유의 보호영역에 포함되는지 여부를 명백히 판단한 것은 2010년 12월 28일 '공익을 해할 목적으로 전기통신설비에 의하여 공연히 허위의 통신을 한 자'를 형사처벌하는 전기통신기본법 제47조 제1항에 대한 헌법소원 결정(일명 '미네르바' 사건)에서였다. 헌법재판소는 위 결정에서 허위사실의 표현이 언론·출판의 자유의 보호영역에 포함된다고 판단하였다.104) 그 주된 논거는 첫째로 허위사실이라는 것은 언제나 명백한 관념은 아니라는 것이다. 즉, 어떠한 표현에서 '의견'과 '사실'을 구별해 내는 것은 매우 어렵고, 객관적인 '진실'과 '거짓'을 구별하는 것 역시 어려우며, 현재는 거짓인 것으로 인식되지만 시간

---

102) 헌재 1998. 4. 30. 95헌가16, 판례집 10-1, 327.

103) 헌재 2009. 5. 28. 2007헌바83 등, 판례집 21-1하, 545.

104) 헌재 2010. 12. 28. 2008헌바157, 2009헌바88, 판례집 22-2하, 684, 헌법재판관 5명 보충의견.

이 지난 후에 그 판단이 뒤바뀌는 경우도 있을 수 있다는 점을 이유로 들고 있다. 두 번째로 허위사실의 표현이 반드시 우리 사회에 해악만을 미치는 것은 아니며 때에 따라서는 우리 사회에 도움을 줄 수 있다는 점을 들고 있다. 즉, 객관적으로 명백한 허위사실의 표현임이 인정되는 때에도, 그와 같은 표현이 언제나 타인의 명예·권리를 침해하는 결과를 가져온다거나, 공중도덕·사회윤리를 침해한다고 볼 수는 없으며, 행위자의 인격의 발현이나, 행복추구, 국민주권의 실현에 전혀 도움이 되지 않는 것이라 단언하기도 어렵다는 점을 이유로 하고 있다.

결국, 헌법재판소는 허위사실의 표현 가운데 '일단 표출되면 그 해악이 처음부터 해소될 수 없거나 또는 너무나 심대한 해악을 지닌 표현'이 존재할 수 있다는 점은 인정하면서도, 어떤 표현이 바로 위와 같은 이유에 의하여 '국가의 개입이 1차적인 것으로 용인되고, 헌법상 언론·출판의 자유에 의하여 보호되지 않는 표현'에 해당하는지 여부는 '언론·출판의 자유'라는 헌법상의 중요한 기본권을 떠나서는 규명될 수 없다고 보았다. 따라서 표현이 어떤 내용에 해당한다는 이유만으로 언론·출판의 자유의 보호영역에서 애당초 배제된다고는 볼 수 없고, '허위사실의 표현'도 헌법 제21조가 규정하는 언론·출판의 자유의 보호영역에는 해당하되 다만 헌법 제37조 제2항에 따라 국가안전보장, 질서유지 또는 공공복리를 위하여 제한할 수 있는 것이라고 판단하였다.105)

---

105) 우리 헌법재판소 역시 앞서 살핀 캐나다 연방대법원의 판결과 같이 해당 조항의 위헌여부에 대하여는 헌법재판관들의 의견이 나누어졌으나, 허위사실이 언론·출판의 자유의 보호영역에 포함되는지 여부에 대하여는 포함된다는 점에 의견이 일치하였다. 다만, 위 조항의 합헌의견을 제시한 이동흡, 목영준 재판관은 "허위사실의 표현이 표현의 자유의 보호영역에서 배제되는 것은 아니지만, 이는 원론적으로 사상이나 지식에 관한 정치적·시민적 표현행위라고 볼 수 없으므로, 그에 대한 규제를 심사함에 있어서는 엄격한 비례의 원칙을 적용하는 것보다는 '피해의 최소성' 원칙에서 일부 완화된 심사를 함이 상당하다."라는 의견을 제시하였다(헌재

## V. 보호영역 판단과 기본권의 경합

허위사실 표현이 언론·출판의 자유의 보호영역에 포함되는지 여부와 관련하여 기본권의 경합 문제를 검토할 필요가 있다. 왜냐하면 언론·출판의 자유의 보호영역에 포함된다고 하여도 다른 기본권과 경합하는 경우도 있기 때문이다. 또한, 허위사실 표현이 언론·출판의 자유의 보호영역에 포함되지 않는다고 하더라도 그 이외의 다른 기본권, 예를 들면 헌법 제10조의 행복추구권, 제15조 직업선택의 자유, 제22조 제1항의 학문과 예술의 자유 등에 의하여 헌법상 기본권으로서 보호를 받을 수 있기 때문에 다른 기본권이 침해되는지 여부도 살펴보아야 한다.

### 1. 언론·출판의 자유와 다른 기본권의 경합

기본권의 경합(Grundrechtskonkurrenz)이란 한 기본권의 주체가 하나의 사안에 대하여 국가에 대하여 2개 이상의 기본권의 적용을 주장하는 경우에 발생하는 국가에 대한 이들 기본권들의 관계를 말한다.106) 예를 들면, 음악가의 음악 관련 출판 활동을 제한하는 경우에는 예술의 자유, 언론·출판의 자유뿐만 아니라 직업의 자유까지도 경합하여 이러한 기본권들이 침해되는 문제가 발생할 수 있다.

기본권의 경합은 법적 경합과 상상적 경합으로 나누어 볼 수 있다. 법적 경합(Gesetzeskonkurrenz)은 각 경합하는 기본권 중에 특별규정에 해당하는 기본권이 우선적 효력을 가진다. 특별규정에 해당하는 우선적 보장은 그보다 일반적인 규정을 배제하여 결과적으

---

2010. 12. 28. 2008헌바157 등, 판례집 22-2하, 685-686).

106) 정종섭, 전게서, 393면.

로 특별규정의 기본권만 유일하게 적용된다.[107] 언론・출판의 자유와 우리 헌법재판소가 인정하고 있는 헌법 제10조의 행복추구권으로부터 나오는 일반적 행동의 자유가 법적 경합의 한 형태라고 할 수 있다. 언론・출판의 자유는 행복추구권에서 나오는 일반적 행동의 자유보다 내용상 특별성을 가지기 때문에 법적 경합의 원리에 따라 우선적인 효력을 가진다. 이에 반하여 상상적 경합(Idealkonkurrenz)은 두 개의 기본권이 병행적으로 적용된다. 언론・출판의 자유와 직업의 자유, 학문과 예술의 자유, 종교의 자유 등은 상상적 경합의 관계에 있다. 우리 헌법재판소도 "의사표현의 자유는 언론・출판의 자유에 속하고, 여기서 의사표현의 매개체는 어떠한 형태이건 그 제한이 없다고 할 것이다. 따라서 이 사건에서 문제되고 있는 음반은 학문적 연구결과를 발표하는 수단이 되기도 하고, 예술표현의 수단이 되기도 하므로 그 제작 및 판매 배포는 학문과 예술의 자유를 규정하고 있는 헌법 제22조 제1항에 의하여 보장받음과 동시에 헌법 제21조 제1항에 의하여도 보장받는다."라고 판시하여 상상적 경합 관계를 인정하고 있다.[108]

## 2. 기본권 경합의 해결

헌법재판소는 기본권의 경합이 발생한 경우 기본적으로 기본권의 침해를 주장하는 자의 의도 및 기본권을 제한하는 입법자의 객관적 동기 등을 참작하여 사안과 가장 밀접한 관계에 있고, 또 침해의 정도가 가장 큰 주된 기본권을 중심으로 해서 그 제한의 한계를 검토해 보아야 한다는 입장을 취하고 있다.[109]

---

107) 방승주, 각주 34) 전게논문, 224-225면.
108) 헌재 1996. 10. 31. 94헌가6, 판례집 8-2, 395.

언론·출판의 자유와 관련된 대표적인 판례로서 1998. 4. 30. 출판사및인쇄소의등록에관한법률 제5조의2 제5호 등 위헌제청결정[110]에서 헌법재판소는 "이 사건 법률조항은 등록된 출판사가 음란 또는 저속한 간행물을 출판하여 공중도덕이나 사회윤리를 침해하였다고 인정되는 경우 등록청이 그 출판사의 등록을 취소할 수 있도록 하고 있다. 우선 이러한 등록취소제가 제청신청인의 어떠한 기본권을 제한하고 있는지 살펴보기로 한다. 이 사건 법률조항은 공중도덕이나 사회윤리를 보호하기 위해서 등록한 모든 출판사에 대하여 음란 또는 저속한 간행물의 출판을 금지시키고(1차 규제) 이를 위반한 경우에 당해 출판사의 등록을 취소하는(2차 규제) 수단을 채택하고 있다. 여기서 1차 규제내용인 '음란 또는 저속한 출판의 금지'는 일정한 내용의 표현을 금지시키는 것이어서 헌법 제21조 제1항의 언론·출판의 자유를 제약하는 것으로 볼 수 있다. 한편, 등록이 취소되면 당해 출판사는 음란·저속한 간행물뿐만 아니라 합헌일 수도 있는 모든 간행물을 동일한 출판사의 이름으로는 출판할 수 없게 된다. 따라서 등록취소라는 2차 규제는 당해 출판사의 합헌적인 표현에 대한 언론·출판의 자유를 제약할 뿐만 아니라 당해 출판사에 대해 재등록에 소요되는 일정기간 동안 출판업을 못하게 함으로써 직업선택의 자유를 제약하고, 또 그 출판사의 상호를 사용할 수 없게 함으로써 상호권이라는 재산권을 제약한다고 하겠다. 그러므로 이 사건 법률조항은 언론·출판의 자유, 직업선택의 자유 및 재산권을 경합적으로 제약하고 있다. 이처럼 하나의 규제로 인해 여러 기본권이 동시에 제약을 받는 기본권경합의 경우에는 기본권침해를 주장하는

---

109) 헌재 2009. 10. 29. 2008헌바101, 판례집 21-2하, 223; 2006. 2. 23. 2005헌마403, 판례집 18-1상, 330 등.

110) 헌재 1998. 4. 30. 95헌가16, 판례집 10-1, 327.

제청신청인과 제청법원의 의도 및 기본권을 제한하는 입법자의 객관적 동기 등을 참작하여 사안과 가장 밀접한 관계에 있고 또 침해의 정도가 큰 주된 기본권을 중심으로 해서 그 제한의 한계를 따져 보아야 할 것이다. 이 사건에서는 제청신청인과 제청법원이 언론·출판의 자유의 침해를 주장하고 있고, 입법의 일차적 의도도 출판내용을 규율하고자 하는 데 있으며, 규제수단도 언론·출판의 자유를 더 제약하는 것으로 보이므로 언론·출판의 자유를 중심으로 해서 이 사건 법률조항이 그 헌법적 한계를 지키고 있는지를 판단하기로 한다."라고 설시하면서 언론·출판의 자유가 제한되는지 여부만을 중심으로 심사를 진행하여 판단하였다.

그러나 이에 대하여는 기본권 침해를 주장하는 제청신청인과 제청법원의 의도 및 기본권을 제한하는 입법자의 객관적 동기는 참작사유는 될 수 있을지언정 그것이 기본권 경합 문제를 해결할 수 있는 기준이 될 수 없다는 비판이 있다. 즉, "사안과 가장 밀접한 관계에 있는지 여부"도 밀접한 관계에 있는 다른 기본권이 존재할 경우에 어떻게 적용해야 할 것인지 설명하지 못하며, "침해의 정도가 큰 주된 기본권을 중심으로" 해서 제한의 한계를 따져 보아야 한다고 했으나 헌법적 한계 내지 법률유보의 내용을 서로 달리하고 있는 기본권이 경합하는 경우에는 각각의 헌법적 한계 내지는 법률유보에 입각한 기본권 침해의 중대성이 달리 심사되어야 한다는 주장으로 헌법재판소의 심사범위는 기본권 보호에 충실하지 못하다는 것이다.[111]

위와 같은 기본권의 경합이 발생한 경우 이를 어떻게 판단하여 기본권을 보호해야 하는지와 관련하여 학계에서는 기본권의 효력이 약한 기본권을 우선하여야 한다는 최약효력설[112]과 기본권의 효력이

---

111) 방승주, 각주 34) 전게논문, 232면-233면.

강한 기본권을 우선시켜야 한다는 최강효력설113)이 있으나, 두 학설 모두 특정한 기본권에 의한 보호만을 받을 수 있어 기본권 보호에 충분하지 못한 해결 방법이라고 판단된다. 결국, 기본권이 경합하는 경우 해당 사안과 직접적인 관련이 있는 경우에는 그 해당 기본권을 우선 적용하고, 관련성이 동일한 경우에는 가장 효력이 강력한 기본권을 적용하되, 관련성과 효력이 동일한 경우에는 해당 기본권을 모두 적용하는 것이 기본권 보호에 가장 충실한 조치라고 판단된다.114)

## 3. 허위사실 표현과 기본권의 경합

허위사실 표현이 언론·출판의 자유 보호영역에 포함된다면 이를 제한하는 법률에 있어서 합헌성 여부가 판단되어야 하며, 앞서 살핀 바와 같이 직업의 자유나, 학문과 예술의 자유와 경합하는 경우(가령 음란 출판물을 출판하는 출판사와 인쇄소 등)에는 이에 대하여도 합헌성 심사를 함께 진행하여 기본권을 최대한 보호하여야 할 것이다. 그리고 만일 허위사실 표현이 언론·출판의 자유에 포함되지 않는다고 보는 경우에도 언론·출판의 자유보다 일반적 기본권인 헌법 제10조의 행복추구권의 보호영역에 해당하는 '일반적 행동의 자유'나 '인격의 자유로운 발현권' 등에 해당하는 것인지, 해당한다면 이를 제한하는 법률이 헌법 제10조를 과도하게 침해하는 것이 아닌지 여부까지도 심사를 진행하는 것이 필요하다고 판단된다.

---

112) 정광현, "기본권경합과 본안심사 : 기부금품 모집 등록제 합헌결정에 대한 비판", 「중앙법학」, 제20권 제4호, 중앙법학회, 2018. 12. 72면.
113) 정광현, 전게논문, 72면; 허영, 전게서, 283면-284면.
114) 같은 취지: 정종섭, 전게서, 394면; 성낙인, 전게서, 335면 등.

# VI. 소결

 허위사실 표현도 헌법상 언론·출판의 자유의 보호영역에 포함할 것인지 여부는 결국 자유로운 의견의 형성과 표현을 통해 개인의 인격을 실현하고, 국민의 자유로운 정치적 의사표현을 통한 민주주의가 이루어지도록 하는 언론·출판의 자유의 핵심 기능을 수행할 수 있는가에서 그 근거를 찾아야 할 것이다. 물론, 허위사실의 경우에는 위와 같은 긍정적인 기능을 수행하기보다는 국민에게 잘못된 의사, 사고, 사상을 형성시킬 뿐만 아니라, 사회구성원의 다수 의사를 왜곡시켜 민주주의를 왜곡할 위험성이 있으므로 이에 대한 제한이 필요한 것은 사실이다. 그러나 허위사실의 표현을 언론·출판의 자유의 보호영역에서 전적으로 배제할 경우 언론·출판의 자유의 헌법상의 기본원칙 등에 입각한 합헌성 심사를 하지 못하게 될 뿐만 아니라 법률에 의한 제한, 본질적 내용의 침해금지 등도 적용하기 어렵게 되고, 그 결과 허위사실 표현에 대한 최소한의 헌법상 보호마저 부인하게 되어 다양한 표현행위의 위축을 가져오고 이는 의견표명이나 진실한 사실적시에까지 영향을 미치게 될 수 있다. 따라서 언론·출판의 자유라는 중대한 기본권과 관련하여 보호영역의 범위를 어떻게 확정할 것인가는 매우 신중하게 판단할 필요가 있다.

 헌법재판소가 음란물 판결에서 보호영역에 포함되지 않는다던 종전의 판례를 변경한 것도 보호영역에서 이를 제외할 경우 최소한의 헌법상 보호마저도 부인하게 될 위험성이 있기 때문이라고 할 것이다. 또한, 모든 허위사실의 표현이 그 목적이나 내용, 표현이 행해진 시간·장소·방법에 관계없이 타인의 명예나 권리를 침해하는 결과를 가져온다거나, 공중도덕·사회윤리를 침해하고, 사상의 자유 시장에서 해소될 수 없는 심대한 해악만을 초래한다고 단정할 수는 없다. 예컨대 사적인 관계에서의 사적인 사항·영역에 대한, 또는 자신의 신변에 대한 단순한 거짓말이 사회윤리에 반하는 것이라 단언하기 어렵고, 논쟁을 촉발하거나 비판의 효과를 증대하기 위한 풍자, 패러디 등은 명백한 과장의 기법을 이용하는 과정에서 '허위성'을 가지는 경우가 빈번한데, 이것이 모두 공중도덕·사회윤리에 반한다고 볼 수는 없으며, 상대방에게 허위성을 미리 고지한 경우 등에 있어 어떤 해악의 초래를 예상하기 어렵고, 허위사실의 표현으로 인한 해악은 소요되는 시간의 차이는 있겠으나 진실을 통한 반박으로서 결국은 해소될 수밖에 없는 것이다. 또한 명백한 거짓에 기초한 의견의 형성이나 표현은 일반적으로는 진정한 자아실현에 기여할 수 없다고 평가될 수 있을지 모르나, 위에서 예로 든 풍자나 패러디, 표현의 상대방에게 '허위성'을 고지하는 경우 등은 인격의 자유로운 발현권이나 양심의 자유, 예술의 자유 등과 관련된 표현으로 보호될 수 있다.

독일의 경우는 앞서 살핀 바와 같이 명백하게 입증된 허위사실의 경우 보호영역에서 제외된다는 태도를 보이고는 있지만, 의견 표명과 사실이 혼재된 경우는 의견으로 보고 있는 등 의견 표명을 위한 사실의 주장도 상당히 넓게 보호영역에 포함되는 것으로 보고 있다. 따라서 실제 보호영역에서 제외되는 허위사실 표현은 나치 유태인 학살과 같이 객관적으로 명백한 역사적 사실인 경우로서 이에 대한 부인이나 허위사실을 공표하는 것을 허용할 수 없는 특별한 경우이다.

미국의 연방대법원도 과거의 판례에서 더 나아가 허위사실 표현이라 하여도 무조건 보호영역에서 배제되지 않는다는 의견을 제시하고 있다. 따라서 기본적으로는 허위사실 표현도 언론·출판의 자유의 보호영역에 포함된다는 학계의 다수설과 헌법재판소의 결정에

동의한다. 다만, 허위사실 표현이 헌법상 언론·출판의 자유의 보호 영역에 포함된다고 해서 의견 표명이나 진실의 주장과 같은 정도의 강한 보호를 받는 것인지에 대하여는 별도로 검토해 볼 필요가 있다. 다음 제3절에서 언론·출판의 자유 제한과 위헌심사 기준 등의 논의와 함께 상세히 살펴본다.

## 제3절 가짜뉴스 등 허위사실 표현과 언론·출판의 자유 제한

### I. 헌법 제21조 제4항과 제37조 제2항의 관계

언론·출판의 자유가 아무리 중요한 기본권이라 하여도 아무런 한계나 제한 없이 무제한 보장될 수는 없다. 우리 헌법상 기본권 제한에 관한 일반규정인 헌법 제37조 제2항에 의하여 언론·출판의 자유는 제한이 가능할 뿐만 아니라, 헌법 제21조 제4항에서 "언론·출판은 타인의 명예나 권리 또는 공중도덕이나 사회윤리를 침해하여서는 아니 된다. 언론·출판이 타인의 명예나 권리를 침해한 때에는 피해자는 이에 대한 피해의 배상을 청구할 수 있다."라고 별도로 규정하여 언론·출판의 자유에 대하여도 일정한 한계가 있음을 명백히 밝히고 있다. 헌법 제21조 제4항의 내용은 1962년 헌법 개정 당시 헌법 제18조 제5항에 "언론·출판은 타인의 명예나 권리 또는 공중도덕이나 사회윤리를 침해하여서는 아니 된다."라고 최초로 규정되었으며,115) 1980년 헌법 개정 당시 헌법 제20조 제2항으로 규

---

115) 이 조항의 도입논의와 관련하여 도입 당시의 회의록은 확인되지 않고, 1980년 개정 당시 국회 헌법개정심의특별위원회 회의록을 확인한 결과 당시 김계환 청주대학교 교수는 "제2공화국 당시 무제한의 자유권 확대가 국가질서의 혼란을 가져왔기 때문에 국가의 안정과 개인의

정되었다가 현행 헌법에서 제21조 제4항에 규정되었다. 우리 헌법상의 위 조항은 언론·출판의 자유 제한, 특히 허위사실 공표의 제한과 관련해서는 매우 중요한 의미를 가지는 조항임에도 위 헌법 조항의 해석과 관련해서는 헌법학자들 사이에서도 견해가 나누어지고 있으므로 본 절에서는 우선 위 규정과 관련한 논의를 검토해 보도록 하겠다.

## 1. 기존의 학설

### 가. 내재적 한계 규정설

헌법 제21조 제4항의 규정은 헌법상 언론·출판의 자유의 내재적 한계 또는 헌법적 한계를 직접 정한 규정이라는 견해이다.[116] 타인의 권리 불가침·도덕률의 준수·헌법 질서의 존중 등은 그에 관한 명문의 규정을 두고 있지 아니한 경우에도 국가적 공동생활을 위해 기본권에 필연적으로 내재하는 한계적 요소이며, 헌법 제21조 제4항은 언론·출판의 자유와 관련한 이러한 내재적 한계를 명백히 밝힌 것이라는 주장이다. 그러나 이와 같은 견해에 대하여는 '내재적 한계'란 헌법상 명문 규정이 없다 하더라도 그 한계를 인정하기 위하여 도입된 개념인데, 우리 헌법 제21조 제4항은 타인의 명예나 권리, 공중도덕이나 사회윤리를 침해해서는 안 된다는 명문의 규정이 존재하는데 이를 내재적 한계를 규정한 것이라고 해석하는 것 자체가 모순이라는 비판이 있다.[117]

이와 같은 '내재적 한계' 이론은 독일에서 과거 전개된 이론이다.

---

자유를 조화시켜 현실에 맞도록 개혁하는 것이 바람직하다"라는 의견을 제시한 바 있다(제103회 국회 헌법개정심의특별위원회 제8차 회의록, 1980. 1. 18.).

116) 권영성, 전게서, 509면; 성낙인, 전게서, 1227면.
117) 이부하, 전게서, 379면.

독일 기본법에는 기본권 전반에 대한 제한의 근거 조항이 없고 개별적 기본권 조항에서 법률에 의한 제한 규정을 개별적으로 규정하고 있다. 그런데 양심의 자유나 신앙의 자유 등 일부 기본권 조항에는 그러한 개별적인 법률유보 규정이 없어 이에 대하여는 무제한적인 기본권 보장이 되는 것인가에 대한 논의 과정에서 헌법상 '내재적 한계'라는 개념을 도입하여 이와 같은 권리들이 무제한적으로 보장되지 않는다는 점을 설명한 것이 독일의 학계와 연방헌법재판소에서 발전된 내재적 한계이론이다.118) 그러나 법률유보가 없는 자유권적 기본권이라고 하여도 이를 행사함에 있어서는 타인의 기본권과 헌법상 중요한 가치를 가지는 다른 법익과 충돌할 수 있으며 이와 같은 법익을 침해하지 않는 범위 내에서만 헌법과 법률로 보장되는 법적인 자유라고 본다면 굳이 이와 같은 내재적 한계론을 전개하지 않더라도 헌법상 법률유보 없는 기본권의 제한도 가능하다. 이러한 점에서 위와 같은 '내재적 한계론'은 독일에서도 그 필요성이 감소하고 있는 이론이다.

## 나. 가중적 법률유보설

'가중적 법률유보설'은 헌법 제21조 제4항은 기본권 제한의 일반규정인 헌법 제37조 제2항에 대한 가중적 법률유보로 보아 그 제한의 요건을 강화한 것이라고 보는 견해이다. 헌법 제21조 제4항을 다수설과 같이 헌법상의 내재적 한계로 보게 된다면 타인의 명예나 권리 또는 공중도덕이나 사회윤리라는 막연하고 추상적인 개념을 가지고 직접 언론의 자유의 한계를 설정하게 되고, 이를 근거로 기본권을 제한하는 경우 남용의 가능성이 크다고 보는 견해이다. 결국

---

118) BVerfGE 124, 300(327f.).

헌법 제21조 제4항의 타인의 명예나 권리 또는 공중도덕이나 사회윤리는 언론의 자유에 대한 개별적 가중적 법률유보로서 언론의 자유의 제한 요건이며, 이 요건 하에서만 언론의 자유는 일반성과 명확성을 가진 법률로 제한될 수 있다는 주장이다.119)

## 다. 헌법 직접 제한규정설(헌법 유보설)

헌법 제21조 제4항은 헌법이 특정한 기본권에 대하여 직접적 제한을 규정하고 있다는 견해가 있다. 헌법에서 특정한 기본권에 대하여는 일반적 법률유보 조항 이외에 중요성 등을 고려하여 일정한 요건을 직접 규정하여 직접적인 제한이 가능하도록 한 규정이라는 주장이다.120)

또한, 본 조항은 언론·출판의 자유가 가지는 여러 가지 헌법상의 의의와 기능을 고려하여 언론·출판의 자유를 중요한 기본권적 가치로 보호하면서도, 언론·출판의 자유가 자칫 동화적 통합의 분위기를 해치는 방향으로 행사되는 일이 없도록 헌법제정권자가 헌법적 한계를 명시한 규정임과 동시에 사인 간의 기본권의 효력을 명시한 규정이라는 견해도 있다.121) 그러나 헌법 유보설과 같이 제21조 제4항이 헌법상 기본권의 한계를 직접 규정하고 제3자적 효력을 규정한 것이라고 해석하는 경우 공중도덕이나 사회윤리라는 다소 막연하고 추상적인 개념을 가지고 직접 언론·출판의 자유를 제한하는 경우 남용의 가능성이 크다는 비판이 있다.122)

---

119) 계희열, 「헌법학(중)」, 박영사, 2004. 458면; 계희열, "헌법상 언론출판의 자유", 「법학논집」, 제34집, 고려대학교 법학연구소, 1998. 12. 33면.

120) 양건, 전게서, 287면.

121) 허영, 전게서, 622-623면.

122) 법제처, 전게서, 699면.

## 2. 최근 학계의 논의와 검토

최근에는 위와는 달리 헌법 제21조 제4항의 사유는 일반적 법률유보에 관한 헌법 제37조 제2항의 기본권 제한 목적의 일부에 지나지 않고, 언론·출판의 자유는 헌법 제21조 제4항의 사유에 한정되는 것이 아니라 헌법 제37조 제2항이 정하는 목적에 의해서도 제한될 수 있으므로 헌법 제21조 제4항은 우리 헌법 구조상 개별적 헌법유보 조항이라고 볼 수 없고 언론·출판의 자유의 한계를 강조하는 당연한 내용을 정하고 있는 주의적인 규정에 지나지 않는다면서 위와 같은 종전의 논의는 큰 의미가 없다는 주장이 제기되고 있다.[123] 그러나 헌법상 매우 중요한 기본권으로 취급되는 언론·출판의 자유와 관련된 헌법 규정을 단순히 한계를 강조하는 주의적 규정이라고만 보는 것은 헌법 각 조항이 가지는 의미를 지나치게 가볍게 본 것으로 타당하지 않다.

독일과는 달리 헌법 제37조 제2항에서 일반적인 기본권 제한 규정을 두고 있어 기본권 제한 체계가 다름에도 독일에서도 사실상 논의의 실익을 상실한 기본권의 내재적 한계이론을 수용할 경우 자칫 그 범위가 불명확한 내재적 한계를 근거로 기본권 보장이 약화할 수 있는 위험성이 있다. 따라서 별도의 조항에 구체적인 기본권 제한내용의 규정을 둔 이유는 단순히 내재적인 한계를 확인하였다기보다는 기본권의 기능, 중요성, 타 기본권 등과의 충돌 문제 등을 고려한 것이라고 보아야 할 것이다. 결국, 헌법 제21조 제4항에 언급된 법익에 집착할 것이 아니라, 제37조 제2항에서 국가안보, 사회질서 유지, 공공복리 등의 법익 보호를 위해 기본권을 제한할 수 있도록 하

---

123) 정종섭, 전게서, 623면.

는 일반적 법률유보 규정을 두고 있다는 점을 고려하여 우리 헌법상 규정의 조화와 체계적인 관계 속에서 헌법 제21조 제4항을 이해해야 한다.

그렇다면 헌법 제21조 제4항은 언론·출판의 자유와 전형적으로 충돌하여 침해될 수 있는 기본권들에 대하여 그 보호의 필요성을 강조함으로써 제37조 제2항의 제한 사유를 좀 더 구체화하는 규정 정도로 해석하는 것이 언론·출판 자유의 제한 기준을 구체화 하여 언론·출판의 자유를 보호하면서도 다른 기본권과의 법익형량을 통한 조화를 추구할 수 있는 해석이라고 할 것이다.124)

헌법재판소도 "헌법 제21조 제4항은 언론·출판의 자유에 따르는 책임과 의무를 강조하는 동시에, 그 제한의 요건을 명시한 규정이라고 볼 것이고, 헌법상 언론·출판의 자유의 보호영역의 한계를 설정한 것이라고 볼 수 없다."125)라고 판시하여 오히려 내재적 한계보다는 제한의 요건을 구체화한 것으로 해석하고 있다. 결국, 언론·출판의 자유로 보호되는 헌법상 권리라 하여도 기본권 제한의 일반규정인 헌법 제37조 제2항의 "국가안전보장, 질서유지 또는 공공복리 등을 위해 필요한 경우에" 법률로 제한이 가능하며, 구체적으로는 "타인의 명예나 권리 또는 공중도덕이나 사회윤리" 등을 침해하는 경우에 제한될 수 있다. 이는 얼핏 보면 다른 기본권에 비하여 제한의 사유가 넓어지는 것으로 보일 수도 있으나, 오히려 헌법 제21조 제4항은 헌법 제37조 제2항의 일반적인 제한 사유를 더욱 구체화함으로써 언론·출판의 자유에 대한 제한의 사유를 좀 더 명백히 밝히고 그 사회적 책임을 강조한 것으로 볼 수 있다.126)

---

124) 같은 취지: 한수웅, 전게서, 783면.
125) 헌재 2009. 5. 28. 2006헌바109, 판례집 21-1하, 545.
126) 1980년 헌법 개정 이후 문화공보부에서 발간한 학술지 '교육관리기술(한국교육출판)' 12월호

## II. 언론·출판의 자유의 제한과 합헌성 심사 기준

### 1. 언론·출판의 자유 제한에 대한 합헌성 심사

언론·출판의 자유도 우리 헌법에 의하여 보장되는 기본권으로서 헌법 제37조 제2항에 따라 "국가안전보장·질서유지 또는 공공복리를 위하여 필요한 경우에 한하여" 법률로써 제한할 수 있다. 결국, 기본권을 제한하는 법률이라고 하더라도 "필요한 경우에 한하여"라는 과잉금지의 원칙하에 제한이 가능하며, 이때에도 본질적 내용은 침해할 수 없다. 따라서 언론·출판의 자유를 제한하는 법률이 합헌적인 것인가를 판단하기 위해서는 기본적으로 이를 제한하는 법률이 명확한 것인가(명확성의 원칙), 그리고 제한의 목적은 정당한가(목적의 정당성), 제한을 위해 채택한 수단은 적정한 것인가(수단의 적정성), 제한되는 기본권의 침해 정도는 필요 최소한의 것인가(침해의 최소성), 기본권을 제한함으로써 보호되는 법익과 침해되는 법익과의 균형성은 인정되는가(법익의 균형성) 등을 기준으로 판단하여야 한다. 이러한 법률의 위헌심사 기준은 우리 헌법상 법치주의 원리 등 기본원리와 제37조 제2항의 명문의 규정에 의하여 기본권을 제한함에 있어서 요구되는 기준이다.[127] 우리 헌법재판소도 "헌법 제37조 제2항의 규정은 기본권제한입법의 수권규정인 성격과 아울러 기본권제한입법의 한계규정의 성질을 갖고 있다."라고 판시한 바 있다.[128] 언론·출판의 자유에 대하여는 우리 헌법 제21조 제2항

---

35면에서도 '언론·출판의 사회적 책임조항 신설'이란 제하에 "오늘날 민주국가에서 언론·출판의 역할이 강조되는 것은 사회적 책임이 크다는 것을 의미한다. 개정안에서는 언론·출판의 책임성을 강조하고 그 남용으로 인한 피해의 구제를 철저히 하기 위하여 피해자는 피해배상청구를 할 수 있게 하였다."라고 설명하고 있다.

127) 헌재 1989. 3. 17. 88헌마1, 판례집 1, 9.
128) 헌재 1989. 12. 22. 88헌가13, 판례집 1, 357.

에서 허가·사전 검열 금지를 규정하고 있으므로 사전 검열과 허가제 금지도 역시 중요한 위헌심사 기준이 된다.

## 가. 언론·출판의 자유와 헌법재판소의 합헌성 심사 기준

### (1) 사전 검열 금지원칙

헌법 제21조 제2항은 "언론·출판에 대한 허가나 검열과 집회·결사에 대한 허가는 인정되지 아니한다"라고 규정하고 있다. 헌법에서 명시적으로 사전적 제한을 금지하고 있으므로 헌법재판소도 언론·출판의 자유에 대한 위헌심사 기준으로서 사전 검열 금지원칙을 적용하고 있다. 헌법재판소는 "헌법 제21조 제2항이 언론·출판에 대한 검열 금지를 규정한 것은 비록 헌법 제37조 제2항이 국민의 자유와 권리를 국가안전보장·질서유지 또는 공공복리를 위하여 필요한 경우에 한하여 법률로써 제한할 수 있도록 규정하고 있다고 할지라도 언론·출판의 자유에 대하여는 검열을 수단으로 한 제한만은 법률로써도 허용되지 아니 한다는 것을 밝힌 것이다."라고 하여[129] 헌법 제21조 제2항을 기본권 제한에 관한 일반적 법률유보조항인 헌법 제37조 제2항에 대한 특별규정으로 해석·적용 한다.[130] 또한, 헌법 제21조 제2항의 검열은 "행정권이 주체가 되어 사상이나 의견 등이 발표되기 이전에 예방적 조치로서 그 내용을 심사, 선별하여 발표를 사전에 억제하는, 즉 허가받지 아니한 것의 발표를 금지하는 제도를 뜻한다. 그러므로 검열은 일반적으로 허가를 받기 위한 표현물의 제출의무, 행정권이 주체가 된 사전심사절차, 허가를 받지 아니한 의사표현의 금지 및 심사절차를 관철할 수 있는 강제수단

---

129) 헌재 1996. 10. 31. 94헌가6, 판례집 8-2, 395.

130) 이우영, 각주 19) 전게논문, 297면.

등의 요건을 갖춘 경우에만 이에 해당하는 것이다."라고 판시하고 있다.[131]

## (2) 명확성의 원칙

명확성의 원칙은 언론·출판의 자유뿐만 아니라 다른 기본권의 위헌심사에 있어서도 요구되는 기본적인 위헌심사 기준이다. 그러나 명확성 원칙은 언론·출판의 자유를 규제하는 입법에 있어서 특별히 중요한 의미를 지닌다. 헌법재판소는 "현대 민주사회에서 언론·출판의 자유가 국민주권주의 이념의 실현에 불가결한 것인 점에 비추어 볼 때, 불명확한 규범에 의한 언론·출판의 자유의 규제는 헌법상 보호받는 표현에 대한 위축적 효과를 야기하고, 그로 인하여 다양한 의견, 견해, 사상의 표출을 가능케 함으로써 그러한 표현들이 상호 검증을 거치도록 한다는 언론·출판의 자유의 본래의 기능을 상실케 한다. 즉, 무엇이 금지되는 표현인지가 불명확한 경우에, 자신이 행하고자 하는 표현이 규제의 대상이 아니라는 확신이 없는 기본권 주체는 대체로 규제를 받을 것을 우려해서 표현행위를 스스로 억제하게 될 가능성이 높은 것이다. 그렇기 때문에 언론·출판의 자유를 규제하는 법률은 규제되는 표현의 개념을 세밀하고 명확하게 규정할 것이 헌법적으로 요구된다."라고[132] 설시하면서 언론·출판의 심사 기준으로서의 중요성을 강조하고 있다.

---

131) 헌재 1996. 10. 4. 93헌가13 등, 판례집 8-2, 212.
132) 헌재 1998. 4. 30. 95헌가16, 판례집 10-1, 327, 342 ; 헌재 2002. 6. 27. 99헌마480, 판례집 14-1, 616, 628.

### (3) 과잉금지의 원칙

이미 살핀 바와 같이 헌법재판소는 기본권 제한의 일반적 법률유보를 규정한 헌법 제37조 제2항으로부터 도출되는 '과잉금지의 원칙'이 기본권을 제한하는 법률의 위헌성을 심사하는 기준이라고 판시해 왔으며 이는 표현의 자유를 제한하는 법률의 위헌성 심사에도 마찬가지로 적용된다. 과잉금지원칙에서 도출되는 목적의 정당성, 수단의 적정성, 피해의 최소성, 법익의 균형성의 요건들을 주요 심사척도로 하여 심사를 진행하는 것이 기본적이나 모든 사건에서 반드시 위 4가지 요건을 개별적, 명시적으로 설시하고 있지는 않다.133) 과잉금지원칙의 위 4가지 요건을 적용함에 있어서는 위 각 요건들을 어느 '정도'로 적용하여 판단하느냐가 중요한데 이는 심사의 강도와 함께 검토해 본다.

### (4) 명백하고 현존하는 위험의 법칙 (clear and present danger test)

미국 연방대법원에서 전개한 이론으로 표현의 자유의 헌법적 중요성에 근거하여 기본권으로서 우월적 지위를 부여하고, 표현의 자유를 제한하기 위해서는 표현과 해악 발생 간의 명백한 인과관계의 존재를 의미하는 '명백성'과 그 법률로 표현을 제한하지 않으면 해악의 발생을 방지할 수 없을 정도로 시간상으로 급박한 위험 발생의 개연성을 의미하는 '현존성'이 입증되지 않는 한 제한 입법의 합헌성 추정이 깨어지고 위헌으로 무효라는 법리이다.134)

우리 헌법재판소가 '명백하고 현존하는 위험의 원칙'을 언론·출판의 자유의 제한 법률의 위헌심사를 함에 있어 원론적 형태로 그대

---

133) 개별적으로 검토한 사례로서는 헌재 2005. 11. 24. 2004헌가17, 판례집 17-2, 360; 포괄적인 설시를 한 사례는 헌재 1994. 7. 29. 93헌가4 등, 판례집 6-2, 15 등이다.

134) 임지봉, "명백·현존하는 위험의 원칙과 표현의 자유", 「공법연구」, 제34집 제4호 제1권, 한국공법학회, 2006. 6. 165면 이하; 이우영, 각주 19) 전게논문, 305면 등.

로 적용하여 독립적인 심사 기준(척도)으로 적용한 사례는 없으나, 구 국가보안법상의 반국가단체 찬양·고무 등 규정에 대한 한정합헌 결정을 하면서 "국가보안법 제7조 제1항 및 제5항의 규정은 각 그 소정의 행위가 국가의 존립·안전을 위태롭게 하거나 자유민주적 기본질서에 위해를 줄 명백한 위험이 있을 경우에만 축소 적용되는 것으로 해석한다면 헌법에 위반되지 아니한다."[135]라는 이론을 전개하여 이를 원용한 듯한 태도를 보였다. 그러나 이는 오히려 법안의 합헌 결론을 지지하는 근거로 사용되었다는 점에서 원래 의미의 '명백하고 현존하는 위험의 원칙'이론이 적용되었다고 보기는 어렵다. 결국, '명백하고 현존하는 위험의 원칙'은 우리 헌법상 위헌심사의 기준이 된다기보다는 가장 기본적인 위헌심사 기준인 과잉금지원칙 내에서 '법익의 균형성' 등을 판단하는 중요한 고려요소로서 활용되고 있다고 본다.

### 나. 언론·출판의 자유에 대한 제한과 합헌성 심사 강도

기본권을 제한하는 법률의 합헌성 여부를 심사함에 있어서 활용되는 심사 기준은 엄밀히 분류하자면 앞서 살펴본 명확성의 원칙, 과잉금지원칙 등의 '심사 척도'와 이를 적용하는 과정의 '심사 강도'로 나누어 볼 수 있으나, 학계나 실무상 이러한 개념은 다소 포괄적으로 혼용되어 심사 기준이란 개념으로 사용되는 경향이 있다. 그러나 심사 강도는 위의 심사 척도에 의한 합헌성 심사를 함에 있어 그 기준의 합치 여부를 얼마나 엄격하게 판단할 것이냐의 문제로 심사 척도와는 구별해 주는 것이 합헌성 심사를 논리적으로 설명하는 데 유용하다.[136] 따라서 정치한 합헌성 심사를 진행함에 있어서는 이

---

135) 헌재 1990. 4. 2. 89헌가113, 판례집 2, 49.

두 가지 개념을 구분하는 것이 필요하다고 판단되며, 그러한 개념적 분류의 전제하에서 이론을 전개하고자 한다.

법률의 위헌 여부를 심사함에 있어서 심사 강도는 민주적 정당성을 부여한 입법부가 제정한 법률은 원칙적으로 그 합헌성이 추정되므로 이에 근거하여 합헌성 심사 강도가 상대적으로 완화되는 것이 기본인 반면, 특별히 보호를 강화해야 할 기본권에 대하여는 공동체 내의 합의에 근거해 상대적으로 강화되거나 높아질 수 있다.[137] 그러한 점에서 언론·출판의 자유는 자유민주주의 체제에서 그 기능과 역할 때문에 다른 기본권에 비하여 중요한 기본권으로 보호해야 할 필요성이 있으므로 그 제한에 신중을 기하여야 하며, 이를 제한하는 법률의 합헌성도 일반적인 기본권보다는 상대적으로 엄격한 심사 강도에 의하여 판단되어야 한다고 보는 것이 타당하다. 그렇다면 엄격한 심사 강도와 완화된 심사 강도는 어떠한 차이가 있는 것인지를 살펴봐야 할 것이다.

미국은 연방대법원의 판례에 의해 형성된 '우월적 지위' 이론에 입각하여 언론·출판의 자유를 제한하는 법률에 대한 심사 기준에 대하여 '이중기준(double standard)의 원칙'을 적용하고 있다. 이는 기본권 제한의 합헌성 심사 기준을 둘로 나누어 적용한다는 것으로, 언론·출판의 자유와 같은 정신적 기본권과 경제적 기본권을 구별하여 전자의 제한에 대하여는 후자의 경우보다 합헌 여부를 심사함에 있어 엄격한 심사 기준을 적용해야 한다는 원칙이다. 즉, 의사표현 등 정신적 활동과 관련된 자유를 제한함에 있어서는 '엄격 심사(strict scrutiny)'의 기준이 적용되는 반면, 경제적 자유에 대하여는

---

136) 같은 취지: 이우영, 각주 19) 전게논문, 289-296면.

137) 이우영, 각주 19) 전게논문, 296면.

'합리성 심사(rationality test)'의 기준을 적용하는 것이다. 엄격 심사의 경우 첫째, 국가가 달성하려는 목적이 '불가피한(compelling)' 것일 것, 둘째, 선택된 수단은 그러한 목적을 달성하기 위하여 '필요한(necessary)' 것이어야 하고, 목적과 수단 간의 적합성(fit)이 매우 긴밀할 것(tight), 즉 그러한 공익을 달성하기 위하여 좁게 재단된(narrowly tailored or drawn) 것이어야 하며,[138] '필요한(necessary)' 수단이기 위해서는 목적을 달성하는 데 달리 덜 제약적인 수단이 없을 것(no less restrictive alternatives), 즉 최소 침해적인 수단일 것(the least restrictive mean)이 합헌성의 요건으로 요구되며 합헌성이 추정되지 않는다.[139] 이와 같은 미국의 이론은 엄격 심사에 있어 심사 강도의 강화를 통해 사실상 완화된 심사와 심사 척도를 달리하는 결과를 발생시키는 효과를 가져오게 된다. 우리나라에서도 언론·출판의 자유의 제한과 관련해서는 이와 같은 이중기준의 이론을 받아들여 설명하고 있는 학자가 다수 있다.[140]

우리 헌법재판소는 평등원칙 위반 여부를 심사한 사례나, 직업선택의 자유에 대한 제한을 심사한 사례에서 '엄격한 심사'와 '완화된 심사'라는 표현을 사용하면서 명시적으로 위헌심사 강도의 차이를 두는 태도를 보였으나,[141] 반드시 미국의 '이중기준의 원칙'의 이론적 내용을 그대로 도입하여 사실상 심사 척도까지 달라지는 이론을 전개하고 있지는 않은 것으로 보인다. 다만, 근래에는 언론·출판의 자유와 관련된 위헌심사에서 표현의 유형과 영역 등과 관련하여 심

---

138) Simon & Schuster v. Crime Victims Bd. 502 U.S. 105, 118 (1991).

139) Thomas v. Review Board of Indiana Employment Security Div. 450 U.S. 707, 718 (1981).

140) 권영성, 전게서, 517-521면; 성낙인, 전게서, 1219면; 양건, 전게서, 673-681면 등.

141) 경제 사회적 입법에 대한 완화된 심사 기준을 적용한 판례로 헌재 2005. 2. 24. 2001헌바71; 명백.현존하는 위험의 법칙과 관련된 판례로 헌재 1990. 4. 2. 89헌가113 등.

사 강도의 조절이 필요함을 밝히고 있다. 즉, 우리 헌법재판소는 언론·출판의 자유의 '우월적 지위'를 언급하면서 그 중요성을 인식하고 이를 위헌법률심사에 충실히 반영하면서도 관련 법익 간의 균형 있고 조화로운 실현을 추구하는 관점에서 심사 강도를 조정하는 방식으로 위헌심사의 기준을 정립해 가고 있는 상황이라고 할 수 있다.[142] 미국 '이중기준의 원칙'은 기본권을 유형별로 구별하여 언론·출판의 자유와 같은 정신적 기본권에는 엄격한 심사를 진행하면서 원칙적으로 위헌성이 추정된다고 보는 등 사실상 심사 강도의 엄격성을 넘어 심사의 척도를 달리하는 정도의 효과가 발생하는 차이를 두고 있으나, 표현의 자유의 중요성을 인정하더라도 획일적으로 위헌성을 추정하는 것은 입헌주의, 대의민주주의, 권력분립과 의회입법원칙 등에 비추어 볼 때 과도한 논리라고 판단된다.[143]

앞서 살핀 바와 같이 비록 언론·출판의 자유가 중요하다고 하여도 우리 헌법상 언론·출판의 자유가 미국 헌법상 인정된 '우월적 지위'를 가진다고 단정적으로 해석하기는 어려울 뿐만 아니라, '우월적 지위'에서 파생된 이른바 '이중기준의 원칙'에 대하여도 상대적으로 경제적 자유의 중요성을 간과한 이론으로 자유권의 성격에 따라 심사의 기준과 결과가 경직되어 실질적 정의 실현에 한계가 있다는 비판을 받는 점[144] 등을 고려할 때 우리 헌법상 언론·출판 자유의 제한에 대한 위헌심사에 있어 위 '이중기준의 원칙'이 당연히 적용되어야 한다고 해석하는 것은 신중할 필요가 있다.

---

142) 같은 취지: 이우영, 각주 19) 전게논문, 300면-303면.

143) 같은 취지: 이우영, 각주 19) 전게논문, 229면.

144) 한수웅, 전게서, 508면; 미국에서조차도 이중기준 체계는 위헌심사의 논증과 판단의 과정을 지나치게 단순화한 것으로서 실제의 위헌심사에서의 논증과 판단을 정확하게 반영하지 못하고 경직된 기준이라는 비판이 있다(이우영, 각주 19) 전게논문, 294면).

언론·출판의 자유의 중요성을 이유로 미국의 '이중기준의 원칙'의 취지를 어느 정도 고려한다고 해도 언론·출판의 자유가 다른 기본권과 심사 기준(척도) 자체를 달리한다기 보다는 기본적인 위헌심사 기준(척도)을 얼마나 엄격하게 적용할 것인지 여부에 차이가 있다고 보는 것이 타당하다. 또한, 그 심사의 강도에 차이를 둔다고 하더라도 정신적 기본권인지 경제적 기본권인지에 따라 획일적으로 결정되는 것이 아니라, 각 기본권이 개별 구체적 사안에서 가지는 기능과 중요성, 충돌하는 다른 기본권과 비교·형량하여 심사의 강도를 결정하는 것이 타당하다고 판단된다.

## 2. 가짜뉴스 등 허위사실 표현의 제한과 그 합헌성 심사 기준

### 가. 허위사실 표현의 보호 가치와 심사의 기준

의견이나 사상을 표명하는 행위에 대하여는 그 내용이 무엇이든 간에 개인의 의사형성의 자유를 최대한 보장하기 위해 그 제한에 있어 엄격한 심사를 통해 그 합헌성을 판단 받아야 한다. 헌법재판소도 "언론·출판의 자유는 전통적으로 사상 또는 의견의 자유로운 표명과 그것을 전파할 자유를 의미하는 것"이라고 판시하면서,[145] "사회구성원이 자신의 사상과 의견을 자유롭게 표현할 수 있다는 것이야말로 모든 민주사회의 기초이며, 사상의 자유로운 교환을 위한 열린 공간이 확보되지 않는다면 민주정치는 결코 기대할 수 없다."라고[146] 하여 기본적으로 언론·출판의 자유는 사상과 의견 표명의 자유가 핵심임을 강조하고 있다.

---

145) 헌재 1992. 2. 25. 89헌가104, 판례집 4, 64; 헌재 2002. 4. 24. 2001헌가27, 판례집 14-1, 251 등.

146) 헌재 1998. 4. 30. 95헌가16, 판례집 10-1, 327.

반면, 객관적인 사실의 공표나 정보의 전달도 사상과 의견의 형성을 위한 기초가 되는 것으로, 국민 의사형성에 도움을 주기 때문에 언론·출판의 자유로서 보장되기는 하나 사상과 의견 표명에 비하여는 그 보호의 정도가 다르며, 특히 허위사실 표현은 국민에게 잘못된 의사, 사고, 사상을 형성시킬 뿐만 아니라, 민주주의의 중요 요소인 사회구성원 다수의 의사를 왜곡시키므로 이에 대하여는 언론·출판의 자유의 보호영역에서 처음부터 세외하어아 한다는 견해가 있음은 위에서 살핀 바와 같다.147)

허위사실 표현이 언론·출판의 자유의 보호영역에 속하느냐에 대하여는 이미 위에서 검토한 바와 같이 보호영역에 속한다는 것이 필자의 견해이므로 이에 대하여 재차 검토하지는 않는다. 다만, 허위사실 표현이 문제 되는 사안에 대하여 사회적 관심을 높이고 참여를 촉진할 수도 있어 반드시 공익을 해하거나 민주주의 발전을 저해한다고 단정할 수는 없다 하더라도, 사상 및 의견 표명이나 진실 된 사실의 전달과는 달리 사회적 신뢰를 저해하고, 국민의 여론 형성을 왜곡할 위험성은 분명히 크다고 할 것이다. 허위사실 표현까지도 보호하는 것은 이를 보호영역에서 제외하여 헌법의 통제 없이 규제하게 될 경우 보호되어야 할 내용의 표현까지 위축될 수 있기 때문에 그러한 우려를 방지하기 위하여 불가피하게 보호하는 것이다.

그렇다면 허위사실 표현의 제한에 대한 심사는 의견 표명이나 진실한 사실 주장 등에 기본적으로 적용되는 엄격한 심사의 강도보다는 다소 완화된 심사 강도에 의해 그 제한의 합헌성 여부를 판단해야 한다.148) 완화된 심사 강도는 경제적 자유에 대한 제한에서 적용

---

147) 문재완, 각주 89) 전게논문, 135면.
148) 문재완, 각주 89) 전게논문, 138면; 저자는 허위사실의 표현은 보호범위에서 제외되어야 한다는 결론이나 기본적으로 표현은 민주주의의 성숙 발전에 도움이 되는지 여부에 따라 그 경중

되고 있는 합리성 심사 정도로 완화되는 것은 아니라 하더라도 위헌성이 추정될 정도의 엄격한 심사 강도에 비해서는 분명 완화된 기준, 즉 중간 정도의 심사 강도에 의하여 판단해야 할 것이다. 미국 연방대법원의 '중간심사(intermediate scrutiny)'에 의하면 기본권 제한 법률이 기본권 제한과 상당한 관련이 있는 경우(substantially related to an important government purpose) 합헌이라고 보고 있다.149) 입법목적이 정부가 추구할 수 있는 정당한 목적 이상으로 법원이 이를 '중요하다(important)'라고 판단해야 하며, 선택된 수단은 법원이 목적달성과 실질적으로 관련이 있다고 판단해야 한다. 이러한 중간심사는 상업적 언론에 대한 규제,150) 공론장에서의 언론 (speech in public forum)에 대한 규제151)에 관한 법률을 평가하는 경우에 사용되고 있는데,152) 일단 참고가 될 것으로 판단된다.

개별적인 기본권의 구체적 사안에 따라 차이가 있겠지만 합헌성은 추정이 되더라도 그 추정의 강도가 단순한 경제적 자유의 제한에 비해서는 약하다는 전제하에 이익형량을 진행하여 위헌 여부를 판단할 수 있을 것이며, 이는 결국 아래의 헌재 결정에서 보듯이 과잉금지원칙에 있어 '피해의 최소성' 기준의 완화가 될 것이다.

---

을 달리하여 보호해야 한다는 주장을 전제로 하고 있다.

149) Craig v. Boren, 429 U.S. 190, 197(1976); Lehr v. Robertson, 463 U.S. 248, 266 (1983).

150) Central Hudson Gas & Electric Corporation v. Public Service Commission, 447 U.S. 557 (1980).

151) Ward v. Rock Against Racism, 491 U.S. 781 (1989).

152) 전종익, "위헌심판의 심사 기준 - 선거운동과 표현의 자유를 중심으로 -", 「서울법학」, 제18권 제1호, 서울시립대학교 법학연구소, 2010. 5. 247면.

## 나. 관련 헌법재판소 판례

우선, 허위사실 표현에 대한 합헌성 심사 기준을 판단하는 데 있어 참고할 만한 판례로 상업광고 판례가 있다. 헌법재판소는 상업광고도 언론·출판의 자유의 보호를 받는 대상이라고 하면서도 상업광고가 정치적 표현이 아니라는 이유로 제한의 합헌성 심사 기준의 강도를 완화해야 한다고 판단한 바 있다. 헌법재판소는 상업광고의 규제와 관련된 사건의 판결에서 "광고물도 사상, 지식, 정보 등을 불특정 다수에게 전파하는 것으로서 언론·출판의 자유에 의한 보호를 받는 대상이 된다."라고 판시하면서도, "상업광고에 대한 규제에 의한 언론·출판의 자유 내지 직업수행의 자유의 제한은 헌법 제37조 제2항에서 도출되는 비례의 원칙(과잉금지원칙)을 준수하여야 하지만, 상업광고는 사상이나 지식에 관한 정치적·시민적 표현행위와는 차이가 있고, 인격발현과 개성신장에 미치는 효과가 중대한 것은 아니므로, 비례의 원칙 심사에 있어서 '피해의 최소성' 원칙은 '입법목적을 달성하기 위하여 필요한 범위 내의 것인지'를 심사하는 정도로 완화되는 것이 상당하다."라고 판시하고 있다.[153)

물론, 이러한 헌법재판소의 논리에 대하여 상업광고에 대한 명확한 정의가 없고 상업광고가 표현의 자유 보호 대상이 되는 이론적 근거가 분명치 않으며, 상업광고의 경우 직업수행의 자유와 표현의 자유가 함께 논의되고 양 기본권 제한에 대한 위헌심사 기준이 다름에도 특별한 근거를 제시하지 않은 채 상업광고의 '피해의 최소성'

---

153) 헌재 2005. 10. 27. 2003헌가3, 판례집 17-2, 189; 본 사건에서 헌법재판소는 이처럼 완화된 심사 강도를 전제로 위헌 여부를 판단하였음에도 심사대상인 '특정의료기관이나 특정의료인의 기능·진료방법'에 관한 광고를 금지하는 의료법(2002. 3. 30. 법률 제6686호로 개정되기 전의 것) 제46조 제3항 및 그 위반 시 300만 원 이하의 벌금에 처하도록 하는 동법 제69조가 표현의 자유 내지 직업수행의 자유를 침해하는 것이라고 판단하였다(반면, 윤영철, 주선회, 김효종 3명의 재판관은 이와 같은 완화된 심사 기준에 의할 때 표현의 자유나 직업선택의 자유를 침해하지 않는 합헌적인 조항이라고 판단하였다).

원칙을 완화하는 것은 타당하지 않다는 비판도 있지만,154) 상업광고는 경제적 활동의 측면과 소비자의 알 권리 보호라는 측면에서 보장되는 것으로 개인의 의견과 사상을 전달하는 표현이나 더 나아가 정치적 표현의 자유만큼 강한 보호를 받아야 하는 것은 아니라는 측면에서 헌법재판소의 이와 같은 완화된 비례의 원칙 심사는 타당하다고 판단된다.155)

헌법재판소의 이러한 취지를 고려한다면 의견 표명이나 진실을 주장하는 경우와 달리 허위사실 표현을 규제하는 법률의 합헌성 심사에 있어서는 이와 같은 논리를 전개하여 과잉금지원칙 기준을 적용하는 심사 강도에서 적어도 '피해의 최소성' 원칙은 완화되는 것으로 볼 수 있을 것이다. 비록 헌법재판소의 소수의견이기는 하지만 허위사실의 표현에 대한 형사처벌 규정의 위헌 여부 판단과 관련하여 이러한 논리를 직접 전개한 판례도 있다. 구 전기통신기본법 제47조 제1항 허위의 통신 처벌규정에 대한 위헌소원156)에서 이동흡, 목영준 재판관은 위 조항에 대하여 위헌을 선고한 다수의견과는 달리 "허위사실의 표현이 언론·출판의 자유의 보호영역에서 배제되는 것은 아니지만, 이는 원론적으로 사상이나 지식에 관한 정치적·시민적 표현행위라고 볼 수 없으므로, 그에 대한 규제를 심사함에 있어서는 엄격한 비례의 원칙을 적용하는 것보다는 '피해의 최소성' 원칙에서 일부 완화된 심사를 함이 상당하다."라는 이유를 제시하면서 합헌의견을 밝힌 바 있다. 이 사안에 대하여는 제4장에서 제4절에서 상세히 다룬다.

---

154) 노희범, "상업광고 규제의 합헌성 심사 기준", 「헌법논총」, 제17집, 헌법재판소, 2006. 251면.
155) 같은 취지: 이노홍, "상업적 광고규제와 표현의 자유 보호론 재검토", 「홍익법학」, 제17권 제1호, 홍익대학교 법학연구소, 2016. 2. 240면.
156) 헌재 2010. 12. 28. 2008헌바157 등, 판례집 22-2하, 684.

## 3. 소결

허위사실을 표현하는 경우 이상에서 검토한 바와 같이 언론·출판의 자유의 보호영역에 속하지만, 의견 표명이나 진실을 공표하는 경우에 비하여는 그 역할이나 기능은 차이가 있다. 오히려 최근에는 심각한 악의적, 의도적 허위사실 표현으로 인한 폐해가 심각하다. 따라서 언론·출판의 자유의 보호영역에 속한다고 하여 기본권으로서 모두 똑같은 정도의 보호를 받는 것은 아니라고 판단된다. 결국, 언론·출판의 자유의 보호영역에 포함된다고 하여 허위사실의 표현에까지 다른 기본권에 우월하거나 중요한 기본권이라는 전제로 이를 제한하는 법률에 대한 합헌성 심사 강도를 지나치게 엄격하게 하는 것은 타당하지 않다. 언론·출판의 자유가 타 기본권에 비해 '우월적 지위'를 가진다는 논의가 있을 정도로 중요하게 취급되는 이유는 언론·출판의 자유가 다른 모든 자유의 실질적 기초이며, 민주주의의 불가결한 선결 조건이고, 공정하고 자유로운 선거를 위한 조건이라는 전제하에서이다. 그러나 허위사실 표현은 의견 표명이나 진실한 사실 주장과 같이 그 기능을 충실히 수행한다고 보기는 어렵기 때문이다. 결국, 허위사실 표현은 언론·출판의 자유의 보호영역에는 포함된다고 할 것이나, 그 보호의 정도에 있어서는 의견 표명 및 이를 뒷받침하기 위한 진실한 사실의 주장 등과는 차등을 두어야 할 것이다.

우리 헌법은 이미 검토한 바와 같이 언론·출판의 자유를 보장하면서도 그 제한과 관련하여 헌법 제37조 제2항 이외에 별도로 제21조 제4항을 두어 무조건적인 보호에서 오는 타인의 권리침해나 사회질서 혼란을 방지하도록 하는 취지에 비추어 보면, 폐해가 심각한 악의적, 의도적 허위사실 표현에 대하여 만큼은 완화된 심사 강도에 의하여 적절한 제한이 이루어질 수 있도록 하는 것이 헌법 합치적인 해석이라고 할 것이다. 물론 완화된 심사 강도라고 하여 미국의 이중기준 원칙상의 완화된 심사 기준과 같은 합리성 심사로 일률적으로 완화된다기보다는 중간심사 기준 정도의 강도에 따라 판단된다고 볼 수 있으며, 이는 결국 과잉금지원칙에 있어서 '피해의 최소성'이 완화된다는 점이 핵심이라고 할 것이다. 하지만 그렇다 하더라도 허위의 표현에 대한 규제도 그 표현의 발현되는 영역과 충돌하는 기본권의 중요성을 비교·형량하여 심각하고 악의적인 허위사실 표현에 대하여만 신중한 규제가 이루어져야 할 것이다.

결국, 이를 위해서는 어떠한 표현이 폐해가 심각한 악의적, 의도적 허위사실 공표에 해당하는가 여부에 대한 구별기준을 명백히 밝혀야 할 것인데, 그와 관련해서는 제4장에서 허위사실 해당 여부를 두고 다툼이 있었던 사례들을 각 유형별로 비교 분석해 봄으로써 그에 대한 일응의 기준을 제시해 보고자 한다.

# 제3장

# 가짜뉴스 등 허위사실 표현에 대한 법적 규제

# 제1절 개요

제2장에서 검토한 바와 같이 허위사실 표현도 언론·출판의 자유의 보호영역에 포함되어 언론·출판의 자유로서 보호를 받는다고 하여도 헌법과 법률로써 일정한 경우에는 제한을 받을 수밖에 없다. 결국, 허위사실 표현에 일정한 법적 규제 등이 가해지는데 이를 그 방법에 따라 나누어 본다면, 크게 비형사적인 규제와 형사적인 규제로 나누어 볼 수 있다. 한편, 규제를 받는 대상 즉, 허위사실을 표현하는 주체에 따라 언론기관(언론인 포함)과 일반인으로 나누어 볼 수 있으며, 최근에는 직접 작성 주체는 아니지만 인터넷(Internet), 사회관계망서비스(SNS) 제공자 등 정보통신서비스사업자(Internet Service Provider, 이하 ISP)에게도 자신이 제공하는 서비스망을 통해 허위사실이 유포되는 것에 대한 일정한 책임을 부여하기도 하므로 정보통신서비스사업자도 일단 그 주체에 포함하여 검토할 필요가 있다. 또한 본 저서의 주요 쟁점은 허위사실 표현에 대한 형사처벌 규정과 관련된 합헌성 검토이나, 이를 실질적으로 검토하기 위해서는 형사처벌 규정에 비해 기본권 침해 정도가 비교적 적은 비형사적 규제에 대하여도 기본적인 검토가 선행되어야 형사처벌의 필요성과 헌법 합치성 등에 대한 종합적인 판단이 가능하다. 따라서 구

체적인 형사처벌 규정 등에 대하여 본격적으로 합헌성 검토를 하기 전에 본 장에서 독일과 미국 및 우리의 법제 전반에(비형사적 규제와 형사적 규제) 대하여 개략적으로 검토한 후, 제4장에서 우리의 구체적인 형사처벌 규정에 대한 본격적인 합헌성 검토를 진행한다.

## 제2절 가짜뉴스 등 허위사실 표현에 대한 비형사적 규제

전통적인 비형사적인 법적 규제로는 허위보도와 관련된 언론기관에 대한 행정적인 규제와 허위사실로 피해를 본 당사자의 민사상 손해배상책임 인정 등으로 대표될 수 있다. 최근의 허위사실 유포가 전통적인 신문, 방송 등 언론기관 뿐만 아니라 정보통신 기술을 바탕으로 한 인터넷, 사회관계망서비스(SNS) 등을 통해 급속히 확산하면서 이에 대한 행정적인 규제를 강화하는 방안의 입법들이 추진되고 있다.

### Ⅰ. 독일·미국 등 외국의 법제 현황

#### 1. 독일

독일은 언론·출판의 자유에 대하여 무조건적인 우월적 지위를 인정하기보다는 인격권 등 다른 기본권과의 이익형량을 통한 조화를 기본으로 하고 있으므로 그 제한의 방식도 이와 같은 기본 방향에 따라 이루어지고 있다.

## 가. 민사상 원상회복청구권, 손해배상청구권 등의 인정

독일에서 허위사실 유포에 의한 인격권 침해 등 피해에 대한 비형사적 규제의 가장 기본은 독일 민법(BGB) 제249조[157])에 의해 인정되는 '원상회복청구권'이라고 할 수 있다. 독일에서 민사적 차원의 취소청구는 20세기 제국재판소의 판례에 의해 인정되기 시작하였으며, 그 후 독일에서는 원상회복청구권으로서 취소 또는 정정 청구가 일반적으로 인정받게 되었다. '취소', '정정' 등 그 구체적인 내용에 대하여는 취소(Widerruf), 시정(Richtigstellung), 해명(Gegendarstellung), 불고수(Nichtaufrechterhaltung), 보충(Ergänzende Berichterstattung), 제3자의 주장에 대한 입장표명(berichtigende Kommentierung), 잠정적 표명(vorläufige Erklärung), 패소 사실의 공고(Urteilsveröffentlichung) 등이 고려되고 있다.[158]) 하지만 이와 같은 원상회복청구권에 대하여도 연방헌법재판소가 취소자의 굴욕을 강요하는 형태의 취소는 헌법상 양심의 자유의 관점에서 허용될 수 없다고 판단하여,[159]) 가해자의 의사에 반하는 사죄광고 등은 허용되지 않는 헌법적 한계를 가진다.

독일 민법상 비재산적 손해(민법 제253조[160]))도 인정되지만, 원상

---

157) 독일 민법 제249조[Art und Umfang des Schadensersatzes; 손해배상의 종류와 범위]
(1) Wer zum Schadensersatz verpflichtet ist, hat den Zustand herzustellen, der bestehen würde, wenn der zum Ersatz verpflichtende Umstand nicht eingetreten wäre(손해배상의 의무를 부담하는 사람은, 배상의무를 발생시키는 사정이 없었다면 있었을 상태를 회복하여야 한다).
(2) Ist wegen Verletzung einer Person oder wegen Beschädigung einer Sache Schadensersatz zu leisten, so kann der Gläubiger statt der Herstellung den dazu erforderlichen Geldbetrag verlangen(사람의 침해 또는 물건의 훼손을 이유로 손해배상이 행하여지는 경우에는 채권자는 원상회복에 갈음하여 그에 필요한 금전을 청구할 수 있다).

158) 독일의 저명한 언론법 학자 벤첼(Wenzel)은 위법한 표현행위에 의한 피해자의 손해를 회복하기 위하여 가해적 표현행위자에 대하여 취할 수 있는 조치로서 취소, 시정, 해명, 불고수, 보충, 제3자의 주장에 대한 입장표명, 잠정적 표명, 패소 사실의 공고 등의 유형을 제시하였다(Karl Egbert Wenzel, Das Recht der Wort- und Bildberichterstattung, Handbuch des Äußerungsrechts, 6.Aufl. 2018, Kap. 13, S.1118ff.).

159) BVerfG NJW 1970, 651(652).

160) 독일 민법 제253조[Immaterieller Schaden; 비재산적 손해].
(1) Wegen eines Schadens, der nicht Vermögensschaden ist, kann Entschädigung in Geld

회복을 원칙으로 하고 있어 금전배상, 특히 위자료의 인정은 성립요건과 인용액수에 관하여 다소 엄격한 태도를 보인다. 독일 연방헌법재판소도 위자료는 표현의 자유에 대한 부담으로 작용할 우려가 있다는 이유로 인격권에 대한 중대한 침해와 중과실의 경우에만 인정되어야 한다는 태도를 보인다.[161) 또한, 미국과는 달리 징벌적 손해배상을 인정하고 있지 않기 때문에 민사상 손해배상에 있어서 형사적인 처벌과 같은 징벌적인 효과를 거두기는 쉽지 않다. 다만, 최근에는 연방법원(BGH)에서 허위사실보도로 인한 손해배상 사건에서 징벌에 가까운 큰 금액의 손해배상을 명한 사건[162)도 있어 미국의 징벌적 손해배상 제도의 영향도 어느 정도 받고 있다고 보고 있다.[163) 그 이외에도 인격권에 기한 일반적 부작위 청구권이 성명권에 관한 독일 민법 제12조, 소유권에 관한 독일 민법 제1004조 (방해배제청구권 및 부작위청구권, Beseitigungs- und Unterlassungsanspruch) 등을 유추하여 부작위청구권을 일반적 인격권의 효력으로 널리 인정하고 있으므로 인격권을 침해하는 허위사실의 표현행위 등에 대하여는 금지를 청구할 수도 있다.

### 나. 언론강령, 반론권 등에 의한 규제

독일은 기본법상의 언론·출판의 자유를 보장하되 과도한 언론보도 과정에서 허위사실의 유포로 인한 피해 등을 방지하기 위해 언론기관의 자율적인 보도준칙이자 윤리 규범인 '언론강령(Pressekodez)'

---

nur in den durch das Gesetz bestimmten Fällen gefordert werden(재산적 손해가 아닌 손해는 법률로 정하여진 경우에만 금전에 의한 배상을 청구할 수 있다).

161) BVerfGE 34, 369; BVerfG NJW 1973, 1221.

162) BGH NJW 1996, 984: Caroline von Monaco II - Brustkrebs.

163) 박용상, 전게서, 969면.

을 1973년 제정하여 시행하고 있다.164) 그 주된 내용으로는 ① 여론조사와 사진게재, 예측기사와 인터뷰 기사 작성 및 독자투고에 있어 주의할 사항, ② 정정보도나 반론보도의 요건과 방법, ③ 취재 시 윤리 기준, ④ 취재원 보호에 대한 기준, ⑤ 언론인의 겸업에 대한 주의 사항, ⑥ 광고와 기사의 분리 및 취재로 얻은 정보의 사적 이용 금지, ⑦ 선정적 묘사 금지와 미성년자 보호에 대한 기준, ⑧ 무죄 추정 및 취재대상에 따른 차별 금지 등을 규정하고 있다. 특히 허위보도에 대한 정정보도와 관련해서는 언론강령 제3조에서 규정하고 있다.165) 언론강령에 따른 불공정 보도 심의 등을 위해 '독일언론평의회(Deutscher Presserat)'를 두고 있으며, 위원회 산하에 이에 따른 구체적인 집행기관으로서 '불만처리위원회(Beschwerdeausschuss)'가 있다. 이 위원회는 접수된 불만 사항을 심의한 후 정당한 것이라면 관련 기자와 언론사에 대해 단순 경고하거나 '견책(Missbillingung)', '주의(Hinweis)'를 결정하기도 하며, 심각한 위반이라고 판단되는 경우에는 '공개경고(öffentliche Rüge)'를 한다.166) '언론강령'은 자율적 규제로서 그 결정에 있어 법적 강제력은 없어 허위사실 등 불공정 보도의 사전 억제 기능이 약하다는 한계는 있으나, 언론기관 간에 이를 지켜야 하는 의무로 규정하고 강령에 따른 '독일언론평의회'의

---

164) 독일 언론강령[PUBLIZISTISCHE GRUNDSÄTZE(PRESSEKODEX), 제정: 1973. 12. 12. / 최종개정: 2017. 3. 22.] ; 독일의 언론보도 피해구제 관련 입법례, 국회도서관. www.presserat.de/fileadmin/user_upload/Downloads_Dateien/Pressekodex2017_web.pdf.

165) Ziffer 3 [RICHTIGSTELLUNG; 정정보도]
Veröffentlichte Nachrichten oder Behauptungen, insbesondere personenbezogener Art, die sich nachträglich als falsch erweisen, hat das Publikationsorgan, das sie gebracht hat, unverzüglich von sich aus in angemessener Weise richtigzustellen(보도된 뉴스 또는 주장, 특히 개인과 관련된 유형의 뉴스 또는 주장이 추후에 허위로 입증된 경우에, 그 뉴스 또는 주장을 보도한 언론기관은 자발적으로 지체 없이 적절한 방법으로 정정보도하여야 한다.).

166) 2018년 기준으로 총 287건 중 주의가 147건, 견책 70건, 공개경고는 27건이었다 (https://www.presserat.de/fileadmin/user_upload/Statistiken/DPR_Jahresbericht_2018_04_09.pdf); 심영섭, "독일의 언론보도 피해와 구제제도", 「세계의 언론 법제」, 제14호, 2003년 하권, 43-45면.

정정보도 등의 지시를 지키지 않을 경우 사실상 해당 언론사는 언론 협회 등에서 퇴출당하는 등의 실질적인 불이익을 받을 수 있어, 어느 정도 실효성이 있다고 할 수 있다.

또한, 연방 차원의 통일된 법률은 없지만 1949년 바이에른 (Bayern)주 출판법에 반론권 제도를 도입한 이래 바덴-뷔르텐베르크주 등 일부 주에서는 주 법률로 '언론법(Gesetz über die Presse)' 등을 제정하여 법적으로 반론청구권(Gegendarstellung)을 인정하였고,167) 그 후 대부분의 주에서 언론법을 제정하면서 반론청구권을 인정하고 있다. 독일 연방헌법재판소도 '반론권은 여타 권리구제수단과는 달리 미디어의 개인 영역에 대한 공격에 대하여 기초적 사실관계에 관한 공중의 기억이 살아 있는 동안에 개인이 효과적으로 방어할 수 있는 수단이기 때문에 현대 대중매체의 여건에 가장 적절한 권리이고, 언론법의 특수한 분야에서 미디어에 의한 개인 법익 보호를 위해 상세히 고안된 제도'라고 하여 그 근거와 기능을 설시하면서 중요성을 강조한 바 있다.168) 결국, 독일에서 반론권은 헌법상 최고 가치를 의미하는 인간의 존엄권으로부터 추리·개념화된 일반적 인격권의 한 실현수단으로 인식되고 있으며, 그 권리의 실효성을 담보하기 위해 권리구제의 신속성 요청과 매스미디어의 강력한 공격에 동등한 효과로써 방어할 수 있어야 한다는 절차법상 이른바 무기

---

167) 바덴-뷔르텐베르크주 '언론법'(Gesetz über die Presse: Landespressegesetz, 제정: 1964. 1. 14. / 최종 개정: 2018. 4. 24.).
www.landesrecht-bw.de/jportal/portal/t/1cf/page/bsbawueprod.psml?pid=Dokumentanzeige&showdoc case=1&js_peid=Trefferliste&fromdoctodoc=yes&doc.id=jlr-PresseGBWrahmen&doc.part=X&doc.price=0 .0&doc.hl=0#focuspoint; 바덴-뷔르텐베르크주의 언론법 제11조의 반론권 제도는 우리의 정정보도 청구권을 도입하는 데 모델이 되었던 법률이다(헌법재판소 1991. 9. 16. 선고 89헌마 165 결정, 판례집 3, 518; 이시윤 재판관의 반대의견 중 "원래 우리나라의 정기간행물의등록등에관한법률상의 정정보도청구권은 독일의 바덴 뷔르텐부르크주의 언론법상의 반론권이 그 모범이 된 것으로 알려져 있는데...").

168) BVerfG, Beschluss vom 8. 2. 1983 – 2 BvR 348/83(= BVerfGE 63, 254 = BVerfG DVBl 1983, 339).

대등의 원칙이 권리구성의 배경이 되고 있다.169)

## 다. 정보통신서비스사업자와 이용자에 대한 규제

독일은 1997년 7월 '정보통신서비스법'을 제정하여 인터넷 사이트에 유통되는 정보에 대한 인터넷 사업자의 법적 책임에 대한 일반 조항을 둠으로써 불법정보에 대한 법적 책임의 인정 여부 내지 그 범위에 대한 기준을 법률 차원에서 최초로 규정하였다.170) 규정의 일반 원칙은 자신이 작성한 콘텐츠와 타인에 의하여 제공된 콘텐츠를 구분하고 일반 법리에 따라 자신이 직접 작성한 콘텐츠에 대하여는 전적인 책임을 부담하나, 타인의 정보 콘텐츠에 대하여 책임지는 경우는 그가 그 내용을 인지하였고, 그 이용을 저지하는 것이 기술적으로 가능하고 기대 가능한 경우로 국한하는 것이었다. 이는 미국과 같이 종전의 판례 등을 입법화한 것이 아니라 책임 기준의 필요성이 제기되어 일반적 규정으로 도입한 것이다. 하지만 가짜뉴스 등 인터넷상의 허위사실의 유포 등에 대한 직접적인 제한을 위한 사업자 책임 규정 등은 없었다. 인터넷이 발달하면서 이용자가 인터넷상에서 익명이나 가명으로 활동하면서 허위사실을 유포하는 상황들이 빈발하자 익명표현에 대한 규제 여부가 논란이 되었으나, 독일은 2007년 텔레미디어법(Telemediengesetz)을 제정하면서 제13조에서 온라인상에서 이용자가 가명 또는 닉네임을 이용할 수 있는 권한을

---

169) 박용상, 전게서, 1047-1048면.

170) Gesetz zur Regelung der Rahmenbedingungen für Informations- und Kommunikations dienste [제정: 1997. 7. 22. (BGBl. I S.1870)] 제1편 제5조 (1) 서비스 제공자가 자신의 콘텐츠를 이용에 제공한 경우에 일반법에 의하여 책임을 진다. (2) 서비스 제공자가 제3자의 콘텐츠를 이용에 제공한 경우 그 콘텐츠를 인식하고서 이용의 차단이 기술적으로 가능하고 합리적으로 예상할 수 있는 때에만 책임을 진다. (3) 서비스 제공자는 제3자의 콘텐츠에 대하여 이용을 위한 접근만을 제공한 경우에 책임이 없다. 제3자 콘텐츠의 자동적이고 일시적인 저장은 이용자 접근이기에 접근의 제공에 해당된다.

보유하고 있음을 명시적으로 규정하였다.[171]

### 라. '네트워크법집행법
### (Netzwerkdurchsetzungsgesetz, NetzDG)'의 도입

#### (1) 개요

독일에서는 인종, 민족, 종교 등과 관련하여 폭력을 유발하거나 선동적인 '혐오표현'을 엄격히 규제하고 있는데, 최근 독일에 유입된 난민들이 범죄를 일으킨다는 가짜뉴스가 급격하게 증가하여 난민과 관련된 혐오표현이 심각한 사회 문제로 대두되면서 가짜뉴스에 대한 강력한 규제 여론이 공감을 얻게 되었다.[172] 결국, 가짜뉴스 등 허위사실의 유포에 대응하기 위하여 2017. 6. 30. 독일 연방하원은 위법적 표현을 신속하게 삭제하지 않은 소셜네트워크 사업자(페이스북, 구글, 트위터 등, 이하 'SNS 사업자'라 한다)에게 최대 5,000만 유로의 과태료를 부과할 수 있는 법률인 '네트워크법집행법(Netzwerkdurchsetzungsgesetz, 약칭 NetzDG)'을 통과시켰다. 이 법률상의 규제는 국내언론에 형사적인 규제인 것처럼 보도된 바 있으나,[173] 엄밀히 보자면 위반행위에 대하여 질서위반법(Ordnungswidrigkeitsgesetz)에 따라 과태료(Geldbusse)를 부과하는 것으로서 비형사적 규제에 해당한다.

---

171) Telemediengesetz[제정: 2007. 2. 26.(BGBl. I S.179), 최종개정: 2019. 7. 11.(BGBl. I S.1066)] 제13조 제6항(기술적으로 가능하고 이것이 기대 가능한 경우, 서비스 사업자는 텔레미디어 이용과 결제를 익명 또는 가명으로 가능하게 해야 한다).

172) 심영섭, "가짜뉴스 난무...'가짜뉴스방지법' 추진 : 독일 총선관련 언론보도와 이슈", 「신문과 방송」, 통권 제557호, 한국언론진흥재단, 2017. 5. 20-24면.

173) 중앙일보, 독일 벌금 670억 등 '가짜뉴스와의 전쟁', 2019. 8. 15.(https://news.joins.com/article/23552909); 신상현, "위법한 명예훼손 게시물의 삭제 및 차단의무에 관한 소셜네트워크 운영자의 형법적 책임 - NetzDG에 대한 비판적 검토 -", 「법학연구」, 제20집 제3호, 인하대학교 법학연구소, 2017. 9. 72면; 질서위반법상 과태료와 관련하여 벌금, 과징금 등으로 번역되기도 하는 행정형벌상 금전적 규제라고 소개하고 있다.

## (2) 법률의 주요 내용

법률의 주된 내용은 명예훼손적 허위사실 등 소셜네트워크상의 명백히 위법한 콘텐츠를 24시간 내에 삭제 또는 차단해야 할 의무를 소셜네트워크를 운영하는 사업자에게 부과하는 것이며, 위법성이 명백하지 않은 경우에는 1주일 내에 처리하는 것이 가능하다. 소셜미디어 업체들이 삭제 의무 위반을 반복적으로 행할 경우 최대 5,000만 유로의 과태료가 부과될 수 있다.[174]

### (가) 위법게시물의 내용

위법한 게시물은 인터넷 사이트는 이용자가 자신 또는 타인의 계정 내지 게시판에 임의로 작성한 게시물로서 그 내용이 독일 형법(Strafgesetzbuch, StGB)에서 규정하고 있는 범죄 중 21개 범죄[175]의 구성요건에 해당하고 정당한 사유가 없는 게시물을 말한다(제1조 제2항). 대표적으로 모욕죄(Beleudigung, 형법 제185조), 비방죄(Üble Nachrede, 형법 제186조), 중상죄(Verleumdung, 형법 제187조) 및 문서위조죄에 준하는 중요 데이터의 위작죄(Fälschung beweiserheblicher Daten, 형법 제269조) 등 허위사실에 해당할 수 있는 게시물이 위법한 게시물로 포함되어 있다.

그 외 규정된 범죄들 중 중요 범죄들을 살펴보면, 국가의 안보를 위협하는 범죄들을 열거하고 있다. 민주적 법치국가 위협죄[176]에 해

---

174) Gesetz zur Verbesserung der Rechtsdurchsetzung in sozialen Netzwerken (Netzwerkdurchsetzungsgesetz)[제정: 2017. 09. 01.(BGBl. S.3352)]; 오세욱/정세훈/박아란, 「가짜뉴스의 현황과 문제점」, 한국언론진흥재단, 2017-06, 92면.
175) 독일 형법 제86조, 제86a조, 제90조, 제90a조, 제111조, 제126조, 제129조-제129b조, 제130조, 제131조, 제140조, 제166조, 제184b조 및 제184d조, 제185조-제187조, 제201a조, 제241조 또는 제269조에 해당하는 죄이다.
176) 독일 형법 각론 제1편 제3절 민주적 법치국가 위협죄를 말한다.

당하는 게시물(혐오범죄에 대응)로서 위헌조직 선전물 반포 등
(Verbreiten von Propagandamitteln verfassungswidriger Organisationen,
형법 제86조), 위헌조직 표시사용 등(Verwenden von Kennzeichen
verfassungswidriger Organisationen, 형법 제86a조), 국가기능에 중대한
위협이 되는 폭력적 행위의 예비(Vorbereitung einer schweren
staatsgefährdenden Gewalttat, 형법 제89a조) 및 실행의 교사(형법
제91조), 국익에 반히는 사실관계의 위조에 해당하는 게시물
(Landesverräterische Fälschung, 형법 제100a조) 등이다. 또한, 독일
연방공화국의 외교적 관계 또는 안보에 중요한 영향을 미칠 수 있는
사실관계에 관한 허위주장 내지 정보를 내용으로 하는 게시물, 국가
권력에 대항하여 공연하게 범죄행위를 선동하는 게시물(Öffentliche
Aufforderung zur Straftaten, 형법 제111조) 등도 이에 해당한다.[177]

또한, 공공질서를 침해하는 범죄에 해당하는 게시물도 포함된다.
범죄위협을 통한 공공의 평온을 교란하는 내용의 게시물(Störung
des öffentlichen Friedens durch Androhung von Straftaten, 형법 제
126조), 범죄단체 조직(Bildung krimineller Vereinigungen, 형법 제
129조) 및 테러단체조직(Bildung terroristischer Vereinigungen, 형
법 제129a조), 외국에서의 범죄단체 및 테러단체 조직(Kriminelle
und terroristische Vereinigungen im Ausland; Einziehung, 형법 제
129b조), 국민선동(Volksverhetzung, 형법 제130조)을 내용으로 하는
게시물 등이 이에 해당한다. 그 이외에도, 혐오범죄에 적용될 수 있는 신
앙, 종교단체, 세계관단체 등 모욕죄(Beschimpfung von Bekenntnissen,
Religionsgesellschaften und Weltanschauungsvereinigungen, 형법 제166

---

177) 황태희, "인터넷 게시물의 규제와 이용자보호 : 독일 망 집행법을 중심으로", 「법학논문집」,
제42집 제2호, 중앙대학교 법학연구원, 2018. 8. 229-231면.

조), 개인의 사생활을 침해하는 사진촬영 등 사생활 침해죄(Verletzung des höchstpersönlichen Lebensbereichs durch Bildaufnahmen, 형법 제201a조), 아동음란물의 배포 등에 관한 죄(Verbreitung, Erwerb und Besitz kinderpornographischer Schriften, 형법 제184b조, 제184d조) 등이 위법한 게시물로 규정되어 있다.[178]

(나) 정보통신서비스사업자의 의무

1) 적용대상 사업자

적용대상은 원칙적으로 온라인상에서 사용자들이 임의의 게시물을 다른 사용자들과 교환, 공유 또는 공개를 할 수 있도록 하는 영리목적의 플랫폼을 운영하는 소셜네트워크서비스(SNS) 사업자이다(제1조 제1항). 다만, 서비스 제공자가 직접 편집에 책임을 지고 있는 사실보도에 해당하는 게시물을 제공하는 플랫폼과 독일 내에서 200만 명 미만의 '등록 이용자'를 가진 SNS 사업자는 동법의 적용을 받지 않는다. 직접 게시물을 작성한 사람은 해당 형법 조항의 적용을 받게 된다(제1조 제2항).

2) 불만 처리절차

SNS 사업자는 위법한 콘텐츠에 관한 불만 처리를 위하여 효과적이고 투명한 절차를 마련해야 한다(제3조 제1항). SNS 사업자는 불만을 즉시 인지하고 콘텐츠가 위법적인지, 제거하거나 접근을 차단할지 검토해야 하며, 명백히 위법한(offensichtlich rechtswidrig) 콘텐츠는 불만이 접수된 후 24시간 이내에 제거하거나 접근을 차단하고, 모든 위법한 콘텐츠는 불만이 접수된 후 7일 이내에 제거하거나

---

178) 황태희, 전게논문, 229-231면.

접근을 차단하여야 한다(제3조 제2항).

또한, 위법한 게시물에 대하여 연간 100건 이상 신고가 접수된 사업자들은 자신들의 게시판 등 플랫폼에 게시된 위법한 게시물의 신고 처리에 관하여, 반기별로 관할관청에 처리결과를 독일어 서면으로 제출하여야 한다(제2조 제1항). 보고서에는 SNS 사업자가 범죄행위를 막기 위해 노력한 내용, 위법한 콘텐츠의 삭제와 차단에 대한 판단기준, 접수된 위법한 콘텐츠의 불만건수, 불만처리 업무조직과 인적구성, 삭제나 차단이 행해진 불만건수, 불만접수에서 차단까지 걸린 시간, 불만신청인에 대한 통지 등의 내용이 포함된다(제2조 제2항).

### (다) 위반 사업자에 대한 규제

위 법을 위반한 사업자에 대하여는 질서위반법(Ordnungswidrigkeitsgesetz)에 따라 500만 유로 이하의 과태료(Geldbusse)를 부과할 수 있다(제4조). 질서위반법 제30조 제2항 제3문[179])이 적용되어 그에 해당하는 법인과 사업자단체에는 과태료 상한의 10배까지 가중이 가능하다.

유형별로 보면 우선, 사업자가 법에 따른 보고를 고의 또는 과실로 누락하거나, 거짓으로 보고하거나, 불완전 또는 적시에 보고하지 않거나, 공표하지 않거나, 거짓으로 공표하거나, 불완전하게 공표하거나 적시에 공표하지 않는 경우(제2조 제1항 위반) 과태료 대상이 된다.

또한, 고의 또는 과실로 국내에 주소 또는 거소가 있는 이용자 또는 신고자의 신고와 관련한 절차를 확보하지 않거나, 올바르게 확보

---

179) 질서위반법 제30조(법인과 단체에 대한 과태료)
  (2) 과태료 액수는 다음 각호에 정하는 바와 같다.
  1. 고의로 위반한 경우에는 1천만 유로 이하.
  2. 과실로 위반한 경우에는 5백만 유로 이하.
  하나의 질서위반행위에 대한 과태료는 그 질서위반행위에 대하여 예정된 과태료의 최고 액수를 그 상한으로 부과된다(2문). 개별 법률에서 본 조에 따르도록 하는 경우에는, 그 법률에서 규정된 요건을 충족하는 경우에 2문에 따른 과태료의 최고 상한액의 10배까지 부과할 수 있다(3문).

하지 않거나, 불완전하게 확보한 경우(제3조 제1항 제1문 위반), 고의 또는 과실로 신고를 절차대로 처리하지 않거나, 올바르게 처리하지 않는 경우(제3조 제1항 제2문 위반), 고의 또는 과실로 신고사항을 감시하지 않거나, 올바르게 감시하지 않는 경우(제3조 제4항 제1문 위반), 고의 또는 과실로 조직상 불완전성을 제거하지 않거나, 적시에 제거하지 않는 경우(제3조 제4항 제2문 위반), 고의 또는 과실로 교육 또는 지원을 제공하지 않거나, 적시에 제공하지 않는 경우(제3조 제4항 제3문 위반)도 과태료 대상이 된다.

고의 또는 과실로 국내 송달대리인 또는 국내 수령위탁자를 지정하지 않은 경우(제5조 제1항 위반),[180] 고의 또는 과실로 수령위탁자로서 정보 요청에 의하지 않는 경우(제5조 제2항 제2문 위반)에도 과태료 대상이 되는데, 이 경우에는 50만 유로 이하의 과태료를 부과할 수 있다.

과태료 부과절차의 관할관청(Verwaltungsbehörde)은 연방 법무청(BfJ)이다.[181] 연방 법무청은 과태료 관할관청으로서 연방 내무부(BMI), 연방 법무소비자보호부(BMJV), 연방 경제에너지부(BWE), 연방 교통디지털사회기반시설부(BMVI)와 협의하여 과태료 절차의 개시와 부과에 있어서 일반적인 행정원칙에 따라 재량권을 행사한다(질서위반법 제36조 제1항 제1호).[182]

---

180) 독일 소재 SNS 사업자는 대부분 미국 회사이므로 반드시 송달대리인을 설정하도록 강제하는 규정을 두었다(여기서 송달대리인이란 당해 거래와 관련하여 압류나 가압류의 신청 또는 소의 제기 등 법적 절차가 개시되는 경우 그와 관련된 통지를 당사자를 대신하여 수령하는 자를 말한다).

181) 연방 법무청은 연방 법무소비자보호부(BMJV) 소속인 연방상급관청(Bundesoberbehörde)으로서, 2018.3.22. 과태료 부과에 대한 가이드라인(NetzDG Bussgeldleitlinien)을 발표하여 구체적인 산정방식을 제시하였다.

182) 황태희, 전게논문, 237-238면.

### (3) 네트워크법집행법(NetzDG)의 도입과
### 관련된 위헌성 논란과 시사점

독일에서도 이 새로운 법률의 입법과정에서 명백한 가짜뉴스 또는 명예훼손적 게시물은 보호받아야 할 의견의 표명도 아니고, 언론·출판의 자유에서 보장하고 있는 정보를 제공하는 것도 아니며, 단지 대중의 판단을 흐리게 하는 사실의 전달이라는 의미밖에 없기 때문에 헌법상 표현의 자유의 보호영역에 해당하지 않는다며 법안 제정에 찬성하는 의견[183]이 있었던 반면, 형사소송 과정에서 판단되어야 할 위법성 판단을 SNS 사업자에게 부과하여 '형벌의 사유화(Privatisierung des Strafechts)'를 유발하고,[184] 독일 기본법 제5조에서 규정하는 표현의 자유에 대한 제한과 관련한 충분한 헌법적 논의가 이루어지지 못하고 제정되었다는 비판이[185] 제기되었다. 더 나아가서는 SNS 제공자가 사적 검열을 함으로써 정보의 자유와 검열 금지의 원칙은 물론, 정보통신서비스제공자와 기존 전통 언론사와의 평등권이 침해될 수도 있다는 우려까지 제기되고 있으며,[186] 법이 시행되고 있는 현재까지도 그와 같은 논란은 계속되고 있다. 앞으로 독일에서의 구체적인 사례에 대한 법원 판결과 연방헌법재판소의 판결을 지속해서 살펴봐야 할 이유이다.

앞서 살핀 바와 같이 우리의 정보통신망법도 방송통신심의위원회의 심의를 거쳐 일정한 게시물을 삭제할 수 있도록 하거나, 정보통

---

183) Karl-Nikolaus Peifer, 전게논문, S.810.

184) Britta Wimmers/Jörg Heymann, Zum Referntenentwurf eines Netzwekrdurchsetzungsgesetzes (NetzDG) - eine kritische Stellungnahme, in: AfP 2017, S.98; 박신욱, "온라인서비스제공자의 책임 및 그 확장과 관련된 독일 네트워크법집행법 연구", 「법학연구」, 제21집 제2호, 인하대학교 법학연구소, 2018. 6. 278면.

185) Tobias Gostomzyk/Karl-Heinz Ladeur, Das Netzwerkdurchsetzungsgesetz und die Logik der Meinungsfreiheit, in: K & R 2017, S.390.

186) Britta Wimmers/Jörg Heymann, 전게논문, S.101; 박신욱, 전게논문, 279면.

신서비스사업자에게 일정한 관리 책임을 주는 '임시조치' 제도를 인정하고 있으나, 그 요건이나 절차, 제재 수단에 있어서 독일이 새로 도입한 법률과는 상당한 차이가 있다. 최근에는 가짜뉴스 등이 확산한다는 이유로 독일과 유사한 취지로 정보통신망법을 개정하려는 움직임도 있다. 독일의 네트워크법집행법(NetzDG)은 위법한 게시물을 별도의 개념이나 요건 신설을 통하지 않고 이미 규정되어 있는 형법상 범죄행위 중 일부를 열거하는 식으로 규정함으로써 위법게시물의 범위를 명백히 밝혔다는 점, 그리고 사업자의 관련 의무, 처리절차, 이용자의 권리 등을 명백히 규정하였다는 점, 국내외 사업자 간 규제 공백이 없도록 국외 사업자에 대해서도 적용할 수 있음을 명백히 밝힌 점은 참고할 만하다. 하지만 이미 우리의 임시조치 제도에 대하여도 향후 검토하는 바와 같이 사업자의 사적 검열 논란과 함께 절차적으로 보완할 점이 많고, 독일의 네트워크법집행법(NetzDG)에 대하여도 위와 같은 위헌 논란이 지속하고 있으므로 독일과 유사한 제도를 도입함에 있어서는 그와 같은 문제점부터 개선하는 방향으로 신중히 검토하여야 한다.

## 2. 미국

미국 연방헌법은 수정 제1조에서 헌법상 '언론·출판의 자유를 제한할 수 없다'라는 규정을 두고 있고, 그에 따라 미국은 전통적으로 표현의 자유를 매우 중요시하고 다른 기본권에 비하여 우월적 지위를 부여하는 판례이론을 전개하여 왔으며, 관련 규제 법안도 이와 같은 판례를 기반으로 발전하여 왔다. 따라서 가짜뉴스 등 허위사실 표현에 대하여도 개인의 인격권을 침해하는 명백한 명예훼손적 표현인 경우에 민사적인 손해배상 책임을 인정하는 경우가 아니면 이에 대한 법적인 규제를 자제하고 있다.

미국에서도 가짜뉴스 등 허위사실 표현으로 인한 폐해가 점차 늘어나자 단순한 명예훼손을 문제 삼는 민사소송뿐만 아니라 국가의 적극적인 대처가 필요하다는 의견도 대두되고 있으나, 표현의 자유의 중요성을 고려하여 추가적인 법을 통한 제한은 신중한 접근을 하고 있다. 따라서 입법 차원에서의 대응은 교육을 통해 시민들의 '언론 문해력(medial literacy)'을 향상하여 시민시회의 자정 능력을 확대하는 방향으로 추진되고 있다.187) 2016년 미국 워싱턴주가 최초로 디지털 기술의 바른 이용 교육인 '디지털 시민의식(digital citizenship)'188)에 관한 법률을 제정하였으며,189) 이에 따라 주 교육감은 디지털 시민의식, 언론 문해력, 인터넷 안전의 지도에 관한 최적 방안을 개발하여 의회에 보고하고 시행하도록 하여 시민들의 자정 능력을 키우도록 하고 있다.190) 또한, 민간기구 차원에서 가짜뉴스에 대응하는 노력도 이루어지고 있는데 페이스북, 포드 재단, 뉴욕시립대학 저널리즘 스쿨 등은 산학 연대를 통한 대응책 마련을 위해 '뉴스 진실성 선언(News Integrity Initiative)'191)을 결성하여 가짜뉴스 관련 연구와 방지를 위한 각종 프로젝트를 진행하고 있다.192) 하지만 아직 가짜뉴스를 규제하기 위해 인터넷 서비스 사업

---

187) "가짜뉴스에 관한 미국 입법례", 「외국법률 이슈브리핑」 제42호, 국회도서관, 2017. 4. 11.

188) '디지털시민의식'이란 전자문해력(digital literacy), 언론문해력(medial literacy), 윤리, 에티켓, 보안을 포함하여 현행 기술의 이용과 관련된 적절하고, 책임이 있고, 건전한 행위규범을 말하며, 인터넷 안전, 사이버불링 예방 및 대응은 물론 언론에 접근하고 이를 분석, 평가, 생산, 해석하는 능력도 포함한다(RCWA 28A.650.045(1)); 국회도서관, 전게논문.

189) RCWA 28A.650.045.

190) 워싱턴 주에 이어 캘리포니아 주에서도 초등학생들과 시민들의 언론문해력을 높이는 교육과정을 시행하는 2개의 법안(SB No. 135, Dodd 의원 발의, SB No. 203, Jackson 의원 발의 등)이 발의되었다.

191) http://thetrustproject.org/; 오세욱/정세훈/박아란, 「가짜뉴스의 현황과 문제점」, 한국언론진흥재단, 2017. 5. 80면.

자에 대한 별도의 행정적 제재 등 추가 입법이 진행되고 있지는 않다. 그간의 전통적인 규제 법제의 내용을 간략히 살펴보면 다음과 같다.

## 가. 민사상 손해배상청구의 인정

미국은 허위사실로 인한 개인적 인격권이 침해당한 명확한 경우가 아니면 이에 대한 규제를 최대한 자제하는 등 내용의 진위에 기반을 둔 표현의 자유 제한에 매우 신중한 태도를 보인다. 명예를 훼손당하는 등 인격권 침해가 있더라도 기본적으로 형사적인 규제가 아닌 비형사적 규제 즉, 민사상 소송을 통해 일정한 손해배상 책임을 인정하는 방식을 통해 허위사실 표현에 대한 제한이 이루어졌으며, 따라서 이와 관련하여 판례가 상당히 발전하였다. 또한, 민사상 손해배상 책임을 인정함에 있어서도 일반 사인이 아닌 공인에 대한 허위사실 공표사건과 관련해서는 표현의 자유의 중요성을 고려한 '공인 이론'이 연방대법원 판례에 의하여 발전하였다. 공직자나 공적 인물에 대한 명예훼손적 표현(허위사실을 포함)으로 인한 불법행위 손해배상이 인정되기 위해서는 일반적인 불법행위 책임 요건인 고의 또는 과실로 족하는 것이 아니라 '현실적인 악의(actual malice)'가 필요하다고 명예훼손 인정의 주관적 요건을 엄격히 하고 이와 같은 요건을 원고가 입증해야 한다는 이론으로, 사실상 입증책임을 전환하는 효과를 가져와 공인에 대한 명예훼손이 인정되기 어려우며 언론·출판의 자유를 강하게 보호하게 되는 법리이다. 상세한 판례에 대하여는 제4장에서 명예훼손죄를 검토하면서 구체적으로 살펴보도록 한다.

미국에서는 민사상 손해배상 청구와 관련하여 이른바 징벌적 손해배상(punitive or exemplary damage)이 인정되고 있다. 허위사실

---

192) 오세욱/정세훈/박아란, 전게서, 94면.

유포에 악의 또는 중대한 과실이 있어 타인의 명예를 훼손한 경우 그 재발을 방지하거나 일벌백계를 위하여 가해자에게 징벌적인 손해배상을 가하고 피해자의 피해를 보전하는 것이다. 과거 전통적으로 징벌적 손해배상이 인정되는 사례는 고의적 불법행위 사건이나 악의적인 허위사실 유포 명예훼손 사건 등이었으나, 최근에는 제조물 책임 등과 관련된 집단소송 등에서 넓게 확대되고 있다. 다만, 미국 연방대법원은 미국 연방헌법 수정 제4조의 적법절차 조항은 불법 행위자에 대하여 지나치게 과다하거나 자의적인 처벌을 가하는 것에도 적용된다는 태도를 보이면서,[193] 2003년 4월에는 징벌적 배상액 산정에 관하여 불법행위에 대한 억제와 응보 기능을 함과 동시에 적법절차에도 어긋나지 않는 일응의 기준[194]을 제시하는 등 과다한 징벌적 손해배상에 대하여 일단 제한을 가하는 추세이다. 독일 등 대륙법계 국가와 같이 원상회복까지 인정하는 경우는 없지만 원상회복 처분을 한 경우에는 이러한 사정을 금전배상에 있어서 참작하고 있다.[195]

## 나. 대체적 분쟁 해결(ADR) 등 자체 분쟁 해결 제도, 반론권 등

미국은 언론사의 허위보도 등에 대하여 위와 같이 민사적 손해배상책임을 부과하여 제한을 가하면서도 대체적 분쟁 해결(Alternative Dispute Resolution Act of 1998)[196]제도를 통한 중재 등을 활용하여 허위사실 유포자에 대한 민사적 손해배상 책임 등을 신속하고 효

---

193) Cooper Industries v. Leatherman Tool Group, 534 U.S. 424 (2001).

194) State Farm Mutual Automobile Insurance Co. v. Campbell, 538 U.S. 408 (2003); 이 사건에서 연방대법원은 실제 손해액의 145배를 배상하라고 한 유타주의 판결을 파기하면서, 10배 미만의 한도로 제한하여야 한다고 판단하였다.

195) 박용상, 전게서, 994면.

196) U. S. Code Title 28.

과적으로 해결하고 있다. 그러나 독일 등 대륙법계 국가와 같이 반론권 제도 등이 전반적으로 인정되고 있지는 않다. 영·미 법계 국가에서는 기본적으로 자유주의 전통에 기반을 두고 언론의 독자투고란 등이 개방적으로 사용됨으로써 반론권 인정의 필요성이 높지 않았고, 위에서 살핀 바와 같이 악의적 허위사실 유포에 의한 명예훼손 등에 대하여는 엄중한 손해배상 책임을 통해 해결하고 있었기 때문이다. 과거, 플로리다주 등에서 공직후보자에게 신문에 반론권을 부여하는 내용의 법률을 시행한 바 있으나, 1974년 연방대법원은 신문에 게재할 재료의 선택과 기사의 내용이나 크기에 관한 결정은 편집자의 기능에 속하는 것이므로 이에 개입하는 반론권 제도는 연방헌법 수정 제1조에 위배되어 무효라고 판단한[197] 이후 독일과 같은 반론권 제도는 크게 활용되지 못하고 있다.

## 다. 정보통신서비스사업자와 이용자에 대한 규제

미국은 보도나 공표 내용에 대하여 편집적 권한을 행사하는 발행인(Publisher)과 그렇지 아니한 배포자(Distributor)를 구별하는 영미 보통법 전통에 따라 배포자에 해당하는 인터넷 사업자에 대하여는 편집 권한을 행사하지 않는 한 허위사실보도 등에 대한 책임을 인정하지 않는 태도를 보여 왔다. 대표적인 사건으로 1991년 커비 사건[198]에서 인터넷 게시판을 운영하던 피고 인터넷 사업자에 대하여 그 게시판에 운영된 명예훼손적 게시물의 단순 배포자에 불과하다고 보아 법적 책임을 부인하였으며, 1995년 스크랫튼 사건[199]에서

---

197) Miami Herald v. Tornillo, 418 U. S. 241 (1974).

198) Cubby Inc. CompuServe Inc. 776 F.Supp. 135 (S.D.N.Y. 1991).

199) Scrattom Oakmont, Inc. v. Prodigy Services Com. 1995 WL 323710 (N.Y.Sup.Ct. 1995).

는 인터넷 서비스 사업자인 'Prodigy'사가 전자게시판의 내용에 대한 가이드라인을 설정하고 실제 검열 소프트웨어를 사용해 편집적인 통제(editorial control)를 행사하였다는 이유로 발행인의 법적 책임을 물었다. 그러나 이와 같은 전통적인 방식의 규제만으로는 급증하는 인터넷 사업자의 규율이 어렵고 오히려 자신이 관리하는 사이트에 통제를 하지 않는 업체가 법적 책임을 지지 않는 결과 등이 발생하자 이를 규율하는 새로운 입법이 시도되었다.

그러한 논의 속에 미국에서 본격적으로 인터넷 사업자에 대한 책임 소재를 규제한 법률은 1996년 입법화된 연방통신품위법(The Communications Decency Act of 1996)이라고 할 수 있다. 이 법은 인터넷상의 음란·폭력 등 유해물로부터 미성년자를 보호하려는 목적으로 제정된 법률이나 인터넷 사업자에 대한 책임 제한에 관한 조항도 함께 규정되었다.200) 미성년자를 보호하기 위한 조항은 우선, 18세 미만의 미성년자에게 고의로 전기통신장치에 의한 음란(obscene)하거나 외설적인(indecent) '통신의 전송'을 금지하고, 또한 18세 미만의 미성년자에게 쌍방향 컴퓨터 서비스 사용을 통해 본질적으로 공격적인(offensive material) 통신을 보내는 것을 금지하고 이를 위반하는 경우 형사처벌을 하는 규정도 두었다.201) 그러나 이에 대하여는 "범위가 넓고 모호해서 헌법이 보장하는 표현의 자유를 침해할 소지가 높으며, 미성년자의 보호 못지않게 성인의 권리도 보장받아야 한다"라는 이유로 시행 직후 연방대법원에서 위헌이 선고되었다.202) 인터넷 사업자의 법적 책임에 대하여 법 제230조

---

200) 황성기, 「언론매체 규제에 관한 헌법학적 연구 - 방송 통신의 융합에 대응한 언론매체 규제제도의 개선방안 -」, 서울대학교 박사학위논문, 서울대학교 대학원, 1999, 129면.

201) CDA 47 U. S. C. § 223(a),(d)(1996).

202) Reno v. American Civil Liberties Union, 521 U.S. 844, 848 (1997); 박정훈, "인터넷서비스

는 "쌍방향 컴퓨터 시비스의 제공자는 다른 정보제공자가 제공하는 정보에 대하여 발행자 또는 공표자로 취급되지 않는다."라는 점과, "쌍방향 컴퓨터 서비스 제공자가 선의에 의하여 자발적으로 음란정보를 차단하거나 이용 가능성을 제한하기 위하여 취한 행위에 대하여는 법적 책임을 면제한다."[203)라는 등의 내용을 기본으로 하고 있다. 위 법이 인터넷 사업자에 대하여 광범위한 면책규정을 도입한 것은 인터넷에서의 표현의 자유를 최대한 보장하면서도 인터넷 사업자에 의한 자율규제를 촉진하려는 정책적 목표를 반영한 것이었으나, 법의 시행과 법원의 판단[204)과정에서 인터넷 서비스 제공사업자에 대한 면책이 광범위하게 인정되면서 발행인으로서 뿐만 아니라 배포자로서의 책임도 지지 않게 되었다. 결국 온라인상의 명예훼손적 내용에 대한 책임은 오로지 원 작성자에 대해서만 인정되는 것으로 전개되었다. 이러한 법률과 판례에 대하여는 인터넷 서비스 사업자만을 지나치게 보호하고 피해자 구제에는 소홀하게 되어 면책을 제한하여야 한다는 비판이 제기되었고,[205) 그 이후에는 종전과 다르게 법률을 해석하는 판례들이 나오게 되었다. 2004년 캘리포니아주 항소법원은 제3자에 의해 저술된 명예훼손적 진술이 허위임을 안 후 이를 재(再)공표한 인터넷 서비스제공 사업자는 면책되지 않는다고 최초로 판시하였으며,[206) 그 후 서비스 제공자가 온라인 텍

---

제공자의 관리책임 - 미국의 통신품위법 제230조와 비교법적 관점에서 -",「공법연구」, 제41집 제2호, 한국공법학회, 2012. 12. 519면.

203) CDA 47 U. S. C. § 230 (c)(2)(A)(1996); 외설물에 관한 규제부분은 위헌판결을 받았으나, 음란물에 대한 규제부분과 공격적인 게시물 등 관련규정, 면책규정 등은 합헌으로 남아 있다. ; 박정훈, 전게논문, 519면.

204) 1997년 제란 사건(Zeran v. America Online, Inc.), 1998년 드럿지 사건(Blumenthal v. Drudge) 등.

205) Michael L. Rustad & Thomas H. Koenig, *Rebooting Cybertort Law*, 80 WASH.L. REV. 362, 382 (2005); Melissa A. Troiano, *The New Journalism? Why Traditional Defamation Laws Should Apply To Internet Blogs*, 55 AM.U.L.REV. 1447 (2006).

스트를 변경하지 않고 그것을 단지 강조하는 말을 삽입하더라도 통신품위법 제230조에 의한 면책을 박탈할 수 있다는 취지의 판결이 선고되는 등[207] 인터넷 서비스 제공사업자에 대한 면책이 어느 정도 제한되는 추세도 보인다.

## II. 국내의 비형사적 규제

### 1. 개요

우리 법제상 허위사실 표현에 대한 비형사적인 규제로는, ① 언론사와 관련된 허위사실 표현에 대한 언론중재 및 피해구제 등에 관한 법률(이하 '언론중재법'이라 한다)에 의한 규제, ② 정보통신서비스 제공자에 대한 허위사실의 삭제의무 부과 등 정보통신망법상의 규제, ③ 허위사실 표현으로 인해 개인에게 손해를 발생시킨 경우 민사상의 손해배상책임을 부과하는 민법상의 규제 등이 대표적이다. 위와 같은 제도들은 그 자체만으로도 많은 헌법적 쟁점을 가지고 있어 관련 헌법재판소 판례뿐만 아니라 헌법학계의 활발한 논의가 진행되고 있으므로 상세한 검토를 위해서는 많은 연구와 지면이 필요하지만, 본 저서의 핵심적인 주제는 형사적인 규제에 대한 합헌성 검토이므로 이번 항에서는 형사적인 규제가 필요 최소한으로 이루어질 수 있도록 비형사적인 규제가 어느 정도 실효성을 가지고 합헌적으로 시행되고 있는지 등을 검토할 수 있는 범위 내에서 개략적으로 살펴보도록 하겠다.

---

206) Barrett v. Rosenthal, 9 Cal. Rptr. 3d 142, 154(Cal. Ct. App. 2004).

207) Whitney Information Network, Inc. v. Xcentric Ventures, L.L.C. 199 Fed. Appx. 738(11th Cir. 2006).

## 2. 언론중재법상의 규제

언론에 의해 허위사실이 보도된 경우 이에 대하여 신속하게 반론을 제기하고 객관적인 사실이 보도될 수 있어야 허위사실의 유포로 인한 실질적인 피해를 줄일 수 있다. 단순히 허위사실의 유포를 차단하는 것만으로는 피해자가 입는 정신적 물질적 손해를 방지하기에 부족하기 때문이다. 특히, 허위사실을 유포하는 당사자가 거대 언론기관인 경우에는 그 보도가 국민과 사회 전반에 미치는 영향이 매우 큰 반면 개인인 당사자가 그 유포를 차단하고 소송을 통해서 손해를 배상 받기에는 일정한 한계가 있기 때문이다. 이러한 언론기관의 보도로 인한 개인에 대한 인격권 침해 등을 보호하기 위해 도입된 제도가 언론중재법상 구제제도이다.[208) 구체적으로 정정보도청구권, 반론보도청구권, 추후보도청구권 등이 인정되고 청구가 받아들여지지 않으면 언론중재위원회의 조정이나 중재를 신청할 수 있고 법원에 소를 제기할 수도 있다. 이는 언론기관에 일정한 요건에 해당하면 정정보도 등을 하도록 강제하는 제도로서 언론기관의 언론·출판의 자유에 대한 제한이라고 할 수 있으므로 그 요건과 절차에 대하여는 법률로서 상세하게 규정되어 있다.

---

208) 독일의 반론권 제도를 모델로 삼아 우리나라도 1980년 언론기본법을 통해 반론보도청구권제도가 도입된 이후, 1987년 정기간행물의등록등에관한법률 등을 거쳐, 2005년 전면 개정된 언론중재및피해구제등에관한법률에서 정정보도청구권, 반론보도청구권, 추후보도청구권 등의 제도가 종합적으로 도입되었다.

## 가. 정정보도청구권

2005년 언론중재법에 의해 도입된 '정정보도청구권'에 의하면 사실적 주장에 관한 언론보도가 진실하지 아니함으로 인하여 피해를 입은 자는 당해 언론보도가 있음을 안 날부터 3월 이내에 또는 당해 언론보도가 있은 후 6월 이내에 그 보도내용에 관한 정정보도209)를 언론사에 청구할 수 있다(언론중재법 제14조 제1항). 정정보도의 청구는 언론사의 고의·과실이나 위법성을 요하지 아니한다(동법 제14조 제2항). 정정보도 청구를 받은 언론사 등의 대표자는 3일 이내에 그 수용 여부에 대한 통지를 청구인에게 발송하여야 한다(동법 제15조 제2항). 청구를 받은 언론사 등이 정정보도 청구를 수용할 때에는 지체 없이 피해자 또는 그 대리인과 정정보도의 내용·크기 등에 관하여 협의한 후, 그 청구를 받은 날부터 7일 내에 정정보도문을 방송하거나 게재(인터넷신문 및 인터넷뉴스서비스의 경우 제1항 단서에 따른 해당 언론보도 등 내용의 정정을 포함한다)하여야 한다(동법 제15조 제3항). 다만, 일정한 사유210)가 있는 경우에는 언론사 등은 정정보도 청구를 거부할 수 있다(동법 제15조 제4항). 정정보도를 하는 경우 원래의 보도내용을 정정하는 사실적 진술, 그 진술의 내용을 대표할 수 있는 제목과 이를 충분히 전달하는 데에 필요한 설명 또는 해명을 포함하되, 위법한 내용은 제외한다(동법 제15조 제5항). 또한, 정정보도는 공정한 여론형성이 이루어지도록 그 사실공표 또는 보도가 이루어진 같은 채널, 지면(紙面) 또는 장소

---

209) "정정보도"란 언론의 보도내용의 전부 또는 일부가 진실하지 아니한 경우 이를 진실에 부합되게 고쳐서 보도하는 것을 말한다(언론중재법 제2조 제15호).

210) 1. 피해자가 정정보도청구권을 행사할 정당한 이익이 없는 경우 2. 청구된 정정보도의 내용이 명백히 사실과 다른 경우 3. 청구된 정정보도의 내용이 명백히 위법한 내용인 경우 4. 정정보도의 청구가 상업적인 광고만을 목적으로 하는 경우 5. 청구된 정정보도의 내용이 국가·지방자치단체 또는 공공단체의 공개회의와 법원의 공개재판절차의 사실보도에 관한 것인 경우.

에서 같은 효과를 발생시킬 수 있는 방법으로 하여야 하며, 방송의 정정보도문은 자막(라디오방송은 제외한다)과 함께 통상적인 속도로 읽을 수 있게 하여야 한다(동법 제15조 제6항).

현행 언론중재법상 정정보도청구권은 반론보도청구권과는 달리 보도된 내용이 진실이 아닌 경우에 이를 정정하는 보도를 청구하는 권리이다. 그런데 이미 살핀 바와 같이 법규정상 정정보도의 요건에 언론사의 고의나 과실 등 위법성을 요건으로 하지 않고 있어, 언론·출판의 자유를 위축시키는 과도한 제한이라는 논란이 제기되고,[211] 관련 헌법소원 사건도 제기된 바 있다. 헌법재판소는 언론중재법상 정정보도청구권은 반론보도청구권이나 민법상 불법행위에 기한 청구권과는 전혀 다른 새로운 성격의 청구권이라고 보면서,[212] 비록 "언론중재법상 정정보도청구권의 요건이 언론사 측의 고의나 과실을 요건으로 하고 있지는 않지만, 일정한 경우 정정보도를 거부할 수 있는 사유도 인정하고 있고, 제소 기간도 단기간으로 제한하고 있으며, 정정보도의 방법도 동일 지면에 동일 크기로 보도문을 내도록 하여 원래의 보도 이상의 부담을 지우고 있지 않은 점을 고려할 때 과도한 제한이라고도 보기는 어렵다."라며 합헌적인 제도라고 판시하였다.[213]

허위사실의 보도로 피해를 보았을 때 피해자는 기존의 민·형사상 구제제도로 보호를 받을 수도 있지만, 언론사 측에 고의·과실이 없거나 위법성조각사유가 인정되는 등의 이유로 민사상의 불법행위

---

211) 같은 취지: 이수종, "정정보도청구권의 법적 성격에 관한 연구", 「언론 중재」, 제31권 제4호, 언론중재위원회, 2011년 겨울, 97면; 이동훈, "언론중재법상 정정보도청구권의 헌법적 함의", 「공법학연구」, 제16권 제3호, 한국비교공법학회, 2015. 8. 104-105면.

212) 헌재 2006. 6. 29. 2005헌마165, 314, 555, 807, 2006헌가3(병합) 전원재판부, 판례집 18-1하, 337.

213) 헌재 2006. 6. 29. 2005헌마165, 314, 555, 807, 2006헌가3(병합) 전원재판부, 판례집 18-1하, 345.

책임이나 형사책임을 추궁할 수 없는 경우도 있다. 그러한 경우에는 결국 피해자로서는 보도의 내용이 허위임을 동일한 매체를 통하여 같은 비중으로 보도·전파하도록 함으로써 자신과 관련된 진실 된 사실을 알릴 수 있는 기회를 제공받는 것이 피해자의 인격권을 보호할 수 있는 방법이라고 할 것이다. 특히, 최근과 같이 가짜뉴스와 허위사실보도로 인한 개인의 피해가 심각한 반면 그 최초 게시자를 밝혀내어 민형사상 책임을 묻는 것이 쉽지 않는 상황에서 정정보도청구권의 실효성은 더 크다고 할 것이다.

하지만 미국 등 영미법계 국가에서 정정보도청구권은 보도한 자가 스스로 자신의 의사 내용을 정정해야 하는 것으로써 언론보도 기관에 대한 강력한 통제 방법이 될 수 있다는 점에서 그 기능보다는 위험성을 경고하는 주장이 있고,214) 필요한 청구권이라고 하더라도 그 청구권을 인정하는 절차에 있어서 지나친 신속성을 요구한 나머지 허위사실 여부에 대한 충분한 증명 없이 정정보도가 인정되는 경우 자칫 언론·출판의 자유를 과도하게 제한하는 결과를 초래할 수 있으므로215) 그러한 점에서는 신중하여야 할 것이다.216)

---

214) 조소영, "정정보도청구권에 대한 헌법적 검토 - 언론중재법과 헌재결정사례(2006. 6. 29. 2005헌마165)를 중심으로 -", 「헌법 판례연구」, 제8권, 한국헌법판례연구학회, 2006. 12. 316면; LEONARD W LEVY, ORIGINS OF THE BILL OF RIGHTS 103-1302 (1999) 참조.

215) 이와 관련하여, 종전의 언론중재법 제26조 제6항에서 정정보도청구권에 관하여 가처분 절차에 의해 심리하도록 규정하여 그 청구원인을 구성하는 사실의 인정을 '증명' 대신 '소명'으로 할 수 있게 하였었으나, 그러한 절차는 통상의 가처분과는 달리 사실상 그 자체가 본안소송인 정정보도청구의 소에서 허위사실의 입증에 대하여 소송을 당한 언론사의 방어권을 심각하게 제약하여 공정한 재판을 받을 권리를 침해하고, 언론의 자유를 매우 위축시키는 결과를 발생시킨다는 이유로 헌법재판소에서 위헌이 선고된 바 있다(한편 재판관 김경일, 송인준, 조대현은 반대로 합헌 의견을 제시한바 있다).; 헌재 2006. 6. 29. 2005헌마165, 314, 555, 807, 2006헌가3(병합) 전원재판부, 판례집 18-1하, 346).

216) 같은 취지: 조소영, 각주 214) 전게논문, 335면.

## 나. 반론보도청구권

반론권 또는 반론보도청구권이라 함은 정기간행물이나 방송 등에서 공표된 사실적 주장에 의하여 피해를 본 자가 발행인이나 방송사업자에게 서면으로 반론보도문을 게재해 주거나 반론보도를 방송해 줄 것을 청구할 수 있는 권리를 말한다.217) 독일의 반론권 제도를 모델로 삼아 우리나라도 1980년 언론기본법을 통해 반론보도청구권 제도가 도입된 이후, 1987년 정기간행물의등록등에관한법률 등을 거쳐, 2005년 전면 개정된 언론중재법 제16조 등에서 반론보도청구권의 요건과 절차 등을 상세하게 규정하고 있다. 반론보도청구권은 앞서 언급한 바와 같이 언론이 특정인의 인격권을 침해한 경우 보도된 매체를 통하여 그 보도내용에 상응하는 주장의 기회를 줌으로써 피해자에게 신속하고 대등한 방어수단을 줄 수 있고, 그러한 과정을 통하여 일반 국민인 독자는 언론의 일방적인 정보제공에 의존하기보다는 상대방의 주장까지 들을 수 있어 올바른 의사형성에 기여할 수 있다는 점을 이론적 근거로 한다.218) 반론보도청구도 정정보도청구와 마찬가지로 사실적 주장에 관한 언론보도 등으로 인하여 피해를 본 자가 그 보도내용에 관한 반론보도를 언론사 등에 청구할 수 있다(동법 제16조 제1항). 반론보도청구도 언론사 등의 고의·과실이나 위법성을 필요로 하지 아니하며, 보도내용의 진실 여부와 상관없이 그 청구를 할 수 있다(동조 제2항). 반론보도청구에 관하여는 특별한 규정을 제외하고 정정보도청구에 관한 규정을 준용하고 있다(동조 제3항).

---

217) 전광백, "반론보도청구권", 「성신법학」, 제12호, 성신여자대학교 법학연구소, 2013. 2. 45면; 조소영, "반론보도청구권의 헌법적 의미와 그에 대한 헌법적 평가", 「공법학연구」, 제7권 제4호, 한국비교공법학회, 2006. 11. 162면; 정종섭, 전게서, 620면 등.

218) 박용상, 전게서, 1044면.

반론보도청구권이 이미 살핀 바와 같이 1980년 제5공화국의 언론기본법(1980. 12. 31. 법률 제3347호)을 통해 '정정보도청구권'이란 명칭으로 법률에 최초로 도입되었으나, 그 법적 성격이 무엇이며 헌법적 근거가 무엇인지, 언론·출판의 자유에 대한 과도한 제한은 아닌지에 대한 논란이 제기되었다. 위헌론을 제기하는 측에서는 위 '정정보도청구권'이 실질은 반론보도청구권임에도 불구하고 보도내용의 진실 여부나 귀책 여부를 따지지 않고 '정정보도'라는 명칭으로 마치 피해자의 주장이 진실인 것처럼 오인하게 하는 보도를 무료로 게재하도록 하는 것은 언론·출판의 자유의 과잉제한에 해당하는 것이라는 주장을 하였다. 이에 대하여 헌법재판소는 구 정기간행물등록등에관한법률 위헌소원 사건에서 "정기간행물의등록등에관한법률상의 정정보도청구권은 정기간행물의 보도에 의하여 인격권 등의 침해를 받은 피해자가 반론의 게재를 요구할 수 있는 권리, 즉 이른바 '반론권'을 뜻하는 것으로서 헌법상 보장된 인격권, 사생활의 비밀과 자유에 그 바탕을 둔 것이며, 나아가 피해자에게 반박의 기회를 허용함으로써 언론보도의 공정성과 객관성을 향상하여 제도로서의 언론보장을 더욱 충실하게 할 수도 있다는 뜻도 함께 지닌다."라고 판단하여 헌법 제10조의 인간의 존엄과 가치, 헌법 제17조의 사생활의 비밀과 자유, 헌법 제37조 제1항에서 도출되는 인격권에서 그 헌법적 근거를 찾았다.[219] 또한, 정정보도청구권제도가 언론의 자유를 제한하는 제도인가에 대한 논란에 대해서도 전체적으로 상충하는 기본권 사이에 합리적 조화를 이루고 있어 평등의 원칙에 반하지 아니하고, 언론의 자유의 본질적 내용을 침해하거나 언론기관의 재판청구권을 부당히 침해하는 것으로 볼 수 없다고 판단하였다.

---

219) 헌재 1991. 9. 16. 89헌마165, 판례집 3, 518.

결국, 반론보도청구권은 언론·출판의 자유와 인격권이라는 두 법익이 충돌하는 경우로서 충돌하는 양자의 법익을 조화롭게 해결하는 제도인가의 측면에서 보아야 한다. 2005년 개정된 언론중재법은 그 명칭을 명확히 '반론권'으로 하고 있고, 반론의 범위를 사실에 관한 진술을 원칙으로 하는 등 적정 범위에 국한하고 있을 뿐만 아니라, 신속한 권리구제를 위해 필요 최소한의 범위에서 반론보도를 하도록 하고 있으므로 과잉금지원칙에 어긋난다고 볼 수 없어 합헌적인 제도라고 판단된다. 최근 인터넷과 스마트폰, 사회관계망서비스(SNS) 등의 발달로 개인이 자신의 인터넷 계정을 통해 자신의 반론을 펼칠 수 있는 기회가 확대되기는 하였으나, 여전히 대형 언론사와 방송사의 일방적 보도에 대하여 개인이 반론을 제기하기는 쉽지 않다는 점에서 일정한 사실 주장에 대한 반론권을 보장하는 것은 반드시 필요하다고 할 것이다.

### 다. 추후보도청구권

국민적 관심사에 해당하는 범죄사건이 발생할 경우 언론이 그 범죄사건 내용과 함께 범죄 피의자에 관하여 보도하는 것은 국민의 알 권리를 충족시킨다는 점에서 필요하나 유죄가 확정되기 전까지 피의자나 피고인은 무죄 추정을 받음에도 불구하고 수사단계의 지나친 언론보도로 인하여 피의자나 피고인의 개인적인 프라이버시가 심각하게 침해될 수 있고 향후 무고함이 밝혀진 경우에도 그 피해를 복구할 수 있는 방법이 미흡하였다. 물론, 반론보도청구권을 통해 수사단계에 있는 피의자가 자신의 범죄에 관한 사실보도에 대하여 반대 진술권을 행사하여 일방적 보도로 인한 폐해를 어느 정도 시정할 수 있다고는 하지만, 향후 피의자가 무죄판결을 받는 등 범죄혐의가 없는 것으로 확인된 이후까지 충분한 구제수단으로 작용하기는 부족한 면이 있다. 또한, 무죄의 확정판결을 받기까지는 상당한 시간이 소요될 것이므로 무죄판결 이후에는 종전 수사과정에서의 범죄사실보도에 대한 반론보도청구권을 행사하기도 요건을 충족하지 못하는 경우가 있을 수 있다. 추후보도청구권은 이러한 점을 고려하여 범죄혐의나 형사상 조치와 관련하여 언론보도가 된 피해자의 법적구제장치를 보완하기 위하여 도입된 제도이다. 현행법상 추후보도청구권은 1987년 언론 관계법의 개정에서 최초 신설되어 1995년 개정으로 수정을 거쳐 2005년 언론중재법에 행사 기간 등을 연장하는 개정을 통해 현재에 이르고 있다.

추후보도청구권은 언론 등에 의하여 범죄혐의가 있거나 형사상의 조치를 받았다고 보도 또는 공표된 자가 그에 대한 형사 절차가 무죄판결 또는 이와 동등한 형태로 종결되었을 때에는 그 사실을 안 날부터 3개월 이내에 언론사 등에 이 사실에 관한 추후보도의 게재를 청구할 수 있는(동법 제17조 제1항) 권리이다. 추후보도에는 청구인의 명예나 권리 회복에 필요한 설명 또는 해명이 포함되도록(동법 제17조 제2항) 하여 피해자의 명예와 권리 회복을 위한 조치를 명시하고 있으며, 추후보도청구권은 특별한 사정이 있는 경우를 제외하고는 정정보도청구권이나 반론보도청구권의 행사에 영향을 미치지 아니한다(동법 제17조 제4항). 그 행사절차에 대하여는 정정보도청구권에 관한 규정을 준용하고 있다(동법 제17조 제3항).

## 3. 정보통신망법상의 규제

현행 정보통신망법은 허위사실을 인터넷 등 정보통신망에 직접 공표하는 행위자에 대하여 명예훼손죄 등 형사적인 책임을 추궁하는 것뿐만 아니라, 명백한 명예훼손적 내용이나 공공의 이익에 반하는 허위의 정보들이 유통되지 않도록 정보통신 사업자에 대해 일정한 의무를 부과하고 있다. 정보통신망 사업으로 막대한 이익을 창출하면서 그 운영과 관련하여 불법적인 정보나 허위정보가 유통되도록 방치하는 것은 타당하지 않으며, 사업자에게는 어느 정도의 법적 책임을 지우도록 하는 것이 합리적이고 피해자의 보호를 위해서도 필요하다는 취지에서 마련된 것이다.

사업자의 책임을 인정하는 법리적 근거로는 불법 행위자에 대신하여 부과되는 책임이라는 대위책임설, 불법행위에 관한 객관적 공동설에 근거하여 공동불법행위에서 구하는 설, 독자적인 책임을 주장하는 독자 책임설 등이 주장되고 있다.[220] 정보통신서비스 제공자는 이를 운영함으로써 일정한 이익을 얻을 뿐만 아니라 이를 관리하고 게시물을 삭제, 차단할 수 있는 기술적 권한을 가지고 있다는 점에서 일정한 법적 책임을 진다고 보는 것이 타당하다는 점에서 독자적 책임설에 동의한다. 다만, 사업자에게 과도한 책임을 지우면 그 자체로 인터넷상의 언론·출판의 자유가 위축될 수 있기 때문에 피해자 보호와 언론·출판의 자유 양자 간의 조화를 이룰 수 있도록 책임 범위를 설정해야 할 것이다. 현행 법률 중 가장 대표적인 정보통신서비스 제공자에 대한 행정적인 규제가 바로 정보통신망법상 '임시조치제도'이다.

## 가. 임시조치제도 개요

정보통신망법은 제44조에서 정보통신서비스제공자는 타인의 권리를 침해하는 정보 유통을 방지하도록 노력해야 한다고 규정하

---

220) 박용상, 전게서, 1415면.

고,[221] 제44조의2에서 정보통신망을 통하여 일반에게 공개를 목적으로 제공된 정보로 사생활 침해나 명예훼손 등 타인의 권리가 침해된 경우 그 침해를 받은 자는 해당 정보를 처리한 정보통신서비스 제공자에게 침해 사실을 소명하여 그 정보의 삭제 또는 반박내용의 게재(이하 "삭제 등"이라 한다)를 요청할 수 있으며(동조 제1항), 정보통신서비스 제공자는 제1항에 따른 해당 정보의 삭제 등을 요청받으면 지체 없이 삭제·임시조치 등의 필요한 조치를 하고 즉시 신청인 및 정보 게재자에게 알려야 한다. 이 경우 정보통신서비스 제공자는 필요한 조치를 한 사실을 해당 게시판에 공시하는 등의 방법으로 이용자가 알 수 있도록 하여야 한다고 규정하고 있다(동조 제2항). 또한, 정보통신서비스 제공자는 제1항에 따른 정보의 삭제요청에도 불구하고 권리의 침해 여부를 판단하기 어렵거나 이해당사자 간에 다툼이 예상되는 경우에는 해당 정보에 대한 접근을 임시로 차단하는 조치(이하 "임시조치"라 한다)를 할 수 있다. 이 경우 임시조치의 기간은 30일 이내로 하도록 하고(동조 제4항), 자신이 운영·관리하는 정보통신망에 유통되는 정보에 대하여 제2항에 따른 필요한 조치를 하면 이로 인한 배상 책임을 줄이거나 면제받을 수 있도록 하고 있다(동조 제5항). 또한, 제44조의3에서는 정보통신망에 유통되는 정보가 사생활 침해 또는 명예훼손 등 타인의 권리를 침해한다고 인정되면 임의로 임시조치를 할 수 있도록 하고 있으며, 정보통신서비스 제공자단체는 이용자를 보호하고 안전하며 신뢰할 수

---

221) 제44조(정보통신망에서의 권리보호) ① 이용자는 사생활 침해 또는 명예훼손 등 타인의 권리를 침해하는 정보를 정보통신망에 유통시켜서는 아니 된다. ② 정보통신서비스 제공자는 자신이 운영·관리하는 정보통신망에 제1항에 따른 정보가 유통되지 아니하도록 노력하여야 한다. ③ 방송통신위원회는 정보통신망에 유통되는 정보로 인한 사생활 침해 또는 명예훼손 등 타인에 대한 권리침해를 방지하기 위하여 기술개발·교육·홍보 등에 대한 시책을 마련하고 이를 정보통신서비스 제공자에게 권고할 수 있다.

있는 정보통신서비스를 제공하기 위하여 정보통신서비스 제공자 행동강령을 정하여 시행할 수 있도록 하는(동법 제44조의4) 등 서비스 제공자의 책임을 규정하고 있다.

## 나. 임시조치제도 위헌 논란의 검토

이와 같은 임시조치제도에 대하여는 정보통신서비스 제공자로 하여금 인터넷상 이용자들의 게시물을 상시로 검열하게 만드는 사적 검열로서 인터넷상 표현의 자유를 지나치게 제한하여 위헌적 요소가 많고,[222] 표현의 자유의 침해 우려를 고려한 여러 이용자의 구제절차 등 적법절차가 갖추어 있지 않아 개선이 필요하다는 의견[223] 등 제도의 위헌적인 요소를 지적하는 주장들이 지속해서 제기되고 있다. 구체적인 문제점으로는 첫째로 단순히 피해자들의 '소명'에 따른 주장만으로 정보통신서비스 제공자에게 의무적으로 임시조치를 할 것을 규정하고, 둘째로 사생활 침해와 명예훼손이라는 법적 판단을 정보통신서비스 제공자에게 맡겨 놓았다는 점, 셋째로 공정성 담보를 위한 별도 조치가 없다는 점, 넷째로 침해 주장자의 주장이 허위인 경우 제재 수단이나 책임을 명시하지 않고 있으며, 마지막으로 이의제기 등 이용자에 대한 적정한 절차 보장이 없다는 점 등을 들고 있다.[224] 이와 같은 문제점에도 불구하고 최근에는 가짜

---

222) 사적 검열이 허용되기 위해서는 검열에 국가 또는 정부가 어떠한 영향을 미쳐서는 안 되며(순수성), 이러한 검열에 관련 당사자의 자발적 동의에 기반한 합의가 존재해야 하며(자발성), 표현물의 내용에 관한 기준과 제재수단 등 합의의 내용도 합리적이어야(합리성) 하는데(황성기, "사적검열에 관한 헌법학적 연구", 「세계헌법연구」, 제17권 3호, 국제헌법학회 한국학회, 2011. 12. 180-187면) 이러한 요건을 갖추었다고 보기에는 현행 제도에는 개선해야 할 점이 많다.; 박경신, "인터넷임시조치제도의 위험성-남이 싫어하는 말은 30일 후에 하라", 「중앙법학」, 제11집 제3호, 중앙법학회, 2009. 10. 40-45면.

223) 황창근, "정보통신망법상의 임시조치의 문제점과 개선과제", 「정보법학」, 제13권 제3호, 한국정보법학회, 2009. 12. 259면.

224) 김현귀, "정보통신망법상 임시조치제도와 표현의 자유", 「법과사회」, 제46호, 법과사회이론학

뉴스에 대한 엄정한 대응 등을 이유로 가짜뉴스의 규제를 임시조치 제도와 연계하고 때에 따라서는 정보통신서비스 제공자에게 과태료 나 형사처벌까지 부과하려는 정보통신망 개정안225) 등이 논의되고 있는 상황이다.

이와 같은 논란 과정에서 임시조치제도에 대하여 표현의 자유를 침해한다는 이유로 위헌법률심판 청구가 제기된 바 있으나, 헌법재 판소는 임시조치제도가 "사생활을 침해하거나 명예를 훼손하는 등 타인의 권리를 침해하는 정보가 정보통신망을 통해 무분별하게 유 통되는 것을 방지하기 위하여 권리침해 주장자의 삭제요청과 침해 사실에 대한 소명에 의하여 정보통신서비스 제공자로 하여금 임시 조치를 취하도록 함으로써 정보의 유통 및 확산을 일시적으로 차단 하려는 것"이라며 그 입법목적과 수단이 적절하다고 판단하였다. 또 한, 과잉금지원칙과 관련해서도 "임시조치를 하기 위해서는 권리침 해 주장자의 '소명'이 요구되므로 정보통신서비스 제공자로 하여금 많은 이용자를 확보하려는 영리적 목적과 사인의 사생활, 명예, 기 타 권리의 침해 가능성이 있는 정보를 차단하는 공익적 목적 사이에 서 해당 침해주장이 설득력이 있는지를 스스로 판단하도록 하고 있 다는 점, '30일 이내'라는 비교적 짧은 기간 동안의 정보 접근만을 차단할 뿐이라는 점, 임시조치 후 '30일 이내'에 정보 게재자의 재 게시청구가 있을 경우라든가 임시조치 기간이 종료한 경우 등 향후 의 분쟁 해결 절차에 관하여는 정보통신서비스 제공자의 자율에 맡 김으로써 정보의 불법성을 보다 정확히 확인하는 동시에 권리침해 주장자와 정보 게재자 간의 자율적 분쟁 해결을 도모할 시간적 여유

---

회, 2016. 6. 316-326면.

225) 이와 같은 내용으로 제20대 국회에서 총 6개의 법안이 제출되어 국회에서 심의를 거쳤으나 통과되지 못하고 제20대 국회 임기만료로 폐기되었다.

를 제공한다는 점 등에 비추어 볼 때, 임시조치의 절차적 요건과 내용 역시 정보 게재자의 표현의 자유를 필요 최소한으로 제한하도록 설정되어 있다고 할 수 있으며, 타인의 명예나 권리를 표현의 자유가 갖는 구체적 한계로까지 규정하여 보호하고 있는 헌법 제21조 제4항의 취지 등에 비추어 볼 때, 사생활 침해, 명예훼손 등 타인의 권리를 침해할 만한 정보가 무분별하게 유통됨으로써 타인의 인격적 법익 기타 권리에 대한 침해가 돌이킬 수 없는 상황에 이르게 될 가능성을 미연에 차단하려는 공익은 매우 절실한 반면, 이 사건 법률조항으로 말미암아 침해되는 정보 게재자의 사익은 그리 크지 않으므로, 법익 균형성 요건도 충족한다."라는 이유로 합헌이라고 판시하였다.226)

그러나 위와 같은 헌법재판소의 합헌판결에도 불구하고 아직도 임시조치제도는 많은 문제점을 가지고 있다. 아래의 [표 1]에 나타난 바와 같이 최근 주요 포털 3사의 임시조치 현황을 보면 2017년에 2016년에 비하여 대폭 감소하기는 하였으나 여전히 유효한 조치로 활용되고 있음을 알 수 있다. 허위사실 유포 등으로 인한 피해자들이 자신의 권리침해 등을 이유로 취할 수 있는 조치로서 유용한 면은 있지만, 한편으로는 정보통신서비스 사업체의 손해배상 책임 회피를 위해 남용되면서 사실상 사적 검열로 변질될 우려가 있으므로 정보 게재자의 언론·출판의 자유도 보호할 수 있는 절차가 반드시 보완될 필요가 있다고 생각된다. 현행 정보통신망법은 정보 게재자에게 임시조치 등의 사실을 알리는 규정만을 두고(동법 제44조의2 제2항), 재게시 요청에 대한 절차, 불복절차 등에 관련한 규정을 두고 있지 않고 각 사업자의 약관을 통해 규정하도록 하고 있으나,

---

226) 헌재 2012. 5. 31. 2010헌마88, 판례집 24-1하, 578.

국민의 기본권과 관련된 권리침해 분쟁 절차를 단순히 사업자의 약관에 맡겨두는 것은 자칫 기본권 보호에 충실하지 못한 결과를 초래할 수 있으므로 이에 대하여는 법률에 명확히 규정하도록 하는 것이 필요하다고 판단된다.[227] 신속한 보완과 개정이 필요한 제도이다.

[표 1] 포털 3사 임시조치 현황[228]

(단위: 건)

| 구 분 | 2016 | 2017 | 2018 | 2019 |
|---|---|---|---|---|
| NHN | 386,114 | 182,611 | 210,703 | 231,639 |
| 카카오 | 69,235 | 48,697 | 36,243 | 58,939 |
| SK컴즈 | 639 | 753 | 980 | 750 |
| 합계 | 455,988 | 232,061 | 247,926 | 291,328 |

## 4. 민사상 손해배상청구 및 원상회복조치

허위사실의 표현으로 인하여 타인에게 손해를 입힌 경우에는 민법상 불법행위에 의한 손해배상(민법 제750조) 책임을 질 수 있다. 허위사실의 공표 행위가 개인의 인격권이나 재산권 등을 침해하는 위법한 불법행위가 될 수 있기 때문이다. 또한 민법은 손해배상만으로 그 피해가 충분치 못한 경우를 고려하여 제764조에서 원상회복청구권도 인정하고 있는데 이에 근거하여 허위의 언론보도에 대하여 기사삭제청구권이 대법원 판례에 의하여 인정되고 있다. 허위사실 공표로 인해 가장 많이 발생하는 명예훼손 등 인격권 침해로 인한 손해배상청구권과 기사삭제청구권을 중심으로 그 요건과 내용 등을 간략히 살펴보면 다음과 같다.

---

227) 같은 취지: 문재완, "인터넷상 권리침해의 구제제도 : 헌법재판소 결정과 향후 과제", 「외법논집」, 제37권 제1호, 한국외국어대학교 법학연구소, 2013. 2. 126면.

228) 2020년 방송통신위원회 국회 과학기술정보방송통신위원회 제출자료 참조.

## 가. 불법행위의 성립요건과 손해배상 청구의 당사자

일정한 표현행위에 대한 민사상 불법행위가 성립하기 위해서는 ① 가해행위로서 표현행위, ② 법익을 침해하는 표현행위의 위법성, ③ 표현행위자의 귀책사유로서 고의·과실, ④ 손해의 발생, ⑤ 표현행위와 손해의 발생 간의 인과관계 등이 인정되어야 할 것이다. 허위사실의 공표는 그 위법성이 인정되는 경우가 대부분일 것이며, 다만 가해자가 그 내용의 허위 여부를 인식했느냐가 주관적 요소로서 중요한 성립요건이 된다. 허위사실의 공표로 인해 명예를 훼손당한 자, 불법행위의 객체가 된 자는 민법상 불법행위로 인한 손해배상청구권을 가지게 된다. 명예의 주체는 자연인인 개인뿐만 아니라 법인이나 법인격 없는 단체도 가능하므로 단체의 명예가 훼손되었을 경우에 그 단체도 손해배상청구권을 가진다. 손해배상 책임을 지는 의무자는 허위사실을 공표하여 타인으로 하여금 상당 인과관계적 손해를 입힌 자이다. 허위사실의 작성이나 공표를 공동으로 하게 되는 경우, 예를 들면 언론사의 편집국과 기자 등이 공동으로 허위사실을 기사화하여 보도하는 등과 같은 경우는 민법 제760조에 따른 공동불법행위자로서 책임을 지게 된다.

## 나. 손해배상의 내용

허위사실 공표로 인한 불법행위로 손해가 발생한 경우 그 배상의 방법은 우리 민법은 금전배상을 원칙으로 하고 있다.[229] 금전배상청구권은 재산적 손해의 배상을 구하는 경우와 정신적 손해배상을 구하는 경우로 나눌 수 있다. 허위사실의 유포로 인한 재산적 손해배상은 통상의 불법행위의 손해처럼 적극적 손해와 소극적 손해뿐만

---

229) 민법 제394조(손해배상의 방법) 다른 의사표시가 없으면 손해는 금전으로 배상한다.

아니라 장래에 확실히 발생할 손해도 포함된다. 허위사실 공표로 인해 명예가 훼손되는 경우는 대부분 비재산적 손해로서 정신적인 피해가 주를 이룬다. 민법은 "타인의 신체, 자유 또는 명예를 해하거나 기타 정신적 고통을 가한 자는 재산 이외의 손해에 대하여도 배상할 책임이 있다"(민법 제751조)라고 규정하고 있어 정신적 피해에 대한 위자료 청구를 인정하고 있다. 판례상 명예 등 인격권 침해에 대하여 위자료 청구의 구체적 요건이 정립되어 있지는 않지만, 판례는 인격권 침해가 문제 된 각 개별 사건에서 경험칙상 정신적 고통을 받게 되리라는 추정 하에 제반 사정을 고려하여 위자료의 액수를 정하여야 한다는 태도를 보인다.230) 인격권 침해를 원인으로 하는 명예훼손 사건의 경우 그 사건의 특성상 다른 손해배상 사건과 달리 손해액의 산정이 쉽지 않다. 명예훼손죄를 거의 처벌하지 않고 민사적 손해배상으로 해결하고 있는 미국의 경우 실무재판에 있어 명예훼손의 손해를 명목적 손해, 일반적 손해, 보상적 손해, 징벌적 손해 등으로 구분하고 있는데 참고가 될 수 있을 것으로 보인다. 현재 우리 법제상 징벌적 손해배상 제도는 개별 법률에서 특정한 요건 하에 인정되고 있을 뿐 허위사실 유포로 인한 명예훼손 등 일반적인 손해배상 사건까지 전면 인정되지는 않고 있다. 허위사실 유포로 인한 심각한 손해와 그 폐해를 줄이기 위해서는 어느 정도 징벌적 손해배상의 도입도 적극적으로 검토해 볼 필요성이 있다. 그 도입을 통한 개선의 필요성에 대하여는 제5장 손해배상제도의 개선에서 검토한다.

---

230) 서울고등법원 제10민사부 2006. 2. 3. 선고 2004나68580 판결; 박용상, 전게서, 957면.

## 다. 원상회복청구권(허위사실 기사에 대한 기사삭제청구권 등)

허위사실 공표로 인해 개인이나 단체 등의 명예훼손으로 이어지는 인격권 침해가 발생한 경우 그 손해를 금전적인 것으로 정확히 평가하기가 어려울 뿐만 아니라 금전적 배상만으로는 명예를 훼손당한 피해자들의 피해 복구가 충분하지 못한 경우가 발생하게 된다. 따라서 민법은 제764조에서 '명예훼손의 경우의 특칙'을 두어 "타인의 명예를 훼손한 자에 대하여는 법원은 피해자의 청구에 의하여 손해배상에 갈음하거나 손해배상과 함께 명예회복에 적당한 처분을 명할 수 있다"라고 규정하고 있다. 또한, 언론중재법 제31조도 "타인의 명예를 훼손한 자에 대하여는 법원은 피해자의 청구에 의하여 손해배상에 갈음하거나 손해배상과 함께 정정보도의 공표 등 명예회복에 적당한 처분을 명할 수 있다. 정정보도의 청구에는 언론사의 고의 또는 과실로 인한 위법성을 요하지 아니한다."라고 규정하고 있다. 이는 이른바 원상회복청구권으로서 허위사실 공표에 대한 취소, 정정, 해명 등 다양한 조치를 취할 수 있도록 하여 피해자의 권리 침해 구제를 실질화 하도록 한 것이다.

이와 관련하여 허위의 언론보도에 대한 '기사삭제청구권'이 학설과 판례에 의하여 인정되고 있다.

### (1) 기사삭제청구권의 의의와 법적 근거

기사삭제청구권은 언론에 의한 명예훼손이 있는 경우에 그 명예훼손적 내용이 해당 언론매체의 홈페이지 등에 등재되어 독자나 시청자들이 계속적 반복적으로 접근할 수 있는 경우, 피해자가 해당 언론매체를 상대로 당해 명예훼손적 내용을 삭제해 달라고 청구할 수 있는 권리를 말한다.[231] 이는 헌법상 보장되는 개인의 인격권으

---

231) 배병일, "언론보도로 인한 명예훼손과 기사삭제청구권", 「동아 법학」, 제72호, 동아대학교 법

로서의 명예권의 보호에 근거한다고 할 수 있다.

기사삭제청구권은 현행 민법상 구체적인 명문의 규정은 없지만 학설과 판례에 의해 인정되고 있다. 학계에서 현행 법령상 근거로 논의되고 있는 규정들은 민법 제764조, 언론중재법 제31조, 정보통신망법상의 제44조의2 제1항 등이며 그 법적 성격은 사후적 금지청구권이다.232) 대법원 판례도 "명예는 생명, 신체와 함께 매우 중대한 보호법익이고 인격권으로서의 명예권은 물권의 경우와 마찬가지로 배타성을 가지는 권리라고 할 것이므로, 사람의 품성, 덕행, 명성, 신용 등의 인격적 가치에 관하여 사회로부터 받는 객관적인 평가인 명예를 위법하게 침해당한 자는 손해배상(민법 제751조) 또는 명예회복을 위한 처분(민법 제764조)을 구할 수 있는 이외에 인격권으로서 명예권에 기초하여 가해자에 대하여 현재 이루어지고 있는 침해행위를 배제하거나 장래에 생길 침해를 예방하기 위하여 침해행위의 금지를 구할 수도 있다."라고 하면서 기사삭제청구권을 인정하고 있다.233)

인터넷 등 정보통신망의 발달로 과거의 전통적인 언론매체와 달리 온라인상에 허위기사가 계속 남아 있고 검색이 가능한 경우 시간이 지나더라도 인격권의 침해가 계속되는 상황이 발생한다. 이러한 상황을 고려할 때 기사삭제청구권은 이러한 허위기사에 대하여 효과적인 피해 복구 수단 중 하나라고 판단되며, 최근에는 이른바 '잊힐 권리'와 함께 활발하게 논의가 되고 있다.234) 다만 그 구체적인

---

232) 배병일, 전게논문, 128면; 주정민, "온라인 언론보도내용의 기사삭제청구권과 잊혀질 권리", 「언론과 법」, 제14권 제2호, 한국언론법학회, 2015. 8. 53-54면; 한경환, "기사삭제청구권의 인정 근거 및 요건", 「대법원판례해설」, 제95호, 법원도서관, 2013. 193면 등.

233) 대법원 2013. 3. 28. 선고 2010다60950 판결.

234) 주정민, 전게논문, 44면; 문재완, "프라이버시 보호를 목적으로 하는 인터넷 규제의 의의와 한계",「언론과 법」, 제10권 제2호, 한국언론법학회, 2011. 12. 1-37면 등.

인정요건과 범위는 허위사실 기사로 인해 헌법상 보장되는 인격권과 언론기관의 표현의 자유가 충돌하는 경우라는 점을 고려하여 두 법익을 비교·형량하여 설정되어야 한다.

## (2) 기사삭제청구의 대상과 요건

기사삭제청구권의 대상으로 개인정보침해,[235] 허위기사 등이 주로 그 대상으로 논의되고 있으며, 적어도 허위사실에 대하여는 학설과 판례 모두 기사삭제청구의 대상이 된다는 점에 이론이 없는 것으로 보인다. 기사삭제청구가 인정되기 위해서는 해당 기사가 명백한 허위이며, 현재 명예 등 중대한 인격권의 침해가 현저하게 계속되고 있어야 한다.[236]

대법원 판례도 "인격권 침해를 이유로 한 방해배제청구권으로서 기사삭제청구의 당부를 판단할 때는 그 표현내용이 진실이 아니거나 공공의 이해에 관한 사항이 아닌 기사로 인해 현재 원고의 명예가 중대하고 현저하게 침해받고 있는 상태에 있는지를 언론의 자유와 인격권이라는 두 가치를 비교·형량하면서 판단한다."라고 하여 이와 같은 요건을 제시하고 있으며, "현재 기사의 내용이 객관적으로 허위라면 언론사가 그 기사를 보도하는 과정에서 기사 내용이 진실이라고 믿은 데 상당한 이유가 있었다는 등의 사정은 형사상 명예훼손죄나 민사상 손해배상책임을 부정하는 사유는 될 수 있으나 허위사실 기사의 삭제를 구하는 방해배제청구권을 행사하는 데는 이를 저지할 사유가 될 수 없으며, 가해자의 귀책사유는 문제 되지 않

---

235) 2019. 11. 27. 독일 연방헌법재판소는 1981년 살인죄로 유죄판결을 받고 2002년 석방된 자가 자신의 이름을 주간지 인터넷 기사에서 삭제해 줄 것을 요청한 사안에서, 국민의 알 권리와 언론·출판의 자유보다 개인정보 보호와 '잊혀질 권리'의 중요성을 고려하여야 한다며 기사삭제를 받아들여야 한다는 결정을 내렸다(2019. 11. 29. 조선일보 16면 "독 헌법재판소 잊힐 권리 인정" 기사).

236) 배병일, 전게논문, 130면.

는다."라고 판단하고 있다.[237]

기사삭제청구는 현재 인격권이 침해당하고 있는 원인 기사를 제거하는 것이므로 그 허위기사가 현재 명백하게 개인의 명예를 침해하여야 하며, 과거의 기사라고 하더라도 인터넷상에서 현재까지 계속해서 접근 가능하고 유통 가능성이 있어 현재까지도 명예를 침해당하고 있다면 삭제청구의 대상이 된다. 기사를 삭제할 정도의 중대한 인격권 침해인지 여부는 결국 개인의 인격권과 언론·출판의 자유 내지 국민의 알 권리라는 두 가치를 비교·형량 해야 할 것이며, 그러한 점에서 기사삭제청구권도 일정한 헌법적 한계를 가지게 된다.

### (3) 기사삭제청구권의 헌법적 한계

위에서 살핀 바와 같이 기사삭제청구권은 정보통신망이 발달한 현대에 있어서는 허위사실 표현에 대한 비형사적인 규제로서 매우 유효한 피해구제 수단이라고 할 수 있다. 하지만 기사삭제청구권 역시 인격권 침해를 이유로 언론·출판의 자유, 특히 언론사의 언론보도의 자유와 국민의 알 권리를 제한하는 효과를 수반하기 때문에 이를 인정하는 데에 있어서는 명백한 법적 근거와 신중한 법익형량을 통해야 할 것이다. 현재 판례와 학설에 의하여 그 청구권이 인정되고는 있지만 그 행사 대상과 범위, 구체적인 삭제의 기준, 청구권의 행사 기간과 절차 등과 관련해서는 명백한 법률의 근거 규정이 없는 상황이다. 기사삭제청구권의 행사로 헌법상 중요한 기본권이 제한된다는 점을 고려할 때 정보통신망법 등 현행 법률에 최소한의 요건과 범위 등에 대하여 명백한 근거 규정을 두는 것이 필요하다고 판단된다.[238]

---

237) 대법원 2013. 3. 28. 선고 2010다60950 판결.
238) 같은 취지: 김경환, "인터넷 공간의 잘못된 기사와 새로운 피해구제 법안", 「언론 중재」, 제13호, 언론중재위원회, 2014년 겨울, 102-131면.

## III. 소결

지금까지 살펴본 비형사적 규제 중 손해배상 등 민사적인 규제는 미국, 독일 등에서도 오래 전부터 인정되어 온 전통적인 규제방식이기는 하지만, 피해 복구를 위한 소송수행에 장시간이 소요되고, 거대 언론기관이나 정보통신서비스사업자를 상대로 한 소송에서 피해자료 수집과 소송수행을 개인이 해야 하는 점에 일정한 한계가 있는 등 그 효율성 측면에서 다소 부족한 면이 있다.

독일에서 적극적으로 도입되어 시행되고 있는 반론보도 제도 등 언론중재법상의 규제, 정보통신서비스사업자 등에 대한 행정적 규제는 민사적인 손해배상 소송을 통한 피해 복구에 비해서는 그 조치가 신속하고 어느 정도 강제력도 있으나, 허위사실을 제작하여 유포하는 당사자에 대한 직접적인 규제로서는 한계를 가진다. 또한 앞서 살핀 바와 같이 허위사실을 직접 제작한 당사자가 아닌 이를 보도하거나 전달한 언론기관이나 정보통신서비스제공자(ISP)에 대한 직접적이고 과도한 행정적 규제는 오히려 언론·출판의 자유를 침해하는 위헌적인 결과를 가져올 수 있으므로 그러한 면에서는 일정한 한계를 지니게 된다. 그러한 점에서 미국은 최근 가짜뉴스 등 허위정보의 급증에도 불구하고 행정적인 규제보다는 전통의 민사상 손해배상 제도와 더불어 자율적인 정화를 통해 이를 해결하기 위해 노력하고 있다.

우리의 비형사적 법제는 독일의 유형에 가깝다고 볼 수 있어 비형사적인 규제도 허위사실 표현을 규제하는 데 어느 정도 효과는 거두고 있는 상황이지만, 우리 역시도 비형사적 규제의 일정한 한계 때문에 최근 급증하는 허위사실 표현으로 인한 폐해를 줄이기 위해 행정적 규제나 형사적 규제를 강화하는 방안까지 논의가 진행되고 있다. 이제는 개인 미디어 시대라 칭할 만큼 인터넷과 스마트폰을 이용한 사회관계망서비스(SNS), 유튜브(Y-tube) 등이 발달한 상황에서는 가짜뉴스와 악의적 허위사실 유포로 인한 개인의 인격권 침해나 사회적 혼란으로 인한 폐해는 단순히 비형사적 규제만으로 대처하기에는 부족한 점이 많다.

우선, 비형사적 규제는 신속한 강제적 수단을 동원하기 어렵기 때문에 악의적 가짜뉴스의 생산자를 신속히 밝혀내는 것이 쉽지 않다. 인터넷 서비스 제공자에 대한 확산 차단 의무 부과 등의 행정적 조치를 통해 유통 차단이 어느 정도 가능하지만 그러한 의무 부과도 그 불이행에 대한 강력한 제재가 없다면 그 실효성을 높이기 어려울 뿐만 아니라 가짜뉴스 등 허위사실의 생산자를 찾아내어 이를 저지하지 못하면 그러한 유통은 계속될 수밖에 없기 때문이다.

두 번째로, 자율적 지침 등 비형사적 규제는 그 특성상 대부분 상당한 시간이 걸리며, 사회적 혼란이 야기되거나 국가안보와 관련된 긴급하고 중요 사안에 대한 허위사실 유포까지 자율적 기능 등에 의하여 그 진실 여부가 밝혀지기를 기다리기는 어렵다. 국가가 필요에 따라서는 신속한 사실 확인에 나서고 관련자에 대한 확인절차를 진행하기 위해서는 강제수단인 형사적 규제가 필요한 경우가 있다.

세 번째로, 가짜뉴스 등 허위사실 확산으로 인해 기본권을 침해당한 피해자는 결국 민사적인 손해배상 청구를 통해 피해를 배상받아야 하는데 그 배상에는 일정한 한계가 있다. 개인이 일일이 가짜뉴스 등 허위사실 생산자를 확인하는 것도 어려울 뿐만 아니라, 그 확산 속도나 범위에 비해서는 민사소송을 통한 손해배상 절차는 시간이 오래 걸리고 배상 손해액도 일정한 한도가 있어 피해자에 대한 배상의 측면에서나 가해자에 대한 억제의 측면에서도 한계가 있다. 형사적인 처벌 등을 통한 보완이 이루어져야 실질적인 피해 복구와 허위사실 생산자의 억제 효과가 있다.

이러한 점을 고려하여 각 나라마다 자신들의 역사적, 사회적, 법적 환경에 따라 적절한 형사적 규제를 취하는 나라들이 있고, 독일과 마찬가지로 우리도 허위사실 표현에 대하여 일정한 경우 형사적인 규제를 가하는 것이다.

## 제3절 가짜뉴스 등 허위사실 표현에 대한 형사적 규제

### I. 개요

허위사실로 인해 타인의 인격권 등 기본권 침해 정도가 크거나 자유민주적 기본질서 등 우리 헌법이 추구하는 핵심가치를 침해하는 허위사실 표현에 대하여는 신속하고 효과적인 규제가 필요하다. 우리 헌법은 제21조 제4항에서 "언론·출판은 타인의 명예나 권리 또는 공중도덕이나 사회윤리를 침해하여서는 아니 된다."라고 규정하고 있고, 헌법 제37조 제2항은 "국민의 모든 자유와 권리는 국가안전보장·질서유지 또는 공공복리를 위하여 필요한 경우에 한하여 법률로 제한할 수 있으며, 제한하는 경우에도 자유와 권리의 본질적인 내용을 침해할 수 없다."라고 규정하고 있다. 따라서 헌법과 법률에 따라 위와 같은 요건을 갖춘 경우에는 언론·출판의 자유에 대하여 형사적인 규제도 가능한 것이다.

독일의 경우는 언론·출판의 자유를 보장하는 이상적인 바이마르 공화국 헌법을 도입하고도 '나치'라는 일당 독재의 지배와 제2차 세계대전, 유태인 학살 등을 역사적으로 경험하면서, 개인의 인격권을 포함한 인간의 존엄과 가치에 대한 중요성을 절실하게 깨달았다. 따라서 이를 위협하는 행위는 기본권이라는 이름으로 무조건 정당화될 수 없으며, 그것이 자유민주주의 체제에서 매우 중요한 역할을 하는 언론·출판의 자유라 하더라도 예외가 될 수 없다는 인식을 기반으로 하고 있다. 이에 독일도 가짜뉴스 등 허위사실 표현으로 인한 다른 기본권 침해행위에 대하여 이를 형사처벌하는 법률을 두고 있다. 우선, 형법 제14장 모욕(Beleidigung)이란 제하에 제185조에서 제200조까지 명예훼손 및 모욕에 관한 죄를 규정하고 있다.[239] 그중 허위사실에 의한 악의적 명예훼손에 대하여는 '중상죄(Verleumdung)'로 규정하여 독일 형법 제187조에서 2년 이하의 징역형 등에 처하도록 하고 문서 배포 등의 경우에는 가중처벌을 하고 있다.[240] 또한, 정치인에 대한 비방 및 중상에 대하여는 제188조에서 별도로 규정하여 일반적인 명예훼손보다도 중하게 처벌하고 있다. 명예훼손죄 이외에도 독일은 나치 지배와 유태인 학살이라는 역사적 경험을 바탕으로 허위사실 표현을 처벌하는 별도의 특별한 규정을 형법에 두고

---

239) 제185조는 모욕(Beleidigung), 제186조는 비방(Üble Nachrede, 명예훼손으로 번역하기도 한다), 제187조는 중상(Verleumdung, 악의적 명예훼손으로 번역하기도 한다), 제188조는 정치인에 대한 비방 및 중상(Üble Nachrede und Verleumdung gegen Personen des politischen Lebens), 제189조는 死者명예훼손(Verunglimpfung des Andenkens Verstorbener), 제193조는 명예훼손 및 모욕의 관한 죄에만 해당하는 별도의 위법성조각사유를 규정하고 있다.

240) 독일 형법 제187조 중상죄 : Wer wider besseres Wissen in Beziehung auf einen anderen eine unwahre Tatsache behauptet oder verbreitet, welche denselben verächtlich zu machen oder in der öffentlichen Meinung herabzuwürdigen oder dessen Kredit zu gefährden geeignet ist, wird mit Freiheitsstrafe bis zu zwei Jahren oder mit Geldstrafe und, wenn die Tat öffentlich, in einer Versammlung oder durch Verbreiten von Schriften (§ 11 Abs. 3) begangen ist, mit Freiheitsstrafe bis zu fünf Jahren oder mit Geldstrafe bestraft(타인에 대한 관계에서 확실한 인식에 반하여 그 타인을 경멸하거나 세평을 저하시키거나 또는 그의 신용을 위해하기에 적합한 허위의 사실을 주장하거나 유포한 자는 2년 이하의 자유형 또는 벌금형에 처한다. 또한 그 범죄행위가 공연히, 집회에서 또는 문서의 유포를 통하여 범하여진 경우에는 5년 이하의 자유형 또는 벌금형에 처한다).

있다. 즉, 형법 제130조에서 국민선동죄를 규정하고 같은 조 제3
항241)에서 나치 지배하의 범죄행위를 부인하는 허위사실을 주장하
는 경우 형사처벌하는 일명 '아우슈비츠거짓말(Auschwitzlüge)' 처
벌규정을 두고 있다.242) 최근에도 독일 연방헌법재판소가 위 규정으
로 처벌받은 당사자가 제기한 헌법소원 사건에서 나치 범죄 부인과
같은 명백한 허위주장은 독일 기본법상 표현의 자유의 보호영역에
포함되지 않는다는 종전의 판단을 유지하고 있기는 하지만,243) 위
조항의 도입 당시부터 표현의 자유 침해 문제점 등이 지적되고 있
다.244) 미국의 경우 보호영역의 검토에서 살펴본 바와 같이 '사상의
자유시장론'에 기초한 역사적 배경과 "언론·출판의 자유를 제한하
는 법률은 제정할 수 없다"라는 미국 연방헌법 수정 제1조의 규정형
식 등에 근거하여 언론·출판의 자유는 헌법상 다른 기본권에 비하
여 우월적 지위를 갖는다는 이론이 발전하였다. 따라서 허위사실의
표현이라고 하더라도 이에 대하여 자율적인 정화나 민사상 손해배
상을 통한 규제를 원칙으로 하고 형사적 규제에 대하여는 매우 소극
적인 법제를 갖추고 있다. 즉, 연방법상 가짜뉴스 등 허위사실의 표
현을 형사적으로 처벌하는 법률은 두고 있지 않으며, 악의적인 허위
사실 공표로 인해 피해를 본 경우 대부분 민사적인 손해배상으로 해

---

241) 독일 형법 제130조 제3항의 보호법익이 무엇인가에 대하여는 독일 내에서도 학계에 논
란이 있다. 집단학살에 대한 역사적 진실이라는 주장(Heribert Ostendorf, Im Streit: Die
strafrechtliche Verfolgung der "Auschwitzlüge", in: NJW 1985, S.1065), 생존자 내지 피해
자 가족의 명예라는 주장(Joachim Jahn, Strafrechtliche Mittel gegen Rechtsextremismus,
1988, S.182, 185), 공공의 평온과 국가적 폭정에 의해 고통을 겪은 희생자와 관련된 개
인의 존엄이라는 주장(Krisitan Kühl, §130 Volksverhetzung, in: Karl Lackner/Kristian Kühl,
StGB, 29.Aufl. 2018, Rn. 1) 등이다.

242) 1994년 법 개정으로 도입된 조항으로 "국가사회주의(나치) 지배하에서 범하여진 국제형법 제
6조 제1항에서 규정된 종류의 행위를 공연히 긍정, 부정 또는 폄훼하여 공공의 안전을 위태
롭게 한 자는 5년 이하의 자유형 또는 벌금형에 처한다."라고 규정하고 있다.

243) BVerfG NJW 2018, 2858(2859).

244) Daniel Beisel, 전게논문, S.1000; Mathias Hellmann/Julia Gärtner, 전게논문, S.961ff.

결하도록 하고 있다. 현재 일부 주나 카운티에서 허위사실로 인한 명예훼손 행위 등에 대하여 명시적인 형사처벌 규정을 두고 있으나, 그나마도 일부 주에서는 현행 법률에 대하여 위헌이 선고되면서 개정 작업이 진행 중이다.245) 이미 비형사적 규제 부분에서 검토한 바와 같이 미국은 최근 가짜뉴스에 대하여도 형사적인 처벌이나 행정적인 규제보다는 교육과 언론사의 팩트체크 등 자율적인 정화를 통한 규제를 원칙적으로 추진하고 있다.

독일의 형사처벌 규정과 미국의 관련 제도에 대한 현황과 헌법적 논란에 대하여는 제4장의 우리의 형사처벌 규정과 각 비교 검토하면서 상세히 검토한다.

## II. 우리 헌법상 형사적 규제의 기준

우리 헌법과 법률로써 형사적 규제가 가능하더라도 그 구체적인 기준은 명백한 것이어야 하며 이에 일정한 헌법적 한계가 있음은 물론이다. 그렇다면 비형사적 규제를 넘어서 언론·출판의 자유가 심각하게 제한될 수 있는 형사적 규제까지 필요한 허위사실 표현행위는 어떠한 것인가? 그에 대한 일응의 기준을 제시해 본다면 다음과 같다.

우선, 첫 번째로 언론·출판의 자유를 보장하는 이유인 자유민주주의 핵심가치라 할 수 인간의 존엄과 가치를 부정하는 내용의 표현행위는 그 중대성에 비추어 형사적인 제한이 가능할 것이다. 개인의 인격권을 침해하는 내용의 가짜뉴스 등 허위사실 유포로 인한 각 개인의 피해는 이미 여러 차례 강조하였으므로 더 이상 언급할 필요가

---

245) 미국 명예훼손 및 모욕죄 관련 형사입법례, 외국입법사례 DB, 국회도서관; 서울중앙지방검찰청, 「명예훼손 실무연구」, 2015. 511면.

없다. 우리 헌법이 명문으로 헌법 제21조 제4항에서 "언론·출판은 타인의 명예를 침해해서는 아니 된다"라고 규정하고, 형법과 정보통신망법 등에서 명예훼손죄를 형사처벌하고 있는 것도 개인의 인격권을 보호해야 할 필요성이 있기 때문이다. 독일, 일본 등의 대륙법계 국가에서도 개인의 인격권을 침해하는 명예훼손죄를 처벌하고 있다.

두 번째로, 자유민주적 기본질서를 위협하는 내용의 허위사실이다. 언론·출판의 자유도 자유로운 토론과 비판을 통해 국민의 의사에 의한 민주주의 제도를 이루어 나가는 핵심 요소인데 그러한 언론·출판의 자유가 오히려 자유민주주의 제도를 위협하는 경우에는 매우 중대한 사안이므로 형사적 제한까지 고려될 수 있다. 우리 헌법도 전문에서 "자유민주적 기본질서"를 규정하고, 헌법 제4조, 제8조 등에서 자유민주적 기본질서를 언급하고 있다. 이러한 자유민주적 기본질서의 구체적 내용에 대하여 우리 헌법재판소는 "기본적 인권의 존중, 권력분립, 의회제도, 복수정당 제도, 선거제도, 사유재산과 시장경제를 골간으로 하는 경제질서 및 사법권의 독립 등"을 들고 있으며 최근 통합진보당 해산 결정에서는 "헌법 제8조 제4항이 의미하는 '민주적 기본질서'는, 개인의 자율적 이성을 신뢰하고 모든 정치적 견해들이 각각 상대적 진리성과 합리성을 지닌다고 전제하는 다원적 세계관에 입각한 것으로서, 모든 폭력적·자의적 지배를 배제하고, 다수를 존중하면서도 소수를 배려하는 민주적 의사결정과 자유·평등을 기본원리로 하여 구성되고 운영되는 정치적 질서를 말하며, 구체적으로는 국민주권의 원리, 기본적 인권의 존중, 권력분립제도, 복수정당제도 등이 현행 헌법상 주요한 요소라고 볼 수 있다."라고 하여 그 요소가 다소 축소된 듯한 태도를 보이나 이는 예시적인 언급이라고 보아야 하며 종전부터 판시하고 있던 요소들을 모두 포함하는 것이라고 할 것이다.246) 가짜뉴스 등 허위사실의 유포로 인하여 선거에 있어서 유권자가 잘못된 선택을 하여 선거결과가 왜곡되는 등의 상황이 발생한다면 이는 선거제도에 대한 위협이 되고 국민의 자유로운 의사에 의한 대표자 선출과 정당한 대의민주주의의 실현이 어렵게 되는데, 우리 공직선거법에서 선거 관련 허위사실공표죄를 형사처벌하고 있는 것이 바로 이러한 기준에서 설명될 수 있다.

세 번째로, 국가안보에 직접적인 위협이 될 수 있는 내용의 허위사실이다. 국가의 안보가 지켜지지 않는다면 국민의 생명권부터 모든 기본권이 위협받는 상황이 발생할 수 있으므로 국가의 안보는 매우 중요한 것이다. 전 세계는 지금 과격한 민족주의와 종교 간의 갈등 등으로 인해 테러 등 각종 국가안보 위협에 노출되어 있으며, 우리는 최근 남북이 평화정착을 위한 대화를 지속하고 있기는 하지만 항상 북한에 의한 안보위협 상황에 놓여 있다는 점은 부인할 수 없는 현실이다. 우리 헌법 제37조 제2항도 기본권 제한의 사유로 가장 먼저 언급하고 있는 것이 "국가안전보장"이다. 다만, 어느 정도의 가짜뉴스나 허위사실이 국가의 안전에 직접적인 영향을 미치는 것인지는 구체적인 상황에 따라 달라질 수 있을 것이다. 현행 국가보안법에서 북한의 지령을 받아 북한을 이롭게 하는 내용의 허위사실 유포 행위 등을 형사처벌하고 있으며, 연평도 포격 사건 당시 허위 동원령을 유포한다든지, 허위 포격 사진과 전쟁이 개시되었다는 사실을 유포하는 행위처럼247) 북한과의 교전 발생 등 국가위기 상황

---

246) 헌재 1990. 4. 2. 89헌가113; 헌재 2014. 12. 19. 2013헌다1, 판례집 26-2하, 1.

247) 2010. 12. 서울중앙지방검찰청은 북한의 연평도 포격과 관련하여 전쟁이 발발하여 긴급징집을 한다는 등의 유언비어 등을 유포한 28명을 구 전기통신기본법 제47조 제1항(허위통신죄)을 적용하여 기소한 바 있다(서울중앙지방검찰청, 「연평도 포격 관련 허위사실 유포사범 수사결과」, 서울중앙지방검찰청 보도자료, 2010. 12. 17.).

에서 허위사실을 유포하는 행위도 이에 해당할 수 있다.

마지막으로, 명백한 역사적 사실에 대한 왜곡과 허위사실 공표로 심각한 사회적 갈등을 유발하거나 사회질서를 혼란하게 하여 공공의 이익을 해하는 경우가 형사적 규제의 기준이 될 수 있을 것이다. 우리 헌법이 제21조 제4항에서 "언론·출판은 … 공중도덕이나 사회윤리를 침해하여서는 아니 된다."라고 규정하고 있고, 헌법 제37조 제2항도 기본권 제한의 사유로 "질서유지 또는 공공복리"를 적시하고 있는데 사회윤리나 도덕 침해의 정도가 중하거나 심각한 사회질서 혼란을 가져올 수 있는 가짜뉴스 등에 대하여는 형사적 규제를 고려할 수 있을 것이다. 그러나 이러한 기준에 대하여는 다소 불명확하다거나 범위가 지나치게 넓어질 수 있다는 우려도 있으므로 이를 기준으로 형사처벌 법제를 도입함에는 매우 신중하여야 한다. 이와 같은 헌법적 기준에 의하여 언론·출판의 자유에 대한 형사적 규제가 이루어질 수 있겠지만, 형사처벌 규정의 명확성, 기본권과의 비교·형량을 통한 비례의 원칙 등이 반드시 지켜져야 하며, 언론·출판의 자유의 본질적 내용이 침해되지 않아야 하는 헌법적 한계를 지니고 있음은 물론이다.

## III. 현행법상 허위사실 표현에 대한 형사적 규제

현행법상 허위사실과 관련되어 형사적인 처벌을 하는 규정은 형법과 특별법에 산재하여 있다. 우선, 형법은 제152조 위증죄 규정을 두어 허위의 증언을, 제154조에서 허위의 감정, 통역 또는 번역을 처벌하도록 하여 허위의 진술이나 증언을 처벌하도록 하고 있다. 또한, 사회적 공신력이 있는 유가증권이나 문서 등과 관련하여 허위가 개입하는 것을 처벌하기 위해 제216조에서 허위유가증권작성 및 기재를, 제227조에서 허위공문서의 작성을, 제228조에서 허위신고로 인한 공정증서 원본부실기재를, 제233조에서 허위진단서 작성 등을 형사처벌하는 규정을 두고 있다. 그다음으로 허위사실을 공표하여 개인의 명예나 신용을 훼손하는 등의 행위를 처벌하기 위하여 제307조 내지 제309조에서 허위사실 적시로 인한 명예훼손을, 제313조 및 제314조에서 허위사실 유포로 인한 신용훼손 및 업무방해를 처벌하고 있다. 또한 국가의 공권력을 허위로 잠탈하는 행위를 처벌하기 위하여 제327조에서 강제집행면탈죄를, 형법 제137조에서 위계에 의한 공무집행방해죄 등을 처벌하는 규정을 두고 있다. 제347조의 사기나, 제347조의2에서 컴퓨터 등 사용 사기를 처벌하는 것도 위계 행위가 결국 허위를 수단으로 삼는 것이라는 점에서는 관련 있는 조항이라고 할 수 있다.

특별법으로는 국가안보를 위협하는 반국가단체 등의 유언비어 유포행위를 규제하기 위한 국가보안법 제4조 제1항의 목적수행 허위사실유포죄 등이 있고, 공직선거에 있어서 공정한 선거를 확보하기 위한 공직선거법 제96조 허위논평및보도금지죄, 제250조의 허위사실공표죄, 제251조 후보자비방죄, 제253조 성명등허위표시죄 등도 형사처벌하고 있으며, 허위 과장 광고를 방지하기 위하여 건강기능식품에 관한 법률 제18조 제1항, 제44조 제4호에서 허위 과장 광고 행위를 형사처벌하고 있다.

그러나, 위와 같은 형사처벌 규정들은 대부분 범죄행위의 성립에 있어 허위가 그 수단이 된 경우가 대부분이고 실제 그 공표된 허위의 내용 자체를 문제 삼아 형사처벌 함으로써 언론·출판의 자유의 제한과 관련된 논란을 야기하고 있는 형사처벌 규정은 많지 않다.

따라서 이번 항에서는 위와 같은 형사처벌 규정 중에 공표된 허위사실 내용 자체를 문제 삼아 처벌함으로써 헌법상 언론·출판의 자유를 지나치게 제한한다는 논란이 있는 형사처벌 규정만을 선별하여 개략적으로 살펴보고, 각 형사처벌 규정에 대한 구체적인 합헌성 여부는 제4장에서 상세히 검토한다.

## 1. 형법상 명예훼손죄 처벌규정

허위사실을 공표하는 행위에 대하여 형사처벌을 하는 규정은 타인의 인격적 가치인 명예를 침해하는 행위인 허위사실에 의한 명예훼손죄(형법 제307조 제2항)가 대표적이다. 형법은 사실적시에 의한 명예훼손죄(형법 제307조 제1항)도 타인의 명예를 훼손한 경우 형사처벌을 하면서 그 내용이 허위사실인 경우에는 같은 조 제2항에서 형량을 가중하여 처벌하도록 하고 있다.[248] 그 이외에도 형법 제308조는 "공연히 허위의 사실을 적시하여 사자의 명예를 훼손한 자는 2년 이하의 징역이나 금고 또는 500만 원 이하의 벌금에 처한다."라고 규정하여 사자(死者)의 경우에는 허위사실 적시 명예훼손의 경우만 처벌하고 있다. 또한 타인을 비방할 목적으로 출판물을 이용하여 타인의 명예를 훼손한 자도 형사처벌하는 규정을 두고(형법 제309조), 일반 명예훼손죄와 같이 허위사실에 의한 경우에는 같은 조 제2항에서 가중처벌 하도록 규정하고 있다.[249] 형법은 명예훼

---

248) 제307조(명예훼손) ① 공연히 사실을 적시하여 사람의 명예를 훼손한 자는 2년 이하의 징역이나 금고 또는 500만 원 이하의 벌금에 처한다. ② 공연히 허위의 사실을 적시하여 사람의 명예를 훼손한 자는 5년 이하의 징역, 10년 이하의 자격정지 또는 1천만 원 이하의 벌금에 처한다.

249) 제309조(출판물 등에 의한 명예훼손) ① 사람을 비방할 목적으로 신문, 잡지 또는 라디오 기타 출판물에 의하여 제307조 제1항의 죄를 범한 자는 3년 이하의 징역이나 금고 또는 700만 원 이하의 벌금에 처한다. ② 제1항의 방법으로 제307조 제2항의 죄를 범한 자는 7년 이하의 징역, 10년 이하의 자격정지 또는 1천500만 원 이하의 벌금에 처한다.

손죄와 관련하여 제310조에서 사실적시 명예훼손 행위가 오로지 진실한 사실로서 공공의 이익을 위한 경우에는 위법성이 조각된다는 규정을 두고 있으나, 허위사실의 경우에는 이 조항이 적용될 가능성이 없다. 형법상 명예훼손죄에 대하여는 피해자의 의사에 반하여 공소를 제기할 수 없는 반의사불벌죄로 규정하고 있으며(형법 제312조 제2항), 사자의 명예훼손죄에 대하여는 친고죄로 규정하고 있다 (형법 제312조 제1항).

## 2. 특별법상 형사처벌 규정

### 가. 국가보안법상의 허위사실 날조 · 유포죄

국가보안법은 사회질서의 혼란을 조성할 우려가 있는 사항에 관하여 허위사실을 날조하거나 유포하는 행위를 처벌하면서, 그 행위의 주체가 반국가단체 구성원 또는 지령을 받은 자(제4조 제1항 제6호), 이적단체 구성원(제7조 제4항), 일반인(제5조 제1항)이냐에 따라 각 다른 조항에서 구별하여 규정하고 있다. 법정형에 있어서는 2년 이상의 유기징역으로 차이가 없으며, 일정한 목적을 필요로 하느냐, 예비음모를 처벌하느냐 정도에 차이가 있을 뿐이다.

### 나. 공직선거법상의 허위사실공표죄

현행 공직선거법 제250조에서도 허위사실을 공표하는 행위에 대한 형사처벌 규정을 두고 있다. 이는 선거와 관련하여 허위사실을 공표하여 후보자에 대한 선거인의 공정한 판단에 영향을 미치거나 올바른 판단에 장애를 줄 수 있는 행위를 처벌하기 위한 규정으로, 그 이유는 우리 헌법이 채택하고 있는 자유민주적 기본질서의 핵심

제도로서 현대 대의민주주의 제도의 근간이 되는 선거제도를 운영함에 있어 그 공정성을 확보하기 위한 것이다. 공직선거법은 당선되거나 되게 할 목적으로 후보자에게 유리하도록 허위사실을 공표하는 경우(제250조 제1항), 당선되지 못하게 할 목적으로 후보자에게 불리하도록 허위사실을 공표하는 경우(제250조 제2항), 당내 경선과 관련하여 당선 낙선목적으로 경선 후보자 등에 대해 허위사실을 공표하는 경우(제250조 제3항) 등과 같이 허위사실의 내용 등을 기준으로 구분하여 규정하고 있다. 특히, 공직선거법 제250조 제2항의 낙선목적 허위사실 공표 행위는 상대 후보자에 대한 중상모략, 인신공격 등으로 선거의 공정을 심하게 해치는 것은 물론, 더 나아가 사회 혼란까지 야기할 위험성이 있는 등 죄질이 매우 나쁘다는 점을 고려하여 본조 제1항보다 무겁게 처벌하도록 규정하고 있다.[250]

그 외에 공직선거법은 제251조에서 "당선되거나 되게 하거나 되지 못하게 할 목적으로 연설·방송·신문·통신·잡지·벽보·선전문서 기타의 방법으로 공연히 사실을 적시하여 후보자, 그의 배우자 또는 직계 존·비속이나 형제자매를 비방한 자는 3년 이하의 징역 또는 500만 원 이하의 벌금에 처한다."라고 규정하고 있다. 허위사실을 공표한 경우 제250조의 허위사실공표죄로 처벌하지만 허위가 아니거나 허위 여부가 불분명한 사건의 경우 그 공표 내용이 정당한 이유 없이 상대방을 깎아 내리거나 헐뜯어 그 사회적 가치를 저하하는 비방이 주된 내용인 경우도 처벌하는 규정이다. 선거 시 당선을 목적으로 수단과 방법을 가리지 않고 상대 후보자나 그 가족들에 대하여 중상모략과 흑색선전을 자행함으로써 선거풍토를 혼탁하게 하는 것을 방지하기 위한 것이다.

---

250) 대검찰청, 「공직선거법 벌칙해설」, 제9개정판, 2018. 357면.

### 다. 정보통신망법상의 명예훼손죄

최근 인터넷과 개인 휴대통신망 등이 발달하면서 종전의 출판물 등에 의한 허위사실 공표에 비하여 정보통신망을 이용한 허위사실 유포가 급격하게 늘어나고 있는 것이 현실이다. 이에 대처하기 위해 정보통신망법에서는 정보통신망을 이용하여 명예를 훼손하는 행위 (일명 사이버 명예훼손)에 대하여 제70조 제1항, 제2항에서 벌칙 규정을 두어 형법에 비하여 중하게 처벌하고 있으며,[251] 형법과 마찬 가지로 반의사불벌죄로 규정하고 있다(동조 제3항). 형법상 명예훼 손죄와는 달리 '사람을 비방할 목적'이라는 주관적 구성요건요소를 추가 요건으로 하고 있고, 형법 제310조와 같은 위법성조각사유를 별도로 규정하고 있지 않다.

### 라. 기타 허위사실의 공표 행위를 처벌하는 규정
###    (구 전기통신기본법 등)

구 전기통신기본법(1996. 12. 30. 법률 제5219호로 개정된 것) 제 47조는 "공익을 해할 목적으로 전기통신설비에 의하여 공연히 허위 의 통신을 한 자는 5년 이하의 징역 또는 5천만 원 이하의 벌금에 처한다."라는 규정을 두고 있었고, 이 규정을 적용하여 이른바 '미네 르바' 사건, 연평도 북한 포격 관련 동원령 발표 허위사실 공표사건 등이 기소된 바 있다. 그러나 위 규정의 '허위통신'이 통신을 함에 있어서 인적 사항의 허위만을 의미하는 것인지 내용상의 허위를 포

---

[251] 제70조(벌칙) ① 사람을 비방할 목적으로 정보통신망을 통하여 공공연하게 사실을 드러내어 다른 사람의 명예를 훼손한 자는 3년 이하의 징역 또는 3천만 원 이하의 벌금에 처한다. ② 사람을 비방할 목적으로 정보통신망을 통하여 공공연하게 거짓의 사실을 드러내어 다른 사 람의 명예를 훼손한 자는 7년 이하의 징역, 10년 이하의 자격정지 또는 5천만 원 이하의 벌 금에 처한다.

함하는 것인지, 공익을 해할 목적을 구체적으로 어떻게 판단해야 하느냐 등과 관련하여 논란이 있었고, 결국 위 규정에 대하여 명확성의 원칙에 반한다는 이유 등으로 헌법재판소에서 위헌판단을 함으로써[252] 현재 위 규정은 삭제되어 적용되지 않고 있다. 하지만 이에 대한 보완 대체입법은 이루어지지 않고 있다.

## 제4절 소결

독일, 미국 등 선진국과 우리의 허위사실 표현에 대한 법적인 규제를 개략적으로 비교 검토해 본 결과 얻을 수 있는 시사점은 다음과 같다.

우선, 독일의 경우에는 기본적으로는 언론·출판의 자유에 대한 중요성을 인식하고 있으면서도 우월적 지위를 부여하기보다는 인격권 등 다른 중요 기본권 보장과의 이익형량을 통한 조화를 추구하고 있다고 볼 수 있다. 특히나, 나치에 의한 국가사회주의 독재와 유태인 학살이라는 인간의 존엄성에 대한 심각한 기본권 침해를 역사적으로 경험한 독일로서는 아무리 중요한 언론·출판의 자유라 하더라도 인간의 존엄성과 자유민주주의의 기본적 가치와 충돌하는 경우 일정한 제한이 가능하다는 점을 전제로 법적인 규제가 이루어지고 있다. 따라서 자율적인 통제를 기본으로 하면서도 전통적인 언론기관인 신문, 방송 등에 대한 반론권 등이 주(州)법으로 인정되어 왔다. 또한, 나치의 홀로코스트 범죄부인에 대한 형사처벌을 인정하고 최근에는 폐해가 커지고 있는 가짜뉴스 등 인터넷상의 허위사실 유

---

252) 헌재 2010. 12. 28. 2008헌바157 등, 판례집 22-2하, 684.

포에 대하여 네트워크법집행법을 통해 허위사실 작성자뿐만 아니라 정보통신 서비스 제공자에 대한 규제를 강화하는 등 적극적인 규제가 시도되고 있다. 최근의 적극적인 규제 시도의 배경에는 난민과 관련된 인종혐오 표현과 불안감 조성 등 사회적 문제가 심각하고 그로 인하여 인종 간의 갈등으로 인한 인격권 말살 등의 범죄행위가 발생할 우려가 있기 때문이다.

미국의 경우에는 이미 살펴본 바와 같이 연방헌법 수정 제1조의 규정이 표현의 자유를 제한하는 법률을 제정할 수 없도록 하여 표현의 자유를 강하게 보호하고, 자유주의에 기반을 두고 다른 기본권에 비하여 우월적 지위를 보장하는 법리와 판례이론이 발달하면서 허위사실의 표현에 대한 제한도 독일에 비하여는 다소 소극적인 제한을 하는 방식으로 전개되었다. 따라서 악의적인 명예훼손적 허위사실에 대하여는 민사소송을 통한 손해배상 책임을 인정하여 제한을 가하고, 언론기관의 허위사실보도에 대하여도 반론권을 강제하는 방식보다는 자율적 분쟁 해결 절차 등을 통해 해결하도록 하였다. 최근 인터넷상 허위사실 유포와 가짜뉴스 등의 문제와 관련해서도 정보통신서비스 제공자의 면책규정을 통해 책임 확대에 소극적이며, 자율적인 규제를 기본으로 하고 있다.

두 국가 모두 각자의 역사적 배경과 사회적 환경 등을 고려하여 가짜뉴스 등 허위사실 표현에 대한 규제가 이루어지고 있으며, 어떠한 방식이 더 나은 것이라고 단언하기는 어렵다. 대한민국의 헌법 체계가 기본적으로는 독일 등 대륙법계 국가의 체계를 따르고는 있지만 완전히 동일하다고는 할 수 없고, 학계와 헌법재판소에서도 미국의 표현의 자유와 관련된 법리 등을 많이 수용하고 있다. 따라서 우리도 대한민국의 특별한 역사적 배경, 사회적 환경 등을 고려하면서 비형사적 규제를 우선으로 하되 반드시 필요한 경우에 단계적으로 형사적 규제를 취하여야 한다. 그렇게 함으로써 언론·출판의 자유와 다른 기본권과의 이익형량을 통한 조화를 이루어 나가는 방향으로 허위사실에 대한 규제가 진행되어야 할 것이다.

우리의 법제도 허위사실에 대한 비형사적 규제와 형사적 규제가 모두 이루어지고 있으며, 비록 우리의 비형사적 규제도 일부 제도에 대하여는 앞서 살핀 바와 같이 언론·출판의 자유를 지나치게 제한한다는 논란과 비판이 있기는 하여도 형사적인 규제에 비하면 그 기본권 침해의 위험성이나 침해 정도는 적다고 할 수 있다. 오히려 최근 가짜뉴스 등의 폐해와 심각성이 부각하면서 허위사실 유포에 대한 적극적인 규제 여론에 따라 현행 형사처벌 규정뿐만 아니라 추가적인 형사처벌 규정을 도입하자는 주장들도 설득력을 얻고 있다. 따라서 헌법상 보장된 언론·출판의 자유를 충분히 보장하면서도 다른 기본권과 헌법 질서를 보호하기 위한 합헌적인 형사적 규제를 위해서는 현행 형사처벌 규정의 합헌성 여부 및 이와 관련하여 추가적인 형사처벌 규정이 필요한지를 철저히 검토해 볼 필요가 있다. 따라서 제4장에서는 허위사실 표현을 형사처벌하는 현행 처벌규정들에 대하여 독일·미국 등의 사례와 비교 검토하고, 그동안 적용되어 온 주요 실무 적용사례와 판례까지 분석해 봄으로써 헌법 합치성 여부를 검토하고, 더 나아가 새롭게 도입이 논의되고 있는 형사처벌 규정까지 상세히 검토해 보도록 하겠다.

# 제4장

# 현행 형사처벌 규정의
# 합헌성 검토

# 제1절 명예훼손죄

## I. 명예훼손죄 처벌규정의 개요

### 1. 언론·출판의 자유와 타인의 명예 보호

헌법 제21조에 의하여 언론·출판의 자유가 보장되지만, 헌법 제21조 제4항에서는 "타인의 명예나 권리를 침해하여서는 아니 된다." 라고 규정하고 있다. 개인의 명예와 같은 인격권 또한 헌법 제10조에 의하여 보장되는 헌법상의 기본권이기 때문에 언론·출판의 자유를 이유로 타인의 명예를 침해해서는 안 된다. 개인의 표현행위로 인한 타인의 명예훼손을 어느 범위까지 어떻게 제한할지는 언론·출판의 자유와 개인의 인격권과의 충돌의 문제이다.

일반적으로 명예란 '각 사람이 인간의 존엄과 사회적 윤리적 생활의 기초 위에서 마땅히 향유해야 할 인격적 가치', '사람의 인격에 대한 사회적 평가' 등으로 정의하기도 한다. 형법상 보호되는 보호법익으로서의 명예를 어떻게 파악할 것인가에 대하여는 자기 또는 타인의 평가와 독립하여 객관적으로 가지고 있는 사람의 내부적 명예와 외적 명예를 합한 것이라는 설,253) 사람의 가치에 대해서 타인으로부터 주어지는 인격적 평가로서 개인의 진가와 관계없이 일반적으로 주어지는 사회적 평가라는 외부적 명예설,254) 자신의 인격적 가치에 대한 자신의 주관적 평가 내지 감정으로서 명예의식 내지 주관적 명예라는 명예 감정설255) 등이 있으나 형법상 명예훼손죄의 보호법익은 외부적 명예라는 것이 다수의 학자들의 견해이며 대법원 판례이다.256) 이와 같은 개인의 외부적 명예를 침해하는 명예훼손적 표현행위에 대하여 주로 민사적인 손해배상을 통한 배상으로 규제하는 국가가 있는가 하면, 우리 형법과 같이 이에 대한 형사처벌 규정을 두어 제한을 가하는 국가도 있다. 이와 관련하여 명예훼손죄를 형법에 규정하여 처벌하도록 하는 현행법의 규정이 인격권 침해와 언론·출판의 자유 침해의 법익형량을 고려할 때 과잉금지원칙에 어긋나는 과도한 제한이라는 주장은 꾸준히 제기되어 왔고, 특히 광우병 관련 MBC PD수첩 사건 등이 당시 정부 책임자들에 대한 허위사실적시 명예훼손죄 등으로 기소되면서 국민의 알 권리, 언론·출판의 자유와의 충돌 문제로 사회적 관심의 대상이 되기도 하였다.

따라서 이번 절에서는 가짜뉴스 등 허위사실 유포 명예훼손 행위를 형사처벌하는 우리의 형사처벌 규정, 독일과 미국 등의 관련 입법례와 법리 전개, 이와 관련된 위헌 논란, 관련 주요사례 등을 살펴본다. 또한, 현행법상 명예훼손죄 형사처벌 규정이 헌법과 법률에 따른 언론·출판의 자유 제한의 원칙에 부합하게 명확하게 규정되어 있는 것인지, 언론·출판의 자유와의 법익형량과 기본권 제한의

---

253) 김일수/서보학, 「형법 각론」, 제9판, 박영사, 2018. 155면.
254) 신동운, 「형법 각론」, 제2판, 법문사, 2018. 742면; 오영근, 「형법 각론」, 제5판, 박영사, 2019. 161면; 정웅석/최창호, 「형법 각론」, 대명출판사, 2018. 431면; 임웅, 「형법 각론」, 제10판, 법문사, 2019. 236면 등.
255) 유기천, 「형법학 각론강의 상」, 일조각, 1982. 144면.
256) 대법원 1970. 5. 26. 선고 70도704 판결.

과잉금지원칙 등을 고려할 때 여러 사례에서 헌법 합치적으로 운영
되고 있는지 등을 검토해 보고, 위헌적인 문제점이 있다면 그 개선
방안으로 어떠한 것들이 있는지 등을 제시해 보도록 하겠다.

## 2. 허위사실적시 명예훼손 형사처벌 규정

우리 형사법상 허위사실로 인한 명예훼손 행위에 대하여 처벌하
는 규정은 대표적으로 '형법'과 '정보통신망법'에 규정되어 있다. 우
선, 형법은 제307조 제1항에서 "공연히 사실을 적시하여 사람의 명
예를 훼손한 자는 2년 이하의 징역이나 금고 또는 500만 원 이하의
벌금에 처한다."라고 규정하여 명예훼손죄의 기본적 구성요건을 두
고, 허위사실을 적시한 경우에는 제307조 제2항에서 가중적 구성요
건으로 규정하고 있다. 또한 제308조에서는 "공연히 허위의 사실을
적시하여 사자의 명예를 훼손한 자"도 처벌하도록 하고 있으며, 제
309조에서는 출판물 등에 의해 명예를 훼손한 경우는 그 전파 가능
성과 중대성을 고려하여 가중처벌 하도록 하되 "비방의 목적"을 추
가 구성요건 요소로 규정하고 있다. 또한, 제310조에서 "제307조 제
1항의 행위가 진실한 사실로서 공공의 이익을 위한" 경우에는 위법
성이 조각된다는 규정을 두고 있다.[257] 소추 조건과 관련해서는 제

---

257) 제307조(명예훼손) ① 공연히 사실을 적시하여 사람의 명예를 훼손한 자는 2년 이하의 징역이
나 금고 또는 500만 원 이하의 벌금에 처한다. ② 공연히 허위의 사실을 적시하여 사람의 명예
를 훼손한 자는 5년 이하의 징역, 10년 이하의 자격정지 또는 1천만 원 이하의 벌금에 처한다.
제308조(사자의 명예훼손) 공연히 허위의 사실을 적시하여 사자의 명예를 훼손한 자는 2년
이하의 징역이나 금고 또는 500만 원 이하의 벌금에 처한다.
제309조(출판물 등에 의한 명예훼손) ① 사람을 비방할 목적으로 신문, 잡지 또는 라디오 기
타 출판물에 의하여 제307조 제1항의 죄를 범한 자는 3년 이하의 징역이나 금고 또는 700만
원 이하의 벌금에 처한다. ② 제1항의 방법으로 제307조 제2항의 죄를 범한 자는 7년 이하의
징역, 10년 이하의 자격정지 또는 1천500만 원 이하의 벌금에 처한다.
제310조(위법성의 조각) 제307조 제1항의 행위가 진실한 사실로서 오로지 공공의 이익에 관
한 때에는 처벌하지 아니한다.

308조 사자명예훼손죄만 친고죄로 하고 나머지는 모두 반의사불벌죄로 규정하고 있다. 형법 이외에도 정보통신망법 제70조에서 사이버 공간에서 명예를 훼손한 경우 처벌하도록 하고 있다.[258) 정보통신망을 이용하여 '비방의 목적'으로 명예를 훼손하는 경우 형사처벌을 하고, 허위사실을 적시한 경우는 가중하도록 규정하고 있다. 형법상 출판물에 의한 명예훼손죄보다도 형량은 중하게 규정되어 있다. 형법상 명예훼손죄와는 다르게 일반적으로 비방의 목적을 요건으로 하고 있으며, 형법과 같은 위법성조각사유 규정은 없다. 과연 '비방의 목적'과 같은 추가 요건이 필요한 것인지, 그 구성요건은 명확한 것인지에 대하여는 아래에서 상세히 검토해 보도록 하겠다. 소추 조건은 출판물에 의한 명예훼손죄와 같이 반의사불벌죄로 규정하고 있다.

## II. 독일·미국의 허위사실 적시 명예훼손죄 처벌 법제와 관련 논의

### 1. 독일

#### 가. 가짜뉴스 등 허위사실 명예훼손 처벌규정 체계

독일은 명예를 훼손한 죄에 대하여 형법에서 모욕죄, 비방죄, 중상죄, 정치인에 대한 비방 및 중상죄, 사자에 대한 추모감정 모독죄

---

258) 제70조(벌칙) ① 사람을 비방할 목적으로 정보통신망을 통하여 공공연하게 사실을 드러내어 다른 사람의 명예를 훼손한 자는 3년 이하의 징역 또는 3천만 원 이하의 벌금에 처한다. ② 사람을 비방할 목적으로 정보통신망을 통하여 공공연하게 거짓의 사실을 드러내어 다른 사람의 명예를 훼손한 자는 7년 이하의 징역, 10년 이하의 자격정지 또는 5천만 원 이하의 벌금에 처한다. ③ 제1항과 제2항의 죄는 피해자가 구체적으로 밝힌 의사에 반하여 공소를 제기할 수 없다.

등을 규정하고 있다.259) 명예훼손죄에 대하여는 기본적으로 형법 제
186조260)를 기본적 구성요건으로 하고, 그중 허위사실에 의한 명예
훼손에 대하여는 형법 제187조에서 '중상죄(Verleumdung)'로 규정
하여 2년 이하의 징역형 등에 처하도록 하였다.261) 다만, 제187조의
규정은 타인에 대한 비방이나 세평을 저하시킬 것을 요건으로 하고
허위로 신용을 해하는 것을 처벌한다는 점에서 우리 형법의 허위사
실 명예훼손죄 처벌규정에 비해 구성요건 해당 범위가 상당히 좁다
는 점에서는 다소 구분된다.262)

　제187조 중상죄의 구성요건 구조를 보면 제186조와 기본적으로
는 동일하지만, 주장 또는 유포된 사실이 허위일 경우이고, 보호법
익에 명예뿐만 아니라 신용이 포함되며, 공연성이 있거나 집회 또는
문서에 의하여 이루어진 경우는 형량을 가중하여 5년 이하의 징역
형에 처할 수 있도록 되어있다. 특이한 점은 독일은 일반인에 대한
명예훼손과 정치인에 대한 명예훼손을 구별하여 정치인에 대한 명
예훼손은 제188조에서 더 중하게 처벌하고 있다는 점이다.263) 물론,

---

259) 서울중앙지방검찰청, 각주 245) 전게서, 514면.

260) 제186조 【비방】 타인에 대한 관계에서 타인을 경멸하거나 또는 세평을 저하시키기에 적합한
　　사실을 주장하거나 또는 유포한 자는 이러한 사실이 증명할만한 진실이 아닌 경우에는 1년
　　이하 자유형 또는 벌금형에 처하고, 그 행위가 공연히 또는 문서의 반포(제11조 제3항)를 통
　　해 이루어진 경우에는 2년 이하의 자유형 또는 벌금형에 처한다.

261) 제187조 【중상】 타인에 대한 관계에서 확실한 인식에 반하여 타인을 경멸하거나 또는 세평
　　을 저하시키거나 또는 그의 신용을 위해하기에 적합한 허위의 사실을 주장하거나 또는 유포한 자
　　는 2년 이하의 자유형 또는 벌금형에 처하고, 그 행위가 공연히, 집회에서 또는 문서의 유포
　　(제11조 제3항)를 통해 이루어진 경우에는 5년 이하의 자유형 또는 벌금형에 처한다.

262) 참고로 같은 대륙법계 국가인 오스트리아는 형법전(Strafgesetzbuch) '제4장 명예에 관한 죄
　　(제111조부터 제117조)'에서 허위사실과 진실여부를 구별하지 않고 명예훼손죄(제111조)를
　　규정하고 있으며, 출판물이나 방송에 의한 경우만 가중처벌하고 있다(제111조 제2항).; 오스
　　트리아 명예훼손 및 모욕죄 관련 형사입법례, 외국입법사례 DB, 국회도서관.

263) 독일 형법 제188조 【정치인에 대한 비방 및 중상】 ① 정치인에 대하여 공연히, 집회에서 또
　　는 문서의 유포(제11조 제3항)를 통하여 공적 생활에서 피해자의 지위와 연관시키려는 동기
　　에 의하여 피해자를 비방(제186조)하고, 그 행위가 피해자의 공적 활동을 현저히 저해하기에
　　적합한 경우에는 3월 이상 5년 이하의 자유형에 처한다. ② (제1항과) 동일한 조건하에서의
　　중상(제187조)은 6월 이상 5년 이하의 자유형에 처한다.

일반 명예훼손과 달리 공연성을 추가 구성요건 요소로 하고 있지만 정치인은 일반인과 달리 대중적인 이미지에 따라서 그의 정치적 생명력이 좌우되기 때문에 공연히 명예가 훼손되는 것을 보호하기 위한 것으로 판단된다.264) 독일 형법도 제193조에서 '정당한 이익의 주장'이란 제하로 일정한 경우 위법성조각사유를 규정하고 있으나, 허위의 사실 주장과 공표에 대하여는 적용되지 않는다. 독일 명예훼손죄는 제194조에서 친고죄로 규정하고 있다.

## 나. 관련 판례 및 법리의 전개

### (1) 명예훼손죄에 대한 연방헌법재판소의 기본 태도

앞서 보호영역을 검토할 때 살핀 바와 같이 독일 연방헌법재판소는 언론·출판의 자유의 중요성을 강조하면서도 다른 기본권에 비하여 우월적 지위를 인정하기보다는 언론·출판의 자유에 의하여 타인의 기본권이 침해되는 경우, 각 개별적 기본권 충돌 사안에 대하여 상충하는 법익 간의 이익형량을 통한 조화로운 판단을 기본으로 하고 있다.265) 독일 형법상의 명예에 관한 죄의 처벌규정의 위헌 여부가 문제 된 사안에 대하여서도 독일 연방헌법재판소는 ① 독일 기본법 제5조 제2항에서 개인의 명예권과 관련한 표현의 자유에 대한 규제를 규정하고 있고, ② 명예권은 독일 기본법 제2조 제1항의 인격권에 기초한 것으로 이 역시 헌법적 가치임이 규정되어 있으며, ③ 형법 제193조에서 공공의 이익에 관한 경우 처벌의 제한을 두고 있어 표현의 자유와 명예권의 이익형량이 가능한 점에 비추어 형법

---

264) 같은 취지: 이재일, "독일형법전내에서의명예훼손및모욕에관한죄", 「(최신)외국법제정보」, 한국법제연구원, 2008. 6. 26면.

265) Dieter Grimm, Die Meinungsfreiheit in der Rechtsprechung des Bundesverfassungsgerichts, in: NJW 1995, S.1702.

제185조는 합헌이라고 판시하였다.266)

또한, 독일 연방헌법재판소는 판례를 통하여 언론·출판의 자유와 인격권의 충돌로 인한 구체적 이익형량과 관련하여 가치 판단적 의견 표명에는 언론·출판의 자유의 우월적 지위를 부여하여 개인의 인격권보다 보호하고, 사실 주장에 대하여는 의견형성에 기여할 수 있는 정도에서만 언론·출판의 자유의 의미를 두고 있으므로 허위사실의 주장에 대하여는 인격권을 더 보호하여 명예훼손을 인정하는 법리를 형성하였으며,267) 구체적인 법익형량의 방법으로 공적인 토론인 경우 언론·출판의 자유의 우위가 추정된다는 법리를 전개하기도 하였다.268)

## (2) 명예훼손죄 처벌과 관련된 판례와 법리의 전개

### (가) 가치 판단적 의견 표명과 사실 주장의 구별에 따른 보호

가치 판단적 의견 표명의 경우에는 그 발언이 인간의 존엄성을 침해하거나 또는 전적으로 비방을 목적으로 하는 경우를 제외하고는 언론·출판의 자유의 보호에 우위를 두었다. 연방헌법재판소가 인간의 존엄성을 침해한다고 판단한 대표적인 사례는 'Strauß-Karikatur' 사건으로, 시사 풍자 잡지에서 정치인인 'Strauß'가 소송에서 판사들에 영향을 미쳐 승소한 것을 암시하는 의미로 법복을 입은 다른 돼지들과 교미하는 돼지로 묘사한 카툰을 게재한 것은 인간의 존엄성을 침해하는 명예훼손적 보도라고 판단하였다.269) 또한, 'Henscheid-Böll'

---

266) BVerfG NJW 1995, 3303.

267) BVerfGE 54, 208(217)[Böll-Fall]; Dieter Grimm, 전게논문, S.1702ff.; Ute Mager, Meinungsfreihiet und Ehrenschutz von Soldaten, in: Jura 1996, S.406f.; Rupert Scholz/Karlheinz Konrad, Meinungsfreiheit und allgemeines Persönlichkeitsrecht, in: AöR 123(1998), S.107ff.; Rolf Stürner, Die verlorene Ehre des Bundesbürgers – Bessere Spielregeln für die öffentliche Meinungsbildung?, in: JZ 1994, S.867f.

268) Walter Schmitt Glaeser, Meinungsfreiheit, Ehrenschutz und Toleranzgebot, in: NJW 1996, S.874; Martin Kriele, Ehrenschutz und Meinungsfreiheit, in: NJW 1994, S.1898; Rupert Scholz/Karlheinz Konrad, 전게논문, S.102ff.

사건에서 문학비평가 'Henscheid'가 노벨문학상 수상 작가인 'Böll'의 작품에 대한 비평서에서 작가에 대하여 '가장 기만적이고 부패한 작가'로, 작품에 대하여 '역겨운 오물'이라고 비방한 사건에서 연방헌법재판소는 전적으로 작가 개인에 대한 비하적 표현으로 가득 차 있을 뿐이며 소설의 내용과는 연관성이 없다는 이유로 명예훼손적 비평이라고 판단하였다.270) 그러나 이와 같은 전적으로 비방을 목적으로 하는 비판의 개념에 대하여는 단순히 타인을 비하하는 내용이라는 것만으로 인정되는 것이 아니고 전적으로 특정 개인에 대한 비하를 목적으로 하는 경우에 한하여 '비방을 목적으로 하는 비판(Schmähkritik)'으로서의 성격이 인정된다고 좁게 해석하고 있다.271)

반면에 사실 주장에 대하여는 의견형성에 기여하는 한, 표현의 자유에 의한 보호를 받는다는 원칙 하에서 사실 주장이 진실인 경우에만 언론·출판의 자유가 인격권 등 명예 보호와 이익형량 과정에서 우위가 인정될 수 있다고 본다. 사실 주장이 의견형성에 기여하지 못하는 허위사실인 경우에는 명예의 보호가 우선된다. 허위사실이 언론·출판의 자유의 보호 대상이 되지 못한다는 판례는 이미 보호 영역에서 살핀 바 있다. 다만, 그 진실의 여부는 전체적인 내용이 진실에 부합하는 것이라면 일부 사소한 부분에 대한 부정확한 것은 문제 되지 않는다고 보고 있다.272)

---

269) BVerfGE 75, 369(380).

270) BVerfGE 61, 1(12).

271) BVerfGE 82, 272.

272) BVerfGE 60, 234(242).

(나) 침해되는 인격의 영역 구분에 따른 보호

언론·출판의 자유와 인격권의 비교 형량에 있어서 인격권의 영역에 따라 그 비교 형량의 내용을 달리 설명하는 이론이 독일의 법학자 Wenzel에 의하여 대표적으로 주장되었고, 그 이론에 영향을 받은 연방헌법재판소 판례도 있다. 인격권으로서 보호받는 영역을 내밀 영역, 비밀 영역, 사적 영역, 사회적 영역, 공개적 영역의 5단계로 제시하고 그 영역에 따라 그 보호 정도를 달리 해야 한다고 설명하고 있다.[273]

① 내밀 영역은 인간의 최종적이고 불가침적인 영역으로 성적인 영역이 여기에 속한다. 이 영역에 해당하는 경우는 절대적이기 때문에 정치나 공직자의 경우에도 이 영역에 해당하는 경우는 보호를 받는다.[274] 다만, 극히 예외적인 경우로서 피해자가 유명인이며 평상시 내밀 영역을 스스로 공개하여 보도에 빌미를 준 경우에는 언론사의 책임이 부정될 수 있다. ② 비밀 영역은 이성적으로 평가를 할 경우 공공에 노출되어서는 안 될 인간의 생활영역이다. 개인적인 편지, 사생활에 관한 일기 등이 여기 포함되며 원칙적으로 당사자의 동의가 있어야 공개된다. 직업적, 영업적인 기록도 비밀 영역으로서 보호받을 수 있다고 한다.[275] 연방헌법재판소는 통계 목적으로 개인정보를 조사할 수 있도록 한 국세 조사법이 일반적 인격권을 침해한다고 판단하였다.[276] ③ 사적 영역은 가족, 친구 등 친밀한 범위 내에서 이루어지는 일상생활의 영역으로 결혼 전의 이야기, 부부간 다

---

273) Karl Egbert Wenzel, 전게서, Kap. 5, S.195ff.; 김재형, "언론의 사실보도로 인한 인격권 침해", 「서울대학교 법학」, 제39권 제1호, 서울대학교 법학연구소, 1998. 5. 196면.

274) BGH NJW 1979, 647; BGH NJW 1981, 1366.

275) BGHZ 73, 120; BGH NJW 1962, 32.

276) BVerfGE 65, 1.

툼 등이 이에 속한다. 유명인이나 정치가도 사적 영역에 관하여 보호를 받지만[277] 내밀 영역과 달리 절대적인 보호를 받지 못하며, 사적 영역이 언론에 보도된 경우 언론·출판의 자유와 이익형량에 의해 보호 여부가 판단된다. ④ 사회적 영역은 사회공동체 구성원으로서 활동하는 개인의 생활영역으로 직업 활동이나 사회 활동이 이에 속한다. 당사자에게 보도 여부에 대한 결정권이 있으나 언론이 사적 영역보다는 보도에 좀 더 사유로울 수 있는 영역이다. ⑤ 공개적 영역은 모든 사람이 인식할 수 있고, 때로는 인식하여야 하는 영역으로 사회정치적, 국가적 영역이다. 원칙적으로 이에 대한 보도는 영리 목적 등을 제외하고는 인격권 침해에 해당하지 않는다고 본다.

위와 같은 인격영역이론에 기초하여 본다면 언론·출판의 자유와 인격권의 충돌이 있는 경우 내밀 영역이나 비밀 영역에 있어서는 인격권의 보호가 더 중요시 되어 언론·출판의 자유가 제한받을 가능성이 높은 반면, 사회적 영역 또는 공개적 영역에서는 언론·출판의 자유가 더 보호를 받게 될 것이다. 인격영역이론은 이처럼 인격 침해적인 명예훼손과 언론·출판의 자유가 충돌할 경우 각 구체적인 사안에 따른 유형적인 기준을 제시할 수 있다는 점에서 큰 의의가 있다. 비록, 5개의 영역이 다소 추상적이고 내밀 영역을 제외하고는 과연 구체적인 기준이 될 수 있는지에 대하여 비판이 있지만,[278] 각

---

277) BGHZ 73, 120(이 판결은 기민당(CDU)의 간부인 원고들의 사적인 전화를 도청한 내용을 보도한 것에 대하여 인격권 침해를 인정하였다).

278) 독일에서는 내밀 영역에 대하여 인격권이 절대적인 보호를 받아야 한다는 점에서는 특별한 이견이 없다. 그러나 그 외의 영역에 대하여는 인격권 침해와 언론·출판의 자유, 알 권리 등과 이익형량이 필요하다고 보며, 이와 관련하여 영역의 구분만으로는 해결이 어려우므로 정보획득의 방법과 종류 등이 중요한 의미를 가진다는 견해가 있다. 이 견해에 의하면 사기를 통한 정보 취득, 은밀한 정보 취득, 강제와 강박에 의한 경우 등은 위법한 인격권 침해로 보아야 할 뿐만 아니라, 공표되는 사실이 특정인에게 커다란 손해를 끼치는 성질일 경우는 위법하다고 보아야 한다는 것이다(Karl Larenz/Claus-Wilhelm Canaris, Lehrbuch des Schuldrechts, Band II·Halbband 2, Besonderer Teil, 13.Aufl. 1994, S.503f.; 김재형, 전게논문, 198-200면).

구분된 영역에서 비례의 원칙이라는 구체적인 도구를 통한 상호보완적 작용에 의해 좀 더 합리적인 이익형량을 끌어낼 수 있다는 점에서 유용한 이론이라고 할 수 있다.

　독일 연방헌법재판소는 최근의 판례에서까지도 이와 같은 이론을 기초로 판단하고 있다. 내밀 영역(Intimsphäre) 또는 비밀 영역(Geheimsphäre)에 대하여는 최근 판례에서는 위 두 영역을 크게 구분하지 않는 경향인데, 일기장 등은 내밀 영역(Intimsphäre)에 해당하나 그것이 특정한 범죄와 관련된 경우에는 인격권의 보호가 배제된다고 보았다.279) 또한, 성적(性的) 자기결정권은 내밀 영역(Intimsphäre)에 해당하지만, 자신 또는 제3자의 성적(性的)인 이익을 위하여 동물을 이용하는 행위는 절대적인 보호 대상이 될 수 없다고 하였으며,280) 구금시설에서 수용자의 자해를 방지하기 위해 해당 수용자로 하여금 완전 탈의를 하도록 하고 지속적인 촬영시설로 수용자를 감시한 사례에서, 해당 수용자의 인격권을 침해한 것이라고 판단하였다.281) 사적 영역(Privatsphäre)과 관련해서는 경찰관이 보호관찰 대상자의 주거 공간 밖의 영역에서도 지속적이고 공공연하게 감시를 하였고, 그로 인하여 대상자가 자율적인 삶을 영위할 가능성을 빼앗는 정도에 이르렀다면, 이는 대상자의 일반적인 인격권에 대한 중대한 침해라고 보았다.282) 사회적 영역(Sozialsphäre) 및 공개적 영역(Öffentlichkeitssphäre)과 관련해서는 사회적 영역(Sozialsphäre)은 공개적 영역(Öffentlichkeitssphäre)을 포함하는 개념으로 파악하고 있으며,283) 언론에서 특정 변호사를 극

---

279) BVerfG BeckRS 2018, 9554, Rn. 28.
280) BVerfG NJW 2016, 1229(1229f.).
281) BVerfG NJW 2015, 2100.
282) BVerfG BeckRS 2012, 60164.
283) Epping/Hillgruber, GG Art. 2, in: BeckOK Grundgesetz, 41.Edition(2019. 2. 15.), Rn. 43;
　　'사회적 영역은 기본권 주체의 공적 영역에서의 삶의 모든 부분을 포함한다'라고 하였다('Die

우주의자라고 지칭한 사례에서, 특정인을 공개적으로 지칭하는 것은 사회적 영역에 해당하나 위 사안은 표현의 자유의 범위에 포함된다고 판단하여 표현의 자유가 더 보호되는 영역임을 명확히 한 바 있다.[284]

### (다) 공인 등 공적 사안과 사적 사안의 구별에 따른 보호

독일 연방헌법재판소는 언론·출판의 자유에 의해 보호되는 발언이 단지 개인이나 사적 이익을 추구하는 사적인 주제에 속하는지 아니면 국민 일반과 공공의 이익에 관련된 공적인 주제에 속하는지를 구분하여 명예권 침해와의 이익 형량 과정에서 이를 고려함으로써, 공적인 주제와 토론에 있어서는 언론·출판의 자유를 좀 더 보호하는 태도를 보여주고 있다.[285] 즉, 공적인 주제에 대한 토론의 경우 언론·출판의 자유와 인격권 2개의 법익만이 상충하는 것이 아니라, 민주주의에 있어서 불가결한 다양한 의견의 자유로운 토론이라는 초개인적인 이익이 추가되기 때문에 민주주의 질서가 손상되지 않도록 하기 위해서 표현의 자유가 일반적인 우위를 차지해야 한다고 판단하였다. 공적인 주제에 대한 토론에 대하여 이와 같은 이론을 전개한 주요 논거는, 정치적 영역에서의 언론·출판의 자유가 민주주의에서 차지하는 중요한 역할을 고려할 때, 공적인 토론에 대한 언론·출판의 자유를 제한하는 것은 민주주의의 기초인 자유로운 의견교환 과정을 위축시킬 수 있다는 것이다.[286] 이와 관련된 독일의 판례들은 다음 절의 공직선거법상 허위사실공표죄 등 관련 조항

---

Sozialsphäre umfasst die gesamte Teilnahme des Grundrechtsträgers am öffentlichen Leben').

284) BVerfG NJW 2012, 3712(3713f.).

285) BVerfGE 7, 198(212)[Lüth-Urteil]; 82, 43; 82, 272; 85, 1 등.

286) Dieter Grimm, 전게논문, S.1703; Jochen Frowein, Reform durch Meinungsfreiheit, in: AöR 105(1980), S.186f.; Walter Schmitt Glaeser, Die Meinungsfreiheit in der Rechtsprechung des Bundesverfassungsgerichts, in: AöR 113(1988), S.65ff.

을 다루면서 좀 더 상세히 살펴보도록 하겠다.

### 다. 소결 : 독일 법제와 판례의 시사점

독일은 특정한 표현에 의해 명예 등 인격권이 침해된 경우 언론·출판의 자유를 우선시한다기보다는 충돌하는 기본권의 내용과 사안을 고려하여 다양한 법리와 구체적인 비교 형량을 통해 양 기본권 보호의 조화를 추구하고 있다. 그러나 적어도 명백한 허위사실 표현에 대하여는 민주주의의 기초인 자유로운 의견교환에 도움이 될 수 없다는 점 등을 근거로 인격권 보호를 우선시하는 것이 기본적인 법제와 판례의 태도라고 할 수 있다. 따라서 가짜뉴스 등 허위사실을 유포하여 개인의 명예권을 침해한 당사자에 대하여는 형법상 중상죄 등 엄격한 형사적 책임을 묻고 있으며, 정치인이 피해자인 경우 가중처벌을 하고 있다. 최근 가짜뉴스와 관련된 여러 가지 사회적 문제점을 인식하여 네트워크법집행법(NetzDG) 등 정보통신서비스제공자에 대한 더 강력한 행정적 규제를 도입한 독일이 앞으로 개인의 명예훼손죄에 대한 형사적 제재에 있어서는 어떠한 방향으로 그 처벌을 강화하면서도 언론·출판의 자유와 조화를 이루어 나갈 것인지도 지켜봐야 할 대목이다.

## 2. 미국

### 가. 미국의 명예훼손죄 처벌 법제와 연방대법원의 기본 태도

미국은 앞서 보호영역에서 살핀 바와 같이 미국 연방헌법 수정 제1조에 이를 법률로 제한할 수 없다는 규정을 두고 언론·출판의 자유를 다른 헌법상 기본권에 비하여 우월한 지위를 부여하는 법리를 기본으로 하고 있다. 따라서, 언론·출판의 자유가 타인의 기본권인 인격권을 침해하더라도 이를 형사처벌하는 형사규제 방식의 제한은 거의 두지 않고 민사적인 손해배상의 문제로만 다루고 있다. 즉, 미국의 경우 연방법상 명예훼손을 형사처벌하는 연방 법률은 두고 있지 않고, 주나 카운티에서만 일부 형사적 사안으로 취급하고 있다.

민사적인 손해배상을 인정함에 있어서도 언론·출판의 자유를 더 보호하는 다양한 이론을 전개하였다. 참고로 미국의 법제에 영향을 미친 영국의 경우에도 역시 명예훼손을 주로 민사적인 사안으로 다루고 있으며, 이와 관련되어 1952년 「명예훼손법(Defamation Act 1952)」, 1996년 「명예훼손법(Defamation Act 1996)」, 2013년 「명예훼손법(Defamation Act 2013)」 등이 제정되었다. 명예훼손을 형사적인 사안으로 취급한 경우는 판례법(common law)상 '명예훼손적 모욕죄(defamatory libel)'가 적용될 수 있었으나 2009년 잉글랜드, 웨일스, 북아일랜드의 경우 2009년 「검시관 및 사법(司法)법(Coroners and Justice Act 2009)」에 의해 형사상 모욕죄를 전면 폐지하였다.[287]

## 나. 민사상 책임인정에 있어서 이른바 '공인 이론'의 전개

미국의 명예훼손에 대한 민사상 손해배상 인정과 관련하여, 공인(公人)에 대하여는 명백한 허위사실 등 '현실적 악의(actual malice)'[288]가

---

287) 영국 명예훼손 및 모욕죄 관련 형사입법례, 외국입법사례 DB, 국회도서관.

288) Masson v. New Yorker Magazine, 501 U.S. 496 (1991); 위 판례에 의하면 '현실적 악의'에 대하여, "Actual malice is a statement made with a reckless disregard for truth. Actual malice can be established through circumstantial evidence. High degree of awareness of falsity is required to constitute actual malice. If the plaintiff is a public figure, the plaintiff should prove by convincing evidence that the defendant published a defamatory statement with actual malice, i.e. with "knowledge that it was false or with reckless disregard of whether it was false or not." If the plaintiff is unable to prove actual malice, then the plaintiff can not recover."라고 정의하고 있어 우리 표현으로는 사실상 '미필적 고의'와 유사한 개념으로도 볼 수 있으나, 국내 대부분의 문헌이 이를 구별하여 '현실적 악의'로 명칭하고

입증되는 경우에만 손해배상 책임이 인정된다는 법리가 정립되어 있다. 이는 형사적인 책임을 인정하는 법리는 아니지만, 명예훼손죄의 형사처벌 제도를 두고 있는 법제 하에서 허위사실에 명예훼손의 고의를 인정하는 데 있어 참고가 될 수 있는 이론이므로 간략히 살펴보도록 하겠다.

### (1) 개요

미국에서 명예훼손에 대한 민사적 손해배상 사건과 관련, 공직자나 공적인 인물에 관하여 연방대법원의 판결에 의하여 형성된 법리가 이른바 '공인 이론'이다. 공직자나 공적 인물에 대한 명예훼손적 표현으로 인한 불법행위 손해배상이 인정되기 위해서는 일반적인 불법행위 책임 요건인 고의 또는 과실로 족하는 것이 아니라 '현실적인 악의(actual malice)'가 필요하다고 명예훼손 인정의 주관적 요건을 엄격히 하고 이와 같은 요건을 원고가 입증해야 한다는 이론이다. 사실상 입증책임을 전환하는 효과를 가져와 공인에 대한 명예훼손이 인정되기 어려우며 언론·출판의 자유를 강하게 보호하게 되는 법리이다.

### (2) 대표적인 연방대법원 판례

공인 이론을 최초로 언급한 연방대법원 판결은 1964년 선고된 New York Times Co. v. Sulivan[289] 판결이다. 사건 개요는 당시 앨라배마주 몽고메리시에서 벌어진 흑인시위에 대한 경찰 시위진압과정에서 경찰의 폭력적 진압을 비판하는 내용의 광고를 내보낸 뉴욕타임스(New York Times, 피고)에 대하여 당시 경찰국장이던 설리번(Sulivan, 원고)이 뉴욕타임스 광고로 인해 자신의 명예가 훼손당

---

있으므로 이에 따른다.

289) New York Times Co. v. Sullivan, 376 U.S. 254 (1964).

하였다고 손해배상 소송을 제기한 사건이다. 주 지방법원과 앨라배마주 대법원은 원고의 청구를 인용하여 피고에게 50만 달러의 손해배상 판결을 내렸으나, 미국 연방대법원은 미국 수정헌법 제1조를 근거로 공직자들에 대한 명예훼손이 인정되기 위해서는 그 작성된 내용이 현실적 악의에 의하여 작성되었음이 인정되어야 한다며 원고가 이를 입증하지 못하였다는 이유로 명예훼손 책임을 부정하는 판결을 선고하였다.[290]

그 구체적인 판결내용을 살펴보면, "공적인 관심사(Public issues)에 대한 토론은 제한 없이 활발하게 이루어져야 하며, 이러한 토론은 정부나 공직자에 대한 격렬하고 때로는 불쾌한 표현도 포함할 수 있다. 언론·출판의 자유를 보장하기 위해서는 '숨 쉴 공간(breathing space)'이 필요하기 때문에 자유로운 토론에는 때론 잘못된 표현이라도 보호되어야 한다."라고 판시하면서, "엄격한 진실 입증을 요구하면 자기검열(self-censorship)을 초래하게 되어 헌법상 보장된 언론·출판의 자유를 충분히 보장하지 못하는 결과가 되므로, 그 내용이 허위라 하더라도 허위임을 알았거나 또는 허위인지 여부에 대한 고려 없이 무시한 경우, 즉 현실적 악의(actual malice)가 있다는 점이 명백히 입증된 경우에만 명예훼손적 표현에 대하여 손해배상 책임을 지울 수 있다."라고 판시하였다.[291] 이와 같은 연방대법원 판례는 그 전에 보통법(Common Law)하에서 고의 과실의 입증으로 인정되던 명예훼손에 대한 책임을 공인에 대하여는 미국 연방법 수정 제1조 언론·출판의 자유의 보장을 위해서 명예 보호 법리에 제한을 설정

---

290) 이부하, "공인(公人)의 인격권과 언론·출판의 자유", 「서울 법학」, 제20권 제1호, 서울시립대학교 법학연구소, 2012. 5. 45-46면; 한위수, "공인에 대한 명예훼손의 비교법적 일고찰 : 현실적 악의 원칙(actual malice rule)을 중심으로", 「언론과 법」, 창간호, 한국언론법학회, 2002. 12. 150-152면.

291) New York Times Co. v. Sullivan, 376 U. S. 254, 270-272 (1964).

함으로써 언론·출판의 자유를 확대한 판결이라고 평가되고 있다.[292]

### (3) '공인 이론'의 확대 및 평가

위와 같은 공인 이론의 '현실적 악의' 원칙은 그 후 연방대법원의 지속된 판결에 의해 공직자에서 공적 인물까지 적용이 확대되었다. 1967년 연방대법원은 Curtis Publishing Co. v. Butts[293] 판결에서 공직자뿐만 아니라 정책 결정에 있어 사회적으로 지대한 영향력을 가진 이른바 '공적 인물(Public Figures)'에 대해서도 현실적 악의 원칙이 적용되어야 한다는 판결을 선고하였다. 그 이유로 사회적으로 지대한 영향력을 가진 '공적 인물'은 공직자 못지않게 정책 결정에 커다란 영향을 미칠 수 있고, 그들은 자신의 영향력 등으로 인해 언론매체에 접근하여 자신에 대한 비판을 반박할 기회도 많으므로 그에 상응하는 자유로운 비판이 허용되어야 한다는 점을 적시하였다.

그 이후 이와 같은 공인 이론은 1971년 Rosenbloom v. Metromedia 판결[294]에서 보도내용이 '공적인 관심사'에 해당한다면 그 대상자가 사인이라 하더라도 현실적 악의의 원칙이 적용되어야 한다는 취지의 판결을 함으로써 '공적인 관심사(matter of public concern)'라는 일정한 경우에는 현실적 악의의 원칙이 사인에게까지 확대될 수 있다는 태도를 보였다. 그러나 위 판결에 대하여는 '공적인 관심사'의 기준이 지나치게 넓어질 수 있어 '현실적 악의의 원칙'이 모든 경우에 적용되어 지나치게 언론의 자유만을 보호하고 개인의 명예를 등한시하는 결과가 될 수 있다는 비판을 받았다.[295]

그러나 연방대법원은 1974년 Gerts v. Robert Welch, Inc. 판결[296]

---

292) 같은 취지: 이부하, 전게논문, 48면; 한위수, 전게논문, 152면.

293) Curtis Publishing Co. v, Butts, 388 U.S. 130 (1967).

294) Rosenbloom v. Metromedia, Inc. 403 U.S. 29 (1971).

295) 한위수, 전게논문, 154면.

에서 그간의 판결에서 제기된 여러 논쟁 등과 관련하여 '전면적 공적 인물(public figures for all purpose)', '제한적 공적 인물(public figures for limited purpose)' 등의 구별된 개념을 제시하면서 적어도 이와 같은 공적인 인물이 아닌 순수한 사적 인물에 대하여는 그 내용이 공적 관심사라 하더라도 현실적 악의의 원칙의 적용을 배제해야 한다는 견해를 명백히 밝혔다. 위 판결에서 전면적 공적 인물이란 뉴스 가치가 있는 서명성 또는 공직인 관심사에 대한 영향력으로 인해 언론의 주목을 받는 사람으로서 '설득력과 영향력을 미칠 수 있는 지위에 있는 자'라고 판시하였다. 유명 연예인, 저명인사, 대기업 회장, 유명 작가, 종교지도자 등이 이에 해당할 수 있을 것이다.297) 미국에서 판례상 인정된 전면적 공적 인물로는 희극인 조니 카슨(Johnny Carson), 영화배우 클린트 이스트우드(Clint Eastwood), 목사 제리 파웰(Jerry Falwell) 등이 있다.298)

제한적 공적 인물이란 특정한 공적 논쟁에 그 결과에 영향을 미치기 위하여 자발적으로 참여한 사람으로서, 특정한 문제에 관해서만 공적 인물로 인정되어 현실적 악의의 원칙이 적용되는 사람을 말하며, 그 이유는 이들은 특정한 공적 논쟁에 자발적으로 참여함으로써 비판적인 보도와 논평의 대상이 될 수 있는 위험을 감수하였다는 점에 있다.299) 미국 판례상으로 의료보험논쟁에 참여한 의사, 시민단체 일원으로 신문에 기고한 사람, 작가·예술가·비평가가 문학적·예술적 성과에 대한 비평을 한 경우 등이 인정되고 있다.300) Gerts

---

296) Gerts v. Robert Welch, Inc, 418 U.S. 323 (1974).

297) Gerts v. Robert Welch, Inc, 418 U.S. 323, 345 (1974).

298) 문재완, "공인에 대한 명예훼손", 「법조」, 제51권 제8호, 법조협회, 2002. 8. 235면.

299) Gerts v. Robert Welch, Inc, 418 U.S. 323 (1974); 이부하, 전게논문, 54면.

300) ROBERT D. SACK, SACK ON DEFAMATION: LIBEL, SLANDER, AND RELATED PROBLEMS (3rd ed. 1999); 한위수, 전게논문, 161면.

v. Robert Welch, Inc. 판결은 명예훼손의 인정 기준을 그 내용이 '공적인 관심사'에 해당하는지가 아니라 원고의 신분 즉, 공인인지 사인인지에 따라 구별하도록 함으로써 언론·출판의 자유와 개인의 명예 보호라는 두 가지 기본권의 상호 조화로운 균형을 도모하였다는 데 그 의의가 있다고 평가되고 있다.301) 이와 같은 미국의 공인 이론은 언론·출판의 자유는 법률로써 제한할 수 없다는 미국 연방헌법 수정 제1조를 기반으로 개인의 명예 보호와 언론·출판의 자유와의 관계에서 공인에 대하여 만큼은 언론·출판의 자유에 대한 우월적 지위를 확립한 이론이라고 할 수 있다.

## 다. 미국의 명예훼손 법제와 판례의 영향과 시사점

미국의 명예훼손 규제 법제와 판례가 기본적으로 민사상 손해배상을 기반으로 하고 있어 미국과 달리 허위사실 명예훼손을 형사처벌하는 우리의 법제에 직접적인 영향을 주었다고는 볼 수 없지만, 민사상 명예훼손을 인정하는 연방대법원의 공인 이론 등은 우리의 학계와 판례에 영향을 주고 있다. 다만, 미국의 공인 이론 등의 이론을 그대로 취하거나 이를 일부 받아들여 우리만의 어떤 통일적인 이론을 구성하였다고 보기는 어렵고 공인 이론 등의 기본적인 구조를 받아들이면서도 구체적인 부분에 있어서는 그 요건들을 달리 해석하는 등 다양한 이론 등을 전개하고 있다.302) 헌법재판소의 결정과

---

301) 같은 취지: 한위수, 전게논문, 154면.

302) 김봉수, "공인(公人)에 대한 명예훼손법리의 함의(含意)와 그 한계 : 미국의 '공인이론'에 대한 비판적 검토를 중심으로", 「형사정책」, 제25권 제3호, 한국형사정책학회, 2013. 12. 47면 이하; 이부하, 전게논문, 43면 이하; 송석윤, "공적인물의 인격권과 언론의 자유 : 독일 연방헌법재판소와 유럽인권법원의 캐롤라인 결정을 중심으로", 「공법연구」, 제39집 제1호, 한국공법학회, 2010. 10. 223면 이하; 김준호, "공인에 대한 명예훼손 : 그 민형사상 면책 구조에 관한 판례이론의 분석", 「동북아법연구」, 제9권 제2호, 전북대학교 동북아법연구소, 2015. 9. 353면 이하.

대법원의 판례에서도 이와 같은 법리를 발견할 수 있다.

우리 헌법재판소는 기본적으로 명예훼손죄를 해석·적용할 때는 표현의 자유와 개인의 인격권 보호라는 헌법상의 두 권리의 조화로운 보장을 위하여 공적 인물과 사인, 공적인 관심 사안과 사적인 영역에 대하여는 각 그 심사 기준을 달리 하여야 한다는 태도를 보인다. 구체적으로 헌법재판소는 이른바 강원일보가 강원도의회 의원의 '김일성 애도편지'를 보도한 사건303)에서 "당해 표현으로 인한 피해자가 공적 인물인지 아니면 사인(私人)인지, 그 표현이 공적인 관심 사안에 관한 것인지 순수한 사적인 영역에 속하는 사안인지, 피해자가 당해 명예훼손적 표현의 위험을 자초(自招)한 것인지, 그 표현이 객관적으로 국민이 알아야 할 공공성·사회성을 갖춘 사실(알 권리)로서 여론 형성이나 공개토론에 기여하는 것인지 등을 종합하여 구체적인 표현내용과 방식에 따라 상반되는 두 권리를 유형적으로 형량한 비례관계를 따져 언론의 자유에 대한 한계 설정을 할 필요가 있다"라고 하면서 공적 인물과 사인, 공적인 관심 사안과 사적인 영역에 속하는 사안 간에는 심사 기준에 차이를 두어야 한다고 판시하였다.304) 이 사건은 청구인인 도의회 의원과 관련된 언론보도내용이 공적 인물의 공적 활동에 관한 보도라는 점을 전제로 비방 목적 등이 있다고 볼 수 없다고 판단하였으며, 헌법재판소는 보도의 신속성에 비추어 어느 정도 오류가 있는 보도는 불가피하다고 하면서도 허위라는 것을 알았거나 진위를 확인하지 않은 보도는 표현의 자유로

---

303) 강원일보에서 1995. 4. 9.자 신문에 "북 접촉 도의원 2명 내사"라는 제목과 "검·경 김정일에 김일성 사망 애도편지"라는 부제목으로 된 기사를 게재한 이래 9. 6.까지 17차례 관련 기사를 게재하면서 강원도의원이었던 헌법소원 청구인이 김정일에게 애도편지를 보낸 사실 및 수사상황 등에 대한 기사를 게재, 청구인이 출판물에 의한 명예훼손으로 고소하였으나 혐의 없음 처분되고, 헌법재판소의 불기소 처분 취소청구도 기각되었다.

304) 헌재 1999. 6. 24. 97헌마265, 판례집 11-1, 768.

서 보호되지 못한다는 점을 명백히 밝히고 있다.305)

대법원도 위 헌법재판소의 결정 취지를 받아 들여 판결에 수용하는 태도를 보인다. 대법원은 "정부 또는 국가기관은 형법상 명예훼손죄의 피해자가 될 수 없으므로, 정부 또는 국가기관의 정책 결정 또는 업무수행과 관련된 사항을 주된 내용으로 하는 언론보도로 인하여 그 정책 결정이나 업무수행에 관여한 공직자에 대한 사회적 평가가 다소 저하될 수 있더라도, 그 보도의 내용이 공직자 개인에 대한 악의적이거나 심히 경솔한 공격으로서 현저히 상당성을 잃은 것으로 평가되지 않는 한, 그 보도로 인하여 곧바로 공직자 개인에 대한 명예훼손이 된다고 할 수 없다"라고 보았다.306)

민사판결이지만 이른바 한국논단 사건307)에서 "언론·출판의 자유와 명예 보호 사이의 한계를 설정함에 있어서 표현된 내용이 사적 관계에 관한 것인가 공적 관계에 관한 것인가에 따라 차이가 있는바, 즉 당해 표현으로 인한 피해자가 공적인 존재인지 사적인 존재인지, 그 표현이 공적인 관심 사안에 관한 것인지 순수한 사적인 영역에 속하는 사안에 관한 것인지, 그 표현이 객관적으로 국민이 알아야 할 공공성, 사회성을 갖춘 사안에 관한 것으로 여론 형성이나 공개토론에 기여하는 것인지 아닌지 등을 따져 보아 공적 존재에 대한 공적 관심 사안과 사적인 영역에 속하는 사안 간에는 심사 기준에 차이를 두어야 한다"라고 하면서 공인에 대한 명예훼손과 사인에

---

305) 헌재 1999. 6. 24. 97헌마265, 판례집 11-1, 768, 777.

306) 대법원 2011. 9. 2. 선고 2010도17237 판결.

307) 민주노총, 민주사회를위한변호사모임 등이 "노동운동인가, 노동당운동인가?"라는 기사를 게재한 보수 월간지인 한국논단 등을 상대로 불법행위에 기한 손해배상청구소송을 제기한 사건에서, '공산 계릴라식 빨치산 전투'라는 표현은 비유가 지나치고 감정적이며 모멸적인 언사에 해당하여 불법행위를 구성하나, '불법단체', '노동당운동'과 같은 표현은 불법행위를 구성하지 않는다고 판단한 사건이다(대법원 2002. 1. 22. 선고 2000다 37524, 37531 판결).

대한 명예훼손 간에는 심사 기준을 달리할 수 있고 적어도 공인의 정치적 이념에 관한 것일 때에는 그것이 진실하다고 믿을 만한 상당한 이유에 대하여 입증의 정도를 완화하여야 한다는 취지로 판시하였다.308)

미국과 달리 표현의 자유에 대하여 헌법상 절대적 지위를 보장하고 있지 않고, 헌법 제37조 제2항에 의한 제한 및 명예훼손과 관련하여서는 헌법 제21조 세4항까지 두고 있는 우리 헌법상 미국의 민사소송과정에서 성립된 이론이 형법상 명예훼손죄에 그대로 수용 적용되기는 어렵다고 할 것이다. 대법원 판례도 공적 영역과 사적 영역 등을 구별하여 그 이익형량 기준에 차이를 두고는 있지만 미국과 같이 사실상 입증책임을 전환하는 효과가 있을 정도로 강화하는 태도를 보이지는 않는다.309) 실제에 있어서는 공인의 범주를 어디까지 설정하느냐에 대한 일관성 있는 기준과 그 해석이 어렵다는 점을 고려한 것으로 판단된다. 위의 헌법재판소 결정례와 대법원 판례 등을 고려해 본다면 공인과 사인의 구별기준으로 '사회적 활동의 성질이나 이를 통하여 사회적 활동에 미치는 영향력의 정도 여하' 등이 일응의 기준이 될 수는 있을 것이다. 형사적인 규제에 있어서는 표현의 자유가 위축되지 않도록 더 신중해야 한다는 점을 고려하면 미국의 공인 이론상의 입증책임 강화 논리 등도 어느 정도 참고 요소가 될 수 있다.310)

---

308) 대법원 2002. 1. 22. 선고 2000다37524, 37531 판결; 이와 같은 취지는 대법원 2007. 12. 27. 선고 2007다29379 판결.

309) 대법원 1997. 9. 30. 선고 97다24207 판결; 대법원 1998. 5. 8. 선고 97다34563 판결.

310) 미국에서 공적 사안인가의 구별기준으로 제시되는 '피해자가 당해 명예훼손적 표현의 위험을 자초한 것인지 여부' 등은 우리 헌법재판소 결정(1999. 6. 24. 선고 97헌마265 결정), 대법원 판결(2002. 11. 22. 선고 2000다37524 판결) 등에서 공적 인물인가와 별도의 고려요소로 보고 있다(같은 취지: 한위수, 전게논문, 177면).

## III. 현행 명예훼손죄 관련 주요 대법원 판례의 법리

대법원은 명예훼손죄와 관련된 수많은 판례를 축적하였다. 여기서는 그간 주요사례에서 쟁점으로 다루어졌던 부분에 대한 관련 판례를 중심으로 그 법리를 살펴본 후, 다음 항에서 그 구체적인 적용사례 등과 함께 현행 명예훼손죄 규정의 합헌성 여부를 검토해 보도록 하겠다.

### 1. '사실 적시'와 '의견 표명'의 구별

'사실'이란 현실적으로 발생하고 증명할 수 있는 과거와 현재의 상태를 의미하고, 그 내용이 인식과 현실 간의 일치 여부로서 진실인가 허위인가가 문제 되는 경우를 말하며, '의견 표명'이란 사실 주장과는 달리 한 과정이나 상태를 행위자의 입장에 따라 판단한 결과를 표현하는 것으로서, 가치척도에 따른 판단의 표현을 의미한다.311) 우리 형법상 명예를 훼손하는 행위를 처벌함에 있어서는 사실을 적시한 경우와 의견을 표명한 경우를 구분하여, 사실의 적시일 경우에는 명예훼손죄가 성립하고 의견의 표명일 경우 모욕죄가 성립하는 것으로 규정하고 있으므로 명예훼손죄가 인정되느냐와 관련해서는 사실의 적시인지 여부를 판단하는 것이 매우 중요하다.

대법원 판례는 "형법상 명예훼손죄에 있어서의 '사실의 적시'란 가치판단이나 평가를 내용으로 하는 의견표현에 대치되는 개념으로서 시간과 공간적으로 구체적인 과거 또는 현재의 사실관계에 관한 보고 내지 진술을 의미하는 것으로, 그 표현내용이 증거에 의한 입

---

311) 서울중앙지방검찰청, 각주 245) 전게서, 45면; 대법원, 1998. 3. 24. 선고, 97도2956판결.

증이 가능한 것임"을 명백히 밝혔다. 또한, 판단할 진술이 사실인가 또는 의견인가를 구별함에 있어서는 언어의 통상적 의미와 용법, 입증 가능성, 문제 된 말이 사용된 문맥, 그 표현이 행하여진 사회적 상황 등 전체적 정황을 고려하여야 한다고 보았다.312) 정보통신망법상 명예훼손죄와 관련해서도 대법원 판례는 사실 적시와 의견 표명의 구별을 위한 일응의 기준을 제시하고 있는데, "당해 게시물의 객관적인 내용과 아울러 일반의 독지가 보통의 주의로 게시물을 접하는 방법을 전제로 게시물에 사용된 어휘의 통상적인 의미, 게시물의 전체적인 흐름, 문구의 연결방법 등을 기준으로 판단하되 해당 게시물이 게재된 보다 넓은 문맥이나 배경이 되는 사회적 흐름 등도 함께 고려하여야 한다."라고 하였다.313) 구체적으로는 '구속영장이 떨어진다'라는 발언314), '주사파'라는 표현315), '벗기기'316)라는 표현 등은 사회적 평가를 저하하는 사실의 적시에 해당한다고 판시하였으나, 표현에 구체성이 결여된 경우나 타 종교 비판 인쇄물을 배포하거나317) 군의회 의장에 대한 비판 글을 게시한 사건,318) '친일매국'이라는 문구319) 등에 대하여는 의견이나 평가에 중점을 둔 경우라는 이유로 사실 적시로 판단하지 않았다.

---

312) 대법원 1998. 3. 24. 선고 97도2956 판결.
313) 대법원 2003. 6. 24. 선고 2003도1868 판결.
314) 대법원 2003. 5. 13. 선고 2002도7420 판결.
315) 대법원 2002. 12. 24. 선고 2000다14613 판결.
316) 대법원 1999. 2. 9. 선고 98다31356 판결.
317) 대법원 2007. 10. 26. 선고 2006도5924 판결.
318) 대법원 2003. 6. 24. 선고 2003도1868 판결.
319) 대법원 2000. 2. 25. 선고 98도2188 판결.

## 2. 허위와 진실의 구별

공표된 내용이 어느 정도 진실과 부합하여야 허위가 아닌 진실한 사실인지와 관련하여 대법원은 "진실한 사실이란 그 내용 전체의 취지를 살펴볼 때 중요한 부분이 객관적 사실과 합치되는 사실이라는 의미로서 세부에 있어 진실과 약간 차이가 나거나 다소 과장된 표현이 있더라도 전체로 보아 진실과 합치되면 족하다"[320]라고 판단하고 있다. 실무상 명예훼손죄를 적용함에 있어서 그 표현의 내용이 진실인지 허위인지 판단하는 것은 가장 어려운 문제이다. 대법원 판례는 여러 사례를 통하여 이를 구분하는 일응의 기준을 제시하고 있는데, 특히 신문이 타인의 명예를 훼손하는 내용의 보도를 한 경우 그 보도내용이 진실인가의 여부는 기사 본문의 내용뿐만 아니라 제목과 본문의 크기 및 배치, 본문의 길이 등도 종합적으로 참작하여 일반 독자들이 보통의 주의와 관심을 가지고 통상 기사를 읽는 방법에 의하여 기사로부터 받을 인상을 기준으로 판단하여야 한다고 보았다.[321]

실제, 위 판례의 사례는 피의사실 내용을 보도한 신문 기사가 허위인지 여부가 다투어진 사례인데, 회사기밀을 누설한 것이 사실이라는 증거가 없음에도 신문 기사의 제목 활자나 지면이 본문에 비하여 훨씬 크고 기밀누설 혐의를 받는 피의자의 범행을 단정하는 듯한 문구를 사용하고 있으며 본문의 내용 또한 피의자의 범행동기와 그가 누설한 회사기밀의 내용을 구체적으로 적시하고 있을 뿐만 아니라 피의자의 범행이 진실임을 전제로 수사당국이 수사의 범위를 확대할 예정인 것처럼 검찰관계자의 말을 그대로 인용하고 있다면, 설령 그 보도가 "...혐의를 받고 있다."라는 형식으로 되어있고 또 피

---

320) 대법원 2007. 12. 14. 선고 2006도2074 판결.
321) 대법원 1999. 1. 26. 선고 97다10215, 10222 판결.

의자가 그러한 혐의를 받는 것이 사실이라 하더라도 신문 보도가 진실이라고 보기는 어렵다고 판단하였다. 또한, 대법원 판례는 허위사실공표죄가 성립하기 위하여는 검사가 공표된 사실이 허위라는 점을 적극적으로 증명할 것이 필요하고, 공표한 사실이 진실이라는 증명이 없다는 것만으로는 죄가 성립할 수 없다는 태도를 보인다.[322]

명예훼손죄의 적용에 있어 공표된 사실의 허위와 진실을 구별하는 이유는 제307조 세1항과 제2항의 양형 차이도 있지만, 가장 큰 이유는 진실한 사실에 대하여는 공공의 이익을 위한 경우 형법 제310조가 적용되어 위법성이 조각되지만 허위사실을 적시하는 형법 제307조 제2항, 사자에 대한 명예훼손죄인 제308조, 출판물 등에 의한 명예훼손죄인 제309조 제2항에 대하여는 제310조가 적용될 여지가 없기 때문이다. 다만, 적시된 사실이 허위이더라도 이를 진실로 믿었고 그와 같이 믿은 상당한 이유가 있을 때에는 제310조가 적용될 수 있다.[323]

## 3. 허위의 인식 여부에 대한 입증책임

허위사실에 의한 명예훼손죄의 경우 공표자가 적시한 사실이 진실인 것으로 인식하고 있는 경우에는 일명 사실의 착오로서 형법 제15조 제1항에 의하여 형법 제307조 제2항인 허위사실에 의한 명예훼손죄로 처벌할 수 없고, 형법 제307조 제1항의 범죄를 구성하게 된다. 따라서 허위사실 명예훼손으로 처벌하기 위해서는 검사가 적시된 사실이 허위라는 사실뿐만 아니라 피의자가 적시한 사실이 허위라는 점에 대한 고의가 있었다는 점까지 입증하여야 한다. 대법원

---

322) 대법원 2011. 12. 22. 선고 2008도11847 판결.
323) 대법원 2002. 9. 24. 선고 2002도3570 판결.

도 "형사재판에서 공소가 제기된 범죄의 구성요건을 이루는 사실은 그것이 주관적 요건이든 객관적 요건이든 그 증명책임이 검사에게 있으므로, 구 정보통신망 이용촉진 및 정보보호 등에 관한 법률 (2008. 6. 13. 법률 제9119호로 개정되기 전의 것) 제70조 제2항의 허위사실 적시 정보통신망을 통한 명예훼손죄로 기소된 사건에서 사람의 사회적 평가를 떨어뜨리는 사실이 적시되었다는 점, 그 적시된 사실이 객관적으로 진실에 부합하지 아니하여 허위일 뿐만 아니라 그 적시된 사실이 허위라는 것을 피고인이 인식하고서 이를 적시하였다는 점은 모두 검사가 증명하여야 한다."[324]라고 이를 명백히 밝히고 있다. 또한, 적시된 사실의 허위성 인식 여부와 관련해서 미필적 고의에 의하여도 성립한다는 입장이다.[325]

## 4. '비방할 목적'의 판단

앞서 살펴본 바와 같이 형법상 출판물에 의한 명예훼손죄, 정보통신망법상 명예훼손죄는 일반 명예훼손죄와 달리 더 중한 법정형을 두어 처벌하도록 하고 있다. 이는 출판물과 정보통신망이라는 수단에 의하여 명예훼손의 피해 내지 위험성이 한층 가중되기 때문에 일반 명예훼손죄에 비하여 가중처벌 하도록 하는 것으로 대법원도 "형법이 출판물 등에 의한 명예훼손죄를 일반 명예훼손죄보다 중벌하는 취지는 사실적시의 방법으로서의 출판물 등의 이용행위는 그 성질상 다수인이 견문할 수 있고 장기간 보존되는 등 피해자에 대한 법익침해 정도가 더 크다는데 있다"라고 판시하여 이를 명백히 밝히고 있다.[326] 정보통신망의 피해는 출판물에 비해 더 크다는 점은 익

---

324) 대법원 2010. 11. 25. 선고 2009도12132 판결.
325) 대법원 2004. 2. 26. 선고 99도519 판결.

히 알려진 바이다.

그런데 형법상 출판물에 의한 명예훼손죄, 정보통신망법상 명예훼손죄는 구성요건으로 '사람을 비방할 목적'을 규정하고 있다. '사람을 비방할 목적'이란 가해의 의사 내지 목적을 요하는 것으로서, 사람을 비방할 목적이 있는지는 당해 적시 사실의 내용과 성질, 당해 사실의 공표가 이루어진 상대방의 범위, 그 표현의 방법 등 그 표현 자체에 관한 제반 사정을 고려함과 동시에 그 표현에 의하여 훼손되거나 훼손될 수 있는 명예의 침해 정도 등을 비교, 고려하여 결정하여야 하는데, 피고인이 주관적 구성요건 등을 다투는 경우 피고인이 표현행위를 할 당시에 구체적으로 인식하고 있었던 사실관계, 그 지위 및 업무 등과 같은 개별적인 사정을 종합적으로 고려하여 그 범죄의 성립 여부를 판단하여야 한다.[327]

또한, '사람을 비방할 목적'이란 가해의 의사 내지 목적을 요하는 것으로서 '공공의 이익'을 위한 것과는 행위자의 주관적 의도의 방향에 있어 서로 상반되는 관계에 있는 것이므로, 형법 제310조의 공공의 이익에 관한 때에는 처벌하지 아니한다는 규정은 사람을 비방할 목적이 있어야 하는 형법 제309조 제1항 소정의 행위에 대하여는 적용되지 아니하고 그 목적을 필요로 하지 않는 형법 제307조 제1항의 행위에 한하여 적용된다고 보는 것이 대법원의 판례이다. 이에 따르면 적시한 사실이 공공의 이익에 관한 것인 경우에는 특별한 사정이 없으면 비방 목적은 부인된다고 본다.[328]

결국, 비방할 목적을 판단함에 있어서는 ① 피해자가 공인인지 아니면 사인에 불과한지 여부, ② 국민이 알아야 할 공공성과 사회성

---

326) 대법원 1986. 9. 9. 선고 86도1143 판결.
327) 대법원 2007. 7. 13. 선고 2006도6322 판결.
328) 대법원 2003. 12. 26. 선고 2003도6036 판결.

을 갖춘 공적 관심 사안에 관한 것으로 사회의 여론 형성이나 공개 토론에 기여하는 것인지 아니면 순수한 사적인 영역에 속하는 것인지 여부, ③ 명예훼손적 표현의 위험을 자초한 것인지 여부, ④ 훼손되는 명예의 성격과 그 침해의 정도, ⑤ 명예훼손적 표현의 방법과 동기 등을 살펴보아야 한다.329) 그런데 실제 판례상 비방할 목적을 인정한 판례들을 보면 대부분 허위사실을 게시하거나 허위사실을 기반으로 인신공격적인 비방을 한 사례들이 대부분이며330) 공표한 사실이 진실이거나 일부 허위가 있더라도 대부분 진실한 사실에 기초한 평가나 비방이 있었던 경우는 '비방할 목적'을 부인하고 있다.

## 5. 형법 제310조의 '공공의 이익' 판단

형법 제310조가 적용되기 위하여는 적시된 사실이 진실이어야 하고 오로지 공공의 이익을 위한 것이어야 한다.

### 가. 진실에 대한 인식

검사에 의하여 공표된 사실이 '허위사실'이라는 점이 입증된 경우 또는 '허위사실인지 진실한 사실인지 명백히 입증되지 않은 경우'라고 할지라도 행위자가 허위사실에 대한 인식을 하였다는 점을 입증하지 못하고, 적시한 사실이 진실이라고 믿을 만한 상당한 이유가 있으며, 공공의 이익에 관한 경우에는 형법 제310조가 적용될 수 있다. 다만, 적시한 사실이 진실한 사실로서 오로지 공공의 이익에 관

---

329) 서울중앙지방검찰청, 각주 245) 전게서, 220면.

330) YTN 방송사 보도국장 후보로 거론된 피해자에 대하여 허위사실을 게시한 사례(대법원 2011도13533), 여자 연예인에 대한 기사에 재벌의 아이를 낳았다는 댓글이 달린 상태에서 동지의 추가 댓글을 게시한 사례(대법원 2008도2422), 종교단체 교주에 대한 선정적인 표현을 사용하면서 임의로 추정한 수치를 제시한 글을 게시한 사례(대법원 2009도156) 등.

한 때에 해당한다는 점은 행위자가 증명하여야 한다. 다만, 그 증명은 유죄의 인정에 요구되는 것과 같이 법관으로 하여금 의심할 여지가 없을 정도의 확신을 가지게 하는 증명력을 가진 엄격한 증거에 의하여야 하는 것은 아니다.331) 그러나 판례의 이와 같은 증거능력의 완화는 형법 제310조의 진실한 사실 및 공공의 이익 증명이 범죄성립의 성부를 결정하는 증거라는 점에서 증거능력을 지나치게 완화하는 태도라고 판단된다. 다만, 그렇게 힘으로써 위법성조각사유를 넓게 인정하여 언론·출판의 자유와 인격권 충돌의 조화로운 해결을 모색하기 위한 것이라는 측면에서는 일단 의미가 있다고 볼 수 있다.

적시한 사실이 진실이라고 믿을 만한 상당한 이유가 있었는지를 판단함에 있어서 대법원 판례는 사실을 적시하기에 앞서 합리적인 범위 내에서 얼마나 철저하게 관련 사항에 대하여 조사를 하고 사실을 적시하였는가를 일응의 기준으로 삼고 있다. 즉, 대법원은 일간신문사가 강원도의회 의원들이 통일원으로부터 접촉승인을 받고 남·북 강원도 교류 사업을 추진하면서 북측 인사에게 전달한 편지에 관하여 여러 차례에 걸쳐 '김일성 애도편지' 등의 기사 제목을 반복적으로 사용하여 보도한 사안에서 진실이라고 믿을 만한 상당한 이유가 있는가의 여부는 적시된 사실의 내용, 진실이라고 믿게 된 근거나 자료의 확실성과 신빙성, 사실 확인의 용이성, 보도로 인한 피해자의 피해 정도 등 여러 사정을 종합하여 행위자가 보도내용의 진위를 확인하기 위하여 적절하고도 충분한 조사를 다하였는가, 그 진실성이 객관적이고도 합리적인 자료나 근거에 의하여 뒷받침되는가 하는 점에 비추어 판단하여야 한다는 기준을 제시하며 명예훼손죄 성립을 인정한 바 있다.

---

331) 대법원 1996. 10. 25. 선고 95도1473 판결; 대법원 2007. 5. 10. 선고 2006도8544판결.

## 나. 공공의 이익

'공공의 이익'과 관련하여 대법원 판례는 '공공의 이익'에는 널리 국가·사회 기타 일반 다수의 이익에 관한 것뿐만 아니라 특정한 사회집단이나 그 구성원 전체의 관심과 이익에 관한 것도 포함되는 것으로서, 적시된 사실이 공공의 이익에 관한 것인지 여부는 당해 적시 사실의 내용과 성질, 당해 사실의 공표가 이루어진 상대방의 범위, 그 표현의 방법 등 그 표현 자체에 관한 제반 사정을 고려함과 동시에 그 표현에 의하여 훼손되거나 훼손될 수 있는 명예의 침해 정도 등을 비교·고려하여 결정하여야 하고, 행위자의 주요한 동기 내지 목적이 공공의 이익을 위한 것이라면 부수적으로 다른 사익적 목적이나 동기가 내포되어 있더라도 형법 제310조의 적용을 배제할 수 없다고 보아 일응의 판단 기준을 제시하고 있다.[332]

구체적인 판례를 보면 피해자가 시민단체, 노동조합, 정치인 내지 정당인, 검사, 언론매체, 국립대학 교수, 시의원인 사례 등에서 업무와 관련한 명예훼손적 표현에 대하여는 광범위하게 공익성이 인정되었으나,[333] 피해자가 일반인인 경우, 사기업의 대표이사인 경우, 학원 이사장 등의 경우에는 공익성이 부정된 사례들이 있었다.[334] 공직자나 공적 관심사와 관련된 사건의 공익성 판단과 관련한 대법원의 판례는 공인 이론을 검토하면서 이미 살펴보았다.

---

332) 대법원 2000. 2. 25. 선고 98도2188 판결.
333) 대법원 2005. 1. 14. 선고 2001다28619 판결; 대법원 2003. 9. 2. 선고 2002다63558 판결; 2003. 7. 22. 선고 2002다62494 판결; 대법원 2002. 1. 22. 선고 2000다37524, 37531 판결 등.
334) 대법원 2004. 10. 15. 선고 2004도3912 판결; 대법원 1998. 7. 14. 선고 96다17257 판결 등.

## Ⅳ. 현행 명예훼손죄 처벌규정의 합헌성 검토

### 1. 합헌성 논란과 심사의 기준

우리 법제는 허위사실 표현으로 인해 개인의 명예가 훼손된 경우 형법과 정보통신망법에서 이를 형사처벌 하는 규정을 두고 있어, 민사적인 손해배상청구를 통해 이를 규제하는 미국의 법제보다는 독일의 법제와 유사하다. 하지만 그 구체적인 규정형식과 체계에 있어서는 독일과도 차이가 있음은 앞서 살핀 바와 같다. 독일에서와 마찬가지로 우리의 명예훼손죄 규정에 대하여도 헌법상 언론·출판의 자유에 대한 형사적 제한이라는 측면에서 그 규정의 합헌성 여부에 대한 논의가 있었지만 그에 대한 논란과 관심은 그리 높지 않았다.

그러나 지난 10년간 특정 사건에 대하여 명예훼손죄 처벌규정을 무리하게 적용하여 헌법상 언론·출판의 자유를 지나치게 제한하였다는 논란이 제기되는 사건들이 발생하였고, 최근에는 이른바 'Me Too' 폭로 사건을 계기로 사실적시 명예훼손죄를 폐지하여야 한다는 주장부터 가짜뉴스로 인한 개인의 심각한 명예훼손범죄에 대한 처벌을 강화해야 한다는 주장 등 명예훼손죄 처벌규정과 관련한 논란이 계속되고 있다. 따라서 이번 항목에서는 '허위사실적시 명예훼손죄' 처벌규정과 관련해 앞서 살펴본 외국의 법제와 판례, 우리의 판례 법리 등을 근거로 실제 논란이 되었던 적용사례를 살펴봄으로써 명예훼손죄 처벌규정에 대한 합헌성 여부를 검토해 보도록 하겠다.

허위사실적시 명예훼손죄 합헌성 여부를 판단함에 있어 그 심사기준은 앞서 살핀 바대로 명확성의 원칙, 과잉금지원칙 등에 의하여 판단하되, '허위사실적시'라는 점에서 '사실(진실)적시'보다는 언론·출판의 자유로서 보호의 가치가 덜한 점, 이로 인해서 침해되는 기본권이 개인의 인격권 등 헌법상 매우 중요한 기본권이라는 점을 고려하여 원칙적으로 그 심사의 강도는 다소 완화된 심사에 의하여 판단할 필요가 있다.

## 2. '허위사실 적시 명예훼손죄' 합헌성 검토

타인의 명예를 훼손하는 행위에 대하여는 우리 헌법 제21조 제4항에서 언론·출판의 자유가 제한될 수 있음을 명확히 규정하고 있다. 따라서 허위사실을 적시하여 타인의 명예를 훼손하는 행위에 대하여 법률로써 일정한 형사적인 처벌을 가하는 것은 목적의 정당성이 충분히 인정될 수 있고, 그와 관련한 논거들은 이미 앞에서 충분히 밝힌 바 있다. 아래에서는 그 이외의 요건에 대하여 관련 주요사례와 판례 법리를 통해 상세히 검토해 보도록 하겠다.

### 가. 명확성 원칙 위반 여부 : '비방의 목적'의 필요성과 명확성 여부

#### (1) 논란의 제기

명예훼손죄와 관련하여 '비방의 목적'을 구성요건 요소로 두고 있는 규정은 형법 제309조 출판물등에의한명예훼손죄335) 및 정보통신망법 제70조336)의 명예훼손죄이다. 우리 형법과 정보통신망법은 출판물이나 정보통신망에 의한 피해의 확대와 중대성을 고려하여 일

---

335) 형법 제309조 ① 사람을 비방할 목적으로 신문, 잡지 또는 라디오 기타 출판물에 의하여 제307조 제1항의 죄를 범한 자는 3년 이하의 징역이나 금고 또는 700만 원 이하의 벌금에 처한다. ② 제1항의 방법으로 제307조 제2항의 죄를 범한 자는 7년 이하의 징역, 10년 이하의 자격정지 또는 1천500만 원 이하의 벌금에 처한다.

336) 제70조(벌칙) ① 사람을 비방할 목적으로 정보통신망을 통하여 공공연하게 사실을 드러내어 다른 사람의 명예를 훼손한 자는 3년 이하의 징역 또는 3천만 원 이하의 벌금에 처한다. ② 사람을 비방할 목적으로 정보통신망을 통하여 공공연하게 거짓의 사실을 드러내어 다른 사람의 명예를 훼손한 자는 7년 이하의 징역, 10년 이하의 자격정지 또는 5천만 원 이하의 벌금에 처한다.

반 명예훼손죄보다 양형을 중하게 하고 진실한 사실을 적시한 경우에도 형법 제310조와 같은 위법성조각사유를 두고 있지 않는 대신, 추가 구성요건 요소로 '비방의 목적'을 두어 비방의 목적이 인정된 경우만 범죄가 성립하도록 하되, 진실한 사실을 적시한 경우에는 그것이 공공의 이익과 관련된 사실인 경우 비방의 목적을 부인하여 범죄성립이 부인되도록 되어있는 구조로, 일반 명예훼손죄와는 다른 구성요건 체계를 가지고 있다.

그런데 추가 구성요건 요소인 '비방의 목적'과 관련하여 명확성의 원칙에 위반된다는 위헌 논란이 제기된 바 있다. 명확성의 원칙에 위반된다는 주장의 주된 내용은 '비방할 목적'은 공공의 이익을 위하여 '비판할 목적'과 명확하게 구별되지 않는 불명확한 개념으로 대법원은 '비방할 목적'이 '공공의 이익'을 위한 것과는 상반되는 관계에 있으므로 행위자의 주요한 목적이 공공의 이익을 위한 것이라면 비방할 목적이 있다고 보기 어렵다는 해석의 기준을 제시하고 있으나, '공공의 이익'이라는 개념 역시 불명확한 표현이어서, '비방할 목적'의 의미가 더욱 불명확하고 추상적으로 되어 명확성 원칙에 위배된다는 것이다.337)

### (2) 헌법재판소의 결정

이와 관련하여 헌법재판소는 정보통신망법과 관련한 헌법소원 사건에서 명확성의 원칙에 위반되지 않는다는 결정을 내렸는데, 그 근거로 ① '비방'이나 '목적'이라는 용어는 정보통신망법에서만 사용되는 고유한 개념이 아니고, 일반인이 일상적으로 사용하거나 다른 법령들에서도 사용되는 일반적인 용어로서, 특별한 경우를 제외하고는 법관의 보충적 해석 작용 없이도 일반인들이 그 대강의 의미를

---

337) 헌재 2016. 2. 25. 2013헌바105, 판례집 28-1상, 30, 심판청구인의 주장.

이해할 수 있는 표현으로서, 정보통신망법에서 사용되는 의미 또한 일반적으로 사용되는 의미 범위를 넘지 않고 있으며, ② '비방할 목적'과 공공의 이익을 위하여 사물의 옳고 그름에 대한 판단을 표현하는 '비판할 목적'은 서로 구별되는 개념이고, 대법원도 적시한 사실이 공공의 이익에 관한 것일 때에는 특별한 사정이 없다면 비방할 목적은 부인된다고 판시하여, 비방할 목적과 공공의 이익에 대한 판단 기준을 분명하게 제시하고 있다는 점 등을 제시하고 있다. 하지만 위 결정에서 헌법재판관 2명은 "진실한 사실을 적시하여 사람의 명예를 훼손하는 경우에는 '비방할 목적'과 공공의 이익을 위한 '비판할 목적'의 구별이 항상 명확한 것은 아니다."라며 반대의 의견을 제시한 바 있다.338)

### (3) 대표적 관련 사례 : 산케이신문 박근혜 대통령 명예훼손 사건

#### (가) 사건의 개요

2014. 4. 16. 발생한 세월호 침몰 사건 이후, 사건 발생 전후 안전 점검과 구조 상황 등 정부의 대응이 총체적으로 부실하여 희생자들이 늘었다는 국민적 비난이 계속되면서 사고 당일 대통령이 사적인 일정으로 국민의 생명을 구하기 위한 사고 수습을 위해 최선의 노력을 다하지 않았다며 이른바 박근혜 대통령의 '세월호 7시간'에 대해 그 행적 등과 관련하여 각종 의혹들이 제기되고 있었다. 그러던 중 2014. 8. 3. 일본의 산케이신문 인터넷판에 '박근혜 대통령이 여객선 침몰 당일 행방불명, 누구와 만났을까?'라는 제목하에, "대통령님이 세월호 사고 발생 당일 7시간 동안 비밀리에 정윤회라는 사람과 함께 있었을 뿐만 아니라 정윤회, 최태민과 긴밀한 남녀관계"라는 취지의 기사를 게재하였다. 이에 대하여 2014. 8. 6. 보수단체인 자유

---

338) 헌재 2016. 2. 25. 2013헌바105, 판례집 28-1상, 26, 재판관 김이수, 강일원의 반대의견.

청년연합에서 산케이신문 서울지국장인 '카토 타스야'에 대하여 서
울중앙지검에 고발장을 제출하였고, 검찰은 정윤회 등 참고인 조사
를 거쳐 피고발인을 3회 조사한 후, 2014. 10. 8. 피고발인을 정보통
신망법상의 명예훼손죄로 기소하였다. 서울중앙지방법원은 9회에
걸친 공판기일을 거쳐 2015. 12. 17. 피고인에게 무죄를 선고하였고
검찰의 항소 포기로 1심에서 무죄가 확정되었다.

### (나) 주요 쟁점 및 법원의 판단

재판부에서 논의된 주요 쟁점은 ① 허위사실의 인식 여부 ② 공인
에 대한 명예훼손의 성립범위 ③ '비방의 목적' 여부 등이었다.

우선, 재판부는 피고인이 게시한 기사가 단순한 소문의 소개가 아
니라, '대통령이 세월호 사고 당일 정윤회와 함께 있었고, 두 사람이
긴밀한 남녀관계'라는 사실을 암시하는 것으로 '사실의 적시'로 인
정되며, 대통령이 세월호 사고 당일 정윤회와 함께 있었다거나 두
사람이 긴밀한 남녀관계라는 부분은 모두 허위임이 충분히 입증된
다고 판단하면서 피고인의 지위, 경력, 피고인이 참고한 자료 등을
고려하면, 피고인은 소문의 내용이 허위임을 인식하였다[339]는 사실
이 인정된다고 판단하였다.[340] 다음으로, 공적 사안에 대한 명예훼
손의 성립 여부에 대하여서도 대통령으로서의 박근혜는 공적 인물
이고, 세월호 사고 당시 대통령의 행적은 공적 관심 사안에 해당하
므로 명예를 훼손하였다고 보기 어려우나, 사인(私人)으로서의 박근

---

339) 피고인은 23년 기자경력, 약 4년간 서울 특파원으로 활동하였으므로 그 동안 대통령의 남자
관계에 관한 풍문이 사실과 다르다는 것을 잘 알고 있음에도 아무런 확인절차 없이 보도한
점 등에서 허위성 인식 있었다고 판단하였다(피고인이 본건 기사를 작성하기 불과 3개월 전
인 2014. 5.경 일명 '조용 목사' 사건에 대한 대법원 판결이 선고되면서 박근혜 대통령의 최
태민, 정윤회와의 긴밀한 남녀관계라는 소문이 허위라는 법원의 판단이 공표되었고, 언론에
그 내용이 상세히 보도되었다).

340) 2015. 12. 17. 선고 서울중앙지방법원 2014고합1172 판결문.

혜의 명예를 훼손한 것은 분명하고, 정윤회 역시 사인에 불과하여 그의 명예도 훼손하였음은 충분히 인정된다고 판단하였다.[341] 그러나 마지막으로 '비방의 목적'에 대하여는 피고인이 일본 국민에게 전달하고자 했던 정치 상황의 중심 대상은 대한민국의 '대통령'이지, 어떤 남성과 남녀관계라는 소문이 있는 대한민국의 일반적 여성 '개인'이라고 보기는 어려운 점 등에 비추어 '대통령'이 아닌 '사인' 박근혜에 대한 비방의 목적을 인정하기 어려우며, 또한, 정윤회 실명이 보도된 것은 세월호 사고와 관련된 한국의 정치 상황을 전달하는 과정에서 부주의했던 결과로 보이고 달리 정윤회를 비방할 목적도 인정하기 어렵다고 판단하였다.[342]

### (다) 판결의 검토

본건은 대한민국 대통령에 대한 타국 언론사의 비판적 기사 작성에 형벌권을 동원하였다는 점에서 많은 관심을 받았던 사안이다.[343] 특히, 법원에서 피고인이 주장한 바와 같이 대통령의 명시적인 처벌 의사표현이 없었음에도 보수성향의 시민단체[344] 고발을 통하여 수사기관이 적극적인 수사를 진행함으로써 결국 국가 최고 권력자가 원하는 대로 국가형벌권이 남용되어 행사된 결과 언론사의 언론·출판의 자유를 위축시킨 사건이었다는 비난을 받았다.[345]

---

341) 2015. 12. 17. 선고 서울중앙지방법원 2014고합1172 판결문.

342) 2015. 12. 17. 선고 서울중앙지방법원 2014고합1172 판결문.

343) 서울신문, '박근혜 명예훼손', 일본산케이신문지국장 기소에 일본 반발, "언론탄압 폭거", 2014. 10. 10.(http://www.seoul.co.kr/news/newsView.php?id=20141010500239.) 등.

344) 피고인은 법정에서 이 사건 정보통신망이용촉진및정보보호등에관한법률위반(명예훼손)죄는 개인 법익을 침해하는 범죄이므로, 피해자들의 처벌 의사가 확인되어야 함에도 검찰에서는 대통령의 명백한 처벌 의사를 확인하지 아니하고 공소를 제기하였으므로 형사재판절차가 부적법하다고 주장하였으나, 피해자들이 피고인의 처벌을 원하지 않는다는 명시적 의사를 표시하였거나 처벌의 의사표시를 철회하였다는 자료가 없다며 공소제기가 적법하다고 판단하였다.

345) 이 사건은 2017. 12. 검찰개혁위원회에서 수사권을 남용한 사건으로 지목되어 검찰 과거사위

법원 판단의 요지는 언론보도내용이 허위이고 피고인이 그 내용이 허위임을 알고 있었지만, 기사의 게시 동기가 대한민국의 정치·사회 상황과 국가재난 위기상황에서의 대통령의 행동이 중요함을 일본 국민에게 알리기 위한 점 등을 고려할 때 '비방 목적'이 없다는 것이다. 그러나 이와 같은 법원의 판단은 종전의 대법원 판례 등에 비추어 보면 다소 예외적인 법리가 전개된 사건이다. 왜냐하면 대법원 판례는 "사람을 비방할 목적은 공공의 이익을 위한 것과는 행위자의 주관적 의도의 방향에 있어 서로 상반되는 관계에 있다고 할 것이므로, 적시한 사실이 공공의 이익에 관한 것인 경우에는 특별한 사정이 없으면 비방할 목적은 부인된다고 봄이 상당하지만, 독자, 시청자, 청취자 등은 언론매체의 보도내용을 진실로 신뢰하는 경향이 있고, 언론매체는 이러한 신뢰를 기반으로 사회에 대한 비판·감시기능을 수행하는 것이라는 점 등을 고려하면, 언론매체가 피해자의 명예를 현저하게 훼손할 수 있는 보도내용의 주된 부분이 허위임을 충분히 인식하면서도 이를 보도하였다면 특별한 사정이 없으면 거기에는 사람을 비방할 목적이 있다고 볼 것이고, 이 경우에는 위와 같은 법리에 의하여 위법성이 조각될 여지가 없는 것이다."라고 판시하고 있어 주된 보도 사실이 허위인 경우 대부분 비방 목적을 인정하고 있기 때문이다.[346]

본건은 1심 선고 후 검찰의 항소 포기로 '비방 목적'을 인정하지 않은 1심 법원의 판단이 종전의 대법원 판례에 저촉되는지 대법원의 최종 판단을 받지 못하였다. 그러나 1심 법원의 판단에 대하여는 허위사실을 기사화 하는 언론에 대하여 지나치게 넓게 언론·출판

원회의 재검토 대상사건으로 선정되었다.; JTBC, '세월호 7시간 산케이 기소사건' … 부끄러운 검찰 과거사 파헤친다. 2017. 12. 16. 등.

346) 대법원 2008. 11. 27. 선고 2007도5312 판결 등.

의 자유를 인정하여 개인의 명예가 훼손된 경우임에도 개인의 인격권을 보호하지 못하였다는 반대의견도 있으므로 이에 대한 대법원의 최종 판단까지 받아 볼 필요가 있었던 사안이라고 판단된다. 1심 법원의 판단은 대통령이라 하더라도 공적인 지위와 사적인 지위를 구별하여 본건 기사 내용 중 대통령이라는 공적인 지위에 대한 공적인 관심사와 관련된 부분에 대하여는 명예가 훼손되지 않았지만, 사인으로서의 지위에 대한 사생활 부분에 대한 기사 내용으로 명예가 훼손되었다고 판단하고 있으면서도 그 비방의 목적을 인정하지 않아 무죄를 선고하였다. 그러나 공적인 지위의 공적 관심사가 아닌 사적인 지위와 지극히 사적인 영역에 대하여 허위사실을 공표한 부분까지 비방의 목적을 인정하지 않는 것은 종전의 법리나 판례에 비추어 개인의 인격권 보호에 다소 소홀한 결과가 발생할 수 있다.

대통령의 사적인 지위에 대한 사실을 보도하면서 허위에 대한 인식이 있었고, 사적이자 내밀한 성적 영역까지 언급한 내용에 비추어 본다면 앞서 검토한 미국의 공인 이론이나 독일의 인격 영역론에 의하여도 내밀 영역에 대한 허위사실을 공표한 것으로 현실적 악의가 인정되어 어느 정도 비방 목적이 인정된다고 볼 수도 있기 때문이다.347) 본건은 공적인 관심사라고 할 수 있는 세월호 침몰 직후 7시간 대통령의 행적에 대한 국민적 의혹 등을 언급하면서 이와 관련되어 일부 사적 영역에 대하여 허위사실을 적시하였다는 점에 비추어 보도에 비방 목적이 없었다고 인정될 수 있는 사안이라고 볼 수도 있다. 그러나 그러한 이유로 허위사실로 인정된 내용의 비방 목적을

---

347) 일본 산케이신문은 일본의 우익을 대표하는 신문으로 대한민국 정부에 대하여 보수, 진보 성향을 불문하고 비난하는 기사들을 자주 보도해 오고 있었던 언론매체라는 점도 비방 목적에 고려될 수 있는 점이다.; 박근혜 사대주의, 암살당한 민비 생각나게 해, 2015. 8. 31. 일본산케이신문(http://hooc.heraldcorp.com/view.php?ud=20150831000644); 일 산케이, "문재인의 보수우파 탄압, 한일관계에 그늘 만든다." 2018. 4. 7.(http://www.mediawatch.kr/news/article.html?no=253167).

부정하기 시작하면 모든 공적 인물에 대하여는 공적 관심사와 관련 있다는 이유로 사적인 부분의 인격권까지 지나치게 침해되는 결과를 초래할 수도 있으므로 허위사실로 인정된 사적인 분야에 대한 비방 목적을 부인함에는 좀 더 신중한 판단이 필요하다고 판단된다. 대법원 등 상급법원의 판단까지 받아 보았어야 하는 아쉬움이 남는 판결이다.

### (4) '비방할 목적'의 구성요건 필요성과 명확성 논란의 검토

'출판물', '정보통신망'을 통한 명예훼손죄 처벌규정에 '비방의 목적'이라는 추가 구성요건을 규정하고, 형법 제310조와 같은 위법성 조각사유가 적용되지 않도록[348] 하는 형식은 독일, 일본 등의 입법례와는 다른 규정형식이다.[349] '출판물'과 '정보통신망'의 전파력이나 공신력 등을 고려하여 이를 이용한 명예훼손죄에 대하여는 일반 명예훼손죄에 대하여 엄중한 처벌을 하고, 진실한 사실을 적시한 경우까지도 비방 목적이 인정된 경우는 처벌하겠다는 취지를 반영한 입법으로 판단된다.[350] 그러나 이와 같은 이중적인 규정체계는 일반 국민의 혼란과 적용상의 여러 문제점을 가져온다.

첫 번째로, 이론상 공공의 이익을 위하여 사물의 옳고 그름에 대한 판단을 표현하는 '비판할 목적'과 정당한 이유 없이 사람의 사회적 평가를 훼손하려는 가해의 의사나 목적인 '비방할 목적'이 구별된다고는 하나, 헌법재판소 결정에서도 소수의 재판관이 지적한 바와 같이 '진실한 사실'을 적시하여 사람의 명예를 훼손하는 경우에

---

348) 물론 이 경우에도 진실성과 공익성이 있으면 위법성이 조각 될 수 있음은 물론이다.

349) 앞서 살핀 바와 같이 독일, 일본 등은 정보통신망이나, 출판물을 이용한 명예훼손죄를 일반 명예훼손죄와 달리 취급하지 않고 있다.

350) 해당 조문의 입법과정에서의 국회 검토보고서 등 관련 자료를 확인해 보았으나 '비방의 목적'이 도입된 이유 등에 대하여는 명확히 적시되어 있는 자료를 확인할 수 없었다.

는 '비방할 목적'과 공공의 이익을 위한 '비판할 목적'의 구별이 항상 명확한 것은 아니다. 오히려 일부 무리한 법 적용으로 비난을 받았던 사례 등을 볼 때 실제 피해자가 국가 최고 권력자나 국가권력인 경우에 있어서는 '비판할 목적'이 '비방할 목적'으로 판단될 가능성이 있으므로 형사적인 제재가 가해지는 경우가 발생할 위험성이 높다.

두 번째로, 대법원 판례는 '비방할 목적'에 대하여 "행위자의 주관적 의도의 방향에서 공공의 이익을 위한 것과는 상반되는 관계에 있다고 할 것이므로, 적시한 사실이 공공의 이익에 관한 것인 경우에는 특별한 사정이 없으면 비방의 목적은 부인된다"351)라고 보고 있는데, 그렇다면 위법성이 조각되는 형법 제310조의 '공공의 이익'과 법 적용 효과에 있어서 차이가 없어 특별히 구별의 실익이 없음에도 하나는 구성요건 요소, 하나는 위법성조각사유로 나누어 규정되어 있어 처벌규정의 일관되고 통일적인 적용이라는 면에서 다소 불명확한 점이 있다.

세 번째로, 원칙적으로 형법상 일반 명예훼손의 경우에는 적시된 사실이 허위인 경우에는 형법 제310조의 위법성조각사유가 적용될 수 없음에도, 그 피해의 규모와 정도가 훨씬 큰 출판물이나 정보통신망에서 허위사실 유포행위마저도 비방의 목적이 부인되면 출판물에 의한 명예훼손죄나 정보통신망법상의 명예훼손죄로 처벌할 수 없는 결과를 가져올 수 있게 된다.352) 이는 최근 가짜뉴스 등 정보통신망에 허위사실이 대량으로 유포되고 있고 이를 적절히 규제해야 하는 필요성이 있는 상황을 고려할 때 불명확한 기준에 의하여

---

351) 대법원 2011. 11. 24. 선고 2010도10864 판결.

352) 산케이신문 사건에서 이미 살펴본 바와 같이 보도내용의 허위성을 인정하였음에도 비방의 목적을 부인하여 무죄를 선고하는 사례가 있었다. 형법상 허위사실 적시 일반 명예훼손죄의 성립은 가능할 것이나, 죄질이나 태양이 중하다고 판단되어 법정형을 상향한 특별 구성요건으로 처벌하지 못하게 되는 문제가 있다.

허위사실 유포를 규제할 수 없는 불합리한 결과를 초래할 수도 있다.

마지막으로 동일한 명예훼손 행위에 대하여 그것이 단순히 출판물이나 정보통신망에 의하여 행하여 졌다는 이유만으로 법정형을 달리하는 것을 넘어서 범죄성립의 구성요건과 위법성조각사유의 적용을 달리 규정하는 것은 법 체계적으로도 혼란을 가져올 수 있다. 특히, 과거와 달리 이제는 SNS 등 개인 소셜미디어의 발달로 정보통신망 이용이 일반적인 오프라인 대화보다도 더 잦은 상황에서 정보통신망이나 출판물을 이용한다는 이유로 구성요건 체계를 달리하는 것은 수범자로 하여금 자신이 지켜야 할 언론·출판의 자유의 한계를 인식하기 어렵게 만들기 때문이다. 독일 등에서도 정보통신망이나 출판물에 대하여 별도의 '비방의 목적' 등 별도의 구성요건을 요하지 않고 단일 체계의 명예훼손죄 구성요건을 규정하고 있음은 이미 살핀 바와 같다.

결국, 형법 제310조의 위법성조각사유를 적용하지 않으면서 '비방의 목적'을 추가 구성요건 요소로 규정하는 것은 명확성의 원칙에 위반되는 요소가 있을 뿐만 아니라 언론·출판의 자유를 제한하는 법률로서 법 체계적으로도 혼란을 야기할 수 있는 구조로 규정되어 있으므로 그 적용과정에서 헌법상 언론·출판의 자유를 과도하게 침해하는 결과가 발생할 수 있다고 판단된다.

나. 과잉금지의 원칙 위반 여부

(1) 수단의 적정성 : 명예훼손죄 소추 요건인 '반의사불벌죄' 논란

(가) 논란의 제기

현행 형법에서는 명예훼손죄는 사자의 명예훼손죄를 제외하고는 모두 반의사불벌죄로 규정하고 있다. 개인에 대한 명예훼손은 그 보

호법익 등을 고려할 때 개인의 극히 주관적인 감정과 관련이 있다. 따라서 객관적으로 명예훼손적인 발언이라고 하여도 본인이 문제 삼지 않는다면 민사적이든 형사적이든 법적인 문제가 되지 않는다. 따라서 그러한 점을 고려하여 명예훼손죄를 반의사불벌죄로 규정한 것으로 판단된다. 그러나 모욕죄와 달리 명예훼손죄를 굳이 친고죄가 아닌 반의사불벌죄로 규정한 이유는 무엇인지 실제 운영사례와 함께 검토해 볼 필요가 있다.

실제 명예훼손죄에 대한 수사는 대부분 명예훼손 당사자의 고소를 통해 이루어지고 있지만, 반의사불벌죄라는 점에서 피해자의 고소가 없이 제3자의 고발이 있거나 수사기관이 수사의 필요성이 있다고 판단하는 경우에는 수사에 착수할 수 있다. 즉, 친고죄와는 달리 피해를 당했지만 고소를 하기 어려운 경우에도 국가가 대신 나서 줄 수 있는 여지가 있는 것이다. 그런데 이러한 점에서 국가 권력자나 정부 고위 공직자가 피해자가 되는 경우 명예훼손죄 처벌규정을 통해 고소가 없이도 명예훼손적 표현행위자를 형사처벌 함으로써 언론·출판의 자유가 위축될 위험이 더 커질 수 있다는 우려가 제기되고 있다. 예를 들면 권력자나 사회적 강자의 경우 누군가에 의해 자신의 명예가 훼손당했다고 느끼지만 체면상 직접 고발을 하지 않으면서 국가기관이 대신 나서서 '싸가지 없는 행위'를 혼내주면 좋겠다고 생각할 때 수사기관은 결국 권력자의 대리인으로 나서는 형국이 되고 그러한 경우 언론·출판의 자유가 위축되는 사례가 충분히 발생할 수 있는 우려가 있다는 것이다.[353]

---

353) 박동천, "명예훼손과 표현의 자유", 「동향과 전망」, 제90호, 2014년 봄호, 60면.

(나) 관련 사례의 검토 : 이명박 전 대통령 관련 허위사실 유포 사건

1) 사건 개요 및 경과

2008. 6. 18.경 당시 회사를 경영하던 김○○은 인터넷 검색 도중 '서프라이즈'라는 인터넷 사이트에 게시되어 있던 이명박 대통령과 관련된 땅 투기 논란 등 각종 비판적인 내용이 들어있는 동영상을 본 뒤, 퍼가기 메뉴를 이용하여 자신의 블로그 중 '세상 이야기'라는 카테고리에 이를 게시하면서 '세목'란에는 "지금 이 땅에서 무슨 일이 일어나고 있는 걸까", '본문'란에는 "이 동영상을 한번 보시라. 지금 이 땅에서 무슨 일이 일어나고 있는지를 … 그리고 우리는 서로에게 물어야 한다. 당신은 촛불을 켜셨나요."라고 기재하였다. 위 동영상은 미국에 서버가 있는 마이스페이스(www.myspace.com)라는 인터넷 사이트에 제3자가 게시한 것으로 원제가 'Secret of Koreans' Protest Against US Mad Cow Beef'이지만, 한국 누리꾼들 사이에서 미국 내 의료현실을 비판한 마이클 무어 감독의 '식코'에 빗대어 '쥐코'라는 제목으로도 알려져 있었으며, 약 25분 32초 분량으로 영어 내레이션으로 진행되고, 이명박 대통령의 정책에 대한 비판을 주된 내용으로 삼고 있었다.354)

2008. 11. 17. 국무총리 실장이 경찰에게 위 동영상 게시자에 대하여 허위사실을 유포함으로써 대통령에 대한 명예를 훼손한 혐의가 있다며 수사를 요청하였고 경찰은 이를 정보통신망이용촉진및정보보호등에관한법률위반(명예훼손) 혐의로 조사한 후 2009. 3. 11.

---

354) 동영상은 서울에서 대규모 집회가 매일 열리고 있고, 대통령이 당선된 지 3개월째 되는 시점에 대국민 사과방송을 하게 된 이유를 알아보자는 것으로 시작된다. 이명박 후보자가 2007. 12. 말 대통령 선거에서 당선된 것을 설명한 다음, 이명박 대통령의 한반도 대운하 정책, 영어몰입교육정책, '강부자 내각'과 땅 투기 논란, 일본과의 관계와 역사 인식, 50개 생필품 가격통제, 미국산 쇠고기 수입, 촛불 집회에 대한 폭력적인 진압방법, 외교 문서상 번역 오류, 복지예산 삭감, 공공부문 민영화에 대하여 차례로 비판하는 내용이다.

정보통신망법상 명예훼손 혐의에 대해 기소의견으로 서울중앙지방 검찰청에 송치하였다. 검찰은 이 사건을 검토한 후 2009. 10. 19. "피의사실은 인정되나, 청구인은 초범이고, 청구인이 위 동영상을 직접 제작한 것은 아닌 점, 소수의 지인들만 접속하던 청구인 자신의 개인 블로그에 위 동영상을 게시한 것이었던 점, 현재 위 블로그를 폐쇄한 상태인 점" 등을 참작하여 이 사건 기소유예처분을 하였다.[355] 이에 위 김○○은 기소유예처분으로 인하여 청구인의 평등권 및 행복추구권을 침해받았다고 주장하면서, 2009. 12. 23. 그 취소를 구하는 헌법소원심판을 청구하였고, 헌법재판소는 이를 인용하였다.

2) 주요 쟁점 및 헌법재판소의 판단

본건은 기소가 되지 않았던 사안이기 때문에 구체적인 범죄사실 (허위사실 적시)이 특정되어 있지는 않았으나 헌법재판소는 판단과정에서 검토된 수사기록에 근거하여 ① '피해자가 30개의 전과를 가진 범죄자'라는 부분(이하 '전과 적시 사실'이라 한다)과 ② '피해자가 개발예정지에 엄청난 땅을 사둔 사람'이라는 부분(이하 '토지 소유 적시 사실'이라 한다) 정도로 특정하여 판단하였다.[356]

우선, 피해자인 대통령의 전과나 토지 소유 여부 등 대통령의 업무수행과 직접적인 관련이 없는 사항이라 하더라도 공적인 관심 사항에 해당할 수 있는 것인지가 쟁점이 되었다. 왜냐하면, 앞에서 살펴본 헌법재판소의 결정과 대법원 판례 등을 종합할 때 적시된 사실관계가 공적인 관심사이냐 사적인 관심사이냐에 따라 언론·출판의 자유와의 관계에서 명예 보호의 정도가 달라지기 때문이다. 헌법재

---

355) 서울중앙지방검찰청 2009년 형제26869호.

356) 헌재 2013. 12. 26. 2009헌마747, 판례집 25-2하, 745.

판소는 국정의 최고책임자인 대통령은 공인에 해당하며 전과 사실은 대통령의 자질 및 도덕성에 관련되므로 순수한 사적 영역이라고 보기 어렵고, 명백히 악의적이고 근거 없이 음해하는 내용이 아닌 한 그에 대한 공개적인 문제 제기는 허용되어야 할 것이므로, 대통령의 전과 사실은 공적 관심 사안에 해당한다고 보았다. 대통령의 토지 소유 여부에 대하여도 대통령 선거 당시부터 논의된 쟁점이었을 뿐만 아니라, 토지 소유 현황은 부동산 정책과 관련이 있을 수 있으며, 국민이 알아야 할 공공성·사회성을 갖춘 사안으로 그에 대한 비판은 사회의 의견형성과 공개토론에도 기여하므로, 대통령의 토지 소유 현황은 공인의 공적 관심 사안에 해당한다고 판단하였다.

다음으로, '피해자가 30개의 전과를 가진 범죄자'라는 부분과 '피해자가 개발예정지에 엄청난 땅을 사둔 사람'이라는 부분의 허위 여부 및 청구인의 인식 여부와 관련해서 헌법재판소는 적시된 내용이 일부 허위이거나 과장되었다는 사실을 인정하면서도 검찰·경찰 조사 당시 진술의 표현방법, 앞뒤 맥락 및 전체적인 내용을 살펴보면 청구인은 적시 사실의 진위에 대해서 별다른 관심을 가지지 아니하였고, 피해자의 전과와 토지 소유 현황에 관한 당시의 언론보도 등에 비추어 보면 적시된 사실의 중요한 부분이 객관적 사실과 합치된다고 생각하였던 것으로 보이므로, 청구인에게 허위사실에 대한 미필적 인식이 있었다고 볼 수 없고, 그 표현방법도 '엄청난 땅을 개발예정지에 사둔 사람'이라고만 표시하였을 뿐, 구체적인 내용이 결여되어 있어 이로 인한 피해자의 명예가 훼손되는 정도가 그다지 크지 않아 비방의 목적도 인정되지 않는다고 판단하였다.

3) 사례의 검토

산케이신문 사건이 대형 신문사가 대통령 등 주요 공직자들의 명예를 훼손하였다고 기소가 되었던 사건인 반면, 본건은 언론기관이 아닌 개인이 정부의 정책 비판과정에서 대통령의 명예를 훼손하였다고 수사를 받게 된 대표적인 사례이다.

본건 또한 산케이신문 사건과 마찬가지로 피해자의 직접적인 고소가 없는 상태에서 정부 기관의 수사요청으로 수사가 진행되었고, 검찰의 기소유예처분으로 법원의 판단을 받지 못한 채 불기소가 되었다. 물론 형사상 처벌을 받지는 않아 언론·출판의 자유에 대한 침해의 정도가 적었다고 할 수는 있으나, 검찰의 기소유예 판단은 혐의가 인정됨을 전제로 하는 것이기 때문에 불기소 처분이라 하더라도 그 실체관계에 대하여는 그 침해되는 기본권의 중요성을 고려하여 좀 더 신중하고 철저한 증거와 법리에 기한 실체 판단이 필요하다고 생각된다. 그렇지 않으면 혐의인정이 명백하지 않은 사안에 대하여 피해자가 정부 고위관료나 권력자라는 이유로 혐의없음 종국처분이 아니라 편의적인 기소유예처분[357]을 할 수도 있는 위험성이 있고, 이는 결국 국민의 언론·출판의 자유를 위축시킬 수 있기 때문이다.

(다) 소결

국민과 언론의 비판을 듣고 국정을 운영하여야 할 최고 권력자 등의 경우에는 그러한 비판의 목소리가 다소 명예훼손적 표현을 담고 있다 하더라도 어느 정도는 이를 감수하여야 할 필요성이 있다는 것이 위에서 살펴본 사례나 이론에 의하더라도 인정된다. 개인이 감수

---

357) 기소유예처분은 혐의가 인정됨을 전제로 하므로 수사 실무에 있어서는 수사 자료상 그 전력이 확인되고, 범죄전력이 있는 것으로 고려되기 때문에 같은 불기소라고 하여도 혐의없음 처분과는 그 취급에 있어 큰 차이가 있다.

할 수위를 넘은 행위에 대하여는 권력자라 하더라도 고소 등 단호한 대응이 필요하겠지만, 그렇지 않은 경우에도 사법기관이 권력자의 의중을 파악하여 형사처벌 규정의 적용을 남용하는 경우 언론·출판의 자유는 침해되고 지금까지의 여러 사례에서 그와 같은 우려가 제기되어 왔다. 반의사불벌죄로 규정되어 있음으로 인해 이미 살핀 바와 같은 사례에서 과도하게 수사권이 발동되었다는 비판을 받은 사건이 발생하였고 그와 같은 우려는 앞으로도 계속될 수밖에 없다.358) 명예훼손죄의 형사처벌은 언론·출판의 자유와의 관계에서 비례의 원칙이 반드시 지켜져야 한다. 반의사불벌죄로 규정한 경우 당사자의 의사와 상관없이 수사가 개시되고 수사가 개시되는 것만으로도 표현행위자의 행위는 위축되고 제3자에게도 영향을 미치게 된다. 따라서 개인이 직접 나서 자신의 피해를 호소하고 처벌을 요구하는 경우에만 국가형벌권이 동원되도록 하는 친고죄로 변경하는 것이 필요하다고 판단된다. 명예훼손죄를 엄정히 처벌하는 독일조차도 반의사불벌죄가 아닌 친고죄로 규정되어 있음은 이미 살핀 바와 같다. 이러한 문제점을 인식하여 제20대 국회에도 명예훼손죄의 반의사불벌죄 규정을 친고죄로 변경하는 개정안이 아래의 [표 2]와 같이 3건 발의되어 심사를 거쳤으나 모두 통과되지 못하고 임기만료로 폐기되었다.

---

358) 같은 취지: 박동천, 전게논문, 61면.

[표 2] 제20대 국회 명예훼손죄 친고죄 변경 개정안 발의 현황

| 발 의 자 | 발 의 일 | 논의 경과 | 제312조 제2항<br>(반의사불벌죄) |
|---|---|---|---|
| 이찬열 의원 | 2016.07.22. | 법사위 소위 회부 | → (변경) 친고죄 |
| 유승희 의원 | 2016.08.11. | 법사위 소위 회부 | → (변경) 친고죄 |
| 금태섭 의원 | 2016.09.20. | 법사위 소위 회부 | → (변경) 친고죄 |

## (2) 침해의 최소성 : 법정형과 양형의 검토

우리 형법상 명예훼손 관련 범죄는 제307조 제1항에서 형법상 사실(진실) 적시 명예훼손죄를 기본으로 하여 2년 이하의 징역이나 금고 또는 500만 원 이하의 벌금에 처하도록 하고, 제2항에서 허위사실을 적시한 경우는 그 양형을 5년 이하의 징역, 10년 이하의 자격정지 또는 1천만 원 이하의 벌금에 처하도록 가중처벌하는 구조로 규정하고 있다. 또한, 제309조 출판물에 의한 명예훼손의 경우에 사실(진실)을 적시한 경우 3년 이하의 징역이나 금고 또는 700만 원 이하의 벌금, 허위사실을 적시한 경우는 7년 이하의 징역, 10년 이하의 자격정지 또는 1천500만 원 이하의 벌금에 처하도록 하고, 정보통신망을 이용하여 타인의 명예를 훼손한 경우 정보통신망법에서 사실(진실)을 적시한 경우 3년 이하의 징역이나 금고 또는 2천만 원 이하의 벌금, 허위사실을 적시한 경우 7년 이하의 징역, 10년 이하의 자격정지 또는 5천만 원 이하의 벌금에 처하도록 중하게 처벌하고 있다. 명예훼손죄를 처벌하는 독일 등 다른 국가의 법정형에 비하여서도 과중하다고 볼 수 없고, 징역형이 규정되어 있지만 벌금형을 선택형으로 규정하고 있어 최근 3년간 명예훼손 관련 범죄 선고형 통계 [표 3]을 보더라도 주로 벌금형 선고가 대부분이고 사람의 인신을 구속한다든가 하는 이른바 자유형 실형의 선고는 그 비율이

극히 낮아 그 적용과정에서도 법정형이나 양형에 있어서 비례의 원칙을 넘어선 과도한 제한이라고 판단할 정도로 운영되고 있지 않다.

[표 3] 최근 5년간 명예훼손범죄 1심 판결 현황

(단위: 명)[359]

| 구분 / 연도별 | 처리 건수(인원수) | | | | | | | | | |
|---|---|---|---|---|---|---|---|---|---|---|
| | 합계 | 자유형 | 집행유예 | 재산형 | 집행유예(재산형) | 선고유예 | 무죄 | 형의면세·면소 | 공소기각판결 | 기타 |
| 2014년 | 4,257 | 111 | 202 | 2,466 | - | 171 | 168 | 10 | 388 | 741 |
| 2015년 | 4,046 | 90 | 185 | 2,304 | - | 210 | 162 | 3 | 403 | 689 |
| 2016년 | 3,645 | 89 | 186 | 2,066 | - | 151 | 212 | 2 | 410 | 529 |
| 2017년 | 3,400 | 116 | 164 | 2,003 | - | 141 | 183 | - | 301 | 492 |
| 2018년 | 2,820 | 102 | 158 | 1,586 | 29 | 66 | 170 | 4 | 283 | 422 |
| 2019년 1월~6월 | 1,370 | 64 | 93 | 724 | 24 | 24 | 70 | 3 | 135 | 233 |

명예훼손죄 수사로 인하여 언론·출판의 자유가 침해되었다는 비판이 제기되는 사건이 있기는 하지만, 이는 법을 집행하는 수사기관의 문제이지 명예훼손죄 처벌규정 자체에서 발생하는 문제라고 볼 수는 없다. 그런 식의 해석이라면 모든 형사처벌 규정이 수사기관의 과잉 수사로 인해 국민의 기본권을 침해할 수 있는 것이라는 논리가 될 수 있기 때문이다. 따라서 이러한 수사 과잉의 우려는 명예훼손죄 처벌규정 자체보다는 수사기관의 정치적 중립성과 독립성을 확보하는 방안으로 해결해야 할 것이다. 아래의 [표 4] 2019년 명예훼손죄와 관련된 검찰의 사건처리 현황통계[360]를 살펴보더라도 전체

---

359) 사법연감, 2019. 7. 29. 전산 자료.

360) 대검찰청 형사부 통계자료(처리 인원은 해당연도에 처분한 총인원); 불기소(혐의없음, 기소유예, 죄가 안 됨, 공소권 없음, 각하), 기타(기소중지, 참고인중지, 보호사건송치, 타관송치 등);

형사처벌 범죄 가운데 아주 적은 부분을 차지하고 실제 기소율도 전체 명예훼손범죄의 15.9% 정도에 불과하여 명예훼손죄 자체가 언론·출판의 자유를 침해할 정도로 남용되고 있다고 보기도 어렵다.

[표 4] 명예훼손죄 관련 검찰의 사건처리 현황통계(2019년)

| 구분 | 건/명 | 처분 계 | 기소 | 기소율 | 불기소 | 기타 |
|---|---|---|---|---|---|---|
| 명예훼손범죄 합계 | 건 | 46,369 | 11,139 | 24.0% | 28,605 | 9,625 |
| | 명 | 74,872 | 11,888 | 15.9% | 46,596 | 16,388 |
| 전체범죄 합계 | 건 | 1,775,501 | 632,546 | 35.6% | 742,657 | 400,298 |
| | 명 | 2,361,611 | 699,111 | 29.6% | 1,079,360 | 583,140 |

## (3) 법익의 균형성 : 개인의 인격권 보호와의 균형

### (가) 논란의 제기

명예훼손죄와 언론·출판의 자유의 관계에서 가장 충돌이 많이 되고 언론·출판의 자유에 대한 제한 논란이 제기되는 사안은 주로 고위 공직자 등 공인 및 국가의 공무에 대한 감시와 비판과정에서 발생하는 허위사실 명예훼손적 표현에 대하여 형사처벌이라는 공권력을 동원하는 것이 어디까지 가능한 것인가 하는 것이다. 특히, 대통령 등 공인이자 국가 최고 권력자가 가짜뉴스 등 허위사실 명예훼손 표현에 의한 피해자인 경우 수사기관이 과도한 수사권을 발동하여 이를 과잉수사함으로써 언론·출판의 자유를 침해하는 결과가 발생하는 것이 아니냐는 우려는 과거부터 현재까지 지속하고 있다. 아래에서 이와 관련된 대표적인 사례를 살펴보고 그 논란에 대하여 검토해 보도록 하겠다.

---

대검찰청, 「2019 범죄분석」, 통권 제152호, 2019. 103면 등.

(나) 대표적 관련 사례(MBC PD수첩 광우병 보도사건)의 검토

1) 사건의 개요 및 경과

2008. 4. 18. 그 해 출범한 새로운 정부가 광우병 우려 등으로 중단했던 미국산 쇠고기 수입을 재개하자 4. 29. MBC 방송은 PD수첩 프로그램을 통하여 당시 미국산 쇠고기의 광우병 우려에 대한 문제를 제기하는 방송을 하였다.361) 방송의 주된 내용은 미국 소의 도축시스템에 문제가 있어 광우병 감염 가능성이 있는 소가 불법 도축되고 있으며, 아레사 빈슨이라는 미국 여성이 최근 인간 광우병 의심 진단을 받고 사망하였고, 한국인은 유전자 구조상 광우병에 걸릴 확률이 더 높음에도 이에 대한 충분한 검토 없이 쇠고기 수입을 재개한 것은 잘못된 것이라며 정부를 비판하는 것이었다.

위 방송으로 인해 미국산 쇠고기에 대한 국민의 우려와 불안감으로 수입재개 협상에 반대하고 정부를 규탄하는 대규모 촛불 집회가 일어나 수 개월간 계속되면서 정국이 혼란에 빠져드는 결과가 발생하자, 정부 측 기관인 농림수산식품부에서 2008. 6. 20. 위 방송의 내용이 허위라며 검찰에 수사를 의뢰하였고, 법원에 정정 및 반론보도를 청구하였다. 2008. 7. 31. 서울남부지방법원은 농림수산식품부의 청구 중 일부를 인용하여 MBC로 하여금 정정 및 반론보도문을 방송하도록 명하는 판결을 선고하였다.362)

법원의 정정보도 관련 판결에도 불구하고 본건을 명예훼손 등으로 수사하여 형사처벌 할 경우 언론의 자유를 지나치게 침해할 수 있다는 법적 논란 등으로 인하여 검찰 수사 의뢰 사건이 지연되다가, 2009. 3. 정운천 전 농림수산식품부 장관과 민동석 전 외교통상

---

361) 방송의 제목은 '긴급취재 미국산 쇠고기, 과연 광우병에서 안전한가?'였다.

362) 서울남부지방법원, 2008. 7. 31. 선고 2008가합10694 판결.

부 정책관이 방송 작가와 제작진에 대하여 허위의 보도로 인하여 자신들의 명예가 훼손되었다며 직접 고소장을 제출하면서 검찰의 본격적 수사가 개시되었다. 수사결과, 미국산 수입 쇠고기의 광우병 위험성을 알리는 방송의 제작 및 방영에 참여한 제작자들이, 문화방송(MBC)의 'PD수첩' 프로그램을 통하여 '미국산 쇠고기 수입을 위한 제2차 한미 전문가 기술협의'(이른바 '한미 쇠고기 수입 협상')의 협상단 대표와 주무 부처 장관이 광우병 위험성이 높은 미국산 쇠고기 등을 수입하는 협상을 졸속으로 체결함으로써 우리나라 국민을 치명적인 인간광우병(vCJD) 위험에 빠뜨리게 하여 친일 매국노처럼 역사에 부끄러운 짓을 하였다는 취지로 표현하는 등 그 자질 및 공직 수행 자세를 비하함으로써 공연히 허위의 사실을 적시하여 위 공직자들의 명예를 훼손하였고, 그로 인해 쇠고기 수입업자들의 수입 업무를 방해하였다는 공소사실 등으로 기소되었다.

재판 결과 1심에서는 모두 허위사실이 아니라는 이유로 무죄가 선고되었고, 2심에서는 일부 보도내용이 허위사실이라고 인정하면서도 허위보도 내용이 의도적인 것이 아니고 피고인들에게 명예훼손의 인식이 없었다는 취지로 판시하여 무죄를 선고하였으며, 상고심에서 확정되었다. 이 사건에 대하여는 수사 당시부터 국가형벌권을 동원하여 언론·출판의 자유를 과도하게 제한함으로써 국민의 정부에 대한 비판과 감시기능을 억압하였다는 논란이 계속되었고, 법원의 최종 무죄판결로 명예훼손죄 등을 적용하여 무리하게 언론·출판의 자유를 제한하였다는 비판을 받은 대표적 사례이다.

2) 주요 쟁점과 법원의 판단

가) 방송 내용의 허위 여부

이 사건과 관련하여 가장 큰 쟁점은 역시 방송 내용의 허위 여부였다. 왜냐하면 내용이 허위인지 여부에 따라 언론·출판의 자유로서 강한 보호를 받을 것인지 아니면 타인의 명예를 훼손하는 범죄행위로 제한을 받을 것인지가 결정되기 때문이다. 1심 판결은 방송의 내용이 모두 허위라고 볼 수 없다고 판단하였지만, 2심은 광우병과 관련된 보도의 상당 부분에 대하여 허위라고 판단하였다.363)

그러면서도 2심 법원은 "위 방송 중 광우병에 걸렸다는 다우너 소의 장면, 인간광우병으로 사망하였다는 아레사 빈슨 관련 인터뷰, 한국인의 높은 감염 가능성을 언급한 MM형 유전자 관련 각 보도가 지나친 과장과 일부 번역 오류, 진행자의 잘못된 발언 등으로 결과적으로 허위에 해당하지만, 위와 같은 번역 오류 등이 피고인들이나 번역자 등의 실수가 아닌 의도적인 것이라고 단정하기 어렵고, 편집 방법에 정부를 강하게 비판하려는 의도로 방송 효과를 극대화하기 위한 과장이 있다 하여 허위사실을 작출 하려는 의도가 있었다고까지 인정할 수는 없다고 판단하였다." 또한, "각 보도의 내용은 미국산 쇠고기의 광우병 위험성에 관한 것으로서 피해자들의 명예와 직접적인 연관을 갖는 것이 아니고, 피고인들은 어느 정도 사실적 근거에 바탕을 두고 위 각 보도를 한 것이어서 이를 피해자들에 대한 악의적이거나 현저히 상당성을 잃은 공격으로 볼 수 없다."라고 판단하였다.

---

363) 허위라고 판단된 부분은 방송에 등장하는 다우너 소들이 광우병에 걸렸을 가능성이 크다는 보도, 아레사 빈슨이 광우병으로 사망하였을 것이라는 보도, 한국인의 유전자형과 광우병 발병 가능성의 상관 관계상 확률이 높다는 보도이다(서울중앙지방법원 2010. 12. 2. 선고 2010 노380판결).

나) 국가 및 국가기관의 명예훼손죄 피해 주체 여부

본 건에 있어서 국가 또는 국가기관인 농림수산식품부가 형법상 명예훼손죄의 피해 주체가 될 수 있는가도 쟁점이 되었다. 자연인뿐만 아니라 법인도 명예의 주체로서 형법상 명예훼손죄의 피해자가 될 수 있으며, 법으로써 인정된 사회적 기능을 담당하고 통일된 의사를 형성할 수 있는 이상 공법상 단체이든 사법상 단체이든 피해자가 될 수 있다는 것이 형법학계의 통설364)이었으므로 국가 또는 국가기관도 형법상 명예훼손죄 주체가 될 수 있다는 해석론도 가능하였고, 하급심 판례에서는 민사재판과 관련하여 주체를 인정한 판결365)과 부인한 판결366)이 엇갈리고 있었다.

이에 대하여 대법원은 본 사건의 상고심에서, "정부 또는 국가기관은 형법상 명예훼손죄의 피해자가 될 수 없다."라고 명백히 판시하면서, "특히 정부 또는 국가기관의 정책 결정이나 업무수행과 관련된 사항은 항상 국민의 감시와 비판의 대상이 되어야 하고, 이러한 감시와 비판은 이를 주요 임무로 하는 언론보도의 자유가 충분히 보장될 때 비로소 정상적으로 수행될 수 있으며, 정부 또는 국가기관은 형법상 명예훼손죄의 피해자가 될 수 없으므로, 정부 또는 국가기관의 정책 결정 또는 업무수행과 관련된 사항을 주된 내용으로 하는 언론보도로 인하여 그 정책 결정이나 업무수행에 관여한 공직자에 대한 사회적 평가가 다소 저하될 수 있더라도, 그 보도의 내용이 공직자 개인에 대한 악의적이거나 심히 경솔한 공격으로서 현저히 상당성을 잃은 것으로 평가되지 않는 한, 그 보도로 인하여 곧바

---

364) 신동운, 전게서, 745면, 임웅, 전게서, 242면; 정응석/최창호, 전게서, 432면 등.
365) 서울중앙지방법원 2008. 11. 26. 선고 2006가합91440 판결.
366) 서울중앙지방법원 2010. 9. 15. 선고 2009가합103887 판결.

로 공직자 개인에 대한 명예훼손이 된다고 할 수 없다."라는 이유를 제시하였다.367) 정부와 국가기관의 업무는 언제나 국민의 비판과 감시의 대상이 되어야 한다는 점, 명예훼손죄가 정부에 대한 비판을 억제하는 등의 수단으로 남용되지 않도록 하여야 한다는 점을 고려한 판결이라고 생각되며 타당하다고 판단된다.

다) 공인 및 공적 사안에 대한 명예훼손죄 성립요건

본 사안의 주된 내용은 미국산 쇠고기 수입의 안정성 여부에 대한 보도로서 국민의 건강권과 직접 관련되는 공공성이 크고, 관련된 사람들도 정부 기관 공무원들이므로 이에 대한 명예훼손죄 성립 여부의 판단을 형법 제310조를 고려하여 어느 정도로 엄격하게 해야 할 것인가가 주된 쟁점이 되었다.

2심 법원은 앞에서 살펴본 대법원 판례와 같이 명예를 훼손당한 당사자가 공적인 존재인지 사적인 존재인지, 그 표현이 공적인 관심 사안에 관한 것인지 순수한 사적인 영역에 속하는 사안에 관한 것인지 등에 따라 그 심사 기준에 차이를 두어야 한다는 원칙을 기반으로, "국민이 알아야 할 공공성·사회성을 갖춘 사실은 민주주의의 토대인 여론 형성이나 공개토론에 기여하므로 형사적 제재로 인하여 이러한 사안에 대한 표현을 주저하게 만들어서는 안 된다. 따라서 공공적·사회적인 의미를 가진 사안에 관한 표현의 경우에는 언론의 자유에 대한 제한이 완화되어야 하고, 특히 공직자의 도덕성·청렴성이나 그 업무처리가 정당하게 이루어지고 있는지는 항상 국민의 감시와 비판의 대상이 되어야 한다는 점을 고려하면, 이러한 감시와 비판 기능은 그것이 악의적이거나 현저히 상당성을 잃은 공

---

367) 대법원 2011. 9. 2. 선고 2010도17237 판결.

격이 아닌 한 쉽게 제한되어서는 안 된다."면서 공직자와 공공성이 높은 사안에 대하여는 명예훼손으로 인한 언론·출판의 자유의 제한 기준을 엄격히 해야 한다고 판시하면서 구체적으로는 다음과 같은 5가지의 이유를 근거로 무죄를 선고하였다.

① 방송의 전체적인 취지와 내용은 미국산 쇠고기의 안전성 문제 및 위 쇠고기 수입 협상의 문제점을 지적하고 충분한 시간과 검토 없이 서둘러 협상을 체결한 우리 정부를 비판하는 것으로서 공공성·사회성을 갖는 것이고, ② 위 협상에 관련된 공무원들은 당연히 공적인 인물에 해당하므로, 공인의 공적 업무에 관한 비판을 담은 위 방송 보도에 관하여 그 명예훼손죄의 성립 여부를 심사함에 있어서는 사적인 영역의 사안에 대한 것과는 심사 기준을 달리하여야 하는데, ③ 방송 내용 중 지나친 과장과 일부 번역 오류, 진행자의 잘못된 발언 등으로 결과적으로 허위에 해당하는 부분이 있지만 그와 같은 번역 오류 등이 피고인들이나 번역자 등의 실수가 아닌 의도적인 것이라고 단정하기 어려우며, ④ 편집 방법에 정부를 강하게 비판하려는 의도로 방송 효과를 극대화하기 위한 과장이 있다 하여 허위사실을 작출 하려는 의도가 있었다고까지 인정할 수는 없으며, ⑤ 각 보도의 내용은 미국산 쇠고기의 광우병 위험성에 관한 것으로서 피해자들의 명예와 직접적인 연관을 갖는 것이 아니고, 어느 정도 사실적 근거에 바탕을 두고 보도를 한 것이어서 이를 피해자들에 대한 악의적이거나 현저히 상당성을 잃은 공격으로 볼 수 없다는 점이다.

결국, 공적 사안에 대한 비판에 있어서는 언론·출판의 자유가 보다 폭넓게 인정되어야 한다는 원칙 하에서 볼 때, 비록 방송으로 인해 피해자들의 사회적 평가가 저해될 수 있다 하더라도 합리적 의심의 여지 없이 피고인들이 위 방송 보도의 내용이 일부 허위임을 인식하고 있었다고 단정하기 어렵고, 정부의 미국산 쇠고기 수입 협상 정책을 비판하기 위한 위 보도의 취지에 비추어 피고인들에게 피해자들 개인의 명예를 훼손한다는 점에 대한 인식이 있었다고 인정하기도 어려우며, 달리 그 범의를 인정할 만한 증거가 없다는 이유로 무죄의 결론을 내렸다.

### 3) 사례의 검토

본건 명예훼손죄 등에 대하여 대법원에서 최종적으로 피고인들에게 무죄가 선고되었고 이와 관련된 민사상 손해배상 청구 소송도 모두 기각되었다.368) 그러나 방송 내용 중 상당 부분이 허위라는 점은 대법원 판결에서도 확인되었고, 방송 직후에는 방송 내용이 과장 왜곡되어 공정성과 객관성을 위반하였다는 이유로 2008. 7. 16. 방송통신심의위원회 의결로 시청자 사과 결정이 있었고 농림수산식품부의 반론 및 정정보도 청구도 일부 인용되어369) 2008. 8. 12. MBC는 자체 사과방송을 내보내고 주요 신문에 사과 광고를 게재한 바 있다.370)

그런데도 대법원에서 피고인들에게 무죄를 선고한 이유는 아마도 언론이 정부 정책에 대하여 비판과 감시를 위한 보도를 하는 경우 그 내용에 일부 허위나 과장이 있다 하더라도 이에 대한 반론보도나 정정보도를 넘어서 관련 공무원에 대한 명예훼손죄의 형사적인 책

---

368) 광우병 PD수첩 방송과 관련해서는 총 4건의 민사상 손해배상 청구가 있었는데, 심재철 의원이 제기한 명예훼손 관련 소송은 의견 표명이란 이유로 기각되었고(서울고등법원 2010. 1. 27. 선고 2009나24813 판결), 시민단체에서 제기한 불법 집회로 인한 손해배상 소송은 방송과 집회의 연관성이 없고 시민들의 인격권 침해가 없었다는 이유 등으로 기각되었으며(서울고등법원 2010. 1. 13. 선고 2009나32135 판결), 나머지 쇠고기 수입업체나 미국 동포 등이 제기한 손해배상 청구 소송도 위와 같은 취지 등으로 모두 기각되었다.

369) 서울남부지방법원 2008. 7. 31. 선고 2008가합10694 판결.

370) 2008. 8. 12. MBC는 자체 사과방송과 주요 신문사를 통해 사과 광고를 게재하였다. (http://www.mediatoday.co.kr/?mod=news&act=articleView&idxno=131102)

임까지 묻는 것은 자칫 언론·출판의 자유가 과도하게 제한될 수 있으므로 특별한 경우를 제외하고는 인정하지 않겠다는 태도로 보인다. 산케이신문 사건과 달리 본 방송은 개인에 대한 사생활 등과는 관련이 없고 주된 목적이 정부의 미국산 쇠고기 수입과정의 경솔함과 문제점 등을 지적하기 위한 것이었기 때문에 정부 정책에 대한 국민의 비판과 감시기능이라는 언론·출판의 자유 본래의 기능을 위축시키지 않기 위해 내린 결론이라고 판단되며 대법원의 판결취지는 일응 타당하다고 판단된다.

다만, 공영방송사로서의 공정성, 위 방송으로 인한 사회적 혼란 및 국민의 피해,371) 실제 상당수 허위 왜곡보도의 내용 등이 있었던 점을 고려할 때 이와 관련된 민사소송에서까지 모두 손해배상 소송을 기각한 것은 언론·출판의 자유를 우선시하여 사회질서 유지와 국민의 최소한의 권익 보호라는 점에서는 다소 소홀한 결과가 될 수도 있었다는 점에서 아쉬움이 남는다. 국민의 입장에서는 방송 내용상의 허위로 판명된 광우병 걸린 소의 영상, 인간광우병에 걸렸을 것이라는 환자 부모의 인터뷰, 한국인의 유전자가 광우병 감염 확률이 현저히 높다는 허위 과장된 방송 내용으로 인해 큰 불안감을 느꼈을 것이고 그러한 이유로 대규모 시위가 촉발되었고 일부는 폭력 시위로 전개되면서 큰 사회적 비용이 발생한 점에 대하여 인과관계가 완전히 없다고 할 수 있는지는 한 번 고려해 보아야 한다고 판단된다. 명예훼손죄 폐지론의 근거 중 하나가 민사상 손해배상으로 해결할 수 있다는 것인데 본건과 같이 명백한 허위나 왜곡이 인정됨에

---

371) 3개월간의 시위로 경찰 501명 부상(중상 100명), 경찰 차량 등 장비 10억 원 상당 피해, 청계광장과 종로 등의 상인과 인근 주민들의 영업손실 등으로 9,042억 원의 재산적 손실을 입는 등 사회경제적 손실이 총 3조 7,513억 원에 이른다는 한국경제연구원의 연구결과가 발표된 바도 있다(서울중앙지방검찰청, 「미쇠고기 수입반대 불법폭력시위사건 수사백서」, 서울중앙지방검찰청 공안제2부, 2009. 4면).

도 불구하고 민사상 손해배상에 대하여도 전혀 책임을 인정하지 않게 된다면 언론·출판의 자유라는 명목하에 허위사실의 보도로 인한 사회적 혼란이 야기되고 피해를 본 국민이 발생하여도 이에 대하여는 아무도 책임지지 않는 현상이 발생할 수 있기 때문이다.

본건이 무죄가 선고된 주된 이유 중 하나는 정부의 정책 결정 사항인 미국산 쇠고기 수입 등과 관련된 허위사실보도에 대해 관련 부처 공무원들의 개인적인 명예를 훼손하였다는 형법상 명예훼손죄로 기소된 것이라고 본다. 대법원 판결도 상당 부분의 내용이 허위라는 사실을 인정하면서도 그 보도내용이 피해자들의 명예와 직접적인 관련이 있다고 보기 어렵다는 점을 주된 이유 중 하나로 들고 있다. 만일, 사회적 혼란을 야기하는 허위사실 유포행위에 대한 명백한 처벌규정이 있었다면 본건과 같은 사안을 국가기관이나 개인의 명예를 훼손하였다는 형법상 명예훼손죄로 의율하지 않았을 것이라는 생각도 해본다. 특히나, 본건은 명예훼손죄의 피해자가 직접 고소를 제기하지 않고 관련 부처의 수사 의뢰로 수사에 착수하였다가 수사팀에서 언론기관에 대한 정부비판 내용에 대한 수사에 소극적인 태도를 보이자 차후에 수사팀 교체와 피해자들의 고소로 다시 수사가 진행되었던 사건이다. 그러한 이유로 정부나 권력자의 요청에 의한 수사기관의 국가형벌권 동원으로 언론·출판의 자유를 제한하려 하였다는 의심과 비판이 더 강하게 제기되었다고 생각된다.

국가 최고 권력자에 대한 명예훼손 사건이나 국가의 주요 정책과 관련된 비판과정에서 발생하는 허위사실 공표 등에 대하여는 국가권력이 개입하여 검찰과 경찰의 수사권이 남용될 우려가 높다. 특히, 앞서 본 바와 같이 현재는 개인적 인격권 침해인 명예훼손죄조차도 반의사불벌죄로 규정되어 있기 때문에 피해자의 고소가 없어도 시민단체 고발 등에 의해 수사가 개시되고 그 수사 진행 과정에서 국가권력이 부당하게 개입하여 수사결과가 왜곡되는 현상도 발생할 수 있다. 따라서 그러한 사건에 대하여는 다른 사건에 비하여 수사권의 남용을 방지하고 공정성을 확보할 수 있는 추가적인 통제 장치를 두는 것도 필요하다고 할 것이다. MBC PD수첩 사건은[372] 수사 과정과 신병처리, 기소 여부 등 판단과 관련하여 언론과 학계 등에서도 여러 가지 논란이 있었고 수사기관 내부에서도 의견 차이가 있었던 점 등을 고려하면 국가정책이나 국가 최고 권력자 등이 관련된 주요사건의 수사 진행 및 처리와 관련해서는 수사기관 내부의 면밀한 검토뿐만 아니라 필요한 경우 검찰수사심의위원회[373] 등 외부 전문가 등의 의견을 들을 수 있는 제도를 통해 수사기관의 자의적인 판단이나 남용을 방지할 수 있도록 하는 방안도 필요하다고 생각된다.

### (다) 개인의 인격권 보호와 언론·출판 자유의 조화

우리 헌법재판소는 명예훼손죄와 언론·출판의 자유와의 관계를 고려하여 명예훼손죄의 해석기준을 제시한 바 있다. 그 기준은 첫째, 명예훼손적 표현이 진실한 사실이라는 입증이 없어도 행위자가 진실한 것으로 오인하고 행위를 한 경우, 그 오인에 정당한 이유가 있는 때에는 명예훼손죄는 성립되지 않는 것으로 해석하여야 하고, 둘째, 형법 제310조 소정의 '오로지 공공의 이익에 관한 때에'라는 요

---

372) 2019. 1. 9. 법무부 검찰 과거사위원회에서는 피디수첩 사건이 수사착수, 진행 과정에서 정치적 중립성을 위반하고 위법·부당한 수사지시가 있었다는 결론을 내리고 이에 대한 개선방안 등을 권고하였다(법무부 검찰과거사위원회, 「피디수첩 사건' 조사 및 심의결과」, 보도자료, 2019. 1. 9.).

373) 사법제도에 학식과 경험이 풍부한 교수, 법조인, 언론인, 사회 각계 전문가 등으로 구성된 심의회에서 사회적 이목이 집중된 사건에 대하여 공소제기 여부, 신병 여부 등을 심의하고 검찰에서 사건처리 시 그 심의회의 의견을 존중하여 처리하도록 하는 제도로 2018. 1.부터 시행 중이다.; 검찰수사심의위원회 운영지침(대검 예규 제915호) 등 참조.

건은 언론의 자유를 보장한다는 관점에서 그 적용 범위를 넓혀야 하며, 셋째, 형법 제309조 소정의 '비방할 목적'은 그 폭을 좁히는 제한된 해석이 필요하므로 법관은 엄격한 증거로써 입증이 되는 경우에 한하여 행위자의 비방 목적을 인정하여야 한다는 것이다.

또한, 이미 살펴본 바와 같이 대법원 판례는 허위 여부와 허위사실의 인식과 관련하여 검사에게 입증책임이 있음을 명백히 밝히고, 허위사실의 인식을 인정하기 위한 구체적인 기준을 제시히고 있으며, 특히 공인과 국가기관의 정책에 대한 비판과 검증 과정의 명예훼손에 대하여는 이를 인정하는 데 신중한 모습을 보인다. 또한, 형법 제310조를 적용함에 있어서도 그것이 진실한 사실로서 오로지 공공의 이익에 관한 때에 해당한다는 점을 행위자가 증명하여야 하는 것이나, 그 증명은 유죄의 인정에 있어 요구되는 것과 같이 법관으로 하여금 의심할 여지가 없을 정도의 확신을 가지게 하는 증명력을 가진 엄격한 증거에 의하여야 하는 것은 아니므로 전문증거에 대한 증거능력의 제한을 규정한 형사소송법 제310조의2는 적용될 여지가 없다[374]고 판단하고 있다.

위와 같은 헌법재판소와 대법원 판례는 결국 인격권 보호와 언론·출판의 자유라는 두 법익이 충돌하는 경우 조화로운 비교·형량을 위한 것이다. 형사처벌 규정은 사실관계에 확신이 없는 한 형사처벌이 두려워 자신의 의사표현을 하지 못하게 하는 위축 효과가 있는 것은 사실이나, 그러한 위험성보다는 허위사실 적시 명예훼손 행위에 대한 형사처벌을 하지 못함으로써 발생하는 국민의 인격권 침해가 더 크다고 할 것이므로 두 기본권 간의 법익의 균형성도 갖추었다고 판단된다. 특히, 최근 들어 가짜뉴스 등 인터넷 등을 통한 허위사실 유

---

374) 대법원 1996. 10. 25. 선고 95도1473 판결.

포로 인한 개인의 명예훼손 피해가 더 심각한 문제로 대두되고 있다
는 점에 비추어 적어도 허위사실을 적시하여 타인의 인격권을 훼손
하는 행위에 대하여는 형사처벌이라는 가장 강력한 규제수단이 어
느 정도 필요하다고 판단된다.

## 3. 소결

우리 헌법의 핵심가치 중 하나가 바로 인간의 존엄과 가치이며 이
에 바탕을 두고 기본권으로 보호받는 것이 개인의 인격권이라고 할
수 있다. 언론·출판의 자유가 자유로운 의견표현을 통해 자신의 인
격을 발현하는 수단 중 하나라고 본다면 인격권을 침해하는 명예훼
손 행위는 언론·출판의 자유가 제한될 수밖에 없으며 그것이 명백
한 허위사실에 의한 것이라면 더욱 그러하다.

현행 형법과 정보통신망법에 규정된 명예훼손죄는 바로 이러한
개인의 인격권을 보장하기 위한 형사처벌 규정이다. 그러한 점에서
는 위에서 살핀 바와 같이 언론·출판의 자유를 제한하는 목적의 정
당성과 수단의 적절성, 침해의 최소성, 법익의 균형성이 일응 인정
된다고 할 수 있다. 다만, 현행 명예훼손죄 소추 조건이 반의사불벌
죄로 되어있어 피해자가 국가 권력기관인 경우 수사기관의 자의적
인 수사착수와 과도한 수사로 인해 언론·출판의 자유가 위축될 가
능성이 있으므로 친고죄로 개정하는 것이 필요하다고 판단된다.

또한, 현행 명예훼손죄 처벌규정의 구성요건 체계는 일반적인 명
예훼손인지 출판물에 의한 명예훼손인지 등에 따라 '비방의 목적'을
요구하는 경우와 그렇지 않은 경우를 구분하고 있다. 그러나 '비방
의 목적'은 그 개념 자체가 명확하지 않다는 비판이 있을 뿐만 아니
라 같은 명예훼손 행위에 대하여 수단이 달라진다는 이유로 법정형

뿐만 아니라 구성요건 요소를 달리한다는 점에서 수범자로 하여금 혼란을 초래하고 법 집행자에게도 법률해석에 있어 자의적 판단이 개입할 소지가 있다. 따라서 출판물을 이용한 경우이든 정보통신망 이용 명예훼손이든 모두 '비방의 목적'을 요하지 않는 하나의 구성요건 체계로 통합할 필요가 있다고 판단된다. 그럼으로써 언론·출판의 자유를 제한하는 형사처벌 규정을 좀 더 명확히 하고 위헌 논란을 불식시킬 수 있을 것이다.

## 제2절 공직선거법상 허위사실공표죄

### Ⅰ. 개요

현행 공직선거법은 제250조에서 '허위사실공표죄'를 규정하고 선거와 관련하여 허위사실을 공표한 경우에 형사처벌을 하도록 하고 있다. 공직선거법은 두 가지 유형[375]을 규정하고 있는데 첫 번째로, 당선되거나 되게 할 목적으로 후보자에게 유리하도록 허위사실을 공표하는 경우(제250조 제1항), 둘째로, 당선되지 못하게 할 목적으로 후보자에게 불리하도록 허위사실을 공표하는 경우(제250조 제2항)이다. 특히 공직선거법 제250조 제2항은 허위사실 공표 행위가 상대 후보자에 대한 중상모략, 인신공격 등으로 선거의 공정을 심하게 해치는 것은 물론 더 나아가 사회 혼란까지 야기할 위험성이 있는 등 죄질이 매우 나쁘다는 점을 고려하여 본조 제1항보다 무겁게

---

375) 제250조 제3항은 본 선거가 아닌 당내 경선과 관련하여 당선 또는 낙선을 목적으로 경선 후보자 등에 대해 허위사실을 공표하는 경우를 특별히 규정하고 있는 규정이므로 별도로 구별하지 아니한다.

처벌하도록 규정하고 있다.376)

이렇듯, 공직선거법에서 형법이나 다른 법률과 달리 선거와 관련된 허위사실공표죄를 규정하고 그 법정형을 다른 선거법 위반 조항보다 높게 규정하고 있는 이유는 우리 헌법이 채택하고 있는 자유민주적 기본질서의 핵심 제도로서 현대 대의민주주의 제도의 근간이 되는 선거제도를 운영함에 있어 그 공정성을 확보하기 위한 것이다. 만일 허위사실의 공표로 인한 유권자들의 잘못된 판단과 선거결과의 왜곡으로 국민의 대표자가 그 민주적 정당성을 상실한다면 선거제도 자체가 형해화되고 이를 기반으로 하는 자유민주적 정치체제의 근간이 흔들리게 될 우려가 있기 때문이다. 결국, 공직선거법상 허위사실공표죄 형사처벌 규정은 공명선거 확보라는 공공의 이익을 위해 언론·출판의 자유를 제한하는 대표적인 규정이라고 할 수 있다.

하지만, 정치적 표현의 자유는 자유로운 토론과 협의를 기반으로 하는 자유민주주의 정치체제에서는 매우 중요한 기능과 역할을 하므로 이에 대한 제한은 매우 신중하여야 한다. 그런 측면에서 공직선거법상 허위사실 공표에 대한 형사처벌 규정은 지나치게 높은 양형 등으로 정치적 언론·출판의 자유, 선거운동의 자유를 지나치게 제한한다는 비판과 논란이 지속해서 제기되고 있다.377) 따라서 이번 절에서는 공직선거법상의 허위사실공표죄 규정에 대한 연혁, 주요 국가의 입법례, 적용과 관련된 위헌 논란, 관련 주요사례 등을 살펴보고, 현 공직선거법상 규정체계나 적용과정에 있어 지나치게 언론·출판의 자유가 제한되는 위헌적인 요소가 있는지를 검토해 보도록 하겠다. 또한, 공직선거법상 '후보자비방죄'는 사실(진실)을 적시하

---

376) 대검찰청,「공직선거법 벌칙해설」, 제9개정판, 2018. 357면.

377) 방승주, "선거운동의 자유와 제한에 대한 평가와 전망",「헌법학연구」, 제23권 제3호, 한국헌법학회, 2017. 9. 25-67면.

여 후보자를 비방하는 것으로 허위를 공표하는 허위사실공표죄와는 구별되나 실무에 있어서는 허위사실이거나 허위 여부가 불명확한 경우에도 후보자비방죄가 적용되는 사례가 있는 점 등 허위사실공표죄와 깊은 관련이 있으므로 후보자비방죄도 함께 검토해 보기로 하겠다.

## II. 독일 · 미국 등의 주요 입법례

### 1. 독일

#### 가. 독일의 연방선거법 규정과 형법상 선거범죄규정

독일의 공직선거와 관련된 법률은 연방선거법(Bundeswahlgesetz: BWahlG)과 연방선거법시행령(Bundeswahlordnung: BWO)이다. 총 55개 조문으로 된 연방선거법은 선거제도, 선거기관, 선거권과 피선거권, 선거의 준비, 선거행위, 선거결과의 확정, 연기된 선거와 재선거 등에 대한 규정을 두고 있으며, 93개 조문으로 된 선거법 시행령에서 그와 관련된 세부사항을 상세히 규정하고 있다. 그러나 연방선거법은 선거를 운영하기 위한 필요 최소한의 규정만을 두고 있으며, 우리의 공직선거법과 같이 선거운동에 대한 광범위한 규제를 하고 있지는 않아 가능한 정치적 표현의 자유를 최대한 보장하고 있다.

다만, 선거방해, 투표 매수 등 선거와 관련된 중요한 범죄의 처벌에 대하여는 독일 형법 각칙 제4장 '헌법기관 및 선거와 투표에 대한 죄'에서 별도로 규정하고 있다. 제107조 선거방해죄를 시작으로 제108e조에서 의원매직죄까지 10개 조문에서 선거와 관련된 범죄의 처벌과 그 효과를 규정하고 있으며, 제108c조에서 후보자 등의 선거범죄로 인한 당선무효 및 공무담임권 제한에 대한 규정을 두고 있다.378) 그러나 형법상의 선거범죄 중에는 우리의 공직선거법상의 허위사실공표죄 처벌 조항과 같은 선거 관련 허위사실 공표나 비방에 대한 처벌규정은 없다. 다만, 선거에 있어 정치인을 상대로 사실을 적시하거나 허위사실을 적시하여 명예를 훼손하였다면 형법 제188조의 정치인에 대한 명예훼손죄로서 처벌할 수 있다.

## 나. 정치인에 대한 명예훼손죄 규정과 관련 논의

### (1) 규정의 도입과 입법 취지

독일의 형법은 우리와 달리 일반 명예훼손죄에 대한 가중적 구성요건으로 제188조에서 정치인에 대한 명예훼손죄를 규정하여 일반 명예훼손죄에 비하여 가중 처벌하도록 하고 있다.[379] 바이마르 공화국 당시 급진파 나치당이 정치적 비방 등 선동으로 정치 혼란을 가져오고 결국 독재 정당이 출현하게 되었다는 반성적 고려 등에서 정치인에 대한 명예를 보호함으로써 정치적 혼란 등을 방지하기 위하여 1951년 형법전에 도입되었다.[380] 도입 이후에 정치인에 대하여만 가중처벌 하도록 하는 것이 헌법상 평등의 원칙에 반하거나 정치인이란 대상이 명확성의 원칙에 위반되는 것이 아니냐는 헌법적 논란이 있었으나,[381] 연방헌법재판소는 이에 위배되지 않는다고 판단하였다.[382]

---

378) 독일 형법 제108c조 【부수효과】 법원은 제107조, 제107a조, 제108조, 제108b조의 범죄행위를 이유로 6월 이상의 자유형에 부가하여 공공선거를 통한 권리 취득 자격 및 공법상의 업무에 관한 선거권 또는 피선거권을 박탈할 수 있다.

379) 독일 형법 제188조 【정치인에 대한 비방 및 중상】 ① 정치인에 대하여 공연히, 집회에서 또는 문서의 유포(제11조 제3항)를 통하여 공적 생활에서 피해자의 지위와 연관시키려는 동기에 의하여 피해자를 비방(제186조)하고, 그 행위가 피해자의 공적 활동을 현저히 저해하기에 적합한 경우에는 3월 이상 5년 이하의 자유형에 처한다. ② (제1항과) 동일한 조건하에서의 중상(제187조)은 6월 이상 5년 이하의 자유형에 처한다.

380) BGH 6, 159(161); Jürgen Regge/Christian Pegel, § 188, in: Wolfgang Joecks/Klaus Miebach(Hrsg.), Münchener Kommentar zum StGB, 3.Aufl. 2017, Rn. 1; Entwurf eines Strafgesetzbuches (StGB) E 1962 (mit Begründung) Bundestagsvorlage, 1962, S.319; Otto Uhlitz, Politischer Kampf und Ehrenschutz, in: NJW 1967, S.130.

381) Hans-Joachim Rudolphi/Klaus Rogall, §188, in: Jürgen Wolter(Hrsg.), SK-StGB, 9.Aufl.

독일 연방대법원 등의 판례에 의하면 형법 제188조의 정치인은 일정 기간 입법, 행정 등 국가기관에서 일하는 사람을 말하며 국가의 일반적이고 기본적인 업무를 수행하는 사람이라고 판단하고 있다.[383] 대표적인 예로 의회에서는 연방의회 의원,[384] 주 의회 의원[385] 등이고, 행정부에서는 연방 대통령, 연방정부 또는 주 정부의 구성원[386] 등이며, 연방헌법재판소 재판관[387]도 해당한다고 보고 있다.

## (2) 언론·출판의 자유의 제한과의 관계

정치인에 대한 명예훼손죄를 일반 명예훼손죄에 비하여 가중처벌하는 것이 언론·출판의 자유에 대한 지나친 형사적 규제라는 논란은 독일에도 있다. 허위사실이 아닌 진실한 사실을 공표하여 명예훼손을 한 경우 형법 제193조에 의하여 정당화 사유가 있는 경우 위법성이 조각되는데, 이를 판단함에 있어서 독일 연방헌법재판소는 정치인의 인격권과 정치 활동 보호와 언론·출판의 자유를 이익형량함에 있어서 이른바 '반격의 원칙'이란 논리를 전개하여 두 개의 기본권의 충돌을 이익형량 함으로써 언론·출판의 자유가 지나치게 형사적으로 제한되는 것을 방지하고 있다.

'반격의 원칙'이란 명예훼손적인 가치평가 저하에 대하여 스스로 그 원인을 제공한 자는 원칙적으로 자신의 명예를 저하할 수 있는 가혹한 반격을 인용하여야 한다는 것이다.[388] 즉, 정치적인 논쟁에

---

2015, Rn. 1; Jürgen Regge/Christian Pegel, 전게논문, Rn. 2.

382) BVerfGE 4, 352.

383) BGHSt 4. 339.

384) BGHSt 3, 74.

385) BGH NJW 1952, 194.

386) OLG Düsseldorf NJW 1983, 1212.

387) BGHSt 3, 338.

388) BVerfGE 12, 113(129).

참여하여 대중의 관심 대상이 된 자는 반대의견을 가진 자가 자신에 대하여 신랄한 비판을 하더라도 이를 감수하여야 하며 그 근거는 그러한 자들은 대부분 정치적으로 자신을 방어할 충분한 기회를 가지고 있기 때문이라고 보고 있다.389) 대표적인 사례로 'Schmid/Spiegel' 판결390)에서 시사잡지에서 고위법관의 정치적 성향이 급진적인 좌익이라고 비판한 기사를 게재하자 고위법관이 이에 반박하여 쓴 글을 명예훼손죄로 처벌할 수 없다고 판단하였고, 'Wahlkampf' 판결391)은 선거운동 과정에서 사민당(SPD)이 기사당(CSU)을 '나치당'으로 비난한 것을 명예훼손으로 처벌할 수 없다고 판시한 바 있다.392)

특히, 선거운동에서의 발언은 더욱 보호를 받기 때문에 아주 예외적인 경우에만 제한 될 수 있다는 것이 연방헌법재판소의 판례이다. 독일 연방헌법재판소는 독일 기본법 제21조의 '정당의 헌법적 보장'에 비추어, 국민의 대표기관에 민주적 정당성을 부여하는 선거를 준비하는 정당의 공적 과제는 본질적으로 정치적 행위로서 내용상의 규제를 원칙적으로 허용하지 않는다는 입장에서 판단하고 있으며,393) 독일 연방대법원 역시 공직선거의 후보자는 선거에서 상대후보자가 명예훼손적 발언을 하더라도 그의 과거 행적에 의거해서 그러한 비난을 한 것이라면 이를 감수하여야 한다고 판시하고 있다.394) 그러나 선거와 관련해서는 명예를 훼손당한 피해자가 선거가 끝난 후에 피해가 복구될 수 있다고 하여도 유권자의 의사가 이미

---

389) BVerfGE 61, 1(13).
390) BVerfGE 12, 113.
391) BVerfGE 61, 1.
392) 한위수, 전게논문, 170면.
393) BVerfGE 61, 1(11).
394) BGHSt 12, 287.

그러한 명예훼손적 발언에 의해 영향을 받았고 이미 선거는 종료되었기 때문에 명예훼손적 발언이 자유로운 의견형성과정을 왜곡할 위험이 크다는 이유로 이에 반대하는 의견도 있으며,[395] 연방헌법재판소의 판례에 의하여 사실상 정치인에 대한 명예훼손 처벌규정은 그 실효성이 없게 되었다는 주장이 제기되기도 하였다.[396]

## 2. 미국

미국도 연방정부의 대통령이나 연방의회 상원의원과 하원의원 선거와 관련해 그 선거운동 과정을 규율하는 법률로「연방선거운동법 (Federal Election Campaign Act)」을 두고는 있으나, 기본적으로 미국은 언론·출판의 자유와 사상의 자유시장론에 근거하여 선거운동은 가능한 자유의 원칙하에 특별한 규제 없이 보장되고 있다. 특히, 선거운동과 관련해서는 그 기간에 대한 제한은 물론 구체적인 선거운동의 방법 등에 대한 제한도 정해져 있지 않으며, 단지 선거운동 비용 부분에 대해서만 연방선거관리위원회에서 일정하게 운용되도록 관리하고 있다.[397]

따라서 우리나라와 같이 선거와 관련하여 허위사실 공표를 별도로 처벌하는 규정은 두고 있지 않다. 선거와 관련하여 정치인 등 공직후보자에 대한 허위사실 공표 행위는 그로 인해 상대방의 명예가 훼손되었다면 민사법상 손해배상 소송을 통해 그 피해를 복구하도록 하고 있으며, 그와 관련하여 연방대법원에서 이른바 '공인 이론'

---

395) Rupert Scholz/Karlheinz Konrad, 전게논문, S.106 참조.

396) Jürgen Regge/Christian Pegel, 전게논문, Rn. 4.

397) 김일환/홍석한, "선거운동 규제에 관한 비교법적 고찰",「미국헌법연구」, 제25권 제1호, 미국헌법학회, 2014. 4. 31면 이하.

을 전개하여 언론·출판의 자유를 더 두텁게 보호하고 있음은 앞서 명예훼손죄 부분을 검토하면서 이미 살펴본 바 있다. 최근 선거에 빈번히 이용되고 있는 사회관계망서비스(SNS)에 대하여도 이에 대한 직접적인 규제보다는 사회관계망서비스(SNS)에 대한 선거후원을 재정지원으로 보아 재정규제를 적용하는 간접규제 방식을 채택하고 있을 뿐 선거운동 과정에서 사회관계망서비스(SNS)에 유통되는 내용의 진위를 따져 규제하는 방식은 취하지 않고 있다.[398] 미국에서도 선거와 관련하여 허위사실을 유포하는 행위에 대하여 유권자들에 대한 기만적 행위를 처벌하는 입법안이 연방의회에 2007년, 2009년 제안된 바 있으나 모두 부결되었다.[399]

한편, 미국과 같은 영미법계 국가인 영국에서는 독일과 같이 언론·출판의 자유는 절대적인 보호를 받는 기본권이 아니므로 허위사실을 유포하는 행위는 언론·출판의 자유의 보호영역에 속하지 않는다고 보고 이를 규제하고 있다.[400] 영국 법원도 Reynolds v. Times Newspaper 사건에서 "진실이 아닌 정보를 유포할 권리는 없다. 거짓 정보를 공표

---

398) 이상현, "소셜네트워크서비스(Social Network Service)가 선거에 미치는 영향과 선거법상 규제 : 미국과 캐나다를 중심으로", 「형사법의 신동향」, 통권 제32호, 대검찰청 검찰미래기획단, 2011. 9. 84면 이하.

399) Nichole Rustin-Paschal, *Online Behavioral Advertising and Deceptive Campaign Tactics : Policy Issues*, 19 Wm. Mary Bill Rts. J. 916 (2011); Deceptive Practices and Voter Intimidation Prevention Act of 2007 법안은 당시 상원의원이었던 Barack Obama에 의하여 대표 발의되어 18명의 상원의원의 동의로 2007년 1월 31일 상원에 부의되었고(CR S1428), 동년 6월 7일 사법위원회의 동 법률안에 대한 청문회가 개최되었고(S.Hrg. 110-277.) 동년 9월 6일 사법위원회는 호의적인 보고서를 제출된 후 동년 10월 4일 Leahy 상원의원에 의하여 수정안이 보고되었으나 결국 최종적으로 부결되었다. 2009년에도 유사한 법안이 John Conyers, Jr. 하원의원에 의하여 대표 발의되었고 15인의 하원의원의 동의로 2009년 1월 6일 하원에 부의되었고 동일 하원 사법위원회에 회부되었다(CR E27). 동년 6월 12일 사법위원회에 의해 헌법, 민권 및 시민 자유에 관한 소위원회에 회부되었다. 그러나 역시 결국에 최종적으로 부결되어 입법화되지 못했다.

400) 허순철, "영국 선거법상 허위사실 공표와 표현의 자유", 「공법학연구」, 제19권 제4호, 한국비교공법학회, 2018. 11. 51면, 56면; Jacob Rowbottom, *Lies, Manipulation and Elections- Controlling False Campaign Statements*, 32(3) Oxford Journal of Legal Studies 507, 519 (2012).

하거나 전파함으로써 얻을 수 있는 공익은 없다. 민주주의 사회의 작동은 거짓 정보가 아닌 올바른 정보를 제공받은 그 사회의 구성원에 의해 좌우된다. 사람들을 오도하고 진실이 아닌 사실에 관한 진술을 전달하는 것은 민주주의 사회를 파괴하는 것이며 그 사회의 일부가 되어서는 안 된다."라고 판시하였다.401) 다만, 이에 대하여는 언론·출판의 자유에 대하여는 자정 과정이 있어서 이를 통해 확인이 될 수 있으므로 허위사실 공표 행위를 바로 보호 대상에서 제외하고 형사처벌 하도록 하는 것은 신중하여야 한다는 반론도 있다.402)

이러한 전제하에 영국의 경우 1895년 제정된 「부패 및 불법선거 방지법(Corrupt and Illegal Practices Prevention Act 1895)」에서 최초로 허위사실 공표 행위를 규제하였고, 현재는 2001. 2. 16. 개정된 1983년 「국민대표법(Representation of the People Act 1983. Amendment as at: February 16, 2001)」제106조에서 선거에 있어서 허위사실을 공표하는 행위에 대하여 형사적인 책임을 부과하고 있다. 구체적으로는 부패행위와 위법행위를 구별하고,403) 어느 후보자의 당선에 영향을 미칠 목적으로 그 후보자의 개인적 성격 또는 품행에 관하여 허위사실을 진술하거나 이를 공표한 자는 불법 선거의 책임을 진다(동법 제106조).404) 불법 선거에 해당하면 5단계405) 벌금형까지 부과될 수

---

401) 허순철, 전게논문, 56면; Reynolds v. Times Newspaper [2001] 2 AC 127 (HL) 238.

402) 허순철, 전게논문, 51면; Rowbottom, 전게논문, 522면.

403) 부패행위는 매수, 향응, 부당한 영향력 행사, 투표에 관한 성명 사칭행위, 선거비용보고서에 관한 선서 시 허위 기재 등이고(국민대표법 제60조), 위법행위는 선거집회에서의 질서문란행위, 허위사실의 공표행위, 해외무선국 사용에 의한 선거운동금지 위반행위, 선거인 운반의 제한 위반행위, 선거운동용 문서의 게시에 관한 지불 금지 위반행위, 선거비용제한 위반행위 등이다(국민대표법 제61조).

404) 국민대표법 제106조(후보자에 대한 허위진술 : False statements as to candidates) ① (a) 선거 전에 또는 선거 중에, (b) 당해 선거에서 어느 후보자의 당선에 영향을 미칠 목적으로, 그 후보자의 개인적 성격 또는 품행에 관하여 허위사실을 진술하거나 이를 공표한 자 또는 조합이나 단체의 이사는, 그 진술이 진실이라고 믿을 만한 합리적 근거가 있고 그렇게 믿고 있었음을 입증할 수가 없는 한, 위법행위를 범한 것으로 처벌한다.

있으며, 만약 당선된 후보자가 선거법원에 의하여 그 자신이 또는 대리인에 의하여 부패행위 또는 위법행위를 범하였다고 보고된 경우 당해 후보자의 당선은 무효로 된다(동법 제159조).406)407)

구체적인 내용을 살펴보면 국민대표법상 허위사실공표죄의 대상은 우리와 달리 '후보자가 되고자 하는 자'는 포함하지 않고 '후보자'로 한정되어 있으며, 허위사실의 공표대상이 되는 사실도 인적대상은 후보자에 관한 사실만으로 한정되며 발언의 대상 또한 '인격 또는 품행'에 관한 사실만이 해당된다. '의견 표명'이 아닌 '사실'의 공표만 규율하는 점은 우리와 같으나 제106조에서 명시적으로 "그 진술이 진실이라고 믿을 만한 합리적 근거가 있고 그렇게 믿고 있었음을 입증할 수가 없는 한"이란 규정을 명시적으로 두어 공표된 사실이 거짓이라 하더라도 이를 사실이라고 믿었고 그렇게 믿을 만한 합리적인 이유를 입증하는 경우에는 처벌을 면할 수 있는 위법성조각사유를 두고 있다.

---

405) 허순철, 전게논문, 45면; 영국의 양형위원회(Sentencing Council)는 벌금형을 5단계로 나누고 있는데 1단계는 상한이 200파운드, 2단계는 500파운드, 3단계는 1,000파운드, 4단계는 2,500 파운드, 5단계는 상한의 제한이 없다.

406) 국민대표법 제159조(부패행위 또는 위법행위를 범한 것으로 보고된 후보자 : Candidate reported guilty of corrupt or illegal) ① 당선된 후보자가 선거재판소에 의하여 그 자신이 또는 대리인에 의하여 '부패행위' 또는 '위법행위'를 범하였다고 보고된 경우에는 그의 당선은 무효로 한다. ② 의회의원선거에 입후보한 후보자는 당해 보고일로부터 다음의 기간 중 당해 선거가 실시된 선거구 또는 당해 선거를 위하여 구성된 전기 선거구의 전부 또는 일부 지역을 포함하는 선거구를 위하여 하원의원으로 선출될 수 없으며 하원에 출석할 수 없다.
(a) 자신이 부패행위를 범하였다고 보고된 경우에는 10년간 (b) 대리인에 의하여 부패행위를 범하였다고 보고된 경우 또는 자신이 위법행위를 범하였다고 보고된 경우에는 7년간 (c) 대리인에 의하여 위법행위를 범하였다고 보고된 경우에는 당해 선거가 실시된 의회의 회기 동안.

407) 중앙선거관리위원회, 「각국의 선거제도」, 2001, 408-409면.

## 3. 우리 법제와 외국 법제의 비교 검토와 시사점

### 가. 일본의 공직선거법상 허위사항공표죄

우리 공직선거법상 허위사실공표죄 규정과 가장 유사한 규정을 두고 있는 나라는 일본이며, 도입 당시 우리의 공직선거법은 일본의 규정을 참조하였으므로 일본의 관련 규정을 간략히 살펴보면 다음과 같다.

일본의 공직선거법(1950. 4. 15. 법률 제100호)은 제1장 총칙 규정부터 제16장 벌칙 및 제17장 보칙 규정까지 그 구성과 체계와 내용 면에서 우리의 공직선거법과 매우 유사하다.408) 일본 공직선거법 제235조 제1항에서는 "당선될 목적으로 후보자의 신분, 직업 또는 경력, 정당 기타 소속단체…(중간생략), 추천 및 지지 등에 대하여 허위사항을 공표한 자에 대하여는 2년 이하의 금고 또는 30만 엔 이하의 벌금에 처한다."라고 규정하고, 제2항에서는 "당선되지 못하게 할 목적으로 허위의 사항을 공표한 자에 대하여 4년 이하의 징역이나 금고 또는 100만 엔 이하의 벌금에 처한다."라고 허위사항공표죄를 규정하고 있다. 낙선목적 허위사항공표죄에 우리와 같이 벌금형의 하한을 규정하고 있지는 않지만, 공직선거법 제251조 및 제252조에 따라 위 죄를 범하여 형에 처해진 때에는 그 형의 종류와 벌금액에 상관없이 그 당선인의 당선은 무효가 되고, 일정 기간 선거권 및 피선거권이 정지된다.409)

---

408) 임성식/이경렬, 「선거사범의 처벌과 당선무효에 관한 비교법적 연구」, 형사정책연구원, 2006. 12. 63면.

409) 제251조(당선인의 선거범죄로 인한 당선무효) 당선인이 그 선거에 관하여 이 장에 해당하는 죄를 범하여 형에 처해진 때에는 그 당선인의 당선은 무효로 한다.
제252조(선거범죄로 인한 처벌자에 대한 선거권 및 피선거권의 정지) ① 이 장에 해당하는 죄를 범하여 벌금형에 처해진 자는 그 재판이 확정된 날부터 5년간(형의 집행유예의 선고를 받은 자에 대하여는 그 재판이 확정된 날부터 형의 집행을 받지 아니하기로 될 때까지의 사

일본에서는 우리와 달리 당선인이 공직선거법에 규정된 일정한 범죄를 범하여 재판에서 유죄로 인정되어 형이 선고된 경우 그 형의 종류와 벌금액의 대소를 불문하고 당선이 무효가 되도록 하고 있으므로 별도의 하한규정은 두고 있지 않다. 일본의 허위사항공표죄는 1870년 '중의원의원선거법(명치3년 법률 제73호)'에 당선방해 허위사항공표죄가 최초로 규정되었으며, 1924년 '중의원의원선거법(대정 14년 법률 제47호)'에 당선목적 허위사항공표죄도 추가로 도입되었다.[410] 도입의 취지는 허위사항공표가 선거인의 공정한 판단을 그르치게 하는 원인이 되어 선거의 자유와 공정을 해하기 때문이다.[411]

일본에서는 우리와 달리 공직선거법상 허위사항공표죄 사건이 거의 발생하지 않고,[412] 따라서 이 처벌 조항의 적용과 관련한 위헌 논란도 거의 없는 상황이다. 허위사항공표 사건은 경쟁 후보자나 그 후보자의 지지자에 의한 고소·고발이 접수되어 수사가 개시되는 것이 대부분으로 사건의 특성상 검찰 등이 먼저 인지하여 수사를 개시하는 경우는 매우 드물다. 그런데, 우리는 2018년 접수된 고소·고발사건이 488,954건이고, 피고소·고발인이 714,111명이며, 이 중 선거 관련 고소·고발사건이 1,897건이나 되지만, 일본은 2018년

---

이)은 이 법에 규정하는 선거권 및 피선거권이 없다. ② 이 장에 해당하는 죄(제253조 제외)를 범하여 금고 이상의 형에 처해진 경우를 제외하고는 형의 집행 면제를 받을 때까지 및 그 후 5년간 또는 그 재판이 확정된 날부터 형의 집행을 받지 아니하기로 할 때까지의 사이에는 이 법에 규정하는 선거권 및 피선거권이 없다.

410) 大渕敏和(오오부찌 도시카즈), 最高裁判所判例解説(1996. 12. 25. 발행) 刑事篇 平成6年度, p.51.

411) 일본 참의원 홈페이지(https://www.sangiin.go.jp/japanese/joho1/kousei/syuisyo/199/touh/t199008. htm); 참의원 의원의 공직선거법상 허위사실공표죄 관련 질의에 대해 아베 총리가 공식적으로 답변한 내용이다.

412) 일본 경찰청 홈페이지(www.npa.go.jp) 범죄통계자료를 기초로 할 때, 2015년에는 허위사항공표 사건이 단 1건도 발생한 바 없고, 2016년에는 단 1건(1명)이 발생하였으나 국회의원(참의원) 선거가 아닌 지방선거에서였으며, 2017년에는 4건(3명)이 발생하긴 하였으나 이 또한 지방선거에서였다. 이는 과거 선거에서도 마찬가지인바, 참의원 선거가 있었던 2004년에도 단 2건이 발생하였는데 지방선거에서였고, 중의원선거가 있었던 2005년에도 지방선거에서 2건이 발생하였을 뿐이다.

전체 피고소·고발인이 10,341명에 불과하여 대한민국보다 고소·고발이 수십 배 적은 상황으로 이러한 사회적 배경이 한 원인으로 분석된다.

우리나라는 일본과 달리 허위사실 공표 및 후보자비방 등 흑색선전사건의 비중이 지속해서 증가하고 있는 추세로 최근 총선이나 지방선거에서는 가장 큰 비중을 차지하고 있다. 그 이유는 휴대전화·인터넷 사용의 일반화, 페이스북·트위터·인스타그램 등 사회관계망서비스(SNS) 사용의 폭발적 증가 및 이를 이용한 선거운동의 활성화, 그리고 무엇보다도 적극적인 고소·고발문화에서 기인한 것으로 판단된다. 또한, 우리의 선거 과정에서는 2002년경 정당 후보자 선정 과정의 개방화·민주화를 도모할 목적으로 당내 경선제도가 최초 도입된 이래 오늘날에는 대부분의 정당이 당내 경선제도를 통해 후보자를 확정하고 있다. 그런데 지역별 지지 정당이 비교적 뚜렷한 우리의 현실에서는 특정 정당에서의 후보자로의 선정이 곧 당선을 의미하는 경우가 많아 당내 경선이 본 선거만큼 중요하고 그런만큼 더 치열할 수밖에 없으며 이 과정에서 상호 비방으로 인한 고소·고발이 다수 발생하는 측면도 있다. 그러나 일본에서는 당내 경선제도가 거의 실시된 바 없고, 단지 1978년, 1982년 자민당의 총재를 선출하는 선거에서 당내 경선이 실시된 적이 있을 뿐이다. 이처럼 일본의 사례와 비교해 볼 때, 매우 유사한 법 제도를 가지고 있더라도 각 국가가 처한 사회적, 정치적 여건에 따라 그 적용사례의 발생 빈도나 적용과정의 논란도 다르므로 제도의 형식 자체만을 가지고 단편적으로 비교 판단할 사항은 아니라는 시사점을 준다.

## 나. 우리의 법제와 각 국가별 법제의 비교

선거와 관련한 허위사실 공표 행위에 대하여 우리와 같이 별도로 형사처벌 규정을 두고 있는 대표적인 나라는 영국과 일본이다. 그러나 아래의 [표 5]에서 보는 바와 같이 그 처벌요건이나 형량, 당선무효의 효과 등을 살펴보면 상당한 차이가 있다.

### (1) 허위사실공표죄의 대상과 범위

영국의 국민대표법상 허위사실공표죄의 대상은 우리와 달리 '후보자가 되고자 하는 자'는 포함하지 않고 '후보자'로 한정되어 있다. 또한, 허위사실의 공표대상이 되는 사실도 후보자에 관한 '인격 또는 품행'에 관한 사실만이 해당한다.

일본의 경우는 인적인 대상에 우리와 같이 '후보자가 되고자 하는 자'가 포함되지만, 우리와 달리 가족 등으로 그 대상이 확대되어 있지는 않다. 허위사실 내용의 범위도 당선목적의 경우 신분, 직업, 경력, 소속단체, 추천 여부 등으로 한정 열거되어 있으나, 낙선목적의 경우에는 제한이 없다. 그러한 점에서는 우리의 허위사실공표죄 규정이 형사처벌 범위가 비교적 넓다고 할 수 있다.

영국은 「국민대표법」 제106조에서 명시적으로 "그 진술이 진실이라고 믿을 만한 합리적 근거가 있고 그렇게 믿고 있었음을 입증할 수가 없는 한"이란 규정을 두어 공표된 사실이 거짓이라 하더라도 이를 사실이라고 믿었고 그렇게 믿을 만한 합리적인 이유를 입증하는 경우에는 처벌을 면할 수 있는 위법성조각사유를 두고 있으나, 일본이나 우리는 별도의 위법성조각사유를 규정하고 있지 않다.

### (2) 허위사실공표죄의 법정형과 당선무효

우선, 영국은 벌금액수의 단계를 상한이 없는 5단계까지 선고할 수 있도록 하고 있지만, 자유형은 법정형으로 규정되어 있지 않다.

우리와 일본의 경우는 자유형을 선고할 수 있도록 규정하고 있는데, 우리의 공직선거법은 일본에 비해서도 형량이 높은 점은 위에서 살핀 바와 같다. 결국 법정형도 영국과 일본에 비하여도 비교적 중하게 규정되어 있음을 알 수 있다.

허위사실공표죄로 유죄판결을 받은 경우에도 영국에서는 당연히 당선무효가 되지 않고 별도의 선거재판소에의 보고 절차가 있어야 당선이 무효로 된다. 일본의 경우는 허위사실공표죄로 유죄를 받으면 그 형량에 상관없이 당선이 무효가 되도록 하고 있어 법원에 양형을 통한 당선무효의 재량권 판단권을 주지 않고 있다는 점이 우리와 다르며, 그 점에 있어서는 우리보다도 허위사실공표죄에 엄정하다고 볼 수도 있다. 하지만 실제 적용사례는 거의 없다는 점은 앞서 확인한 바 있다.

독일의 경우는 선거법에서는 특별한 선거범죄만 형사처벌 규정을 두고 선거와 관련한 허위사실공표죄 처벌규정을 두고 있지는 않다. 그러나 형법에 우리와 달리 정치인에 대한 명예훼손죄를 인정하고 있어 선거와 관련된 허위사실의 공표가 후보자의 명예를 훼손한 경우에는 이를 적용하여 처벌할 수 있다.[413] 독일은 정치인 명예훼손죄와 관련한 당선무효 규정은 두고 있지 않지만, 형법 제108c조[414]에서 일정한 선거범죄에 6월 이상의 자유형을 선고하는 경우 당선무효 효과를 부가할 수 있도록 하고 있다. 우리와 같이 선거범죄의 일정 금액 이상의 유죄판결로 당연히 당선무효가 되는 것과는 달리 당선무효의 부가효과도 선거범죄의 사안에 따라 달리할 수 있도록 규정하고 있다.

---

413) 우리는 공직선거법상 허위사실공표죄가 성립한 경우에도 형법상 명예훼손죄 역시 성립할 수 있고 둘은 상상적 경합 관계에 있다고 보고 있다(서울고등법원 1998. 2. 1. 선고 98노2077 판결).

414) 독일 형법 제108c조 【부수효과】 법원은 제107조, 제107a조, 제108조, 제108b조의 범죄행위를 이유로 6월 이상의 자유형에 부가하여 공공선거를 통한 권리 취득 자격 및 공법상의 업무에 관한 선거권 또는 피선거권을 박탈할 수 있다.

[표 5] 선거에서 허위사실 공표시 법적 책임 해외사례 비교

| | 대상 | 허위사실 범위 (낙선목적) | 처벌 형량 (낙선목적) | 당선무효 |
|---|---|---|---|---|
| 우리 나라 | 후보자 (후보자가 되고자 하는 자 포함) 및 가족 등 | 신분, 직업 또는 경력, 정당 등 소속, 신고, 추천 등 (낙선목적은 제한 없음) | 3천만 원 이하 벌금 (낙선목적 하한 500만 원) 또는 5년 이하 자유형 (낙선목적 7년) | 벌금 100만 원 이상 선고 시 |
| 영국 | 후보자에 한정 | 후보자 성격 및 품행 | 5단계에 걸쳐 벌금만 가능 | 별도의 선거재판소 보고가 있어야 함 |
| 일본 | 후보자 (후보자가 되고자 하는 자 포함) | 신분, 직업 또는 경력, 정당 등 소속, 신고, 추천 등 (낙선목적은 제한 없음) | 30만 엔 이하 벌금 (낙선목적 100만 엔 이하 벌금) 또는 2년 이하의 금고 (낙선목적 4년 이하 징역 또는 금고) | 벌금액에 상관없이 유죄판결 시 |
| 독일 | 형법에서 정치인 명예훼손 처벌 | 정치인 관련 공적 생활에 영향을 미칠 사항 | 3월 이상 5년 이하의 자유형 | 없음 |

결국, 선거 과정에서의 허위사실 공표 행위를 형사적으로 규제하느냐의 문제는 단순히 정치적 표현의 자유와의 충돌 문제뿐만 아니라 민주주의 제도의 가장 핵심 중 하나인 민주적 선거제도를 공정하고 효과적으로 운영하기 위하여 어느 정도의 법적 규제를 하여야 하는가와 연관되어 있다. 선거제도와 관련된 규제는 각 나라마다 취하고 있는 정치제도와 역사, 사회적 배경 등에 의하여 달라지므로 어떠한 선거제도와 법제가 반드시 옳다고 할 수는 없다.

하지만 우리의 공직선거법은 여러 사정을 고려하더라도 선거운동에 대한 지나친 규제라는 비판이 지속해서 제기되어 왔으며, 그 규제의 내용도 매우 방대하여 일반 유권자는 물론 선거 후보자인 정치인도 이를 이해하기가 쉽지 않을 정도이다. 반면, 허위사실공표죄

등 선거범죄에 대한 형사처벌의 법정형은 높고 당선무효라는 강력한 제재까지 주어지고 있다. 따라서 현행 허위사실공표죄에 대하여는 헌법상 선거제도의 보장, 언론·출판의 자유의 보장 등의 측면에서 위헌적인 문제점들은 없는지 재차 점검하여 공직선거법상 선거운동의 자유와 관련한 규제를 전체적인 측면에서 다시 한번 정비하는 계기가 필요하다고 판단된다.

## III. 허위사실공표죄 대표적 사례를 통해 본 대법원 판례의 법리

### 1. 개요

공직선거법상 허위사실공표죄와 관련하여 가장 논란이 되었던 대표적인 사건이라고 한다면 2007년 대선 당시 정봉주 전 의원의 이명박 대통령에 대한 허위사실 공표사건과 2018년 지방선거 당시 이재명 경기도지사가 후보자토론회에서 자신의 친형 강제입원 관여와 관련된 발언에 대한 허위사실 공표사건 등을 꼽을 수 있다.

정봉주 전 의원 사건은 2007년 제17대 대통령 선거를 앞두고 당시 대통합민주신당 정봉주 의원이 '이명박 후보가 BBK 주가조작 및 횡령 사건에 연루되었다'라는 발언을 하였는데 이에 대하여 공직선거법상 허위사실공표죄로 기소되어 대법원에서 징역 1년이 최종 확정된 사건이다.[415]

이재명 도지사 사건은 후보자 방송토론회에서의 답변과 허위사실공표죄 성립 여부가 쟁점이 되었던 사건이다. 2018. 6. 13. 실시된 제7회 전국 동시 지방선거에서 경기도지사에 당선된 이재명 도지사

---

415) 대법원 2011. 12. 22. 선고 2008도11847 판결.

는 성남시장 재임 시 친형 강제입원 관여 및 후보자 방송토론회에서
해당 발언과 관련하여 2018. 12. 11. 형법상 직권남용권리행사방해
죄, 공직선거법상 허위사실공표죄 등으로 불구속기소 되었다. 1심에
서 전부 무죄가 선고되었으나 항소심에서는 일부 친형 강제입원 관
여 관련 발언이 허위사실로 인정되어 당선무효형인 벌금 300만 원
이 선고되었다. 그러나 대법원은 2020. 7. 16. 피고인 측의 상고를
받아들여 항소심에서 유죄 선고된 부분에 대하여 허위사실공표죄로
처벌할 수 없다며 무죄 취지로 파기환송 하였고,[416] 파기환송심에서
그대로 무죄가 선고되어 확정되었다.

정봉주 전 의원 사건은 공직선거법상 허위사실공표죄가 무리하게
적용되고 있다며 소위 '정봉주 법안'이란 명칭으로 개정안까지 발의
되었을 정도로 논란이 되었던 사건이다.[417] 위 2개의 사례를 중심으
로 그간의 허위사실공표죄 관련 주요 대법원 판례의 법리를 개략적
으로 살펴보면 다음과 같다.

## 2. 공직후보자 검증을 위한 의혹 제기와 사실의 적시 여부

공직선거법상 허위사실 공표가 인정되기 위해서는 공표된 내용이
개인의 판단에 따른 의견 표명을 넘어 특정한 사실의 적시가 있어야
한다. '사실의 적시'라 함은 가치판단이나 평가를 내용으로 하는 의
견표현에 대치되는 개념으로서 시간과 공간적으로 구체적인 과거
또는 현재의 사실관계에 관한 보고 내지 진술을 의미하는 것이며 그
표현내용이 증거에 의한 입증이 가능한 것을 말한다.[418]

---

416) 대법원 2020. 7. 16. 선고 2019도13328 전원합의체 판결.

417) 김종철, "공직선거법 제250조 제2항(낙선목적 허위사실공표죄)과 관련한 대법원 판결에 대한
    헌법적 검토 : 소위 '정봉주 사건'을 중심으로", 「법학연구」, 제22권 제1호, 연세대학교 법학
    연구원, 2012. 3. 3면.

그런데 많은 사례에서 그러한 사실 적시는 후보 검증이라는 명목 하에 의혹 제기의 형식으로 나타나는 경우가 많다. 이와 관련하여 대법원 판례는 "어떤 표현이 허위사실을 표명한 것인지 여부는 일반 선거인이 그 표현을 접하는 통상의 방법을 전제로 그 표현의 전체적인 취지와의 연관 하에서 표현의 객관적 내용, 사용된 어휘의 통상적인 의미, 문구의 연결방법 등을 종합적으로 고려하여 그 표현이 선거인에게 주는 전체적인 인상을 기준으로 판단하여야 할 것이므로, 비록 '...라면'이라는 가정적인 표현을 사용한 경우에도 위와 같은 기준으로 판단하여 허위사실을 표명한 것으로 볼 수 있으면 공직선거법 제250조 제2항 위반죄에 해당한다고 할 것이다."라고 판단하고 있다.[419] 또한, 의견이나 평가라고 하더라도 그것이 진실에 반하는 사실에 기초하여 행해지거나 의견이나 평가임을 빙자하여 간접적이고 우회적인 표현방법으로 허위사실을 암시하는 경우에도 허위사실공표죄가 성립된다고 보고 있다.[420]

그러나 기본적으로 위와 같은 판례의 태도는 의혹 제기에 있어서 어느 정도까지를 사실의 적시로 보아 허위사실공표죄를 인정할 것인가에 대한 명백한 기준을 제시한다고 보기는 어려우며, 오히려 이와 같은 태도는 자칫 확대해석 할 경우 후보자 검증을 위한 정치적 표현의 자유를 지나치게 위축시키는 결과를 가져올 수도 있다. 선거에 있어서는 후보자의 검증을 위하여 어느 정도의 의혹 제기와 이에 대한 검증절차는 불가피한 것이며, 이와 같은 의혹 제기와 검증 과정에서는 대부분 의견 표명과 사실 공표가 혼합된 경우가 많은데 우회적이

---

418) 대법원 2004. 3. 11. 선고 2003도4023 판결 등.

419) 대법원 2003. 2. 20. 선고 2001도6138 전원합의체 판결.

420) 대법원 1998. 9. 22. 선고 98도1992 판결; 대법원 2003. 2. 20. 선고 2001도6138 전원합의체 판결 등.

고 간접적으로 특정한 사실을 암시하는 경우까지 모두 허위사실공표죄로 인정하게 될 경우에는 선거에 있어 후보자의 검증을 위한 정치적 표현의 자유가 지나치게 위축될 가능성이 높아지기 때문이다.

앞서 제2장에서 의견 표명과 사실 주장의 구별기준을 검토하면서 의견 표명과 사실 주장이 혼재된 경우 특별한 경우를 제외하고는 의견 표명으로 해석해 주는 것이 표현의 자유를 더 두텁게 보호할 수 있다는 주장을 이미 전개한 바 있다. 따라서 선거 관련 후보자 검증이라는 영역에서만큼은 정치적 표현의 자유를 더 넓게 보호해 주어야 할 필요도 있다고 판단되므로 의혹 제기의 경우에 명백히 특정한 사실을 적시한 경우에만 허위사실공표죄가 인정된다고 보는 것이 타당하다고 할 것이다.

또한, 정봉주 전 의원 사건에서 대법원은[421] "공직선거에 있어서 후보자의 공직 담당 적격을 검증하는 것은 필요하고도 중요한 일이므로 후보자 검증을 위한 의혹 제기의 필요성을 인정하면서도, 제기된 의혹에 대하여 공적인 조사가 행해진 결과 의혹을 밝힐 증거가 없음이 밝혀졌는데도 불구하고, 그 후 새로운 정황이나 증거 없이 계속하여 의혹을 제기하는 것은 상당성이 없는 것으로 평가하여야 한다."라는 태도를 보였다. 왜냐하면 이미 이루어진 공적인 조사에 문제가 있음이 명백한 경우가 아님에도 단순히 새로운 정황이나 검증되지 않은 증거의 발견을 이유로 동일한 의혹의 제기를 계속해서 허용한다면, 비록 나중에 그 의혹이 사실이 아닌 것으로 밝혀지더라도 의혹을 받은 후보자의 명예가 공적인 조사결과에도 불구하고 크게 훼손됨은 물론 특히 임박한 선거에서 유권자들의 선택을 오도하

---

421) 대법원 2011. 12. 22. 선고 2008도11847 판결; 의혹 제기와 관련된 사실적시의 쟁점에 대한 항소심 재판부(서울고등법원 2008. 12. 11. 선고 2008노1607 판결)의 판단이 그대로 대법원에서 확정되었다.

는 중대한 결과가 야기될 수 있기 때문이다. 결국 이는 오히려 공익에 현저히 반하는 결과가 된다는 점에서 공적인 조사가 이루어진 결과에 대한 지속적인 의혹 제기에 대하여는 일정한 한계를 제시한 것이라고 볼 수 있다.

특히, 대법원은 위 사건 판결에서 수사기관의 수사결과나 재판 결과가 있는 사안의 경우, "특정한 공직후보자의 범죄혐의 등과 관련한 의혹의 제기는 원칙적으로 수사 및 재판의 책임과 권한을 부여받은 공적 기관의 보완적 역할에 그치고 특별한 사정이 없으면 구체적인 사건에 있어서 공적 기관의 판단은 우선으로 존중되어야 한다."라는 전제하에, "어떠한 단체나 개인이 수사기관이나 이에 준하는 국가기관 등의 조사결과 이미 완결된 구체적 사건에 관하여 공적 기관의 판단과 다른 견해를 표명하기 위해서는 그러한 공적인 조사결과가 나오기 이전에 제기하는 의혹에 비하여 보다 신중을 기할 필요가 있고, 나중에 그와 같은 공표 내용이 진실이 아닌 것으로 판명된 경우에는 위법성조각사유로서의 상당성을 판단함에 있어서도 위와 같은 공적 결과가 나오기 이전에 제기하는 것에 비하여 한층 엄격한 기준을 적용하여야 한다."라고 판단하였다. 또한, "의혹 제기 당사자가 정당, 국회의원 등 공적인 기관인 경우에도 비록 정치 활동의 자유가 보장되고, 공직선거에서 소속 정당 후보자나 국회의원 자신의 당선을 위한 선거운동 내지 정당 활동을 보장할 필요가 있다고 하더라도, 일반 국민에 비하여 좀 더 광범위한 사실조사가 가능하고, 공무원으로서 성실의무 내지 법령준수의무가 있는 점을 고려한다면, 사적인 단체나 개인의 행위에 의한 경우보다는 엄격한 기준이 요구된다."라고 보았다.

이에 대하여, 법을 집행하는 기관의 정치적 중립성은 규범적으로 자명한 것이지만, 실제로 운영 면에서 정치적으로 편향적일 위험성이 존재하며, 우리나라와 같이 역사적으로 권위주의적 정치체제의 폐해로 인하여 법집행기관의 신뢰도가 높지 못한 상황에서는 그 위험성이 높다는 점을 지적하면서, 수사기관의 수사결과가 있었다는 이유로 의혹 제기에 지나치게 엄격한 검증을 요구하는 것은 정치적 표현의 자유를 지나치게 제한하게 된다며 대법원 판례를 비판하는 의견도 있다.[422]

종전의 수사기관이나 사법기관이 정치 분야에 대한 규제의 과도한 형사화 등의 과정에서 정치적 영향을 받거나 중립적이지 못하여 국민의 신뢰를 받지 못한 점도 있으나, 이는 제도 개혁 등을 통해 개선해 나가야 할 문제이다. 하지만 적어도 헌법과 법률에 따라 공신력이 인정된 국가기관에서 확인된 사실에 대하여 공적인 조직에 속한 사람이 추가적인 의혹을 제기함에 있어서는 더 신중하고 엄격한 검증을 거쳐야 하는 것은 반드시 필요하다고 본다. 그렇지 않고 정치적 표현의 자유를 이유로 무제한적인 의혹 제기 등을 허용하게 되면 결국에는 선거가 더욱 혼탁해지고 공권력과 법의 권위까지 무너지는 상황이 발생할 수도 있기 때문이다. 따라서 위와 같은 대법원 판례의 태도는 적절하다고 판단된다.

---

422) 김종철, 각주 417) 전게논문, 13면.

## 3. 후보자토론회에서 허위사실 공표의 판단 기준

현대 민주주의 선거제도 하에서 방송을 통한 후보자토론회의 기능은 매우 중요하다. 헌법재판소는 방송사에 의한 후보자 토론제도와 관련하여, "방송토론회는 국민 일반에 대하여 매우 강력한 영향력을 행사하는 텔레비전방송을 통하여 이루어진다는 점에서 후보자의 입장에서는 별다른 비용 없이 가장 효율적으로 유권자에게 다가설 수 있는 선거운동방법이며, 후보자는 텔레비전방송을 통하여 유권자에게 직접 자신의 정견, 정책, 정치적 신념, 도덕성 등을 널리 홍보하거나 제시함으로써 자기의 자질과 정치적 능력을 드러내어 다른 후보자와의 차별화를 도모할 수 있고, 보도방송 등에서 있을 수 있는 오보 혹은 왜곡의 가능성도 줄일 수 있는 등 어떠한 선거운동방법과도 비교할 수 없는 중요한 선거운동"이라고 평가하였다. 또한 유권자의 관점에서 볼 때에도 "방송토론회는 유권자들로 하여금 안방에서 편안하게 각 후보자를 비교하여 선택할 수 있는 기회를 갖게 하고, 토론과정을 통하여 후보자의 정책, 정치이념, 통치 철학, 중요한 선거 쟁점 등을 파악하게 하는 등 유권자들로 하여금 각 후보자들을 비교하여 올바른 선택을 하도록 도와주는 중요한 기능을 하고 있다 할 것이다."라고 그 기능의 중요성을 강조하면서 "방송토론회는 군중 동원으로 대표되는 거리의 선거로부터 조용하고 차분하게 진행될 수 있는 안방 선거로의 방향전환을 가능하게 한다는 점에서 매우 선진적인 선거운동"이라고 평가하였다.[423] 향후 코로나 19 등으로 인한 비대면 접촉의 선호 시대에는 선거운동의 방법으로 방송을 통한 후보자토론회는 더욱 더 필요하고 중요한 역할을 하게 될 것이다.

---

423) 헌재 1998. 8. 27. 97헌마372 등, 판례집 10-2, 461.

후보자 방송토론회는 후보자의 자질과 정책 검증을 위하여 사회자의 진행에 의해 후보자 상호 간에 질문과 답변 형식으로 진행되는 것이 일반적이다. 대법원은 이러한 특성과 그 기능을 고려하여 선거의 공정성과 정치적 표현의 자유라는 두 가지 법익의 균형이 잘 유지될 수 있도록 허위사실공표죄를 적용하는 데 매우 신중하게 법리를 전개해 왔다.[424] 그런데 최근에는 후보자 방송토론회에서의 답변 과정에서의 발언에 대하여는 사실상 허위사실공표죄 인정을 어렵게 하는 법리를 전개하여 논란이 되고 있다.

대법원은 2020. 7. 16. 이재명 경기도지사에 대한 공직선거법상 허위사실공표죄 등 사건[425]에 대해 전원합의체 판결을 선고하면서 후보자토론회에서 토론 중 질문·답변이나 주장·반론하는 과정에서 한 표현이 선거인의 정확한 판단을 그르칠 정도로 의도적으로 사실을 왜곡한 것이 아닌 한, 일부 부정확 또는 다소 과장되었거나 다의적으로 해석될 여지가 있는 경우에도 허위사실의 공표로 평가하여서는 안 된다는 법리를 전개하며 무죄 취지로 파기 환송하였다.[426]

그러나 대법원 다수의견과 같은 논리 전개는 후보자 방송토론회의 기능을 저하할 뿐만 아니라, '허위사실 공표'의 문언적 의미를 지나치게 축소하여 유권자들의 판단 기준에 혼란을 주고 결과적으로 선거의 공정성 확보라는 법익 보호를 소홀히 하게 되는 결과를 가져

---

424) 대법원 2018. 10. 30. 선고 2014다61654 전원합의체 판결; 대법원 2007. 7. 13. 선고 2007도2879 판결; 대법원 2009. 3. 12. 선고 2009도26 판결; 대법원 2007. 7. 13. 선고 2007도2879 판결 등.

425) 이재명 경기도지사는 2018. 12. 11. 형법상 직권남용권리행사방해죄, 공직선거법상 허위사실공표죄 등으로 불구속기소 되어 2019. 5. 16. 1심에서 전부 무죄를 선고받았으나(수원지방법원 성남지원 2019. 5. 16. 선고 2018고합 266, 267 판결), 항소심 재판부는 친형 강제입원과 관련된 일부 허위사실공표죄에 대하여는 유죄를 인정하여 벌금 300만 원을 선고하였다(수원고등법원 2019. 9. 6. 선고 2019노119 판결).

426) 대법원 2020. 7. 16. 선고 2019도13328 전원합의체 판결 중 대법관 김명수, 권순일, 김재형, 박정화, 민유숙, 노정희, 김상환 7명의 다수의견.

올 수 있다는 점에서 문제가 있다.[427] 이러한 다수의견의 무리한 법리 전개는 현직 도지사의 당선무효형 선고확정이라는 부담으로 인해 양형으로 고려할 요소를 범죄성립에 필요한 사실인정의 요건으로 가져와 법리를 전개하면서 발생한 것으로 판단된다. 이는 결국 현행 공직선거법상 허위사실공표죄 규정의 과도한 법정형 및 이와 연계된 당선무효형 규정의 위헌성 논란과도 관련이 있으므로 합헌성 검토 항목에서 상세히 검토한다.

## 4. 허위사실에 대한 입증책임

대법원 판례는 어떤 표현의 허위 여부는 그 표현이 선거인에게 주는 전체적인 인상이나 기준을 종합하여 판단하여야 하며, 진실에 부합하지 않은 사항은 선거인으로 하여금 후보자에 대한 정확한 판단을 그르치게 할 수 있을 정도로 구체성을 가진 것이면 충분하다고 보고 있다.[428] 그 입증책임에 대하여는 "공표한 사실이 진실이라는 증명이 없다는 것만으로는 죄가 성립할 수 없고, 검사가 공표된 사실이 허위라는 점을 합리적 의심의 여지없이 적극적으로 증명할 것이 필요하다."라고 검사의 허위사실에 대한 입증책임을 명백히 밝히고 있다.[429]

다만, 그 입증의 방법과 관련해서는, "의혹을 받을 일을 한 사실이 없다고 주장하는 사람에 대하여 의혹을 받을 사실이 존재한다고 적극적으로 주장하는 자가 그러한 사실의 존재를 수긍할 만한 소명자료를 제시할 부담을 지고, 검사는 제시된 그 자료의 신빙성을 탄

---

427) 대법원 2020. 7. 16. 선고 2019도13328 전원합의체 판결 중 대법관 박상옥, 이기택, 안철상, 이동원, 노태악 5명의 반대의견도 같은 취지로 다수의견에 반대하였다.

428) 대법원 2003. 2. 20. 선고 2001도6138 판결; 대법원 2010. 2. 11. 선고 2009도8947 판결 등.

429) 대법원 2011. 12. 22. 선고 2008도11847 판결 등.

핵하는 방법으로 허위성의 증명을 할 수 있으며, 이때 제시하여야 할 소명자료는 단순히 소문을 제시하는 것만으로는 부족하고 적어도 허위성에 관한 검사의 증명 활동이 현실적으로 가능할 정도의 구체성은 갖추어야 하며, 이러한 소명자료의 제시가 없거나 제시된 소명자료의 신빙성이 탄핵된 때에는 허위사실 공표로서의 책임을 져야 한다."라는 태도를 보인다.[430]

정봉주 전 의원 사건에서도 쟁점이 되었던 '허위의 증명'과 '입증의 방법'에 대하여 대법원은 위에서 이미 살펴본 바와 같이 검사의 입증책임을 명백히 밝히면서,[431] 허위사실공표죄에 있어서 의혹을 받을 일을 한 사실이 없다고 주장하는 사람에 대하여 의혹을 받을 사실이 존재한다고 적극적으로 주장하는 자는 그러한 사실의 존재를 수긍할 만한 소명자료를 제시할 부담을 지고, 검사는 제시된 그 자료의 신빙성을 탄핵하는 방법으로 허위성의 증명을 할 수 있다는 종전의 판례 법리를[432] 그대로 적용하여 피고인이 제시한 소명자료의 신빙성은 탄핵된 반면 피고인이 직접적인 표현방법 또는 간접적이고 우회적인 표현방법으로 공표한 '이명박 후보자가 공소외인과 공모하여 주가조작 및 횡령을 하였다는 사실', '이명박 후보자가 BBK를 소유하고 있다는 사실' 등이 허위임이 증명되었다고 판단하였다.

이와 같은 대법원 판례에 대하여 선거운동의 자유의 핵심이라고 할 수 있는 선거에 있어서 표현의 자유를 제한하는 형사처벌 규정을 도입한 것도 언론·출판의 자유에 중대한 제한이 되는데, 더 나아가 대법원 판례는 사실상 허위사실의 입증책임까지 전환하는 정도의

---

430) 대법원 2005. 7. 22. 선고 2005도2627 판결; 대법원 2009. 3. 12. 선고 2008도11743 판결 등.
431) 대법원 2003. 11. 28. 선고 2003도5279 판결; 대법원 2004. 2. 26. 선고 99도5190 판결; 대법원 2006. 11. 10. 선고 2005도6375 판결 등.
432) 대법원 2005. 7. 22. 선고 2005도2627 판결; 대법원 2009. 3. 12. 선고 2008도11743 판결 등.

입증방법의 용이성을 인정하여 너무나 쉽게 형사상 처벌인 허위사실공표죄를 인정했다는 비판이 있다. 즉, 허위사실의 입증책임 완화를 통해 피고인에 대하여 예외적으로 입증책임을 사실상 전환하고, 허위사실 인식에까지도 예외적인 주관적 구성요건인 미필적 고의를 인정하는 등 '의심스러울 때는 피고인의 이익으로'라는 원칙에 반하여 오로지 불리한 원칙을 적용함으로써 사실상 정치적 언론·출판의 자유를 지나치게 제한하고 있다는 것이다.[433]

특히, 검사의 적극적인 입증책임을 피고인이 제출한 소명자료에 대한 신빙성 탄핵 책임으로 사실상 완화하고 있는 위 판결에 따르면 검사는 의혹 제기자의 주장이 '허위'인지 여부를 밝히지 않더라도 제기자의 주장 근거가 취약하다는 점만 밝히면 유죄판결을 확보할 수 있고, 이렇게 되면 공직자에 대한 검증은 형사처벌의 위협을 각오할 때만 가능해진다는 것이다.[434] 정봉주 전 의원 사건에서도 종전부터 적용하던 대법원의 이와 같은 입증책임 이론이 적용되어 유죄가 선고되었으나,[435] 본건이 현직 의원에 대한 당선무효형을 선고하는 중요 사안이었다는 점에서 위 이론에 대한 비판이 거세지고 더 나아가 공직선거법 규정의 위헌론까지 본격적으로 제기되며 이른바 '정봉주법'[436]이란 개정안까지 제출되기도 하였다.

---

433) 김종철, 각주 417) 전게논문, 7면.

434) 조국, "일부 허위가 포함된 공적인물 비판의 법적 책임 : 공직선거법상 허위사실공표죄 판례 비판을 중심으로)", 「서울대학교 법학」, 제53권 제3호, 서울대학교 법학연구소, 2012. 9. 175면.

435) 의혹 제기의 주체가 공당으로서 상당한 조직을 갖춘 상대 후보 측의 진상조사단장이 제기한 의혹이라는 점에서 일반인들이 막연히 소문 등을 듣고 인터넷에 제기하는 의혹과는 그 비중이 다르다고 할 것이고, 대법원을 포함한 1, 2심 법원은 그러한 점을 고려하여 의혹 제기의 근거에 대한 소명 책임을 좀 더 엄격하게 해석한 결과 피고인에게 유죄를 선고한 사안이라고 판단된다.

436) 2012. 1. 9. 박영선 의원이 대표 발의한 공직선거법 일부 개정법률안(의안번호 제14514호)은 대법원 판례의 허위사실 입증방법에 대한 법리를 교정하기 위해 첫째, 허위사실공표죄가 성립하기 위해서는 "허위의 사실임을 알고도 후보자를 비방할 목적이 있어야 한다"라는 요건을 명시하여 검사의 입증책임을 명확히 하고, 둘째, "비방의 목적"을 구성요건에 추가하며, 셋째,

위와 같은 대법원 판례와 비판적 견해에 대하여 검토해 본다면, 우선 대법원의 입증책임과 관련한 판단에 대하여는 이를 사실상 입증책임을 전환한 것이라고 단정하기에는 무리가 있다. 대법원은 허위사실에 대한 입증의 책임이 종전의 판례의 입장대로 검사에게 있다는 점은 본건 사례에서도 명백히 밝히고 있기 때문이다. 다만, 공직선거라는 특수한 상황에서 허위사실 공표라는 범죄를 입증하는 방법과 그 입증의 정도를 밝힌 것으로 보아야 한다.

일정한 날짜에 선거가 실시되고 선거운동 기간도 정해져 있는 특수한 상황에서 선거에 임박하여 특별한 근거 없이 무분별하게 제기되는 의혹에 대하여는 유권자들의 판단을 흐리게 하고 더 나아가 선거결과를 왜곡시킬 수도 있다는 점에서 그것이 허위인지 여부는 수사와 재판을 통하여 신속하고 철저하게 밝혀져야 한다. 그렇지 않으면 선거 이후 허위사실로 밝혀졌다 하더라도 이미 결정된 선거결과를 번복하는 것이 쉽지 않다. 또한, 허위사실 유포를 통해 당선된 사람이 일정 기간을 국민의 대표자로 활동하게 되고, 나중에 당선무효가 선고되더라도 보궐선거 등을 통한 사회적 비용도 상당하다. 그런데 선거 전에, 특히 선거가 임박하여 제기된 후보자들에 대한 의혹들은 그 구체성이 부족한 경우가 많아 공표된 사실이 부존재 한다는 것을 신속히 입증한다는 것이 현실적으로 불가능한 경우가 많다. 특히나 기간이나 장소 및 행위자가 특정되지 아니한 사안에 대하여 이의 부존재를 합리적 의심 없이 증명해 낸다는 것은 사실상 불가능한 것이기 때문이다.

---

허위사실 공표 행위가 진실한 사실이라고 믿을 만한 상당한 이유가 있고 공공의 이익을 주된 목적으로 하거나 공공성 또는 사회성이 있는 공적 관심 사안에 관한 것으로서 사회의 여론 형성 내지 공개토론에 기여하는 경우에는 처벌하지 못하도록 하는 내용이었으나, 제19대 국회 회기 종료로 폐기되었다.

따라서 이러한 문제점 등을 해결하기 위해 대법원은 의혹 제기자에게 의혹 형성의 근거가 된 자료를 제출하는 부담 즉 일정한 소명책임을 지우고 검사가 제출된 소명자료의 신빙성과 근거를 탄핵하게 함으로써 허위 여부를 증명할 수 있도록 하는 방법론을 제시한 것으로 보는 것이 적절할 것이다.[437) 다만, 이러한 입증의 방법론이 의혹 제기자인 소명 책임이 있는 자에게 사안의 특성을 고려하지 않고 일률적으로 엄격한 소명 책임을 부과하는 경우에는 검사의 입증 책임이 지나치게 완화되어 사실상 입증책임이 전환되는 결과를 가져올 수도 있으므로 이에 대하여는 제기된 의혹의 내용과 특정된 정도 등을 고려하여 제한된 범위에서 예외적으로 인정하여야 할 것이다.

위 사례에 대하여는 대법원도 종전 판례의 입장에서 구체적으로 특정되지 아니한 막연한 의혹 사실의 부존재에 대한 입증이 현실적으로 불가능하다는 점과 공직선거법상 허위사실유포죄를 통한 선거 공정성 확보라는 입법 취지를 고려하여 허위 여부를 판단하고 유죄를 선고한 것으로 판단된다. 다만, 유사한 다른 사건과 비교할 때 소명 책임의 정도를 지나치게 엄격하게 판단하였다는 점에서 비판을 받는 것으로 보인다.[438)

---

437) 윤지영, "공직선거법 제250조 제2항 허위사실공표죄의 구성요건과 허위성의 입증", 「형사판례연구[20]」, 한국형사판례연구회, 2012. 6. 622면 참조; 대법원의 입증책임 방법론을 비판하는 견해도(김종철, "공직선거법 제250조 제2항(낙선목적 허위사실공표죄)과 관련한 대법원 판결에 대한 헌법적 검토 : 소위 '정봉주 사건'을 중심으로", 「법학연구」, 제22권 제1호, 연세대학교 법학연구원, 2012. 3. 20면.) 의혹이 최소한 공적 가치를 가질 수 있는 구체성을 갖추지 않고 단순한 소문만을 확대 재생산 하는 것은 언론·출판의 자유로서도 보호할 가치가 적다면서 의혹 제기자의 소명 책임 자체를 원천적으로 부정할 수는 없다고 보고 있다.

438) 윤지영, 전게논문, 625면.

## 5. 허위사실에 대한 인식 및 진실로 믿을 정당한 사유 등

### 가. 허위사실 인식에 대한 미필적 고의의 인정

허위사실에 대한 인식의 정도와 관련해서는 대법원 판례는 다른 범죄와 마찬가지로 허위사실에 대한 미필적 고의로도 고의가 인정될 수 있다는 태도를 보인다.

즉, 적시한 구체적 사실이 진실한지를 확인하는 일이 시간적·물리적으로 사회 통념상 가능하였다고 인정됨에도 그러한 확인의 노력을 하지 않은 채 당선되지 못하게 할 목적을 가지고 그 사실의 적시에 적극적으로 나아갔다면 미필적 고의를 인정할 수 있다고 판단하였으며,439) 어떠한 소문을 듣고 그 진실성에 강한 의문을 품고서도 감히 공표한 경우에는 적어도 미필적 고의가 인정될 수 있다고 보았다.440) 또한, 허위사실공표죄에서의 '당선되지 못하게 할 목적'은 허위사실의 공표로서 후보자가 당선되지 못하게 한다는 인식만 있으면 충분하며, 그 결과 발생을 적극적으로 의욕 하거나 희망하는 것을 요하는 것은 아니고, 확정적 인식이 필요하지도 아니하며 미필적 인식이 있으면 족하다고 보았다.441)

이에 대하여는 앞서 살핀 바와 같이 허위인식에 대하여 미필적 고의를 인정하여 '의심스러울 때는 피고인의 이익'이라는 원칙을 위반한 결과, 정치적 언론·출판의 자유를 지나치게 제한하였다는 비판이 있다.442) 그러나 '미필적 고의'는 확정적 고의와 함께 형사범죄의 주관적 구성요건의 범주에 포함되는 것으로서 허위사실공표죄에

---

439) 대법원 2002. 4. 10. 선고 2001모193 결정; 대법원 2004. 2. 26. 선고 99도5190 판결 등.
440) 대법원 2005. 7. 22. 선고 2005도2627 판결; 대법원 2008. 12. 11. 선고 2008도8952 판결 등.
441) 대법원 2006. 5. 25. 선고 2005도4642 판결; 대법원 2007. 1. 15. 선고 2006도7473 판결 등.
442) 김종철, 각주 417) 전게논문, 21면.

있어서만 미필적 고의 인정의 예외를 두거나, 더 나아가 미필적 고의를 인정한 것이 형사소송법의 대원칙 중 하나인 '의심스러울 때는 피고인의 이익'이라는 원칙을 위반하였다고 보기에는 무리가 있다. 다만, 미필적 고의를 인정하되 허위사실공표죄가 정치적 언론·출판의 자유에 대한 규제라는 점을 고려하여 신중을 기해 그 고의 인정 여부를 판단하도록 하는 것이 적절할 것이다. 그러한 점에서 비방의 의도가 있는지에 대한 고려가 미필적 고의 인정에 중요한 요소로 포함되도록 하는 것이 바람직하다는 견해443)는 경청할 만하다 할 것이다.

## 나. 진실로 믿을 만한 상당한 이유의 판단

대법원은 공직선거에 있어서 후보자의 공직 담당 적격을 검증하는 것은 필요하고도 중요한 일이므로 그 적격검증을 위한 언론의 자유도 보장되어야 하고, 이를 위하여 후보자에게 위법이나 부도덕함을 의심하게 하는 사정이 있는 경우에는 이에 대한 문제 제기가 허용되어야 한다는 점을 전제로 하면서, "후보자의 비리 등에 관한 의혹의 제기는 무제한 허용될 수는 없고 그러한 의혹이 진실인 것으로 믿을 만한 상당한 이유가 있는 경우에 한하여 허용되어야 하며, 그러한 상당한 이유가 있는 경우에는 비록 사후에 그 의혹이 진실이 아닌 것으로 밝혀지더라도 언론·출판의 자유 보장을 위하여 이를 벌할 수 없다."라는 점을 명백히 밝히고 있다.444)

이는 공표된 사실이 비록 허위라고 하더라도 의혹의 제기자가 이를 진실이라고 믿을 만한 상당한 이유가 있는 경우에는 범죄의 성립을 부정함으로써 허위사실공표죄에도 불구하고 선거에 있어서 후보

---

443) 김종철, 각주 417) 전게논문, 22면.
444) 대법원 2003. 2. 20. 선고 2001도6138 전원합의체 판결; 대법원 2007. 7. 13. 선고 2007도 2879 판결 등 참조.

자의 검증을 위한 어느 정도의 신빙성 있는 의혹 제기는 가능하도록 하였다는 점에서 대법원 판례의 태도는 적절하다고 판단된다. 허위사실이 입증되었다고 하여 예외 없이 형사처벌이 이루어질 경우에는 후보자 검증을 위한 정치적 표현의 자유가 지나치게 위축될 수 있기 때문이다. 다만, 일단 공표된 사실이 허위임이 밝혀지고, 공표자가 이에 대한 인식이 있는 경우에는 공공의 이익을 위한 것이라는 이유로 위법성이 조각될 수 없다는 점 또한 명확히 밝히고 있다.445)

정봉주 전 의원 사건에서 대법원은446) 공표된 허위사실의 내용이 진실이라고 믿을 만한 상당한 이유가 있는가의 여부는 "공표행위를 한 자가 누구인지, 공표행위의 성격, 자료를 제공한 정보원의 신빙성, 사실 진위 확인의 용이성, 사실 공표의 목적, 표현방법, 공표로 인한 피해자의 피해 정도 등 여러 사정을 종합하여, ① 공표 내용의 진위를 확인하기 위한 적절하고도 충분한 조사를 다하였는지, ② 그 진실성이 객관적이고도 합리적인 자료나 근거에 의하여 뒷받침되는지 여부, ③ 그 조사결과에서 결론에 이르는 추론 과정이 합리적인지 등을 고려하여 판단하여야 한다."라는 기준을 제시한 바 있다.

이와 같은 기준은 일단 합리적인 기준이라고 판단되며, 개별 구체적인 사건에서는 각 사건의 특수성을 고려하여 정치적 표현의 자유와 선거의 공정성 확보라는 두 개의 이익이 잘 조화될 수 있는 방향으로 위 기준이 적용되어야 할 것이다.

---

445) 대법원 2006. 8. 25. 선고 2006도648 판결; 대법원 2008. 9. 11. 선고 2008도4961 판결 등 참조.

446) 항소심 판단(서울고등법원 2008. 12. 11. 선고 2008노1607 판결)을 그대로 인용하였다.

## Ⅳ. 공직선거법상 허위사실공표죄 합헌성 검토

### 1. 위헌 논란의 제기

공직선거법의 허위사실 공표 처벌규정에 대하여는 그 형사처벌의 정도나 내용을 볼 때 헌법상 언론·출판의 자유를 과도하게 규제하는 위헌적인 규정이라는 논란이 지속해서 제기되고 있다.

위헌론 주장의 핵심적인 논거는 첫 번째로, 후보자에 대한 허위사실 공표의 대상 범위가 지나치게 포괄적이고 불명확(특히, 당선목적 허위사실공표죄의 경우)하여 명확성의 원칙에 반한다는 것과 두 번째로, 명예훼손죄 등이 성립하는 경우를 제외하고는 일반적인 허위사실유포죄를 처벌하고 있지 않음에도 선거와 관련해서만 이를 처벌할 뿐만 아니라 법정형에 인신구속이 가능한 자유형 처벌규정까지 두고 벌금 100만 원 이상이 선고될 경우 당선까지 무효가 되도록 하는 것은 선거 과정에서 정치적 표현의 자유의 중요성을 고려할 때 과잉금지원칙에 반한다는 것이다. 또한, 낙선목적 허위사실공표죄는 유죄가 인정되면 무조건 당선무효형이 선고될 수밖에 없는 법정형 하한447)을 규정하고 있는데, 이는 사법적인 양형 고려나 법적 효과에 따른 법익형량을 고려하지 아니하고 일률적으로 당선무효의 양형을 선고하도록 하여 사법권의 독립, 권력분립 원칙과 민주주의 원리에도 위배되는 위헌적 효과를 가져온다는 주장도 제기되고 있다.448)

---

447) 공직선거법 제250조 제2항은 낙선목적 허위사실 공표는 7년 이하의 징역 또는 500만 원 이상 3천만 원 이하의 벌금에 처하도록 규정하고 있어, 유죄가 인정될 경우 법률상 감경 사유가 없는 한 작량감경 등을 하여도 당선무효형인 100만 원 이상 선고될 수밖에 없다.

448) 김종철, 각주 417) 전게논문, 202-208면.; 필자는 더 나아가 공직선거법 제250조 제2항은 당선무효를 규정하는 공직선거법 제264조와 결합하여 당선무효의 효과를 발생시킨다는 점에서 선거쟁송에 준하는 제도를 도입한 것으로 볼 수 있다면서, 그렇다면 공직선거법 제223조에서 대통령, 국회의원, 시도지사 등의 선거쟁송을 대법원의 관할로 하고 있음에도 결과적으로는 1심법원인 지방법원에서 대통령, 국회의원 등을 비롯한 모든 선출직 공

이에 대하여 합헌론은 공직선거법 제250조의 형사처벌 규정은 선거의 자유의 공정이라는 목적을 달성하기 위하여 규정한 것으로, 그 입법 취지나 운용상황 등을 고려할 때 비례의 원칙 등을 침해한 위헌적인 규정이라고 볼 수 없다는 것이다.[449] 우리 헌법재판소는 공직선거법 제250조 제1항 및 제2항과 관련된 헌법소원 등 관련 사건에서 합헌이라는 태도를 일관되게 견지하고 있다.[450]

따라서 이와 같은 위헌론의 주장들을 중심으로 명확성의 원칙 위반 여부, 과잉금지의 원칙 위반 여부 등을 관련 사례와 함께 검토해 보도록 하겠다. 과잉금지의 원칙과 관련해서는 허위사실 표현행위를 형사적으로 규제한다는 측면에서는 의견 표명이나 진실의 공표에 비해서 완화된 심사 강도의 합헌성 검토가 이루어지는 것이 기본이다. 그러나 다른 한편으로 그로 인하여 제한되는 표현의 자유가 일반적인 허위사실 표현과 달리 선거 과정에서 후보자를 검증하고 선택하는 데 필수적인 정치적 표현의 자유라는 점에서는 좀 더 엄격한 심사가 요구되는 측면도 있다는 점을[451] 고려하여 판단하여야 할 것이다. 특히, 허위사실공표죄는 일반적인 형사처벌의 효과에 더하여 일정한 형량 이상의 유죄판결로 국민의 선거권과 피선거권까지

---

무원의 당선무효형에 해당하는 양형을 일률적으로 선고 할 수 있도록 입법한 것이 되어 선거쟁송제도와 체계적으로 조화를 못하는 문제점이 있다고 지적하고 있다; 조국, 전게 논문, 199-200면 등.

449) 위헌론과는 달리 본 규정이 합헌이라는 학계의 의견들은 특별히 합헌의 근거를 구체적으로 적시하지 않고 허위사실 공표로 인한 선거결과의 왜곡 방지와 선거의 공정성 확보를 위해 필요하다는 의견 정도만 밝히고 있는 경우가 대부분이다(문재완, 각주 89) 전게논문, 134-136면; 대검찰청, 「공직선거법 벌칙해설」, 제9개정판, 2018. 357면; 정병욱, 「공직선거법」, 박영사, 2006. 494면 등).

450) 헌재 2009. 9. 24. 2008헌바168, 판례집 21-2상, 617.

451) 우리 헌법재판소도 "선거운동은 국민주권 행사의 일환일 뿐만 아니라 정치적 표현의 자유의 한 형태로서 민주사회를 구성하고 움직이게 하는 요소이므로 그 제한 입법에 있어서도 엄격한 심사 기준이 적용된다"라고 판시하였다(헌재 1991. 9. 16. 89헌마165, 헌재판례집, 제3권, 518-524면).

제한이 가해진다는 점은 합헌성 심사에 있어 침해의 최소성과 법익 균형성을 엄격히 심사해야 할 요소라고 할 수 있다.

## 2. 허위사실공표죄의 합헌성 검토

### 가. 명확성의 원칙 위반 여부

허위사실공표죄에 대한 명확성의 원칙 위반 논란은 주로 공직선거법 제250조 제1항의 당선목적 허위사실공표죄와 관련해서 제기되고 있다.[452] 공직선거법 제250조 제1항은 "당선되거나 되게 할 목적으로 연설·방송·신문·통신·잡지·벽보·선전문서 기타의 방법으로 후보자(후보자가 되고자 하는 자를 포함한다. 이하 이 조에서 같다)에게 유리하도록 후보자, 후보자의 배우자 또는 직계존비속이나 형제자매의 출생지·가족관계·신분·직업·경력 등·재산·행위·소속단체, 특정인 또는 특정단체로부터의 지지여부 등에 관하여 허위의 사실[학력을 게재하는 경우 제64조 제1항의 규정에 의한 방법으로 게재하지 아니한 경우를 포함한다]을 공표하거나 공표하게 한 자와 허위의 사실을 게재한 선전문서를 배포할 목적으로 소지한 자는 5년 이하의 징역 또는 3천만 원 이하의 벌금에 처한다."라고 규정하고 있다.

그런데 당선에 유리하도록 허위사실을 공표하는 대상의 개념이 지나치게 포괄적이고 불명확하여 명확성의 원칙에 반한다는 주장이 지속해서 제기되고 있다. 그중 대표적인 것이 '경력 등', '재산', '학력' 등이며, '후보자에게 유리하도록'의 의미도 불명확하다는 논란도 있다.

---

452) 낙선목적 허위사실 공표와 관련해서도 '허위사실'의 개념이 불명확하고 '진실'과의 명확한 구분이 어렵다는 주장이 제기되고 있으나, 이에 대하여는 이미 제2장에서 상세히 검토하였다.

## (1) '경력 등' 허위사실 공표대상의
##  명확성 논란과 헌법재판소의 판단

공직선거법 제250조 제1항의 허위사실 공표의 대상인 '출생지·신분·직업·경력 등·재산·인격·행위·소속단체 등'은 모두 제한적으로 열거한 것이고, 공직선거법 제64조 제5항이 "경력·학력·학위·상벌(이하 '경력 등'이라 한다)"이라고 규정하고 있으므로 공직선거법 제250조 제1항의 '경력 등'도 '경력·학력·학위·상벌'을 말한다. 그런데 공직선거법에는 '경력 등' 중 같은 법 제64조 제5항의 '경력'에 관한 아무런 정의나 기준에 관한 규정을 두고 있지 않아 위 규정에서 금지하는 행위가 어떤 것인지 예측하는 것을 국민에게 기대할 수 없고 감독관청이나 법관의 자의적인 법 해석과 집행을 초래하게 되어 죄형법정주의의 명확성 원칙에 반한다는 주장이 제기되었다.[453]

이와 관련하여 우리 헌법재판소는 "공직선거법 제250조 제1항의 입법 취지, 용어의 사전적 의미, 유사 사례에서의 법원의 해석 등을 종합하여 보면, 심판대상 조항에서의 '경력'은 후보자가 지금까지 겪어 지내 온 여러 가지 일들로서 후보자의 실적과 자질 등으로 투표자의 공정한 판단에 영향을 미치는 사항으로 충분히 해석할 수 있고 예측이 가능하다. 따라서 심판대상 조항은 죄형법정주의의 명확성 원칙에 위반되지 아니한다."라며 합헌이라고 결정하였다.[454]

또한, 공직선거법 제250조 제1항의 규정은 재산에 관하여 허위의 사실을 공표한 자를 처벌하고 있으면서 재산의 종류나 범위 등에 관하여는 아무런 제한을 두지 아니한 채 단지 '재산'이라고만 규정하

---

453) 헌재 2017. 7. 27. 2015헌바219, 판례집 29-2상, 47, 위헌소원 청구인의 주장.
454) 헌재 2017. 7. 27. 2015헌바219, 판례집 29-2상, 43.

고 있는데, 일반적으로 '재산'은 경제적 가치를 가진 모든 유·무형의 것을 의미하는 것으로 그 문언적 의미가 매우 포괄적이고 광범위하여 수범자로 하여금 그 규범 내용을 예측하기 어렵게 하므로, 죄형법정주의의 명확성 원칙에 위배된다는 주장도 제기되었다.455)

이에 대하여 우리 헌법재판소는 "공직선거법과 공직자윤리법상의 관련 조문에 의하여 공직선거에 출마한 후보자가 등록·공개하여야 하는 재산의 대상이 명백히 규정되어 있는 점 및 이 사건 법률조항의 입법취지가 후보자에게 유리하도록 허위의 사실을 공표하여 선거인의 공정한 판단에 영향을 미치는 일체의 행위를 처벌함으로써 선거의 공정을 보장하기 위한 것이라는 점을 고려하면, 결국 이 사건 법률조항 상 '재산'의 범위는 공직자윤리법 제4조의 공직후보자 등록대상재산을 일응의 기준으로 하여 선거권자의 후보자에 대한 판단에 영향을 줄 만한 재산이라고 봄이 상당하다. 그렇다면 통상의 수범자는 위 '재산'의 범위에 관하여 예측할 수 있을 뿐 아니라 이에 대하여 법집행당국에 의한 자의적 집행이 가능하다고 볼 수도 없으므로, 위 '재산'부분이 죄형법정주의의 명확성원칙에 반한다고 할 수 없다."라고 하여 명확성의 원칙에 위반되지 않는다고 판단하였다.

학력과 관련해서는 '학력' 자체의 불명확 및 이와 관련된 개념들이 명확하지 않다는 논란이 수차 제기되었다. '학력'이 '학력(學歷)'인지 '학력(學力)'인지 불분명하다는 주장부터 공직선거법 제64조 제1항의 '중퇴'의 개념도 불분명하다는 주장 등이 제기되었으나,456) 헌법재판소는 "법문 자체에서 학력을 한자로 '學歷'이라고 표기하고 있으므로 명확하며, 학력은 후보자의 재산형성 과정, 납세실적, 병

---

455) 헌재 2009. 3. 26. 2007헌바72, 판례집 21-1상, 412, 위헌소원 청구인의 주장.
456) 헌재 2017. 12. 28. 2015헌바232, 판례집 29-2하, 292.

역, 전과 기록 등과 함께 선거권자가 후보자의 공직 적격성을 판단하고 적절한 투표권을 행사하는 데 필요한 자료다. 학력이 유권자가 후보자를 선택하는 데 적지 않은 영향을 미치므로 이에 대해 정확한 정보가 제공되어야 한다. 따라서 학력과 관련하여 선거권자에게 구체적이고 정확한 정보가 제공되어야 하고, 학교를 중퇴한 경우 수학기간이 얼마나 되는지에 관한 정보도 제공될 필요가 있다."라는 입장을 명백히 밝혔다. 또한, "'중퇴'는 학교에 입학하였으나 그 과정을 마치지 못하고 학교를 그만두는 중도 퇴학을 말하는 것으로서 다른 뜻으로 해석될 여지가 없다. 또 '수학 기간'도 교육과정을 이수하면서 학교를 다닌 기간을 말하는 것으로 그 의미가 불명확하다고 할 수 없다. 일단 중퇴한 학교를 다닌 학력을 기재하고자 한다면 그 수학 기간도 기재하라는 것이 중퇴 학력 표시규정의 법문상 분명하고 혼동의 여지가 없다."라면서 중퇴 학력 표시규정도 명확성 원칙에 위배되지 아니한다고 판단하였다.457)

(2) '후보자에게 유리하도록'의 명확성 논란과 헌법재판소의 판단

공직선거법상 '후보자에게 유리하도록'이라는 요건은 '유리하게 할 의사로'라는 주관적 표지인지 '객관적으로 유리한 상황을 야기시킬 것'이라는 객관적 표지인지가 명확하지 않으며, 후자의 경우라면 공표된 사실이(재산, 학력 등) 선거에 유리하게 또는 불리하게 작용하는지는 당시의 사회적 풍토나 유권자의 의식 등에 따라 달라질 수 있다는 점에서 지나치게 추상적이고 모호하다는 점 등을 이유로 명확성의 원칙에 위반되어 위헌이라는 주장도 제기되었다.458) 그러나 헌법재판소는 "'후보자에게 유리하도록'은 선거인들이 그 후보자에

---

457) 헌재 2017. 12. 28. 2015헌바232, 판례집 29-2하, 287.
458) 헌재 2009. 3. 26. 2007헌바72, 판례집 21-1상, 412, 위헌소원 청구인의 주장.

대하여 좋은 평가를 하여 동인의 당선에 도움을 줄 가능성이 있도록 할 의도라는 뜻이라고 할 수 있으며, 이는 주관적 요소인 당선목적과 구별되는 개념으로서 객관적으로 후보자에게 이익이 되도록 하는 것을 의미하는 것으로 이해할 수 있다."라면서 명확성의 원칙에 위반되지 않는다고 판단하였다.[459]

이와 관련하여 후보자에게 제기된 부정적 의혹을 부인하는 것이 '후보자에게 유리하도록' 허위사실을 공표한 것이 되는 것인가에 대하여 논란이 있을 수 있다. 예를 들면, 특정 후보자에 대하여 "A와 내연관계이고, 혼외자가 있다."라는 주장이 제기되어 후보자가 이를 부인하였는데 그 의혹 제기가 사실인 경우 후보자가 이를 부인한 것을 유리한 사실을 공표한 것으로 보아 형사처벌하는 경우이다. 지금까지의 대법원 판례들을 보면 이러한 경우도 모두 공직선거법상 당선목적 허위사실공표죄가 성립한다고 판단하고 있다.[460] 하지만 적극적으로 의사를 표현한 것이 아니라 소극적으로 자신에 관한 의혹 제기를 소극적으로 부인하는 행위까지 당선목적 허위사실공표죄가 인정된다고 하는 경우 헌법 제12조 제2항의 자기부죄 거부권을 침해하는 것이라는 비판이 제기될 수 있다. 따라서 이러한 행위를 허위사실공표죄로 인정할 경우에는 그 행위의 적극성과 선거에 미치는 영향 등을 고려하여 형사처벌 여부와 양형을 신중하게 결정하여야 할 것이다. 앞서 살핀 바와 같이 대법원은 최근 후보자토론회에서의 상대 후보의 공격적인 질문에 답변하는 과정의 허위사실공표죄 성립을 매우 신중하게 인정하고 있다.

---

459) 헌재 2009. 3. 26. 2007헌바72, 판례집 21-1상, 418.
460) 대법원 2013. 4. 26. 선고 2013도993판결.

## (3) 소결

공직선거법 제250조 제1항은 당선되거나 되게 할 목적으로 후보자에게 유리하도록 허위사실을 공표하여 선거인의 공정한 판단에 영향을 미치는 일체의 행위를 처벌함으로써 선거의 공정을 보장하기 위한 규정이다. 이는 후보자에게 유리한 허위의 사실을 공표하지 못하도록 함으로써 선거인들이 후보자에 대한 정확한 판단자료를 가지고 올바른 선택을 할 수 있도록 하기 위한 것이다. 선거인이 누구에게 투표할 것인가를 공정하게 판단할 수 있도록 하기 위해서는 후보자 등에 관하여 정확한 판단자료가 제공되는 것이 필요하다. 만약 후보자 등에 관하여 거짓 자료가 제공되면 선거인의 공정·정확한 판단을 그르칠 위험이 있기 때문이다. 위와 같은 규정 취지와 공직선거법 제250조 제1항 법문의 구체적인 규정 내용, 다른 형사처벌 규정과의 비교, 외국의 규정 사례 등을 고려할 때 현재 법문의 규정이 죄형법정주의에 어긋날 정도로 명확하지 못하다고 보기는 어렵다.

경력, 학력, 재산 등은 우리가 일상생활이나 다른 법령 등에서도 흔히 사용되는 용어이며, 그 구체적인 내용은 관련 법령과 법 제도의 취지를 고려하면 수범자가 충분히 예측할 수 있는 개념이라고 판단된다. 대법원도 관련 선거법 사건에서 명확성 원칙 위반을 이유로 한 위헌제청신청을 죄형법정주의의 명확성 원칙에 위반되지 않는다는 이유로 기각하였고,[461] 헌법소원에 대하여도 앞서 살펴본 바와 같이 모두 헌법재판소에서 합헌 결정이 선고되었다. 따라서 현재 당선목적 허위사실공표죄에 대하여는 낙선목적 허위사실 공표에 비해서 학계의 위헌 논란은 상대적으로 적은 편이라고 할 수 있다.[462]

---

461) 헌재 2009. 3. 26. 2007헌바72, 판례집 21-1상, 412, 대법원의 위헌제청신청 기각이유 등.

462) 위헌론을 제기하는 논문들은 공직선거법 제250조 제2항의 낙선목적 허위사실공표죄와 관련된 논문들이 대부분이다; 최정학, "공직선거법 제250조 제2항 '낙선목적 허위사실공표죄'의

그러나 위와 같은 헌법재판소의 결정에도 불구하고 과잉금지원칙 위반 등을 이유로 공직선거법상 허위사실공표죄에 대한 위헌 논란 은 계속 제기되고 있다.[463]

## 나. 과잉금지의 원칙 위반 여부

### (1) 목적의 정당성 : 공정선거의 확보

공직선거법상 허위사실공표죄의 규정이유는 선거의 공정이라는 공익상의 목적을 달성하기 위한 것이다. 선거 과정에서 정치적 언론·출판의 자유라는 명목으로 허위사실 공표 등을 포함하여 언론·출판의 자유를 무제한 보장하게 되면 오히려 민주적 의사형성을 저해할 수 있기 때문에 선거에 부당한 영향을 미치는 명백한 허위사실 공표 등은 규제가 필요하다. 위헌을 주장하는 견해도 명백한 허위사실 공표에 대한 형사적 규제에 대하여 일단 그 필요성은 인정하면서도 이는 자유 선거를 실현하기 위한 수단적 성격을 가지는 것이기 때문에 오히려 그 규제로 인하여 선거의 본질인 자유로운 선택권을 방해할 가능성이 생기지 않도록 매우 엄격한 요건 하에서 필요 최소한에 그쳐야 한다는 취지이다.[464]

선거제도는 헌법상 국민주권주의(헌법 제1조)를 실현하는 중요한 제도이자, 우리 헌법의 기본원리인 자유민주적 기본질서에 포함되는 것으로 선거 과정에서 허위사실 공표 행위가 난무하여 선거가 공정

---

엄격해석론 : 조희연 서울시 교육감의 허위사실공표행위와 관련하여", 「인권법연구」, 제1권, 한국방송통신대학교 법학과, 2015. 2. 45면; 윤지영, 전게논문, 589면; 김종철, 각주 417) 전게논문, 181면; 조국, 전게논문, 175면 등.

463) 2020. 7. 대법원 판결이 선고된 이재명 경기도지사 관련 사건에서도 공직선거법상 당선목적 허위사실공표죄 규정에 대하여 명확성원칙 위반 등을 이유로 위헌법률심판 제청신청이 제기된 바 있었으나 기각되었다(2020. 7. 16. 대법원 2019초기1034 결정).

464) 김종철, 각주 417) 전게논문, 10면 참고.

하게 운영되지 않으면 국민대표자들의 정당성이 결여되어 민주주의의 근간이 흔들리게 된다. 따라서 정치적 언론·출판의 자유를 일부 제한하는 결과가 되더라도 이를 규제할 필요성은 충분하다고 할 것이다. 헌법재판소도 "금권, 관권, 폭력 등에 의한 타락 선거를 방지하고 무제한적이고 과열된 선거운동으로 말미암아 발생할 사회경제적 손실과 부작용을 방지"하기 위해 공직선거법이 도입되었다는 점을 명백히 확인하고 있다.465)

### (2) 수단의 적절성 : 형사적 규제의 상당성

선거 과정에서 허위사실 공표에 대한 법적인 규제가 필요하다면 과연 어떤 방법으로 이를 규제할 것인가는 국민에 의해 선출된 입법자들의 결단에 의한 것이다. 앞에서 살펴본 바와 같이 선거와 관련된 허위사실 공표에 대한 법적 규제는 여러 방법을 선택할 수 있지만, 우리 입법자들은 선거 과정에서 허위사실을 유포하여 선거의 공정을 해한 자에 대하여는 그 폐해의 중대성을 고려하여 매우 엄정한 형사처벌이라는 방법을 선택하였다.

위헌론을 제기하는 측에서는 선거라는 민주주의를 지탱하는 핵심 절차에서 후보를 검증하기 위한 언론·출판의 자유 행사를 형사처벌로 제약하는 것은 무조건 경계해야 한다고 주장하면서, 형사처벌을 가할 경우에는 검증을 위한 정당한 정치적 표현행위까지도 형사처벌을 우려해 위축을 가져온다고 주장하지만,466) 그간의 폐해 등을 고려할 때 형사처벌을 폐지할 정도는 아니라고 판단된다.

특히, 최근에는 아래의 [표 6]에서 나타난 통계처럼 선거 과정에서 발생하는 선거범죄 중 거짓말 선거사범이 금권선거사범보다 더

---

465) 헌재 1999. 9. 16. 99헌바5, 판례집 11-2, 326, 337.
466) 김종철, 각주 417) 전게논문, 21면; 조국, 전게논문, 189면 등.

많은 비중을 차지하게 되었다. 물론, 금권선거에 대한 규제가 강화되어 그 발생 건수가 감소하면서 상대적으로 허위사실 공표 등 거짓말 사범이 늘어난 면도 있다. 하지만 그러한 점을 고려하더라도 과거부터 선거에 있어서 흑색선전 사범은 선거의 공정성을 해하는 심각한 문제였음을 처벌법규의 도입 경과를 살펴보아도 알 수 있다. 선거 과정에서의 허위사실 공표를 형사처벌 하는 규정을 둔 것은 1994. 3. 16. 공직선거 및 선거부정방지법이 최초로 제정될 당시부터였다.[467] 이는 금권선거와 더불어 악의적인 흑색선전 등이 선거에 미쳐온 그간의 폐해가 심각하였다는 점을 반영한 당시 입법기관의 결단이었고, 공직선거법이 여러 차례 개정의 과정을 거치면서도 현재까지도 허위사실공표죄 규정은 이에 대한 폐지 등의 추진은 없이 기본적인 형사처벌 규정체계를 그대로 유지하고 있다. 최근까지도 선거와 관련된 가짜뉴스 사건이 지속해서 증가하고 있는 것은 앞서 살핀 바와 같이 우리뿐만 아니라 외국의 사례에서도 이미 확인되고 있는 상황이다.

[표 6] 최근 지방선거(제7회, 제6회) 선거법위반사범 입건현황[468]

단위 : 명, ( )안은 %

| 구분 | 금품 선거 | 거짓말 선거 | 공무원 선거개입 | 여론조사 조작 | 부정 경선운동 | 기타 | 합계 |
|---|---|---|---|---|---|---|---|
| 제7회 | 825(19.6) | 1,457(34.6) | 99(2.4) | 244(5.8) | 85(2.0) | 1,497(35.6) | 4,207 |
| 제6회 | 1,037(23.3) | 1,295(29.1) | 136(3.1) | 196(4.4) | 134(3.0) | 1,652(37.1) | 4,450 |

---

467) 공직선거및선거부정방지법(1994. 3. 16. 제정, 법률 제13755호) 제250조; 대검찰청, 「공직선거법 벌칙해설」, 제9개정판, 2018. 357면.

468) 대검찰청 보도자료, 「제7회 전국동시지방선거 사범 수사결과」, 2018. 12. 14.

금품선거 입건 인원 증감 추이     거짓말선거 입건 인원 증감 추이

또한, 인터넷과 사회관계망서비스(SNS) 등의 발달로 인해 허위사실의 전파 속도와 범위는 상상을 초월할 수 없을 정도로 빠르고 넓어졌다. 따라서 허위사실을 유포하여 후보자들에 대한 유권자들의 정당한 검증과 판단을 방해하는 행위에 대하여는 이를 더 엄격히 규제해야 할 필요성이 오히려 커졌다고 할 수 있다. 반면, 이에 대하여 인터넷이 선거운동의 자유화에 매우 유리한 수단이고 특히 기성정치질서의 기득권 구조를 타파하는 데 기여할 수 있다는 점에서 매우 중요한 기능을 하므로 인터넷 선거운동에 대한 과도한 규제는 선거의 자유, 특히 정치적 표현의 자유를 위축시킬 수 있다는 주장도 제기되고 있다.[469]

하지만 과거와 달리 이제는 인터넷이나 사회관계망서비스(SNS)를 통한 선거운동은 선거운동 기간의 제한 없이 상시 허용되고 있고, 인터넷 실명 확인제에 대하여도 헌법재판소에서 위헌이 선고되어[470] 특별한 경우를[471] 제외하고는 익명으로 인터넷에서 선거와

---

469) 김종철, "공직선거법상 인터넷언론규제에 대한 비판적 고찰", 「언론과 법」, 제8권 제2호, 한국언론법학회, 2009. 12. 8면.

470) 헌재 2012. 8. 23. 2010헌마 47 등, 판례집 24-2상, 590.

471) 현행 공직선거법은 인터넷 언론사에 대하여 선거운동 기간에 인터넷 홈페이지의 게시판·대화방 등에 정당·후보자에 대한 지지·반대의 글을 게시할 수 있도록 하는 경우 실명을 확인받도록 하는 기술적 조치를 할 의무를 부과하고, 위와 같은 글이 '실명인증'의 표시가 없이 게시된 경우 이를 삭제할 의무를 부과하여 한시적 실명제를 규정하고 있다(공직선거법 제82

관련된 의사표시를 자유롭게 할 수 있는 상황이다. 이러한 상황에서 선거 관련 허위사실 공표 행위까지 정치적 표현의 자유 위축 효과 등을 이유로 효율적이고 신속한 방법인 형사처벌로 규제하지 않고 방임한다면 급속도로 퍼지고 있는 선거 관련 가짜뉴스 확산을 차단하는 것은 쉽지 않다.

지난 19대 대통령 선거에서의 사례만 보더라도 선거에 영향을 미치기 위해 이른바 가짜뉴스를 통한 심각한 허위사실 공표 행위가 기승을 부렸다. 대표적인 사례가 특정 정당의 당직자가 개입한 대통령 후보 아들에 대한 특혜취업 의혹 제기 관련 허위사실 공표사건이었다. 대통령 선거를 불과 열흘도 남겨두지 않은 상황에서 정당 당직자 등이 상대 당의 유력한 대선 후보자의 아들이 한국고용정보원에 특혜채용 되었다는 의혹을 제기하면서 그와 관련된 내용의 증언이 있는 것처럼 통화녹음 내용 등을 조작하여 발표한 것이다. 정당 관계자가 단순한 의혹 제기과정에서 사실관계를 제대로 확인하지 않은 정도의 허위사실 공표가 아니라 적극적으로 증거를 조작하여 발표하였다는 점에서 매우 충격적인 사건이었으며, 선거의 공정성을 심각하게 훼손하는 사건이었다. 결국, 이 사건은 녹음테이프를 조작한 정당의 전 최고의원 등 2명이 구속기소 되는 등 총 5명이 공직선거법상 허위사실공표죄 등으로 기소되어 2017. 12. 21. 1심인 서울남부지방법원에서 모두 유죄가 선고되었으며,[472] 2018. 9. 28. 대법원에서 확정되었다. 이 사건은 선거 직전에 악의적인 허위사실 공표

---

조의6). 이에 대하여도 위헌 논란이 있었으나 헌법재판소는 한시적이고 인터넷이용자의 실명이 표출되지 않는 점 등을 고려하여 합헌이라고 판시하였다(헌재 2010. 2. 25. 선고 2008헌마324, 판례집 22-1상, 347).

472) 서울남부지방법원 2017. 12. 21. 선고 2017고합320 판결; 일부 피고인들에 대하여는 여러 개의 허위사실 공표 행위 중 일부가 허위인식이 부족하였다는 이유로 무죄가 선고되기도 하였으나 대부분의 주된 범죄사실에 대하여는 유죄가 선고되었다.

행위의 폐해와 위험성을 단정적으로 보여주는 사건이며 공직선거법 상 허위사실공표죄의 규정과 그 엄정한 적용의 필요성을 실감하게 하는 사례였다.

그러나 그 이후 제7회 지방선거를 거쳐 최근까지도 선거 과정에 서 영향을 미치기 위한 가짜뉴스 등의 생산과 배포는 지속해서 증가 하고 있다. 지난 18대 대통령 선거 과정에서의 국정원의 선거개입 댓글 조작사건, 19대 대통령 선거 과정에서의 드루킹 댓글 조작사건 등에서도 인터넷 여론조작과 허위사실 공표 등의 불법 선거운동의 폐해가 얼마나 심각한 것인지 이미 경험한 바 있다. 이러한 점을 고 려한다면, 선거와 관련된 허위사실 공표에 대한 형사적 규제 자체가 선거의 공정성 확보를 위한 지나친 규제수단이라고 보기는 어렵다.

### (3) 침해의 최소성 : 민사적 대체가능성과 법정형의 적절성

공직선거법상의 형사처벌 규정이 그 법정형 등을 고려할 때 선거 에 있어서 정치적 표현의 자유를 가장 적게 제한하는 수단인지 여부 에 대하여도 다음과 같은 이유로 위헌이라는 논란이 있다.

우선, 악의적인 허위사실 공표에 대하여 민사적인 손해배상 등의 다른 적절한 수단을 통해서도 충분히 그 제재 효과를 달성할 수 있 는데 형사처벌이라는 수단을 선택함으로써 과도하게 기본권을 침해 하게 된다는 것이다.[473] 민사의 경우에도 징벌적 손해배상제도를 선 거 관련 소송에서 도입하여 억제 효과를 배가할 수 있으며, 소송의 지연 문제도 선거 관련 소송은 신속 처리 사안으로 지정하는 등의 방안을 취하면 형사처벌에 비해서 그 억제 효과가 절대적으로 하위

---

473) 조소영, "정치적 표현행위에 대한 공직선거법상의 한계에 대한 헌법적 검토 - 공직 적격검증 을 위한 의혹 제기와 공직선거법상의 허위사실공표죄 -", 「공법연구」, 제44집 제1호, 한국공 법학회, 2015. 10. 145면 이하; 김종철, 각주 417) 전게논문, 1면 이하; 조국, 전게논문, 175면 이하; 위 논문들은 모두 선거에서 허위사실 공표 행위를 형사적으로 규제하고 있는 현행 제 도는 과도한 정치적 표현의 자유 제한이라는 주장이다.

수단이라고 단정할 수 없다는 것이다. 이와 같은 주장은 선거에 있어서 정치적 표현의 자유의 중요성을 고려할 때 과도한 형사처벌 규정은 최대한 자제되어야 한다는 점에서는 일단 경청할 필요가 있으며 본 저서의 제5장에서도 이와 관련된 개선방안을 제시하였다.

그러나 현행 제도 하에서는 선거에서의 허위사실 공표로 인한 손해배상에 있어 징벌적 손해배상 제도가 도입되어 있지 않고, 민사소송의 진행에 있어서 형사사건과 같이 집중 심리를 통한 신속진행이 현실적으로 어려운 상황이다. 또한 강제수사를 통한 증거수집이 아닌 당사자주의를 기본으로 하는 민사소송에서 얼마나 신속하게 관련 증거가 확보되고 소송이 진행되어 허위사실 공표의 억제 효과를 발휘할 수 있을지도 의문이다. 따라서 현재의 제도 하에서 불가피하게 형사적인 규제를 통해서 이를 효과적으로 억제하는 수단을 택한 것이 반드시 최소 침해의 원칙을 위반한 것이라고 단정하기는 어렵다.

허위사실공표죄의 법정형은 당선목적(제250조 제1항)은 5년 이하의 징역 또는 3천만 원 이하의 벌금, 낙선목적(제250조 제2항)은 7년 이하의 징역 또는 500만 원 이상 3천만 원 이하의 벌금형으로 규정되어 있다. 이와 관련하여 우선, 법정형에 자유형까지 규정하고 있어 사안에 따라서는 신병 구속까지 가능하게 하는 것이 과도한 기본권 침해가 아닌지에 대한 의문이 들 수 있다. 특히, 이미 살펴본 바와 같이 독일, 미국의 경우는 선거와 관련된 허위사실공표죄를 별도로 처벌하지 않고 있으며, 영국의 경우는 벌금형만 규정하고 있다는 점에서 상대적으로 그와 같은 비판이 제기될 수도 있다.

하지만 선거를 앞두고 악의적이고 지속적인 허위사실을 유포하는 행위자는 신속히 검거하여 선거 관여를 방지해야 할 필요성이 있고 그로 인해 침해되는 선거의 공정성도 심각하므로 엄정한 형사처벌을 할 필요성이 있다는 점을 고려할 때 자유형을 법정형으로 규정하는 것이 과도한 법정형을 규정한 것이라고 보기는 어렵다. 일본의 공직선거법도 우리와 같이 벌금뿐만 아니라 자유형도 규정하고 있음은 앞서 살핀 바와 같다. 다만, 공표자의 신병을 구속하는 사례는 매우 심각하고 중대한 사안에 국한되어야 하며 선거를 앞두고 본 조항의 적용이 남용되어 피선거권이 제한당하는 결과가 발생하지 않도록 필요 최소한으로 적용되어야 한다. 지난 제7회 지방선거 사범 통계분석474) 결과 허위사실공표죄로 기소되어 유죄가 선고된 인원은 208명이며, 그중 벌금형이 161명(77.4%), 자유형이 47명(22.6%)이다. 자유형이 선고된 인원 중 실형이 선고된 인원은 5명(2.4%)에 불과하고 나머지 42명(20.2%)은 집행유예가 선고되었다. 이처럼 실제 사례에서는 대부분 벌금형이 선고되고 신체를 구속하는 징역형 선고는 매우 적다는 점, 그중 대부분은 집행유예라는 점을 고려할 때 기본권의 본질적 내용을 침해할 정도로 형이 과도하게 선고되고 있다고 보이지 않는다.475)

다만, 낙선목적 허위사실공표죄의 법정형의 경우에는 벌금형의 하한이 500만 원 이상으로 규정되어 있고, 공직선거법상 100만 원 이상이 선고되면 당선이 무효가 되는 효과와 연계하여 볼 때 침해의 최소성이라는 측면뿐만 아니라 법익 균형성이라는 측면에서도 가장 많은 위헌 논란이 있다. 이에 대하여는 법익 균형성의 항목에서 함께 상세하게 검토한다.

---

474) 대검찰청 선거수사지원과, 「제7회 동시지방선거 선거사범 통계분석자료」, 2018.

475) 다만, 징역형과 벌금형의 법정형이 영국이나 일본 등에 비하여 다소 높은 점은 이미 외국 법제와의 비교과정에서 지적한 바 있다.

### (4) 법익 균형성 : 법정형 하한규정의 균형성

과잉금지의 원칙에 있어 법익의 균형성이란 좁은 의미의 과잉금지의 원칙이라고 할 수 있을 정도로 핵심적인 내용이라고 할 수 있다. 법익 균형성은 적합하고 필요한 수단이 초래하는 기본권 제한의 정도는 추구하는 목적(공익)의 중요성이나 비중을 고려해 적정한 비례관계(균형성)를 갖추어야 한다는 것을 말한다.476)

공직선거법상 허위사실공표죄의 형사처벌 규정은 이미 살핀 바와 같이 선거에서의 공정성을 확보하기 위한 것이며 이를 위해 부득이 선거와 관련된 정치적 표현의 자유가 제한되는 것이다. 특히 선거에 있어 후보자 검증이라는 중요한 정치적 표현의 자유에 대한 제한이므로 그 제한의 사유가 되는 법익과 침해되는 법익 간에 법익 균형성은 엄격하게 유지되어야 할 필요가 있다.

그런데 현행 공직선거법상 낙선목적 허위사실공표죄(제250조 제2항)의 법정형 하한규정과 관련해서는 법익 균형성의 측면에서 위헌 논란이 제기되고 있다. 공직선거법상 허위사실공표죄로 벌금 100만 원 이상이 선고·확정되면 공직선거법 제264조에 의하여 당해 선거에서 당선이 무효가 되어 선거의 결과가 바뀌게 된다.

특히, 법정형 하한이 없는 당선목적 허위사실공표죄와는 달리 낙선목적 허위사실공표죄에 대하여는 벌금형 하한이 500만 원으로 규정되어 있기 때문에 사실상 낙선목적 허위사실공표죄로 기소가 되어 유죄가 선고되면 선고유예 등 특별한 경우가 아니면 당선무효형이 선고될 수밖에 없다. 그러한 점에서 이와 같은 규정은 개인의 형사책임 여부에 연계하여 당선무효의 효과를 부여해 선거결과를 무조건 번복하게 하는 것으로 헌법상 선출직 공직의 파면에 요청되는

---

476) 한수웅, 전게서, 498면.

법익형량의 기본체계를 일탈한 것이고, 더 나아가 헌법상 선거제도의 본질적 내용을 훼손하는 것이라 위헌이라는 비판을 받고 있다.[477]

이와 같은 위헌 논란에 대하여 우리 헌법재판소는 "공직선거법 제250조 제2항이 벌금형의 하한을 500만 원으로 규정하여 공소사실이 유죄로 인정될 경우 일반적으로 당선이 무효가 되도록 한 것은, 입법자가 낙선목적 허위사실 유포행위에 대하여 그 범정과 비난 가능성의 정도가 높은 점 및 국회의원이 국민의 대표자로서 입법작용을 담당하는 중요한 기능을 수행하는 것을 고려하여 불법적인 수단을 사용하여 당선된 자는 특단의 사정이 없는 한 당선을 무효로 하도록 하는 입법적 결단을 내린 것이며, 궁극적으로는 불법 선거운동을 자행하여 얻은 이익을 박탈함으로써 공정한 선거의 확립이나 향후 허위사실 유포행위의 자제라는 일반예방적 효과도 기대할 수 있다."라고 하면서, "공직선거법 제250조 제2항에 해당하는 경우라도 여러 가지의 법률상 감경 사유나 작량감경 사유가 경합하는 때에는 법관은 100만 원 미만의 벌금형을 선고하거나 양형의 조건을 참작하여 형의 선고를 유예할 수도 있으므로 이로써 법관의 양형 결정권이나 판단권 또는 법관에 의한 재판을 받을 권리가 침해된다 할 수 없다."라고 판단하여 위 규정에 대하여 합헌이라는 태도를 보이지만,[478] 이와 같은 결정에 대하여는 위헌론의 지속적인 비판이 제기되고 있다.

특히, 이와 같은 위헌 논란은 제6회 동시지방선거(2014. 6. 14.) 서울시 교육감 선거 과정에서 발생한 조희연 후보의 허위사실 공표 사건에서 더욱 이슈가 된 바 있다. 당시 서울시 교육감 후보로 출마

---

477) 김종철, 각주 59) 전게논문, 200면.
478) 헌재 2009. 9. 24. 2008헌바168, 판례집 21-2상, 617.

하였던 조희연 후보가 선거를 얼마 앞둔 시점인 2014. 5. 25. 상대 후보자였던 고승덕 후보자에 대하여 미국 영주권 보유 의혹을 제기하는 기자회견을 2차례에 걸쳐 하였다가 낙선목적 허위사실공표죄 혐의로 기소되었다. 1심법원인 서울중앙지방법원은 국민참여재판을 거쳐 피고인인 조희연 교육감에 대하여 전부 유죄를 인정하고 당선무효형인 벌금 500만 원을 선고하였다. 그러나 항소심 재판부인 서울고등법원은 2015. 9. 4. 일부 범죄사실에 대하여만 유죄를 선고하면서 법정형 하한규정에도 불구하고 당선인 신분을 유지할 수 있도록 선고유예를 선고하였고,[479] 이 사건은 2016. 12. 27. 대법원에서 검찰의 상고가 기각되면서 확정되었다.[480] 본 사건에 대하여는 당선무효의 1심 판결이 선고되었을 당시 정봉주 전 의원 사건과 같이 위헌적 요소의 법리를 구축한 대법원 판례를 비판적 검토 없이 적용함으로써 당선무효형을 선고하였고, 양형과 관련해서도 단순한 형사사건이 아니라 선거질서라는 민주적 기본질서의 요소에 변동을 초래하는 특별 형사사건인 선거범죄소송으로서의 특수성을 고려하지 못한 양형 판단이라는 비판 등이 있었다.[481]

현행 공직선거법 중 낙선목적 허위사실공표죄 법정형 하한규정과

---

479) 서울고등법원 2015. 9. 4. 선고 2015노1385 판결; 2심 재판부는 선고유예의 사유로 ① 공직 적격 유무를 검증하려는 의도로 1차 공표를 하였고, ② 당시의 공표방법과 표현내용 등에 비추어, 진지한 상호 공방을 통한 진실 획득을 위하여 행해진 것으로 보이는 점, ③ 허위사실의 내용을 엄밀하게 보더라도, 피고인에게 당시 주장을 뒷받침하는 증거가 전혀 없었던 것이 아니라, 피고인이 보유한 증거의 신빙성 여부를 신중하게 따지지 않은 채 증거의 양을 과장하고 그 증명력에 대하여 단정적 평가를 한 것이라는 점, ④ 피고인이 최초 제기한 의혹 중 일부는 사실로 확인되었고, 2차 공표일은 선거일까지 8일이 남은 때여서 상대 후보자도 즉시 반론 및 해명의 기회를 가질 수 있었다고 보이는 점 등을 고려하면 공직선거법 제250조 제2 항을 통하여 엄중하게 처벌하고자 하였던 상대 후보자에 대한 무분별한 의혹 제기 내지 일방적인 흑색선전으로 유권자의 선택을 적극적으로 오도하려는 행위라고 평가하기는 어렵다는 점을 제시하였다.

480) 대법원 2016. 12. 27. 선고 2015도14375 판결.

481) 김종철, 각주 59) 전게논문, 186-187면; 그러나, 2심에서 일부 무죄 및 선고유예가 선고됨으로써 이처럼 비판을 받을 요소들은 어느 정도 해소 되었다.

당선무효형 규정은 위의 사례에서 보는 바와 같이 사안의 경중에 따른 법관의 양형 재량권을 박탈하게 되는 문제점이 있다. 즉, 당선무효형을 회피하기 위해서는 예외적인 선고형인 선고유예만이 가능하도록 입법적으로 엄격한 한계가 설정되어 있다는 점에서 사법상 법익형량을 통해 당선무효를 회피할 수 있는 판단 여지를 지나치게 봉쇄하고 있다는 점에서 위헌적인 요소가 있다고 보아야 한다.[482] 또한, 형사처벌을 수단으로 하여 허위사실 공표 행위의 억제 효과를 넘어서 당선무효라는 부과 효과까지 강제함으로써 침해의 최소성 측면에서도 과도한 정치적 표현의 자유 침해라는 결과를 가져온다.

실제 허위사실 공표의 내용 중에는 매우 악의적이고 중대한 사안들도 있지만 그렇지 않은 경미한 내용도 있는 것이 사실이다.[483] 그렇지만 일단 기소되어 중한 내용이든 경미한 내용이든 유죄가 인정되면 선고유예가 아닌 한, 모두 당선무효형의 형량이 선고되게 된다. 법원이 매우 신중한 법익형량을 통해 범죄인정 여부와 양형을 결정한다고 하여도 이와 같은 제한이 있다 보니 오히려 유죄를 인정하여 당선무효를 선고하기에 법익의 균형이 맞지 않는 사안들에 대하여는 양형이 아닌 사실인정의 단계에서 엄격한 증거판단을 통해 무죄를 선고하는 사례도 실무에서는 발생하고 있다고 생각된다.

제20대 국회의원 선거의 경우 허위사실 공표(당선목적 및 낙선목적 포함)로 기소된 16명의 당선자 중 100만 원 이상이 선고되어 당선무효가 된 사람은 한 명도 없었고, 그중 6명이 무죄가 선고되어 약 38% 정도가 무죄가 선고되었으며, 1명은 선고유예가 선고되었

---

482) 같은 취지: 김종철, 각주 59) 전게논문, 200-202면.

483) 특정 후보가 혼외자가 있다든가 성범죄 전력이 있다는 등의 사생활과 관련된 부분의 악의적 유언비어와 상대 후보의 경력과 성과에 대하여 그것들이 과장되거나 거짓이라는 취지의 허위 사실 유포하는 경우는 내용상의 질이나 정도의 차이도 있지만 유권자들의 표심에 영향을 미치는 정도가 다르다고 할 것이다.

다.484) 이러한 결과는 결국 양형 재량권이 박탈된 법원이 본건 규정의 과도한 법정형 규정에 부담을 느껴 나타나는 현상이라고 판단되며 이는 결국 본건 규정의 입법 취지도 살리지 못할 뿐만 아니라 극단적인 경우 사실인정의 소극적인 태도로 인해 사건의 결론이 왜곡되는 현상까지도 발생할 수 있다.

이와 같은 현상은 위헌론에서 지적하는 것처럼 헌법상 법관의 독립된 재판권을 지나치게 제한할 뿐만 아니라, 선거로 당선된 당선인의 공무담임권은 물론 유권자의 선거권에 대한 과도한 제한으로 헌법상 선거제도의 본질적 내용도 훼손하는 결과를 초래할 위험성이 있다는 점을 보여주는 것이라고 하겠다. 헌법재판소는 법률상 감경 사유나 작량감경 사유가 경합하는 때에는 법관은 100만 원 미만의 벌금형을 선고하거나 양형의 조건을 참작하여 형의 선고를 유예할 수도 있으므로 법관의 양형 결정권이나 판단권 또는 법관에 의한 재판을 받을 권리가 침해된다 할 수 없다고 하고 있으나, 실제 작량감경 이외 추가적인 법률상 감경 사유는 극히 예외적인 것으로 법률상 감경 사유까지 경합하는 사례는 거의 없다. 또한, 선고유예도 그 선고 요건을 엄격히 따져 예외적으로 선고하는 것이지 선거 사건이라고 해서 당선무효 회피를 위해 이를 자주 활용하는 것은 그 자체가 법관의 재판권을 제한하는 결과를 초래하는 것이다.

## 다. 소결

선거에 있어서 흑색선전으로 인한 폐해와 그 영향력은 과거에 비하여는 비교할 수 없을 정도로 커지고 있다. 과거에는 선거법 위반 사례는 주로 금품선거로 인한 사례가 다수를 차지하고 있었으나, 이

---

484) 중앙선데이 제566호, 20대 국회의원 당선자 선거법 재판현황, 2018. 1. 14.

미 위 통계에서 살핀 바와 같이 최근에는 허위사실 유포 등 흑색선전 사범이 다수를 차지하며 그 비율이 늘어나고 있다. 특히 지난 대통령 선거에서도 나타났듯이 후보자들에 대한 악의적인 허위사실과 가짜뉴스의 문제점은 이미 언론에서도 수시로 제기되었다. 또한, 인터넷과 사회관계망서비스(SNS)를 이용한 선거운동이 상시화 된 상황에서는 이를 통한 급속한 허위사실 유포는 유권자들의 선택을 왜곡시키고 선거의 결과에 지대한 영향을 미치게 된다. 따라서 공정선거의 확보라는 민주주의의 중요한 가치를 보장하기 위해 부득이 공직선거법상의 허위사실공표죄를 두어 형사처벌 하도록 하는 것은 필요하다고 할 것이다.

하지만 이와 같은 이유로 형사처벌 규정을 두더라도 실제에 이를 적용함에 있어서 헌법은 가치나 법익 사이에 명확하고 체계적인 우위 관계를 확립하고 있지 않으며 기본권 사이에도 추상적 우위 관계가 없는 점에서[485] 개별적 사건과 관련하여 구체적인 법익형량을 통해 적용되어야 한다. 모든 구체적인 사례를 분석해 볼 수는 없지만, 선거에서 국민의 선택을 받은 당선자가 허위사실공표죄로 기소된 사안 중 무죄가 선고·확정된 사례를 분석해 본다면 허위사실공표죄에 있어서 법원이 정치적 표현의 자유와 선거의 공정성 확보라는 두 개의 법익을 어떠한 기준에 의해 신중하게 비교·형량하고 있는지를 어느 정도 가늠해 볼 수 있다.

지난 20대 국회의원 선거에서 당선자가 허위사실공표죄로 기소되었다가 무죄가 선고되어 대법원까지 확정된 사례들을 선별하여 분석해 본 결과는 아래 [표 7]과 같다.

---

485) 한수웅, 전게서 499면.

[표 7] 제20대 총선 당선자 허위사실 공표 무죄 확정 사건 개요

| 순번 | 대법원 사건번호 | 범죄사실 | 무죄사유 |
|---|---|---|---|
| 1 | 대법원 2017. 8. 29. 선고 2017도7682 | 지방도로를 국도로 승격시킨 사실이 없음에도 선거공보에 "지난 2010년 국도 지선으로 승격시킨 J - N 간 도로를 이른 시일 내에 건설하겠습니다"라고 기재하여 허위사실 공표 | 지방도로를 국도로 승격시켰다는 공보 내용은 허위지만, 선거공보에 허위사실이 기재된 점을 인식하지 못한 것으로 판단 |
| 2 | 대법원 2017. 6. 19. 선고 2017도4354 | 당내 경선 여론조사 관련 페이스북을 통해 거짓 응답을 권유한 사실과 관련, "중앙당으로부터 위 발언이 문제없다는 판단을 받았다"라고 허위사실 공표 | '중앙당의 판단을 받았다'라는 것은 타인의 평가에 해당하고 당선목적 허위사실 공표의 객체인 경력, 행위에 포함된다고 보기 어려움 |
| 3 | 대법원 2017. 12. 22. 선고 2017도13104 | A당 H 후보는 백화점 VIP 회원이 아님에도 '강남 백화점에서 음식 사 먹고, VIP룸에서 커피 마시고, 장 보는 분'이라고 연설하여 허위사실 공표 | '강남 백화점에서 음식 사 먹고, VIP룸에서 커피 마시는 분'이라는 표현은 사실적시가 아니라, 부자들을 대변하는 A당에 대한 의견표시로 봄이 상당 |
| 4 | 대법원 2017. 12. 22. 선고 2017도8118 | 후보자 재산신고에서 채권 29억 원을 13억 원으로 축소하여 허위사실 공표 | 공소사실과 같이 대여금 채권이라고 단정하기 어렵고, 피고인 변명대로 투자 성격의 채권인 경우 실제 가치에 가까운 금액으로 신고한 것으로 보여 허위성 인정 어려움 |
| 5 | 대법원 2017. 9. 7. 선고 2017도4235 | M(C당 후보)의 전과가 4건으로 국회의원 후보자 중 17위였음에도, 낙선목적으로 "기호 3번 전과가 전국에서 두 번째로 많다고 합니다"라고 연설, 허위사실 공표 | 즉석연설 과정에서 말실수일 가능성, 피의자 변소대로 C당 내에서 2등이라는 취지로 연설하였을 가능성도 있어 고의를 인정키 어려움 |
| 6 | 대법원 2017. 11. 23. 선고 2017도13212 | 사실은 OO구청장 재직 시절 우면동 삼성 R&D 연구소를 유치한 사실이 없음에도, 선거공보에 마치 유치한 것처럼 기재, 허위사실 공표 | 중요 부분에서 객관적 사실과 합치되고 허위인식 인정키 어려움 |

| | | | |
|---|---|---|---|
| 7 | 대법원 2017. 12. 22. 선고 2017도15540 | 성남 소재 S고를 다니거나 졸업한 사실이 없음에도 "S고를 2년간 다니고 졸업을 인정받았다"라고 언론 인터뷰 등 허위사실 공표 | S고가 졸업증명서를 발급한 이상 이를 번복하기 위해서는 강한 증명력을 가진 증거가 필요하나, 검사가 제출한 증거만으로 입증 부족 |
| 8 | 대법원 2018. 1. 25. 선고 2017도16591 | 매니페스토 실천본부의 평가가 아님에도 "매니페스토 실천본부 공약이행평가 71.4%, K도 3위"라는 문자 발송, 허위사실 공표 | 세부적 사실에 차이가 있더라도 전체적으로 사실에 부합하므로 허위라고 보기 어렵고, 허위성의 인식도 없음 |
| 9 | 대법원 2017. 11. 9. 선고 2017도12126 | "A 의원은 S 지역 비행장 이전을 처음에 반대했다"라는 취지로 인터뷰해 허위사실 공표 | 다소 과장된 주장일 뿐 허위사실 적시라고 보기 어려움 |
| 10 | 대법원 2017. 12. 22. 선고 2017도6433 | 조선업 특별고용지원업종 지정을 협의한 바 없음에도, 2016. 4. '고용노동부 등과 지속해서 협의해 왔다'라고 허위사실 공표 | 조선업 관련 허위사실 공표 : 기자회견 전에 장관과 전화통화를 하여 특별고용지원업종 지정에 대한 희망을 표시했으므로 '과장'에 해당할 뿐 '허위'에 해당하지 않음 |

　　무죄 내용을 분석해 보면, 법원은 첫 번째로, 일부 세부적인 부분에 사실과 다른 점이 있다 하더라도 주요 내용에 있어서 진실에 부합하는 경우에는 허위사실의 공표로 인정하지 않고 있다. 두 번째로, 허위의 인식에 대하여 판례상 미필적 고의를 인정하면서도 각 사안에 따라 매우 신중한 태도를 보인다. 어찌 보면 후보자로서는 당연히 알고 있어야 할 자신의 선거공보에 기재된 내용이라 하더라도 구체적인 경우 선고공보 내용을 작성함에 있어 그 상세한 내용까지는 이를 인식하지 못한 상황에 해당하는 경우가 있다며 무죄를 선고하고 있다. 세 번째로, 객관적인 사실에는 부합하지 않는다 하더라도 전체적인 취지에 비추어 다소 과장된 표현인 경우로 판단되는 경우에도 허위사실 공표를 인정하지 않는 태도를 보인다. 마지막으로, 의견 표명이나 평가의 범위를 다소 넓게 보아 일부 사실의 적시가

있더라도 전체적으로 의견 표명이나 평가에 해당하는 경우는 허위사실공표죄에 해당하지 않는다고 판단하고 있다. 지난 제20대 총선에 국한된 것이긴 하지만, 이처럼 허위사실공표죄에 대한 무죄선고 통계, 그 유형 등을 살펴보면 현재 허위사실공표죄에 대하여 법원이 위헌론의 주장과 같이 무제한적으로 불합리한 대법원 판례와 법리를 적용하여 정치적 언론·출판의 자유를 광범위하게 제한하는 판결을 하고 있다고 단정하기는 이렵고, 선거의 공정성 확보와 정치적 표현의 자유와의 철저한 법익형량을 통한 법적 판단을 위해 노력하고 있다고 판단된다.

다만, 공직선거법상 허위사실공표죄는 선거에 있어서 후보자의 검증을 위하여 필요한 정치적 언론·출판의 자유를 제한하는 입법이므로 이는 공정선거를 확보하기 위한 범위에서 최소한에 그쳐야 한다. 그러나 현재의 낙선목적 허위사실공표죄 법정형 하한규정은 지나치게 과중하게 되어있어 사실상 당선무효를 강제함으로써 과잉금지 원칙상의 피해 최소성과 법익 균형성에 위반되는 위헌적 요소가 있다. 선거를 통해 공무원으로 선출되는 것은 그 개인의 사익과 관련된 것이기도 하지만, 반면 그 공무원을 대표로 선출하여 공무를 담당하게 한 유권자의 공익도 결부된 것이므로 유죄판결과 당선무효를 연계함에는 매우 신중하여야 한다. 그런데도 법정형 하한을 정하여 죄질의 경중은 물론 선거결과에 미치는 영향을 전혀 고려함이 없이 유죄가 선고되면 일률적으로 당선무효의 법적 효과를 부과하도록 하는 것은 청구인의 공무담임권은 물론 유권자의 선거권에 대한 과도한 제한으로 기본권 침해는 물론 헌법상 선거제도의 본질적 내용이 침해될 수 있다.[486] 사안의 경중을 고려하여 법관이 당선무

---

486) 김종철, 각주 59) 전게논문, 200면.

효형 여부를 선택하여 선고할 수 있도록 공직선거법상 법정형의 개정 검토가 필요하다고 판단된다.[487)

## V. 관련 문제 : 후보자비방죄의 합헌성 검토

### 1. 후보자비방죄 개요

#### 가. 후보자비방죄 규정

공직선거법은 허위사실공표죄와 별개로 제251조에서 '후보자비방죄'[488)를 규정하고 있다. 후보자비방죄는 공직선거법 제250조 허위사실공표죄와 더불어 선거 시 당선을 목적으로 수단과 방법을 가리지 아니하고 상대 후보자나 그 가족들에 대한 중상모략과 흑색선전을 자행함으로써 선거풍토를 혼탁하게 하고 나아가 사회 혼란까지 야기하였던 과거 선거문화에 대한 반성으로 평온하고 공정한 선거 분위기 조성을 목적으로 하는 것으로 제250조가 허위사실을 공표하는 인신공격을 규제하는 데 비하여 본 조항은 사실(진실)을 적시하여 비방하는 것을 규제하고 있다.[489) 사실적시를 요건으로 하므로 가치판단이나 평가를 내용으로 하는 의견표현인 경우에는 후보자비

---

487) 19대 국회에서 이와 관련하여 허위사실공표죄 규정에 대한 개정안이 발의된 적이 있는데, 구성요건을 강화하는 박영선 의원안은 이미 살펴보았고, 그 이외에 소위 '나경원법'으로 회자하는 개정안은 허위사실공표죄의 구성 요건상 통신에 SNS를 통한 공표를 규제 대상에 명시적으로 포함하여 적용대상을 확대하는 한편, 양형을 강화하여 자유형만으로 처벌하는 것을 골자로 한다. 두 법안 모두 제19대 국회에서 통과되지 못하고 폐기되었으며 제20대 국회에서는 개정안이 논의조차 되지 않았다.

488) 제251조(후보자비방죄) 당선되거나 되게 하거나 되지 못하게 할 목적으로 연설·방송·신문·통신·잡지·벽보·선전문서 기타의 방법으로 공연히 사실을 적시하여 후보자(候補者가 되고자 하는 者를 포함한다), 그의 배우자 또는 직계 존·비속이나 형제자매를 비방한 자는 3년 이하의 징역 또는 500만 원 이하의 벌금에 처한다. 다만, 진실한 사실로서 공공의 이익에 관한 때에는 처벌하지 아니한다.

489) 대검찰청, 「공직선거법 벌칙해설」, 제9개정판, 2018. 399면.

방죄가 성립하지 않는다. 후보자비방죄에서 적시되는 사실은 악행 기타 추행뿐만 아니라 결과에 있어서 사람의 사회적 가치평가를 저하할 수 있는 사실로서 후보자의 당선을 방해할 염려가 있으면 족하다. '비방'이라 함은 정당한 이유 없이 상대방을 깎아 내리거나 헐뜯는 것을 의미하는데, 주로 합리적인 관련성이 없는 사실, 예컨대 선거와는 전혀 관련이 없는 사적이거나 프라이버시에 속하는 영역을 폭로 또는 공표하거나 허위의 사실을 진달하는 등의 방법을 생각해 볼 수 있고, 다만 여러 가지 사정들을 종합하여 그 비방의 대상자가 누구인지 추지할 수 있으면 족하다.[490] 후보자비방죄는 구성요건에 초과주관적 구성요건 요소로 '당선되거나 되게 하거나 되지 못하게 할 목적'을 별도로 요구하고 있다. 또한, 단서에 '진실한 사실로서 공공의 이익에 관한 때에는 처벌하지 아니한다'라고 규정하여 허위 사실 공표와 달리 위법성조각사유를 규정하고 있다.

### 나. 연혁 및 입법례

선거와 관련된 법률이 현행 공직선거법으로 통합되지 않고 대통령선거법, 국회의원선거법, 지방의회의원선거법, 지방자치단체의장선거법 등 개별 선거법으로 규제될 때부터 각 개별 선거법은 현행 공직선거법 제251조와 유사한 후보자비방죄를 규정하고 있었다. 다만, 개별 선거법에서는 후보자에 대한 비방만을 처벌 대상으로 규정하고 후보자가 되고자 하는 자에 대한 비방행위를 처벌하지 않다가, 1994. 3. 16. 법률 제4739호로 선거에 관한 하나의 단일법인 공직선거및선거부정방지법이 제정되면서 후보자뿐만 아니라 후보자가 되고자 하는 자에 대한 비방행위까지 처벌 대상으로 규정되었으며, 이

---

490) 서울중앙지방검찰청, 각주 245) 전게서, 405면.

후 내용의 변화 없이 유지되어 왔다. 후보자비방죄는 선거에서의 당선을 목적으로 후보자등록이 이루어지기도 전부터 수단·방법을 가리지 아니하고 후보자가 되고자 하는 의사를 가진 자에 대한 중상모략과 인신공격, 흑색선전을 자행하여 선거풍토를 혼탁하게 하고 사회 혼란까지 야기하였던 과거의 선거 현실에 대한 반성의 산물이다. 즉, 후보자가 되고자 하는 자 및 그 가족에 대한 과도한 인신공격을 방지하여 그들의 명예를 보호하고, 나아가 공직선거법 제59조가 정하고 있는 선거운동 기간이 아닌 시기에 당선되거나 되게 하거나 되지 못하게 할 목적을 가지고 특정인을 비방함으로써 사실상 선거운동 기간의 제한을 회피하는 것을 방지함과 동시에, 유권자들로 하여금 장차 후보자가 될 가능성이 있는 자에 대하여 올바른 판단을 하게 함으로써 선거의 공정을 보장하기 위해 도입된 규정이다.[491] 하지만, 선거와 관련한 후보자 검증 과정에서 진실한 사실을 적시하였음에도 후보에 대한 비방에 해당한다는 이유로 형법상 명예훼손죄와 별도로 선거법에서 형사처벌 규정을 하는 입법례는 거의 찾아볼 수 없으며,[492] 경제협력개발기구(OECD) 회원국에는 허위사실을 유포한 경우 이외에 진실한 사실을 적시한 경우까지 '후보자비방'이라는 죄명으로 이를 형사처벌하는 국가가 없다는 점에서 비판[493]이 제기되고 있는 상황이다.

---

491) 헌재 2010. 11. 25. 2010헌바53, 판례집 22-2하, 425.

492) 독일, 미국 등의 입법례와 관련 논의는 허위사실공표죄 항목에서 함께 살펴본 바와 같다.

493) 한국일보, [기고] 호주의 허위사실공표죄 폐지, 유종성 호주국립대 정치사회변동학과 교수, 2015. 4. 21.

## 2. 관련 대법원 판례 및 주요사례

### 가. 대법원 판례

후보자비방죄의 구성요건과 위법성조각사유 등과 관련하여 대법원은 판례를 통하여 다음과 같은 법리를 제시하고 있다.

#### (1) 행위의 객체로서 '후보자가 되고자 하는 자'

대법원은 공직선거법상 '후보자가 되고자 하는 자'에는 선거에 출마할 예정인 사람으로서 정당에 공천신청을 하거나 일반 선거권자로부터 후보자 추천을 받기 위한 활동을 벌이는 등 입후보 의사가 확정적으로 외부에 표출된 사람뿐만 아니라, 그 신분·접촉대상·언행 등에 비추어 선거에 입후보할 의사를 가진 것을 객관적으로 인식할 수 있을 정도에 이른 사람도 포함된다고 보아, '후보자가 되고자 하는 자'에 해당하는지를 순전히 당사자의 주관에만 의존하는 것이 아니라 후보자가 될 의사를 인정할 수 있는 객관적 징표 등을 고려하여 판단하고 있다.494)

#### (2) 공연히 사실을 적시하여 비방

공연히 사실을 적시하여 비방하여야 하며 허위사실공표죄와 마찬가지로 후보자비방죄에 대하여도 판단대상인 진술 등이 사실의 적시인지 아니면 단순한 가치판단, 평가, 의견 표명에 불과하다고 볼 것인지는 위에서 이미 살펴본 바와 같은 기준으로 판단되어야 할 것이다. 대법원 판례는 진술 속에 상대방에 대하여 주관적으로 평가한 의견 진술의 일부가 포함되어 있기는 하지만 그 진술 내용이 전체적으로 사실의 나열로 구성되어 있고, 그 진술 여부의 입증이 가능하여 자신의 의견표현에 앞서 먼저 사실들을 제시함으로써 이를 통하

---

494) 대법원 2001. 6. 12. 선고 2001도1012 판결; 대법원 2011. 3. 10. 선고 2011도168 판결 등.

여 피해자의 인격에 대한 평가를 저하하려는 의도임이 문맥상 드러난 경우라면 의견 진술이 아니라 사실 표현이라고 판시하였다.[495] 즉, 의견표현과 사실적시가 혼재되어 있는 경우에는 이를 전체적으로 보아 사실을 적시하여 비방한 것인지 여부를 판단하여야지 의견표현과 사실의 적시 부분을 분리하여 별개로 범죄의 성립 여부를 논해서는 안 된다는 태도를 보인다.[496]

대법원은 '비방'의 개념에 대하여 명예훼손죄 등에서 살핀 바와 같이 "정당한 이유 없이 상대방을 깎아 내리거나 헐뜯어 그 사회적 가치평가를 저하하려는 것을 의미한다."[497]고 판시하고 있다. 주로 합리적인 관련성이 없는 사실, 예컨대 선거와는 전혀 관련이 없는 사적이거나 프라이버시에 속하는 영역을 폭로 또는 공표하거나 허위의 사실을 전달하는 등의 방법에 의하고 다만, 여러 가지 사정들을 종합하여 그 비방의 대상자가 누구인지 추지할 수 있으면 족하다고 보고 있다.[498]

대법원 판례 등에 의하여 '비방'에 해당한다고 인정된 대표적 사례들을 보면 적시된 사실 중 진실에 부합하지 않은 부분이 있거나 그 사실의 적시에 있어 과장 또는 왜곡된 표현이 사용된 경우가 대부분이다. 유형별로 분류해 보면 ① 상대 후보자의 사적인 가정생활 등에 대한 부정적인 글을 게시하거나,[499] ② 상대 후보의 정치 활동에 대한 비방 및 정치적 견해를 왜곡한 경우,[500] ③ 상대 후보자의

---

495) 대법원 1998. 3. 24. 선고 97도2956 판결; 대법원 1997. 4. 25. 선고 96도2910 판결 등.

496) 대법원 2004. 6. 25. 선고 2004도2062 판결; 대법원 2000. 9. 5. 선고 99도4832 판결 등.

497) 대법원 2009. 6. 25. 선고 2009도1936 판결.

498) 대검찰청, 「공직선거법 벌칙해석」, 제9개정판, 2018. 405면.

499) 대법원 2002. 6. 14. 선고 2000도4595 판결.

500) 대법원 1996. 11. 22. 선고 96도1741 판결; 대법원 2009. 6. 25. 선고 2009도1936 판결.

인격, 학력, 활동 등에 대한 악의적 평가를 기재한 경우,[501] ④ 재산 형성이나 병역과 관련된 근거 없는 의혹을 제기한 경우[502] 등을 비방에 해당한다고 보았다.

### (3) 위법성이 조각되는 경우

후보자비방죄에 대하여는 공직선거법 제251조 단서 '진실한 사실로써 공공의 이익에 관한 때에는 처벌하지 아니한다'라는 규정에 의하여 위법성조각사유가 인정된다. 대법원 판례는 이와 같은 위법성 조각사유가 인정되기 위해서는 ① 적시된 사실이 전체적으로 보아 진실에 부합할 것, ② 그 내용이 객관적으로 공공의 이익에 관한 것일 것, ③ 행위자도 공공의 이익을 위하여 그 사실을 적시한다는 동기를 가지고 있을 것이 요구된다고 보고 있다. 공공의 이익과 관련해서는 반드시 사적 이익보다 우월한 동기가 되어야 하는 것은 아니나 사적 이익과 비교하여 공공의 이익이 명목상 동기에 불과하여 부수적인데 지나지 않은 경우에는 공공의 이익으로 볼 수 없다고 판단하고 있다.[503]

공공의 이익이 인정되어 위법성이 조각된다고 판단한 사안들은 적시된 사실이 전체적으로 진실에 부합하고 그 표현에 비하적 어구가 사용되지 아니한 경우에는 대부분 위법성 조각을 인정하고 있다. 유형별로 분류하여 보면 ① 상대 후보 등의 전과 사실이라 하더라도 사회적 활동에 대한 비판 내지 평가의 한 자료가 되어 공직후보자로서의 자질과 적격성을 판단하는 데 중요한 자료가 되는 것으로 공적 이익에 관한 사실이라고 보았고,[504] ② 학력은 후보자의 자질을 평

---

501) 대법원 2011. 3. 10. 선고 2011도168판결.

502) 대법원 2011. 7. 28. 선고 2011도5071 판결.

503) 대법원 2011. 3. 10. 선고 2011도168 판결; 대법원 2009. 6. 25. 선고 2009도1936 판결 등.

504) 대법원 1996. 6. 28. 선고 96도977 판결; 그 이외에도 대통령 후보자 가족의 공산당 전력에

가하는 유용한 자료인 점, 적시한 사실이 거짓이라고 보이지 않고
달리 과장 또는 왜곡이 없는 점, 전체적인 맥락과 표현방법 등에 비
추어 유권자들에게 후보자의 자질에 대한 자료를 제공함으로써 적
절한 투표권을 행사하도록 하려는 경우일 때에는 공공의 이익을 위
하여 그러한 행위를 한 것으로 보인다고 판단하였으며,505) ③ 상대
후보의 의정활동에 대한 비판 인쇄물을 배포한 사안의 경우에도 그
러한 인쇄물은 상대 후보자의 공직후보자로서의 자질과 적격성을
가늠하는 일단 유용한 자료로서 공공의 이익에 관한 사실이라고 보
았고,506) ④ 후보자 배우자의 재산 관계 등을 공개한 경우에도, 후보
자 본인이나 생활공동체를 이루고 있는 처의 지방세 체납 사실은 후
보자의 사회적 활동에 대한 비판 내지 평가의 한 자료가 되어 그의
공직후보자로서의 자질, 준법성 및 공직 적격성을 판단하는 데 자료
가 될 수 있는 것이어서 객관적으로 공공의 이익에 관한 사실이라고
판단하였다.507)

### (4) 당선 또는 낙선의 목적

후보자비방죄는 구성요건에 설시된 바와 같이 초과주관적 구성요
건요소로서 '당선되거나 되게 하거나 되지 못하게 할 목적'을 따로
필요로 하고 있다. 대법원 판례는 이러한 목적이 적극적 의욕이나
확정적임을 요하지 아니하고 미필적 인식이면 족하고, 그 유무 판단

---

대한 발언(대법원 2004. 10. 27. 선고 2004도3919 판결), 국회의원 후보자의 가족과 친구에
대한 범죄전력을 공개한 사안(대법원 2013. 2. 28. 선고 2012도16058 판결) 등에서도 위법성
조각을 인정하였다.

505) 대법원 2003. 12. 26. 선고 2003도4227 판결; 그 이외에도 후보자에 대한 대학 학점을 공개
하고 비판한 사안(대법원 2013. 11. 28. 선고 2013도11209판결), 초등학교 졸업 사실을 알리
며 준비되지 않은 후보라고 발언한 사안(대법원 2013.3.14. 선고 2013도277판결) 등에서도
위법성 조각을 인정하였다.

506) 대법원 1997. 6. 10. 선고 97도956 판결.

507) 대법원 2000. 4. 25. 선고 99도4260 판결.

은 피고인의 사회적 지위, 피고인과 후보자 또는 경쟁 후보자와의 인적관계, 행위의 동기 및 경위와 수단 방법, 행위의 내용과 태양, 상대방의 성격과 범위, 행위 당시의 사회 상황 등 여러 사정을 종합하여 사회통념에 비추어 합리적으로 판단해야 한다고 판시하였다.[508]

## 나. 주요사례 분석

선거법 위반 사건 중 후보사비방죄 등 흑색선전 사범이 증가하고 있는 추세이지만 실제 각 사건에서 후보자비방죄가 성립하기 위한 사실관계 확정과 법리적인 판단은 매우 어려워 동일한 사안에 대하여 검찰과 법원의 판단이 달라 무죄가 선고되는 사례가 적지 않았다. 따라서 여기서는 언론의 관심과 이슈가 되었던 주요 후보자에 대한 비방사건이 검찰에서 혐의가 인정되어 기소되었다가 법원에서 무죄가 선고된 사례를 중심으로 분석해 봄으로써 후보자비방죄 성립 여부에 대한 법적인 판단 기준이 어느 정도 명확한지 등을 검토해 보도록 하겠다.

### (1) 안도현 시인, 박근혜 대통령 후보 안중근 유묵 절취 비방사건

안도현 시인[509]은 제18대 대선 당시 대통령 후보였던 박근혜 대통령이 청와대가 소장하고 있던 안중근 의사 유묵이 사라진 것과 관련이 있다는 취지의 글을 자신의 트위터에 17차례 게시하였다는 이유로 공직선거법상 허위사실공표죄와 후보자비방죄로 기소되었다. 당시 게시된 글의 취지는 보물 제569-4호인 안중근 의사 유묵이 1976년 청와대에 기증된 이후 그 소재를 알 수 없는 상황이 되었고 문화재청이 결국 2011년 11월 '소재 불명 문화재'로 공고를 하였는

---

508) 대법원 1997. 4. 25. 선고 96도2910 판결.
509) 제18대 대선 민주통합당 문재인 후보 공동선거대책위원장으로 활동하였다.

데, 안중근 의사 숭모회 측이 2009년 발간한 도록 상에는 "원 박근혜 소장이었으나 현재는 청와대 소장"으로 기재가 되어있는 것을 보면 위 유묵이 사라지는 과정에서 박근혜 대통령이 관련되어 있고 현재까지 소장 의혹이 있다는 내용이었다.

언론의 관심을 받고 이슈가 되었던 본건 사건은 1심에서 국민참여재판으로 진행되었고 배심원 7명 전원은 공소사실 전부에 대하여 무죄 평결을 내렸으나, 재판부인 전주지방법원 제2형사부는 위 사건에 대하여 허위사실 공표에 대하여는 배심원평결과 같이 무죄를 선고하고 후보자비방죄에 대하여는 배심원평결과 달리 유죄를 인정하여 벌금 100만 원을 선고하면서 "후보자비방죄 해당 여부에 관하여 보건대, 위 공표 내용이 대통령 후보로서의 능력이나 자질과 직접 관련이 없는 도덕적 흠집을 내는 것으로 이 사건 공표 당시 피고인의 지위, 당시 대통령 선거 상황, 공표 시점, 공표 전후 피고인의 행적 등에 비추어 피고인이 주장하는 대통령 후보자격의 검증이라는 공익 목적은 명목상 동기에 불과하고, 박근혜 후보를 낙선시킬 목적으로 위 후보자를 비방한 것이어서 법이 허용하는 언론·출판의 자유의 한계를 일탈하여 위법하다."라고 판결 이유를 설시하였다.[510]

그러나 2심 재판부는 허위사실 공표 부분에 대하여는 '진위 불명'으로서 허위성이 입증되지 않았고, 후보자비방 부분에 대하여는 공익의 목적이 있어 위법성이 조각된다는 이유로 1심과 달리 모두 무죄를 선고하였다. 재판부는 후보자비방 부분에 대하여 글의 내용이 '비방'에 해당하지만 "공직선거에 입후보한 자는 이미 공인으로서 그에 대한 사실은 유권자에게 알려져 비판과 감시의 대상이 되고 투표의 판단자료로 제공되는 것은 공익에 부합한다고 할 것이고, 후보

---

[510] 전주지방법원 2013. 11. 7. 선고 2013고합96 판결.

자의 사생활 및 인격권을 침해할 수 있는 비방행위라고 하더라도 공직선거에 있어서 유권자의 적절한 투표권 행사를 도모한다는 공공의 이익에 의하여 일정한 요건 하에 그러한 비방행위를 정당한 것으로 용인하고 있는 공직선거법 제251조 단서의 입법 취지를 고려할 때 주관적 동기의 공익성을 보다 넓게 인정할 필요가 있는 점을 더하여 보면 사적 이익과 공공의 이익 사이에 상당성도 인정된다."라는 이유로 위법성이 조각되므로 무죄라고 판단하였다.[511] 2016. 12. 15. 대법원 상고심에서 상고가 기각되어 항소심 판결대로 무죄가 확정되었다.

위 사건은 동일한 사실관계에 대하여 후보자비방죄를 적용함에 있어서 검찰의 판단, 배심원의 판단, 1심법원의 판단, 항소심 재판부의 판단이 모두 달랐던 사안으로 후보자비방죄가 성립하느냐에 대한 법적 판단의 기준이 일반인의 관점에서 보았을 때 명확하지 않다는 논란이 제기 될 만한 사안이었다.

### (2) "친일파 빨갱이 딸년" 비방사건

박근혜 대통령 후보에 대하여 18대 대선을 앞두고 "친일파 빨갱이 딸년 박근혜 봐라… 두 번 다시 봉하마을에 오지 마라… 그리고 무식하고 더러운 주둥이로 서민 민주화 경제 이야기 하지 마라 18년아" 등의 내용으로 후보자를 비방하는 글을 일간지 인터넷 게시판에 게시하여 공직선거법상 후보자비방죄로 기소된 사건에서, 1심 법원은 "게시된 글의 내용이 합리적 비판이라기보다는 확인되지 않은 사실이나 개인의 주관적 감정에 바탕을 두고 매우 비속한 언어를 사용하여 박근혜 후보를 일방적으로 매도하는 것이어서 언론·출판의 자유의 범위에 있다고 보기 어렵다."라는 점 등을 이유로 유죄판결

---

511) 광주고등법원 2014. 3. 25. 선고 2013노237 판결.

을 선고하였다.512) 그러나 항소심 재판부는 "'친일파 빨갱이의 딸' 등의 표현은 그 단어의 통상적 의미와 용법, 입증 가능성, 그것이 사용된 문맥, 피고인이 게시한 글들의 표현내용과 피고인의 의도 등을 종합하여 볼 때 피고인의 박근혜 후보에 대한 부정적이고 경멸적인 평가를 드러낸 것이지 증명 가능한 사실을 적시한 것으로 볼 수 없다"라면서 사실의 적시를 구성요건으로 하는 공직선거법상 후보자 비방죄는 성립할 수 없다는 이유로 무죄를 선고하였고,513) 대법원 상고심에서도 그대로 확정되었다.514)

이 사건 역시 '사실의 적시'에 해당하는지에 대한 검찰과 법원 각 심급의 판단이 달랐던 사건으로 후보자에 대한 어느 정도의 비방적 표현행위가 단순한 의견의 표명인지 아니면 구체적 사실적시인지 구별하기가 쉽지 않다는 점을 보여주는 대표적인 사례이다.

### (3) 김해호 목사 박근혜 대통령 후보 비방사건

무죄가 선고된 사건은 아니나 2007년 박근혜 대통령 후보에 대한 후보자 비방사건으로 유죄가 확정된 김해호 목사 사건이 지난 2017 년 박근혜 대통령과 최순실의 국정농단으로 인한 헌법재판소의 탄핵 결정 선고 이후 논란이 된 바 있다. 그 이유는 김해호 목사가 2007년 후보자비방 및 명예훼손으로 처벌받은 범죄사실의 내용이 최순실의 비리와 관련된 내용을 폭로하는 것이었기 때문이다.

김해호 목사는 17대 대선을 앞둔 2007년 6월 당시 한나라당 대선 경선 후보였던 박근혜 대통령이 최태민, 최순실 일가의 비리와 연루되어 있다는 내용의 기자회견을 개최한 사실로 공직선거법상 후보

---

512) 인천지방법원 2013. 2. 20. 선고 2013고합44 판결.
513) 서울고등법원 2013. 4. 26. 선고 2013노982 판결.
514) 대법원 2013. 6. 27. 선고 2013도5027 판결.

자비방 및 명예훼손 혐의로 기소되어 1심에서 징역 1년을 선고받아 구속되었다가 항소심에서 징역 8월, 집행유예 2년을 선고받아 석방되었고 대법원에서 확정되었다. 범죄사실의 주된 요지는 기자회견을 수차례 열어, "최태민과 최순실이 육영재단 운영에 관여하여 재단 공금 횡령 등 부정한 방법으로 막대한 재산을 형성하는 것을 당시 이사장인 박근혜 예비후보가 이를 비호하고, 최순실 등의 재산이 박근혜 예비후보와 관련된 것이다.", "박근혜 예비후보가 최태민과 특별한 관계가 있어 일부러 최태민의 집 근처로 이사를 간 것이다.", "박근혜 예비후보가 경남기업 신기수 회장으로부터 성북동 주택을 제공받은 것은 본인이 이사장으로 재직한 영남학원 소속 영남대에서 경남기업에 학교공사를 발주한 대가로 이루어진 사학비리이다." 라는 등의 사실을 공표하여 박근혜 예비후보를 비방하고 허위사실을 공표하여 명예를 훼손하였다는 것이었다. 그런데 2017년 3월 헌법재판소에서 박근혜 대통령과 최순실 일가의 국정농단 등을 이유로 박근혜 대통령이 탄핵당하고, 검찰 수사로 박근혜 전 대통령이 기소가 되자, 김해호 목사는 2007년 자신의 발언이 사실이며 이에 대하여 후보자비방 및 허위사실 공표 명예훼손죄를 적용하여 유죄가 선고된 법원의 판결은 잘못된 것이라며 재심을 청구하였다. 그러나 재심청구는 2017. 8. 24. 서울고등법원에서 "제출한 재심청구 증거들이 신문 기사나 방송 캡처 중 일부로 전문 또는 재전문 진술이 담긴 자료로 형사소송법이 재심 이유로 정한 무죄 등을 인정할 명백한 증거"라고 볼 수 없다는 이유로 기각되었다. 후보자비방죄는 진실한 사실적시인 경우에도 적용되기 때문에 설령 발언 사실이 진실이라는 증거가 있더라도 재심이 인정되지 않았을 가능성도 배제할 수 없어 후보자비방죄 적용의 위헌 논란을 재차 촉발한 사건이라고 할 수 있다.

### (4) 노무현 대통령 후보 비방사건

제16대 대통령 선거와 관련하여 당시 후보였던 노무현 대통령에 대한 후보자비방사건에 대하여도 무죄가 선고된 사례가 있다. 2002년 대선 당시 조선일보 독자 마당, 문화일보 자유게시판 등에 "노무현이란 자의 저질스러운 입에서 내뱉은 말은 영원히 기억될 것이며 국가지도자로서의 의심스러운 것 불문가지로다", "상업학교 출신 학력의 닮은꼴 후계자를 내세운 김대중이란 인간은 그를 닮은 주변의 혈족과 가신들 그리고 연고 집단의 인간성이 유유상종이란 말 듣기에 알맞다" 등 당시 대선후보 노무현을 비방하는 글을 올린 당사자에 대하여 검찰이 공직선거법상 후보자비방죄로 기소를 하였다. 1심 법원은 위 게시글이 노무현 후보자의 평가를 저하하려는 의도보다는 유권자들에게 후보자의 자질에 대한 자료를 제공함으로써 적절한 투표권을 행사하도록 하려는 공공의 이익을 위하여 그러한 행위를 하였던 것으로 보이므로 위법성이 조각된다고 판결하였고, 이 판결의 결론은 대법원에서 확정되었다.515) 비방적인 내용이기는 하지만 공익성이 인정된다는 이유로 무죄를 선고한 사안이라고 할 수 있다. 후보자비방죄에 있어서 공익성 판단의 어려움을 단적으로 보여주는 사건이라고 할 수 있다.

## 3. 공직선거법상 후보자비방죄에 대한 합헌성 검토

후보자비방죄에 대하여는 위헌 논란이 지속해서 제기되면서 헌법 재판소의 위헌심판의 대상이 된 바 있다. 위헌소원심판에서의 주된

---

515) 대법원 2003. 12. 26. 선고 2003도4227 판결.

쟁점은 '후보자가 되고자 하는 자' 및 '공공의 이익'이 명확성의 원칙에 반하느냐와 해당 규정이 정치적 언론·출판의 자유를 과도하게 침해하여 과잉금지원칙에 위배하는지 여부였다. 헌법재판소는 2013. 6. 27. 공직선거법 제251조(후보자비방죄)에 대한 위헌소원 사건516)에서 재판관 4명이 합헌, 5명이 위헌의견을 제시하여 재판관 9명 중 위헌의견이 다수였음에도 위헌 정족수 6인에 1인이 부족하여 본 건에 대하여 합헌으로 결정하였다.

따라서 이번 항에서는 위헌소원에서 제기되었던 위헌론의 주장과 헌법재판소 결정의 내용을 살펴보고, 현행 후보자비방죄가 명확성의 원칙, 과잉금지의 원칙에 위반되지 않는 합헌적인 규정인지 앞에서 검토한 사례분석 등을 근거로 논증해 보도록 하겠다.

## 가. 명확성의 원칙 위반 여부

### (1) '후보자가 되고자 하는 자'의 개념의 명확성 검토

공직선거법상 '후보자비방죄'의 규정에 대하여는 위헌이라는 주장이 지속해서 제기되어 왔는데 위헌론 주장은 우선 후보자비방죄의 조항에서 규정하고 있는 행위 객체 중 하나인 '후보자가 되고자 하는 자'의 개념과 관련하여 '후보자가 되고자 하는 자'로 인정될 수 있는 객관적인 시기나 행위 태양에 대하여 구체적으로 규정되어 있지 않을 뿐만 아니라, 단서 조항의 '공공의 이익' 역시 지극히 불명확한 개념이어서 법을 지켜야 하는 국민이 법 규정에서 금지되는 행위가 무엇인지를 정확히 알 수 없으므로 죄형법정주의의 명확성 원칙에 위배된다는 것이다.517)

---

516) 헌재 2013. 6. 27. 2011헌바75, 판례집 25-1, 447; 합헌의견을 제시한 재판관은 김창종, 안창호, 서기석, 조용호 등 4명의 재판관이다.

이에 대하여 헌법재판소는 위의 결정에서 "공직선거법 제251조의 입법목적, 공직선거법 제49조 제1항 및 제60조의2 제1항과의 균형, 해당 조항이 당선되거나 당선되게 하거나 당선되지 못하게 할 목적을 초과주관적인 구성요건 요소로 규정하고 있는 점 등에 비추어 볼 때, '후보자가 되고자 하는 자'는 비방행위자가 당선되거나 당선되게 하거나 되지 못하게 할 목적을 가지고 있었던 선거를 기준으로, 비방행위 당시 후보자가 되고자 하는 의사를 인정할 수 있는 객관적 징표가 존재하는 자를 의미한다고 할 것이므로, '후보자가 되고자 하는 자' 부분이 명확성 원칙에 위배된다고 단정하기 어렵다"라고 판단하였다. 또한, "단서에서 규정하는 위법성조각사유 중 '공공의 이익'이란 사회 상황의 변화에 따라 그 의미가 변화할 수 있어서 그 의미하는 바를 구체적, 서술적으로 열거하여 범위를 한정하는 것이 입법 기술상 현저히 곤란한데, '공공의 이익'의 의미는 건전한 상식과 통상적인 법감정을 가진 수범자와 법적용자에 의해 일의적으로 파악될 수 있고, 법관의 자의적인 해석으로 확대될 염려도 없다고 할 것이므로, '공공의 이익' 부분 역시 명확성 원칙에 위배되지 않는다."라고 판시하였다.518)

후보자비방죄 규정 중 '후보자가 되고자 하는 자'의 명확성 여부에 관하여는 우선 공직선거법상 '후보자가 되고자 하는 자'의 개념이 공직선거법 위반행위의 주체로서의 개념과 객체로서의 개념으로 나누어진다는 점을 고려하여 명확성 여부를 판단해야 한다. 헌법재판소가 합헌 결정을 내리면서 명확성의 근거로 들고 있는 대법원 판

---

517) 김래영, "공직선거법 제251조 후보자비방죄에 대한 헌법재판소 결정 비판", 「변호사」, 제45집, 서울지방변호사회, 2014. 1. 403-410면, 2013.; 같은 취지: 권오걸, "공직선거법상 후보자비방죄에 대한 연구 : 표현의 자유와 선거의 공정과의 조화의 관점에서", 「법학연구」, 제49집, 한국법학회, 2013. 3. 182면 등.

518) 헌재 2013. 6. 27. 2011헌바75, 판례집 25-1, 447.

례에 의하면 '후보자가 되고자 하는 자'는 "선거에 출마할 예정인 사람으로서 정당에 공천신청을 하거나 일반 선거권자로부터 후보자 추천을 받기 위한 활동을 벌이는 등 입후보 의사가 확정적으로 외부에 표출된 사람뿐만 아니라, 그 신분·접촉대상·언행 등에 비추어 선거에 입후보할 의사를 가진 것을 객관적으로 인식할 수 있을 정도에 이른 사람도 포함된다."519)라고 하고 있다.

공직선거법상 제230조(매수 및 이해유도죄) 제2항 등에서 위반행위의 주체로 규정하고 있는 '후보자가 되고자 하는 자'는 그 행위의 당사자가 '후보자가 되고자 하는 자'이기 때문에 본인 스스로가 대법원 판례상 '후보자가 되고자 하는 자'에 해당하는지 쉽게 인식이 가능하고 그에 따라 공직선거법에 위반되는 행위인지 판단이 가능하게 된다. 그러나 후보자비방죄의 '후보자가 되고자 하는 자'는 그 행위의 당사자가 아닌 비방행위의 객체가 되므로 비방행위를 하는 당사자가 그 비방 대상인 '후보자가 되고자 하는 자'가 객관적인 징표 등에 의하여 '후보자가 되고자 하는 자'에 해당하는지 인식할 수 있어야 범의가 인정될 수 있을 것인데 실제에 있어서는 이를 인식할 수 있는 객관적 징표를 확인한다는 것이 항상 명백한 것은 아니다.

왜냐하면 현행 예비후보자 제도를 고려할 때 '후보자가 되고자 하는 자'는 크게 분류하면 '예비후보자'로 등록한 사람과 '예비후보자로 등록하지 않은 자' 중에 확정적 의사표시를 외부에 공표하거나 객관적 징표에 의하여 입후보 의사를 가진 것으로 인식할 수 있는 사람으로 나눌 수 있는데 '예비후보자로 등록하지 않은 자' 중에 입후보 의사를 가진 것으로 인식할 수 있는 객관적 징표를 일반인이 확인하고 이를 인식할 수 있기는 어렵기 때문이다.

---

519) 대법원 2001. 6. 12. 선고 2001도1012 판결; 대법원 2011. 3. 10. 선고 2011도168 판결 등.

결국, '후보자가 되고자 하는 자'에 '예비후보등록자' 이외의 자를 포함하는 것은 일반 국민으로 하여금 자신의 행위가 형사처벌 대상이 되는 지를 명백히 인식할 수 없는 상황이 발생하여 명확성의 원칙에 반할 우려가 매우 크다. 범죄행위의 주체로서의 '후보자가 되고자 하는 자'와 관련하여 선관위나 검찰의 판단에 의해 기소가 된 사례에 대하여도 '후보자가 되고자 하는 자'에 해당하지 않는다는 법원의 무죄판단 사례520)가 발생하고 있는 것을 보더라도 일반인이 범행 객체로서의 '후보자가 되고자 하는 자'에 해당하는지를 판단하는 것은 매우 어려운 일이라고 할 것이다.

헌법재판소가 합헌으로 결정하기는 하였으나 이와 같은 문제점 등을 지적하는 위헌의견이 5명인 다수였다.521) 결국, '후보자가 되고자 하는 자'의 의미를 구체적으로 규정하지 아니함으로써 법집행 기관의 자의적인 판단을 가능하게 하고 그 결과 금지와 처벌의 범위를 지나치게 확장하여 선거운동의 자유 내지 정치적 언론·출판의 자유를 축소하게 된다는 위헌의견이 타당하며 이에 찬동한다.

(2) '비방'의 개념

비방의 개념과 관련해서도 '후보자 등'의 공적 생활 특히 선출직 공직자로서 공직 수행에 대한 검증을 위해 사실(진실)을 적시한 것이 사회적 평가를 저해한다고 하여 그것이 바로 형사처벌 대상인 '비방'이 되는 것인지 의문이며, 이는 '비방'의 개념이 불명확하다고

---

520) 대법원 2005. 12. 22. 선고 2004도7116 판결; 대법원 2008. 10. 23. 선고 2008도6776 판결; 대법원 2015. 9. 10. 선고 2015도8396 판결 등.

521) 재판관 박한철, 재판관 이정미, 재판관 김이수, 재판관 이진성, 재판관 강일원 등 5명의 재판관이 위헌의견을 제시하였다. 5명의 재판관은 후보자가 되고자 하는 자와 그 가족들의 명예를 보호하고, 선거의 공정성을 보장하고자 하는 본건 조항의 입법목적에는 정당성은 인정되나, '후보자가 되고자 하는 자'에 예비후보자등록을 마친 자 이외의 자에 관한 부분을 포함하는 것은 과잉금지원칙에 반하여 선거운동의 자유 내지는 정치적 언론·출판의 자유를 침해한다고 판단하였다.

볼 수 있고 결국 법 집행 당국의 자의적 판단에 따라 후보자비방죄가 적용될 수 있어 위헌적 요소가 더 크다는 주장이 제기되었다.[522]

헌법재판소는 위의 결정에서 '비방'의 개념에 대하여, "공직선거법에서 특이하게 사용되어 별도의 독자적인 개념 정의를 필요로 하는 용어가 아니라, 일반인이 일상적으로 사용하거나 다른 법령들에서도 사용되는 일반적인 용어로서, 특별한 경우를 제외하고는 법관의 보충적 해석 삭용이 없더라도 일반인들도 그 대강의 법적 의미를 이해할 수 있는 표현이라고 할 것이며, 법에서 사용된 맥락 또한 그러한 일반적으로 사용되는 의미 범위를 넘어서지 않는다."라고 보면서 공직선거법 제251조 부분 중 '비방' 부분은 그 의미가 모호하거나 불분명하다고 할 수 없으므로 죄형법정주의의 명확성 원칙에 위반되지 않는다고 판단하였다.[523] 하지만 앞서 명예훼손죄 관련 부분에서 검토한 바와 같이, 현행 공직선거법상 후보자비방죄에 있어서의 '비방'의 개념이 과연 법률 전문가가 아닌 일반 국민이 이해할 수 있을 정도로 명확하다고 단정할 수는 없다고 생각된다.

우선, 선거기간 중 후보자에 대하여는 공직 수행 능력의 검증을 위해 이와 관련된 여러 사실을 적시하게 되는데 그것이 진실이라 하더라도 사회적 평가를 저해하는 것이라면 일단 헌법재판소나 대법원의 판결에 의하면 '비방'에 해당하게 된다. 그러나 과연 일반인들이 국민대표자를 선출하는 선거에 있어서 후보자에 대한 검증을 위한 사실적시 행위까지 모두 비방이라고 인식하고 후보자비방죄로 형사처벌을 받지 않도록 비방행위를 스스로 자제할 만큼 명확한 개념인지는 의문이 든다. 공직선거법상 후보자비방죄는 진실한 사실의

---

522) 김래영, 전게논문, 404-405면; 같은 취지: 권오걸, 전게논문, 182면 등.

523) 헌재 2010. 11. 25. 2010헌바53, 판례집 22-2하, 425.

발언인 경우에도 형사처벌하는 규정이라는 점에서 엄격한 명확성을 요구하기 때문이다.524)

특히, 선거운동에 있어 적절한 시기에 지체 없이 적당한 정치적 표현을 구사해야 하는 공직선거의 후보자는 어떤 표현이 비방에 해당하는지 여부를 정확히 알 수 있어야 하는데 실제 후보자비방죄로 기소되어 유죄가 선고된 사례와 불기소 되거나 기소되었더라도 무죄가 선고된 사례를 분석해 보더라도 어떠한 발언까지가 허용되고 어떤 내용의 발언은 후보자비방죄에 해당하는지 일반인이 그 판단 기준을 정확히 확인하기는 불명확하다.

앞서 살펴본 대통령 등에 대한 주요 후보자비방 사건뿐만 아니라 판례상 실제 사례를 살펴보면, 후보자의 재산형성 및 병역 특혜 의혹을 제기한 사례에 대하여 후보자비방으로 유죄가 인정된 사례525)가 있는 반면, 상대 후보자의 배우자의 지방세 체납 사실 공개에 대하여는 위법성이 조각되어 무죄라는 사례526)가 있었고, 상대 후보자의 의정활동을 비판하는 우편물을 발송한 사건에 대하여 무죄를 선고한 사건527)이 있는 반면, 상대 후보의 정치 활동을 비방한 이메일을 배포한 사건에서는 후보자비방의 유죄를 인정한 사례도 있다.528) 또한, 후보자의 활동, 태도, 학력 등에 대한 부정적 글을 홈페이지에 게시한 사건529)에 대하여 후보자비방죄의 성립을 인정하면서도 후보자의 자질에 대한 발언이나,530) 상대 후보 또는 주변 사람의 전과

---

524) 같은 취지: 김래영, 전게논문, 404면.

525) 대법원 2011. 7. 28. 선고 2011도5071 판결.

526) 대법원 2000. 4. 25. 선고 99도 4260 판결.

527) 대법원 1997. 56. 10. 선고 97도965 판결.

528) 대법원 2010. 3. 25. 선고 2009도14938 판결.

529) 대법원 2011. 3. 10. 선고 2011도 168 판결.

530) 대법원 2003 12. 26. 선고 2003도4227 판결.

사실을 공개한 사건531)에 대하여는 위법성이 조각된다는 이유로 무죄를 선고한 사례도 있다.

위와 같이 그 적시된 표현만으로는 어떠한 표현이 비방에 해당하는 것인지, 어떤 표현은 위법성이 조각되는 표현인지 등을 일반인이 구별하는 것은 매우 어렵다. 실제, 판례를 분석한 결과를 보면 적시된 사실이 진실인 사안에서 후보자비방죄를 유죄로 인정한 사례는 거의 없으며, 적시된 사실 중 진실에 부합하지 아니한 부분이 있거나 그 사실의 적시에 있어 과장 또는 왜곡된 표현이 사용된 경우가 대부분이었다.532) 결국, 후보자비방죄로 기소되었다가 무죄가 선고된 주요사례를 분석하여 보더라도 일반인이 의견 표명인지 사실 적시인지, 비방인지 건전한 비판인지 구분하기는 상당히 어렵다는 점을 알 수 있다. 이러한 점에서 '비방'의 개념도 명확성의 원칙에 반할 수 있는 위헌적 소지가 있다.

## 나. 과잉금지원칙 위반 여부

헌법재판소는 위 결정에서, "공직선거법 제251조는 과도한 인신공격을 방지함으로써 후보자가 되고자 하는 자와 그 가족의 명예를 보호하고, 공직선거법상 선거운동 기간 제한의 회피를 방지함과 동시에, 유권자들로 하여금 장차 후보자가 될 가능성이 있는 자에 대하여 올바른 판단을 하게 함으로써 선거의 공정성을 보장하고자 하는 것으로 그 목적의 정당성과 수단의 적절성이 인정된다."라고 판단하였다. 또한, "근거가 희박한 의혹 등의 제기를 광범위하게 허용할 경우 후보자가 되고자 하는 자의 명예가 훼손됨은 물론 유권자들

---

531) 대법원 1996. 6. 28. 선고 96도977 판결.
532) 대검찰청, 「흑색선전사범 주요쟁점」, 2014. 210-211면.

의 선택을 오도하는 결과가 야기될 수 있으므로 이를 방지하고자 하는 공익은 현저한 반면, 적시한 사실이 진실한 사실로서 공공의 이익을 위한 때에는 처벌되지 아니하는 이상, 선거운동의 자유나 정치적 언론·출판의 자유를 제한하는 정도가 선거의 공정을 해하는 행위를 방지하려는 공익에 비해 중하다고 볼 수 없으므로, 법익의 균형성 원칙에 위배된다고도 볼 수 없다"라고 판단하여 과잉금지의 원칙에 위반되지 않는다는 태도를 보였다. 그러나 아래와 같이 과잉금지의 원칙을 각 개별 항목별로 엄격하게 검토해 볼 때 과잉금지원칙에 위배되는 위헌적인 문제점이 있다.

### (1) 목적의 정당성 및 수단의 적절성

후보자비방죄는 후보자 개인의 명예 보호뿐만 아니라 선거의 공정성이라는 공공의 이익을 위한 것으로 그 필요성과 정당성에 대하여는 위 헌법재판소 판례 등에서 이미 살핀 바와 같다.

수단의 적절성과 관련해서, 후보자비방죄에 대하여 위헌을 주장하는 견해는 후보자비방죄가 일정 기간의 공직선거와 관련된 정치적 표현행위를 제한하는 규정임에도 불구하고 시기의 합리적 제한이 없어 오히려 고소와 고발의 남발을 야기하여 장차 실시될 선거를 혼탁하게 할 수 있고, 지나친 제한으로 유권자들이 후보자가 될 수 있는 자들의 능력과 자질을 올바르게 판단할 수 있는 자료를 얻을 수 있는 기회를 제한한다는 점에서 선거의 공정이라는 입법목적을 달성하기 위한 수단의 적절성을 갖추지 못하였다고 주장한다.[533]

공직선거법상 당선목적 허위사실공표죄(제250조 제1항)는 그 허위사실 공표의 내용이 되는 객체를 '출생지·가족관계·신분·직업·경력 등·재산·행위·소속단체, 특정인 또는 특정단체로부터의 지

---

533) 같은 취지: 김래영, 전게논문, 411면.

지여부 등'으로 특정하고 있으나, 후보자비방죄에 있어서는 그 비방의 내용이 되는 객체도 전혀 특정되어 있지 않아 비방의 대상이 지나치게 광범위 하다. 또한, 실제 후보자비방죄로 기소가 되어 유죄가 선고되는 사례에서 적시된 사실이 진실인 경우는 많지 않고 적시된 사실이 허위이거나 허위 여부가 불명확한 경우가 많은 점을 볼 때도 대부분의 사례는 공직선거법상 허위사실공표죄로 처벌하여도 그 입법 목적을 충분히 달성할 수 있다고 판단된다. 선거라는 특정한 시기에 후보자들에 대한 검증을 위해 허위사실이 아닌 진실한 사실을 적시한 행위를 비방이라는 이유로 형사적으로 가중처벌하는 규정은 정치적 언론·출판의 자유를 지나치게 제한하는 결과가 될 수 있다.

헌법재판소의 위 결정에서 위헌의견을 제시한 5명의 재판관도 "공직선거법 제93조나 제103조는 후보자가 되고자 하는 자에 대한 지지 등의 광고 등의 게시와 출판기념회의 개최를 금지하면서 일정한 시기적 제한을 두고 있는 반면, 심판대상 조항은 '후보자가 되고자 하는 자'나 그 비방행위의 시기에 대하여 아무런 제한을 두지 않고 있다. 이러한 시기를 합리적으로 제한하지 아니한 채 비방행위를 처벌하는 것은 장차 실시될 선거를 혼탁하게 할 수 있고, 유권자들이 후보자가 될 수 있는 자들의 능력과 자질을 판단할 자료를 얻을 기회를 제한한다는 점에서 선거의 공정성이라는 입법목적을 달성하기 위한 적합한 수단에 해당하지 아니한다."라는 의견을 제시했다.534)

### (2) 침해 최소성 및 법익 균형성

침해의 최소성 원칙의 측면에서도 앞서 검토한 바와 같이 '후보자가 되고자 하는 자'와 '비방'의 의미가 불명확할 뿐만 아니라 설령 '비방'의 의미가 명확하다고 하더라도 위 조항은 상대 후보자에 대

---

534) 헌재 2013. 6. 27. 2011헌바75, 판례집 25-1, 448.

하여 나쁘게 말하는 것, 사회적 평가를 저하할 수 있는 것 일체를 처벌하고 있어 금지의 범위가 과도하게 광범위하여 최소 침해성의 원칙에도 반할 수 있다.535)

또한, 예비후보자등록을 마친 사람뿐만 아니라 그 외의 방법으로 후보자가 되고자 하는 의사를 객관적으로 표출한 사람까지 후보자 비방죄의 처벌 대상에 포함된다면, 특정인에 관한 공연한 사실을 적시하고자 하는 자는 그가 후보자가 되고자 할 의사를 객관적으로 추단할 수 있는 행위를 하였는지를 조사하고 판단하여 행위 여부를 결정하여야 한다. 그러나 이로 인해 행위자의 선거운동의 자유 내지 정치적 언론·출판의 자유가 대폭 제한되는 반면 예비후보자 이외의 자에 대한 공연한 사실적시를 통한 비방을 금지함으로써 달성할 수 있는 명예 보호나 선거의 공정성 확보라는 공익은 다소 추상적이다. 또한, 그러한 공익이 행위자가 제약당하는 선거운동의 자유 내지 정치적 언론·출판의 자유보다 반드시 크다고 보기도 어려워 법익의 균형성 측면에서도 이를 충족한다고 보기 어렵다.536)

## 다. 소결

선거는 국민이 주권을 행사하여 대표자를 선출하고 국가권력의 행사를 위임하는 절차이므로 주권자의 의사가 정확히 반영되도록 실시되어야 한다. 선거 후보자에 관한 정보가 선거권자에게 충분히 제공되어야 하고, 선거권자가 후보자의 공직 적합성을 제대로 판단하고 올바로 선거할 수 있어야 한다. 이를 위하여 후보자의 선거운동이 충분하게 보장되어야 한다. 후보자의 기회 균등이나 선거의 공

---

535) 같은 취지: 김래영, 전게논문, 404-405면.
536) 같은 취지: 헌재 2013. 6. 27. 2011헌바75, 판례집 25-1, 463.

정성을 위하여 선거운동을 제한하는 경우에도 국민주권의 올바른 행사에 지장을 주지 않는 방법과 한도 안에서 하여야 한다. 선거운동을 지나치게 제한하면 후보자에 관한 정보의 제공이 제한되어 선거권자가 올바른 후보자를 선택하기 어렵게 된다. 선거권자가 후보자를 제대로 파악하지 못한 채 투표하게 되거나, 새로운 후보자에 대한 홍보가 제한되어 이미 알려진 후보자에게 유리한 선거로 된다면, 국민주권의 위임을 의미히는 선거의 기능을 왜곡시키게 된다.

선거권자가 후보자의 공직 적합성을 제대로 알고 올바로 선택하게 하려면, 후보자가 자신의 공직 적합성에 관한 정보를 선거권자에게 알리고 다른 후보자의 부적합성에 관한 정보를 선거권자에게 알리는 선거운동이 모두 허용되어야 한다. 선거운동으로 선거권자에게 알려야 하는 정보는 공직 적합성에 관한 정보로서 학력·경력·자격 기타 공직 수행능력에 관한 정보, 인생관·가치관·준법성·도덕성 기타 인격에 관한 정보, 공사(公私)의 생활에 관한 정보 등이 모두 포함된다고 보아야 한다. 후보자에 관한 정보가 사생활에 관한 것이어서 그것을 공표하면 그의 사생활의 비밀과 자유가 침해될 우려가 있다고 하더라도, 선거권자의 올바른 판단과 올바른 선거를 위하여 필요한 이상, 허위사실이 아니라면 후보자가 감수하여야 한다. 후보자에 관한 정보를 공표하는 것이 당해 후보자의 명예나 명예감정을 저하하는 것이라고 하더라도, 허위사실이 아닌 한, 선거권자의 올바른 판단과 올바른 선거를 위하여 허용되어야 한다.537)

이러한 취지에서 볼 때 허위사실에 대하여는 흑색선전을 규제하고 공정한 선거를 위하여 형사적 규제를 하더라도 선거기간에 후보자 등의 검증을 위한 진실한 사실을 적시한 행위에 대하여 비방이라

---

537) 헌재 2010. 11. 25. 2010헌바53, 판례집 22-2하, 435-436, 조대현 재판관의 일부 위헌의견.

는 다소 불명확한 개념을 매개로 이를 형사처벌 하는 것은 정치적 언론·출판의 자유뿐만 아니라 국민의 후보자에 대한 정보 접근권과 선거권의 행사에 중대한 제한을 가하게 되는 결과를 초래할 수 있으므로 이는 지양해야 한다. 선거와 관련한 검증 과정에서 진실한 사실을 적시하는 행위에 대하여는 그것이 후보자의 사회적 가치를 떨어뜨리는 내용이라 하더라도 그에 대한 평가와 판단은 국가형벌권이 개입하지 않고 선거권자들의 자율적인 판단에 맡기는 것이 민주주의의 꽃인 선거에 있어서 선거운동의 자유, 정치적 언론·출판의 자유, 선거권자의 선거권을 실질적으로 보장하는 것이라고 판단된다.

더군다나 현재의 공직선거법상 후보자비방죄는 그 개념적 정의에 명확성 원칙에 반하는 불명확한 개념이 전제되어 있으며, 선거에 있어서 후보자 검증을 위한 사실적시를 비방이라는 이유로 형사처벌 하는 점에서도 언론·출판의 자유 제한에 있어 과잉금지원칙에 위반되는 문제점이 있다. 공직선거법상 후보자비방죄가 없다 하더라도 적시된 사실이 명예훼손적 사실에 해당한다면 형법상 명예훼손죄나, 정보통신망법상의 명예훼손죄 등을 적용할 수 있으며,[538] 허위사실에 대하여는 공직선거법상 허위사실공표죄(제250조)로 의율하는 것으로 충분히 선거의 공정성 확보라는 목적을 달성할 수 있다.

---

[538] 대법원 판례는 후보자비방죄는 명예훼손죄와 상상적 경합관계에 있다고 판단하고 있어 비방행위가 명예훼손에 해당하는 경우 양 죄가 모두 성립할 수 있다는 태도를 보이고 있다(대법원 1998. 3. 24. 선고 97도2956 판결 등).

# 제3절 국가보안법상 허위사실 날조 · 유포죄[539]

## Ⅰ. 개요

기본권 제한의 사유로서 헌법 제37조 제2항은 국가안전보장과 질서유지를 명시하고 있기 때문에 우선 국가안보의 위협이 되는 경우에는 언론·출판의 자유라 하더라도 법률에 따라 제한이 될 수 있다. 사회질서를 혼란케 하는 악성 허위사실 유포도 이로 인해 국민의 기본권이 침해되거나 법질서가 위협 받는 상황이 발생할 수 있으므로 일정한 경우 법률로써 언론·출판의 자유를 제한할 수 있다. 사회질서의 혼란이 지속할 경우 결국에는 국가안보에 영향을 미칠 수 있다는 점에서 위 두 가지 기본권 제한 사유는 사실상 상호 연관된 것으로 볼 수 있다. 대한민국의 경우에는 해방 이후 좌우의 대립과 1950년 한국전쟁, 그리고 현재까지 이어지고 있는 남북의 군사적 대립으로 인하여 대한민국 헌법 질서를 수호하기 위한 국가안보와 사회질서 유지가 기본권에 비하여 상대적으로 강조되어 왔다. 그러한 과정에서 언론·출판의 자유는 상당히 제한될 수밖에 없었고, 그로 인해 국가보안법 등 국가안보를 위해 국민의 언론·출판의 자유를 제한하는 관련 법률에 대하여 위헌 논란이 상당 기간 지속하여 왔고 현재도 진행 중이라고 할 수 있다. 따라서 이번 절에서는 우리의 대표적인 안보형사법으로서 허위사실 표현을 처벌하는 법률인 국가보안법상의 허위사실 날조.유포죄의 합헌성 여부를 검토해 보도록 하겠다.

---

539) 국가보안법상으로는 목적수행(제4조 제1항 제6호), 찬양고무(제7조 제4항), 자진지원(제5조 제1항) 등의 죄명 하에 허위사실을 날조·유포하는 행위를 처벌하고 있으나 여기서는 이해의 편의를 위해 위 처벌규정 3개를 통합하여 '허위사실 날조·유포죄'로 명칭한다.

## II. 안보형사법과 허위사실 유포죄

우리는 남북대치로 인해 북한에 의한 국가안보 위협을 방지하기 위해 국가보안법이란 특별한 법률을 유지하고 있는 반면, 독일과 미국 등은 허위사실 유포로 인한 국가안보 등의 위해를 방지하기 위해서 형법 등에서 전통적인 형사처벌 규정을 두고 있거나 테러방지를 위한 특별법 등에서 이를 규정하고 있다.

### 1. 독일과 미국의 안보형사법과 허위사실 유포죄

독일은 동독과 서독으로 분단되어 있을 당시에도 우리의 국가보안법과 같이 동독을 반국가단체로 규정하거나 이와 관련된 형사처벌 특별법을 두는 방식을 취하지 않았으며 전통적으로 국가안보 위협 범죄에 대해서도 형법 등에서 이를 규정하고 있다.540) 국가안보를 위협하는 허위사실 등 유포와 관련해서는 형법 제5장 국방에 관한 죄 제109d조에서 연방군에 대한 교란선전이란 제하에 "행위자가 확실하게 인식한 바와 달리, 그것이 유포될 경우 연방군의 활동을 교란하기에 적합한 허위 또는 현저히 왜곡된 사실을 유포할 목적으로 주장하거나, 허위임을 알면서 연방군의 국방 임무 수행을 방해하기 위하여 그러한 주장을 유포한 자는 5년 이하의 자유형 또는 벌금형에 처한다."라고 규정하여 군대의 기능을 방해할 위험이 있는 허위진술을 의도적으로 유포하는 행위를 처벌하는 규정을 두고 있다.541) 독일 연방헌법재판소도 위 규정을 비롯해 연방 군대와 공적

---

540) 형법 각칙 총 30개 장에서 제1장 평화교란, 내란죄, 민주적법치국가위협(제80조-제92b조), 제2장 국가반역죄, 외적 안전의 위협(제93조-제101a조), 제5장 국가방위에 대한 범죄(제109조-제109k조) 등을 규정하고 있다.

541) 법무부, 「독일형법」, 법무부 형사법제과, 2008, 108-112면.

안보기관에 대한 헌법 적대적 영향을 미치는 행위에 대한 처벌규정(형법 제89조),[542] 국가와 국가의 상징에 대한 모독을 처벌하는 규정(형법 제90조 제1항)[543] 등 국가안보를 위해 언론·출판의 자유를 제한하는 규정에 대하여 합헌이라는 태도를 보인다.

미국의 안보 관련 형사처벌 법제는 주로 미국 본토와 미국인에 대한 국제테러조직의 테러에 대응하는 과정에서 이루어졌다. 특히, 9·11 테러 이후 미국은 이른바 애국법(Patriot Act) 등 테러 관련 법제와 국가조직 시스템을 정비하고 테러로부터 국가안보를 보호하기 위하여 강력한 법제를 도입하였다. 허위사실 유포와 관련해서는 테러 및 군사 관련 유언비어 차단법에서 전쟁, 테러 등 특정 분야에 대한 허위사실유포행위를 처벌하는 규정을 두고 있다.[544] 위 허위사실 유포와 관련된 형사처벌 규정에 대하여는 그 대상이 한정되어 있어 특별히 위헌 논란이 없었으나, 미국 애국법이 규정하고 있는 광범위한 감청, 영장 없는 정보수집 권한[545] 등은 미국 연방헌법 수정 제1조, 제4조 등을 위반하였다는 비판과 논란 속에 여러 소송이 제기되어 일부 지방법원에서는 위헌이 선고되기도 하였다.[546] 그 후 미국 의회에서 지속적인 법률 개정을 통해 위헌적인 요소를 수정 보완해 나가면서 유지되고 있다.

---

542) BVerfGE 47, 130(143).

543) BVerfGE 47, 198(232).

544) U. S. C. 18장.

545) 특히 애국법 제505조는 국가안보제출명령(National Security Letter, NSL, 국가안보 수사 시 연방 당국이 법원의 영장 없이 통신사업자, 인터넷서비스업자, 금융기관 등으로부터 특정 정보를 취득할 수 있도록 하는 일종의 행정상 제출명령임)의 주체와 범위 등을 확대하는 내용으로 표현의 자유, 사생활의 자유 등 과도한 기본권 침해 논란이 제기되었다.

546) 2004년 뉴욕 연방지방법원은 동조가 연방헌법 수정 제4조와 제1조를 위반하였다고 판시한 바 있다(Doe v. Ashcroft, 334 F.Suppe.2d 471, 475 (S.D.N.Y. 2004).

## 2. 우리의 테러방지법상 허위사실 유포 금지 규정

종전의 대한민국에 대한 안보위협은 주로 북한에 의한 것이고 그와 관련되어 국가보안법이 제정 시행되어 왔으나, 최근에는 우리도 국제적인 테러단체들에 의한 우리 국민에 대한 테러 위협들이 현실화 되면서 국가보안법 이외에 국가의 체계적 대테러 대응을 위한 법률 제정 요구가 제기되었다. 종전 국가보안법의 시행과정에서 인권침해 사례 등을 경험한 국민으로서는 새로운 안보형사법에 의한 추가적인 인권침해의 우려도 커서 입법과정에 많은 논란이 있었지만, 2016. 3. 3. 법률 제1407호로 '국민보호와 공공안전을 위한 테러방지법'(약칭 테러방지법)이 국회에서 통과되어 2016. 6. 4. 자로 시행되고 있다.[547]

테러방지법은 제2조에서 테러의 개념을 정의하고, 제3조 내지 제16조에서 테러방지를 위한 국가의 책무를 규정하고 각 기관의 역할 및 권한 등을 규정하고 있으며, 제17조와 제18조에서 테러단체구성죄 등의 형사처벌 규정을 두고 있다. 그중 테러방지법 제12조는 '테러선동·선전물 긴급삭제 등 요청'이란 제하에 제1항에서 "관계기관의 장은 테러를 선동·선전하는 글 또는 그림, 상징적 표현물, 테러에 이용될 수 있는 폭발물 등 위험물 제작법 등이 인터넷이나 방송·신문, 게시판 등을 통해 유포될 경우 해당 기관의 장에게 긴급삭제 또는 중단, 감독 등의 협조를 요청할 수 있다."라고 규정하고, 제2항에서 "제1항의 협조를 요청받은 해당 기관의 장은 필요한 조치를 취하고 그 결과를 관계기관의 장에게 통보하여야 한다."라고 규정하고 있다. 위 표현물에 테러를 선동하는 허위사실이 포함될 수 있을 것이다.

---

547) 2018. 4. 17. 최종개정, 법률 제15608호.

비록 위 규정이 형사처벌 규정은 아니나, 국가안보와 관련하여 언론·출판의 자유를 제한하는 규정으로서 이에 대하여는 테러의 개념뿐만 아니라 선전·선동의 개념도 불명확하여 언론·출판의 자유를 지나치게 제한하는 것이라는 비판이 제기되고 있다.[548] 그러나 국제테러 단체로부터의 안보위협은 이미 현실화 되어있으며, 이는 전 세계 주요 국가의 공통된 현상으로 독일, 미국 등 선진국에서는 이미 살핀 바와 같이 체계적 테러대응을 위한 관련 법제를 정비하고 있다. 우리의 법제는 그에 비하면 체계적인 대응을 위한 매우 기초적인 수준의 법률로서, 비판이 있을 수는 있지만 국민의 안전을 위하여 국회의 논의를 거쳐 입법이 된 이상 그 시행과정을 좀 지켜볼 필요가 있다. 특히, 가짜뉴스의 확대로 인터넷상 가짜뉴스의 삭제의무를 부과하는 법률까지 추진되고 있는 상황에서 테러와 관련된 표현물을 긴급삭제하는 권한까지 과잉금지원칙에 위반된다고 단정할 수는 없는 상황이다. 테러 개념의 다의성은 그 개념 자체가 가진 한계에 의한 것이고 법률로써 개념을 정의한 이상 불명확하다고 할 수 없으며, '선전·선동'이란 개념도 이미 국가보안법과 형법 등에서 사용하고 있는 용어이므로 그러한 이유만으로 긴급 삭제조치 조항이 위헌이라고 판단하기는 어렵기 때문이다.

---

548) 홍선기, "현행 테러방지법의 비판적 고찰", 「비교법연구」, 제17권 제1호, 동국대학교 비교법문화연구원, 2017. 6. 142면; 이성대, "현행 테러방지법상 독소조항의 의혹과 개선방향", 「성균관 법학」, 제30권 제3호, 성균관대학교 법학연구소, 2018. 9. 331면; 그 이외에도 위 논문들은 테러 개념의 모호성, 대테러센터의 모호한 역할과 컨트롤타워의 부재, 인권보호관 제도의 한계, 테러 수사와 대응수단의 비례성 문제 등을 제기하며 위헌적인 요소가 있다는 주장을 전개하고 있다.

## III. 국가보안법상 허위사실 날조·유포죄 합헌성 검토

### 1. 국가보안법 위헌 논란

현재 우리 헌법하에서 국가안보와 관련하여 언론·출판의 자유를 제한하는 가장 대표적인 법률은 국가보안법이다. 국가보안법과 관련해서는 제7조(찬양·고무 등) 등에 대하여 위헌 논란이 제기되어 왔고 국가보안법의 위헌 논란에 대하여 상세한 검토를 위해서는 별도의 논문이 필요할 정도이다. 하지만 그간의 논의와 관련해서는 헌법재판소와 대법원의 판례가 있고 본건 저서에 있어 주된 쟁점은 아니라 할 것이므로 여기서는 이와 같은 위헌 논란과 관련된 판례들에 대하여 간략히 살펴보고 허위사실 유포와 관련된 조항들에 대하여만 합헌성 검토를 진행하도록 하겠다.

국가보안법과 관련해서는 위헌과 폐지를 주장하는 학자들에 의하여 많은 위헌 논거들이 제시되었지만 크게 분류해 보면 주요 쟁점은 첫 번째로, 죄형법정주의 위배, 두 번째로, 기본권 제한에 대한 과잉금지원칙 위배, 마지막으로, 헌법상 통일조항 위배 정도로 분류할 수 있다.[549]

우선, 국가보안법은 법률상의 규정 내용이 지나치게 다의적이어서 명확성의 원칙 또는 죄형법정주의에 반한다는 주장이 제기되었다. 이에 대하여는 1990. 4. 2. 헌법재판소가 국가보안법 제7조에 대한 위헌법률심판에서 "국가의 존립·안전이나 자유민주적 기본질서

---

[549] 한인섭, "국가보안법 폐지론", 「헌법학연구」, 제10권 제4호, 한국헌법학회, 2004. 12. 123면 이하; 허일태, "국가보안법 폐지의 정당위성", 「형사정책」, 제16권 제1호, 한국형사정책학회, 2004. 6. 237면 이하; 홍성우, "국가보안법 운영실태와 기본적 인권의 침해", 「인권과 정의」, 통권 제145호, 대한변호사협회, 1988. 9. 24면 이하; 김상겸, "국가보안법 개정론 - 헌법국가의 관점에서", 「헌법학연구」, 제10권 제4호, 한국헌법학회, 2004. 12. 155면 이하; 김일수, "국가보안법은 철폐되어야 한다.", 「인권과 정의」, 제203호, 대한변호사협회, 1993. 7. 9면 이하 등.

에 실질적으로 위해를 줄 위험성이 명백한 경우에만 적용되는 것으로 축소·제한 해석하여야 할 것이며 이와 같은 해석 하에서만 헌법에 위반되지 않는다"라고 한정합헌 결정을 하였는데, 이는 '합헌적 해석론'에 입각하여 판시한 것으로 평가된다.550) 이후 국가보안법은 이러한 헌법재판소의 결정 취지에 따라 국가보안법의 해석기준 조항(제1조 제2항)을 신설하였고, 제5조 제2항(금품수수), 제6조(잠입·탈출), 제7조(찬양·고무 등), 제8조(회합·통신)의 구성요건으로서 "국가의 존립·안전이나 자유민주적 기본질서를 위태롭게 한다는 점을 알면서"라는 요건을 추가하였으며, 이후 제기된 죄형법정주의 논란에 대하여는 헌법재판소와 대법원은 위 개정조항들의 합헌성을 인정하는 입장을 견지하고 있다.551)

두 번째로, 국가보안법은 사상·양심의 자유, 언론·출판의 자유, 집회·결사의 자유, 신체이동의 자유 등 각종 국민의 기본권을 본질적으로 침해하는 것으로 과잉금지의 원칙에 위배된다는 주장이 제기되었다. 그러나, 내면의 자유에 머무르지 않고 그것이 외부로 표출된 형태로 나타나는 기본권 행사에 대하여는 국가안전보장·질서유지 또는 공공복리를 위하여 법률로써 제한할 수 있을 뿐만 아니라, 국가의 존립·안전이나 자유민주적 기본질서를 위태롭게 하는 행위들까지 '자유'라는 이름으로 보호할 수는 없다.552) 헌법재판소도 같은 취지에서 국가보안법 제7조는 법의 목적달성을 위한 비례의 원칙 범위 내에서 양심·사상, 학문·예술, 언론·출판의 자유를

---

550) 헌재 1990. 4. 2. 89헌가113. 판례집 2, 49 [한정합헌].

551) 헌재 2003. 5. 15. 2000헌바66, 판례집 15-1, 514; 헌재 2015. 4. 30. 2012헌바95 등, 판례집 27-1상, 453; 대법원 1999. 12. 28. 선고 99도4027 판결; 대법원 1997. 5. 16. 선고 96도2696 판결; 대법원 1996. 12. 23. 선고 96도2673 판결; 대법원 1994. 5. 24. 선고 94도930 판결 등.

552) 대검찰청, 「국가보안법 해설」, 2016. 12. 25면.

제한하는 것으로서 그 본질적 내용을 침해하거나 이를 지나치게 제한하는 것이라고는 인정되지 아니하므로 헌법에 위반되지 아니한다고 결정한 바 있다.553)554)

세 번째로, 북한을 반국가단체로 보는 것은 헌법상 평화통일 원칙(제4조)에 위배되는 것이라는 주장이 제기되었다. 1991년 남북한 유엔 동시 가입, 남북교류협력에 관한 법률 제정, 남북의 평화와 통일을 위한 상황의 변화 등으로 국가보안법 규정과 북한의 반국가단체로서의 법적 지위는 달라져야 한다는 주장이다.555) 헌법재판소의 다수의견은 상호 그 입법목적과 규제 대상을 달리한다고 판시하였고,556) 대법원 역시 우리 헌법이 전문과 제4조, 제5조에서 천명한 국제평화주의와 평화통일의 원칙은 '자유민주적 기본질서'라는 우리 헌법의 대전제를 해치지 않는 것을 전제로 하므로 북한이 막강한 군사력으로 우리와 대치하면서 우리 사회의 자유민주적 기본질서를 전복할 것을 포기하였다는 명백한 징후를 보이지 않고 있는 이상, 남북 사이의 화해와 불가침 및 교류협력에 관한 합의서가 체결 발효되었고 그와 관련된 법률이 시행되었다고 하더라도 국가보안법은 헌법상 평화통일의 원칙과 모순되는 법률로서 그 규범력을 상실한 것이라고는 할 수 없다는 태도를 보인다.557)

---

553) 헌재 2004. 8. 26. 2003헌바85, 2003헌바102 전원재판부 결정.

554) 이외에도 헌법재판소는 국가보안법 제9조 제2항(편의제공) 및 제10조(불고지)에 대하여도 유사한 취지로 합헌성을 인정하고 있다(헌재 1992. 4. 14. 90헌바23, 판례집 4, 162, 전원재판부 결정 다수의견; 헌재 1998. 7. 16. 96헌바35, 판례집 10-2, 159, 전원재판부 결정).

555) 방승주, "헌법재판소와 대법원의 남북관계 관련 판례에 대한 헌법적 평가", 「공법연구」, 제39집 제2호, 한국공법학회, 2010. 12. 203면 이하; 이장희, "한반도 평화체제 구축에 대비한 북한의 법적지위관련 판례의 검토", 「헌법학 연구」, 제24권 제4호, 한국헌법학회, 2018. 12. 35면 이하.

556) 헌재 1993. 7. 29. 92헌바48, 판례집 5-2, 659; 소수의견(이시윤, 김양균 재판관)은 통일을 달성하기 위하여 정부 차원의 교류뿐만 아니라 민간 차원의 교류협력도 불가피하므로 법의 적용에 있어 남북한의 개방적인 상황을 반영해야 한다는 논리로 두 법의 관계를 특별법과 일반법의 관계에 있다고 보았다.

또한, 남북교류협력에 관한 법률은 남북한 간의 왕래, 교역, 협력 사업 및 통신 역무의 제공 등 남북교류와 협력을 목적으로 하는 행위에 대하여 정당하다고 인정하는 범위 안에서 다른 법률에 우선하여 적용하도록 되어있어 이 요건을 충족하지 아니하는 경우에는 동법의 적용은 배제된다고 보아야 할 것이므로 국가보안법이 위 법률과 상충하는 것이라고 할 수 없다고 판시하였다.558) 그러나 이와 같은 판례의 태도에 대하여는 자유민주적 기본질서를 보호한다는 명목으로 남북한의 관계변화를 직시하지 아니하고 유연한 안목 또한 거부하면서, 남북교류협력에 관한 법률과 국가보안법의 관계에 대하여 이쪽도 저쪽도 아닌 어중간한 입장에 계속 머무르는 판례의 태도는 근본적인 재검토가 요구된다는 비판이559) 제기되고 있다. 이와 같은 논란은 지난 정부에서 경색되었던 남북 간의 대화가 최근 남북, 북미 정상회담 등으로 진전되면서 현재까지도 지속하고 있다.

　이처럼 국가보안법의 위헌 논란은 단순히 언론·출판의 자유뿐만 아니라, 자유민주적 기본질서, 평화통일 등 우리 헌법의 기본원칙들과 연계되어 있고 남북의 상황 변화와도 관련이 있는 매우 복잡하고 민감한 사안이다. 따라서 이러한 점을 고려하여 향후 남북 간의 상황 변화를 반영한 지속적인 논의와 고민을 통해 현재의 판례와 법리를 극복하는 새로운 이론을 구축하고 위헌 논란을 불식시킬 수 있는 합리적 해결 방안을 찾아 나가야 할 것이다.

---

557) 대법원 1993. 9. 28. 선고 93도1730 판결.
558) 대법원 1991. 12. 24. 선고 91도2419 판결.
559) 박진애, "표현의 자유와 국가안보 - 국가안보와 관련한 독일 기본법상 표현의 자유의 제한에 대한 비교법적 고찰 -",「헌법학연구」, 제14권 제1호, 한국헌법학회, 2008. 3. 204면.

## 2. 국가보안법상 허위사실 날조·유포 처벌규정 개관[560)

국가보안법은 사회질서의 혼란을 조성할 우려가 있는 사항에 관하여 허위사실을 날조하거나 유포하는 행위를 처벌하면서, 그 행위의 주체가 반국가단체 구성원 또는 지령을 받은 자(제4조 제1항 제6호), 이적단체 구성원(제7조 제4항), 일반인(제5조 제1항)이냐에 따라 각 다른 조항에서 구별하여 규정하고 있다. 법정형에 있어서는 2년 이상의 유기징역으로 차이가 없으며, 일정한 목적을 필요로 하느냐, 예비음모를 처벌하느냐 정도에 차이가 있을 뿐이다. 이를 요약하면 아래 [표 8]과 같다. 각 조항 별로 구성요건을 살펴본 후, 3개 조항의 위헌성 여부를 검토해 보도록 하겠다.

[표 8] 국가보안법상 허위사실 날조·유포죄 조문 비교

|  | 목적수행(제4조 제1항) | 자진 지원(제5조 제1항) | 찬양·고무 등(제7조 제4항) |
|---|---|---|---|
| 행위 | 사회질서의 혼란을 조성할 우려가 있는 사항에 대하여 허위사실을 날조하거나 유포 | | |
| 법정형 | 2년 이상의 유기징역 | | |
| 주체 | 반국가단체의 구성원 또는 그 지령을 받은 자 | 제한 없음 | 이적단체의 구성원 |
| 예비음모 | 처벌 | | 불벌 |
| 목적 | 필요 | 반국가단체나 그 구성원 또는 그 지령을 받은 자를 지원할 목적 필요 | 불요 |

---

560) 국가보안법상 허위사실유포 관련 규정의 전반적인 개관에 대하여는 대검찰청, 각주 552) 전 게서, 145-161면을 참고하여 인용하였다.

## 3. 각 처벌 조항의 합헌성 검토

### 가. 목적수행 허위사실 날조·유포죄(제4조 제1항 제6호)

#### (1) 개요

본죄의 행위 주체는 '반국가단체의 구성원 또는 그 지령을 받은 자'이다. 국가보안법 제2조 제1항에서는 반국가단체의 개념을 "정부를 참칭하거나 국가를 변란할 것을 목적으로 하는 국내외의 결사 또는 집단으로서 지휘통솔체제를 갖춘 단체"라고 규정하고 있다. 본죄의 객체는 사회질서의 혼란을 조성할 우려가 있는 사항에 관한 허위사실이다. '사실'이어야 하므로 주관적인 '의견'이나 '논평'에 불과한 경우에는 본죄가 성립하지 않는다. 이러한 사실은 '사회질서의 혼란을 조성할 우려가 있는 사항에 관한 것'이어야 한다. 즉, 사회질서의 평온을 깨뜨릴 수 있는 객관적 잠재력이 있는 사실이면 족하고 누가 보더라도 허무맹랑하여 애초부터 사회 혼란유발의 객관적 잠재력이 없는 사실이라면 본죄를 구성하지 아니한다. 위 사실은 객관적 진실에 반하는 '허위사실'이어야 한다.

본죄가 금지하는 행위는 이러한 허위사실을 '날조·유포'하는 것이다. '날조'라 함은 허위사실을 만드는 것을, '유포'라 함은 허위사실을 다수에게 널리 퍼뜨리는 것을 의미한다. '날조' 행위는 논리적으로 '유포' 행위의 전 단계에서 이루어지는 것이기는 하나, 서로의 행위 태양이 구별될 뿐 아니라 각각 다른 사람에 의하여 행하여질 수 있는 것이므로 만약 날조 행위자와 유포 행위자가 구분될 수 있는 경우라면 각각의 범죄가 성립한다.[561] 본죄가 성립하기 위해서는

---

[561] 대법원 판례도 국가안전과공공질서의수호를위한대통령긴급조치 제9호 소정의 유언비어 '날조'는 같은 조항 소정의 유언비어 '유포'와는 별도로 처벌 대상이 된다고 판시한 바 있다(대법원 1979. 10. 10. 선고 77도2979 판결).

주관적인 구성요건으로 허위사실을 날조·유포하는 행위를 한다는 점, 그러한 행위가 목적수행과 연관이 있다는 점에 대한 인식을 요한다. 또한, 그 행위가 사회질서의 혼란을 조성할 우려가 있는 사항에 관한 허위사실이라는 것도 인식하여야 비로소 본죄로 처벌할 수 있다.562) 인식의 정도는 목적의식 또는 의욕에 이를 정도로 확정적일 필요는 없고 미필적 인식만으로도 충분하다.563) 허위사실 날조죄와 유포죄는 별개의 행위 태양을 지닌 범죄로서 각각의 행위마다 별개의 죄를 구성할 수 있다.564)

### (2) 합헌성 검토

국가보안법의 필요성에 대하여는 논란이 있지만 국가보안법의 전반적인 위헌 논란에 대하여는 이미 위에서 개략적으로 살펴보았으므로 여기서는 허위사실 유포 관련 처벌 조항의 합헌성에 대하여만 검토해 보기로 한다. 위헌 논란이 많았던 제7조 제4항 찬양고무죄와 같이 반국가단체의 주장에 동조하고 선동하는 것을 처벌하는 것이 아니고, 반국가단체와 그 구성원이 허위사실을 날조·유포하여 국가안보를 위협하는 행위를 처벌함으로써 언론·출판의 자유를 부득이 제한하게 된다는 측면에서 그 합헌성 심사의 강도는 엄격한 심사보다는 다소 완화된 심사 강도에 의하여 판단되어야 할 것이다.

---

562) 대법원 판례도 국가보안법 제4조 제1항 제6호 소정의 사회질서의 혼란을 조성할 우려가 있는 사항에 관하여 허위사실을 유포하는 행위라 함은 그 행위의 내용이 객관적으로 사회질서의 혼란을 조성할 우려가 있는 사항에 관한 허위사실이어야 하고 주관적으로도 그 행위가 사회질서의 혼란을 조성할 우려가 있는 사항에 관한 허위사실이라는 것을 인식하였거나 적어도 그러한 우려가 있을 수 있다는 미필적 인식하에 이를 유포하여야 한다는 취지로 판시하고 있다(대법원 1987. 5. 26. 선고 87도432 판결).

563) 대법원 1987. 5. 26. 선고 87도432 판결.

564) 대법원 1979. 10. 10. 선고 77도2979 판결.

## (가) 명확성의 원칙 위반 여부

반국가단체 개념 규정의 명확성과 '북한'의 반국가단체성과 관련해서는 오래 전부터 현재에 이르기까지 논란이 지속하여 왔다. 이러한 논란은 ① 7·4 남북공동성명, ② 남북화해·불가침 및 교류협력에 관한 합의, ③ 남·북한 유엔 동시 가입, ④「남북교류협력에 관한법률」제정, ⑤ 6·15남북공동선언 등 남·북 관계 개선을 둘러싼 정세 변화가 있을 때마다 꾸준히 제기되어 왔다.

우선, 반국가단체의 개념은 국가보안법 제2조 제1항에서 "정부를 참칭하거나 국가를 변란할 것을 목적으로 하는 국내외의 결사 또는 집단으로서 지휘통솔체제를 갖춘 단체"라고 비교적 구체적으로 규정하고 있다. 최근에는 남북한 정상회담과 판문점 선언 등을 계기로 다시 언론에서 논란이 되고 있으나, 대법원과 헌법재판소 판례는 북한이 대화와 협력의 동반자임과 동시에 여전히 반국가단체로서의 성격을 지닌다는 소위 북한의 '이중적 지위'를 인정함으로써 북한의 '반국가단체'성을 인정하고 있다.565) 북한의 그간의 적대적 행위와 사법기관의 구체적인 판단에 근거할 때 반국가단체의 규정 자체가 불분명하여 명확성의 원칙에 반한다고 보기는 어렵다.

두 번째로, 반국가단체의 '구성원'의 개념이다. '구성'이라고 하면 2인 이상의 사람이 의사 합치에 의하여 새로운 반국가단체를 결성하는 행위를 의미하는데,566) 구성원이라고 하면 반국가단체를 결성할 당시부터 주도적으로 구성원 역할을 하는 사람만을 의미하는 것인지 아니면 나중에 가입하더라도 단체에서 수괴·간부 및 지도적 임무에 종사하는 자를 의미하는 것인지가 명확하지 않은 측면이 있

---

565) 대법원 2003. 4. 8. 선고 2002도7281 판결; 대법원 2008. 4. 17. 선고 2003도758 판결; 같은 취지로 헌재 1997. 1. 16. 92헌바6, 89헌마240, 판례집 9-1, 1, 전원재판부 결정 등.

566) 대검찰청, 각주 552) 전게서, 68면.

다. 국가보안법 제3조 반국가단체 구성·가입죄의 '구성' 개념은 결성행위 자체를 처벌함에 중점이 있으나, 본건 처벌 조항은 허위사실을 유포하는 행위 주체의 측면이므로 단체에서 '수괴·간부 및 지도적 임무에 종사하는 자'를 의미하는 것으로 해석하는 것이 타당하다고 판단된다. 국가보안법의 높은 형량 등을 고려할 때 법률에서 그 주체의 범위를 좀 더 명확하게 규정할 필요가 있다고 판단된다.

### (나) 과잉금지의 원칙 위반 여부

우선, 대한민국을 부정하는 반국가단체의 사회질서 혼란을 목적으로 하는 허위사실 유포행위는 단순한 개인의 허위사실 유포행위에 비하여 위험성이 매우 크다. 따라서 형사처벌이라는 강력한 수단으로 이를 효과적으로 대응해야 할 필요성이 있다고 할 것이므로 처벌규정에 대한 목적의 정당성과 수단의 적절성은 일단 인정된다고 판단된다.

법정형이 징역 2년 이상으로 다소 높기는 하나 국가안보를 보호하기 위한 수단인 점에서 본다면 침해의 최소성과 법익의 균형성에 위반되었다고 보기는 어렵다. 다만, 자진지원죄와 이적단체 구성원의 허위사실 날조·유포죄를 별도로 규정하고 있으면서도 모두 같은 법정형으로 규정하는 것은 그 행위 태양과 위험성 등을 고려할 때 침해의 최소성이나 법익 균형성에 문제가 있을 수 있으며 이는 자진지원죄에서 별도로 검토한다.

다만, 반국가단체 구성원뿐만 아니라 '지령을 받은 자'까지 목적수행죄의 주체에 포함하여 반국가단체의 구성원의 행위와 같은 법정형으로 처벌하도록 하는 점은 침해의 최소성이나 법익의 균형성을 고려할 때 처벌 범위가 지나치게 확대되거나 법정형이 지나치게 높다는 우려가 있을 수 있다. '지령을 받은 자'는 반국가단체의 직접 지령을 받은 자뿐만 아니라 그 지령이 수차 전달된 자까지 모두 '지령을 받은 자'로 보게 되는데 그렇다면 이를 모두 반국가단체 구성원과 같은 법정형으로 처벌하게 된다. 하지만 기왕에 별도로 이적단체 허위사실유포죄나 자진지원죄를 두고 있다면 구성원이 아니면서 '지령을 받은 자'는 이적단체 구성원의 행위에 준하여 그에 상응하는 법정형으로 처벌하는 것이 적절하다고 판단된다. 다만, 이는 아래에서 지적하듯이 현행 법정형을 개정하여 각 행위별로 법정형 차이를 둘 때 의미가 있다.

### 나. 자진 지원 허위사실 날조·유포죄(제5조 제1항)

### (1) 개요

자진 지원 허위사실 날조·유포죄(이하 '자진지원죄'라 한다)는 목적수행과 달리 반국가단체의 구성원 또는 그 지령을 받은 자 이외의 자가 반국가단체나 그 구성원 또는 그 지령을 받은 자를 지원할 목적으로 자진하여 허위사실을 날조·유포하는 행위를 처벌하는 규정이다. 구성요건은 다르지만 본조의 법정형은 제4조에 규정된 목적수행죄의 그것과 동일하게 규정되어 있다.

본죄의 행위 주체는 반국가단체의 구성원 또는 그 지령을 받은 자를 제외한 모든 사람으로서 아무런 제한이 없으며 내국인·외국인을 불문한다.[567] 반국가단체 구성원 또는 그 지령을 받은 자의 범행은 본죄가 아니라 바로 국가보안법 제4조에 정한 목적수행죄를 구성한다. 이와 관련하여, '반국가단체의 구성원 또는 그 지령을 받은 자'의 경우에는 목적수행죄(제4조)가 성립하므로 본죄의 행위 주체

---

567) 황교안, 「국가보안법」, 박영사, 2011. 215면.

에 이러한 신분을 가진 자는 제외된다는 견해도 있으나, 반국가단체로부터 지령을 받은 자라 하더라도 그가 받은 지령과 다른 내용의 범행을 반국가단체를 지원할 목적으로 실현하였다면 본죄가 성립할 수 있다는 것이 대법원 판례이다.[568] 본죄가 성립하기 위해서는, 제4조 제1항 각호에 규정된 행위를 하여야 한다. 제4조 제1항 각호의 행위에 대하여는 앞에서 살펴본 바와 같다.

　다만, 이러한 행위는 '자진하여' 행하여져야 한다. '자진하여 행한다' 함은 반국가단체나 그 구성원 또는 그 지령을 받은 자의 요구나 권유 등에 의하지 않고 그들과 아무런 사전 의사연락 없이 자기 스스로의 의사에 의하여 범행하는 것을 의미한다. 따라서, 반국가단체로부터 직접적인 지령은 없었다고 하더라도 그 지령을 받은 자로부터 다시 지령을 받아 행한 경우와 같이 그 실질이 반국가단체로부터 지령을 받아 행한 것과 다를 바 없는 경우라면, 자진하여 행한 것으로 보기 어렵고 이는 목적수행(제4조) 행위로 보아야 할 것이다. 판례도, 국가보안법상의 반국가단체로부터의 지령은 반국가단체로부터 직접 지령을 받은 자뿐만 아니라 위 지령을 받은 자로부터 지령을 다시 받은 자도 포함된다고 전제한 다음, 피고인이 조총련 교토지부 조직부장 겸 대남공작원으로부터 지령을 받았더라도 국가보안법 목적수행죄가 성립한다는 취지로 판시한 바 있다.[569]

　본죄가 성립하기 위해서는 제4조 제1항 소정의 행위를 한다는 점에 대한 인식이 필요함은 물론이다. 나아가, 행위자에게는 '반국가단체나 그 구성원 또는 그 지령을 받은 자를 지원한다'라는 목적이 있어야 한다는 초과주관적 구성요건을 요한다. 이와 같은 목적은 범행

---

568) 대법원 1968. 7. 30. 선고 68도754 판결 참조.
569) 대법원 1987. 9. 8. 선고 87도1446 판결.

의 외관을 이루는 행위가 있다고 하여 곧바로 추정되는 것이 아니라 행위자에게 반국가단체 등을 지원할 목적이 있었다는 점을 검사가 증명하여야 한다.[570]

## (2) 처벌규정의 위헌성 검토

### (가) 명확성의 원칙 위반 여부

목적수행죄와 달리 반국가단체 구성원이 아닌 일반인이 주체가 되는 자진지원죄는, '사회질서를 혼란케 할 우려가 있는 사항에 대하여 허위사실을 날조하거나 유포'하는 것에 대하여 그 행위가 '국가의 존립·안전이나 자유민주적 기본질서를 위태롭게 한다'라는 점, 즉 '행위의 위험성'을 성립요건이라고 해석할 필요가 있다. 위헌 논란이 계속 제기되었던 국가보안법 제7조에 대한 헌법재판소의 결정과 그 이후의 개정과정을 통해 국가보안법 제7조 제1항이 '국가의 존립·안전이나 자유민주적 기본질서를 위태롭게 할 위험성'을 성립요건으로 규정하고 있는 점을 고려할 때 자진지원죄에는 이를 성립요건으로 하는 것이 보다 합헌적인 해석으로서 본 규정의 남용을 방지할 수 있는 해석이다. 따라서 최소한 자진지원죄에 만큼은 이러한 점을 명확히 법 규정에 명시할 필요성이 있다고 판단된다.

### (나) 과잉금지원칙 위반 여부

과잉금지원칙 중 목적의 정당성과 수단의 적절성은 목적수행죄와 큰 차이가 없으므로 여기서는 과잉금지 원칙상 침해의 최소성과 법익 균형성의 측면에서의 검토만 진행한다.

---

570) 대법원 판례는 "행위자에게 반국가단체 등을 지원할 목적이 있었다는 점은 검사가 증명하여야 하며, 행위자가 기밀임을 인식하고 이를 탐지·수집·누설하였다는 사실만으로 그에게 반국가단체 등을 지원할 목적이 있었다고 추정해서는 아니 된다."라고 판시하였다(대법원 2011. 10. 14. 선고 2009도320 판결).

침해의 최소성이라는 측면에서 법정형 규정을 검토해 본다면 다음과 같은 문제점이 있다. 우선, 목적수행죄와 자진지원죄의 구성요건상 차이가 있음에도 그 법정형이 동일하게 규정된 이유는 양 죄의 입법 목적상 범행 주체의 신분에 상관없이 반국가 활동은 모두 강력히 규제하려는 취지로 판단된다. 즉, ① 국가단체의 구성원 또는 그 지령을 받은 자가 그 목적수행을 위한 행위를 하는 것과, ② 반국가단체나 그 구성원 또는 그 지령을 받은 자를 지원할 목적으로 자진하여 위와 같은 행위를 하는 것의 그 위험성은 동일하다는 전제하에 규정된 것으로 보인다. 그러나 이와 같은 처벌규정은 목적수행죄와 비교할 때 법정형이 지나치게 무겁고, 처벌 범위가 지나치게 확대될 우려도 있다.

본죄가 목적수행죄와 구별되는 가장 큰 특징은 크게 세 가지 점에 있는데, 첫 번째 차이점은 범죄의 주체에 있다. 목적수행죄는 반국가단체의 구성원 또는 그 지령을 받은 자가 주체가 되는 '신분범'이지만, 본죄의 주체는 아무런 제한이 없다는 것이다. 두 번째 차이점은 주관적 구성요건 요소에 있다. 목적수행죄는 단순 고의범이지만, 본죄는 고의가 필요함과 동시에 반국가단체 등을 자진하여 지원한다는 목적이 있어야 성립하는 범죄이고,[571] 대법원 판례의 입장도 이와 같다.[572] 세 번째 차이점은 편면성(片面性) 여부에 있다. 본죄는 범인이 반국가단체의 구성원 또는 그 지령을 받은 자로부터 지령

---

571) 황교안, 전게서, 219면.

572) 대법원 판례는 "국가보안법 제5조 제1항의 죄는 반국가단체나 그 구성원 또는 그 지령을 받은 자를 지원할 목적으로 자진하여 제4조 제1항 각호에 규정된 행위를 하는 것으로서 이른바 목적범임이 명백하고, 목적범에서의 목적은 범죄성립을 위한 초과주관적 위법요소로서 고의 외에 별도로 요구되는 것이므로, 행위자가 기밀임을 인식하고 이를 탐지·수집·누설하였다고 하더라도 반국가단체 등을 지원할 목적이 인정되지 아니하면 그 구성요건은 충족되지 아니한다."라고 판시함으로써 본죄가 목적범임을 명확히 하였다(대법원 2011. 10. 14. 선고 2009도320 판결).

을 받는 등의 의사연락을 요하지 아니한다는 차원에서 '편면적(片面的)'이라고 볼 수 있다. 반면 목적수행죄는 위와 같은 자로부터의 지령을 받는 등의 사전 의사연락이 있어야 한다.

제5조 제1항의 자진지원죄는 행위 주체에 대하여 제한이 없으며 일반 국민이라고 하더라도 반국가단체나 이적단체를 지원할 목적으로 사회질서를 혼란케 할 허위사실을 유포하는 경우에 처벌이 되므로 이에 대하여는 좀 더 엄격한 법 해석을 통한 적용이 필요하다. 구성 요건상 반국가단체나 이적단체를 지원할 목적이라는 초과주관적 구성요건이 요구되기는 하지만 이러한 내심의 의사는 외부의 행위에 의하여 추단된다고 해석할 경우 자진지원죄가 남용될 우려가 있기 때문이다. 특히, 자진지원죄는 일반인이 반국가단체 구성원이나 이적단체 구성원의 범죄행위를 지원하는 것에 불과함에도 구성원과 같은 2년 이상의 유기징역이라는 높은 법정형으로 처벌하도록 규정되어 있다. 이는 각 처벌규정들이 행위의 위험성과 침해되는 법익의 중대성을 고려하여 별도로 구성요건을 달리하여 개별 규정된 것을 고려할 때 최소 침해 원칙과 법익 균형성의 측면에서 과잉금지원칙에 위반될 소지도 있는 것이다.

### 다. 이적 단체원의 허위사실 날조·유포죄(제7조 제4항)

본조는 이적단체 구성원이 사회 혼란을 조성할 우려가 있는 사항에 관하여 허위사실을 날조·유포하는 행위를 처벌하는 규정이다. 본죄의 범행 주체는 '이적단체의 구성원'에 한한다. 국가보안법 제7조 제1항, 제3항이 규정하는 이른바 '이적단체'라 함은 국가의 존립·안전이나 자유민주적 기본질서를 위태롭게 한다는 점을 알면서 반국가단체나 그 구성원 또는 그 지령을 받은 자의 활동을 찬양·고무·

선전 또는 이에 동조하거나 국가변란을 선전·선동하는 행위를 목적으로 하여 특정 다수가 결성한 계속적이고 독자적인 결합체를 가리킨다.[573] 국가보안법 제7조 등과 관련된 위헌 논란은 이미 살핀 바와 같고, 본 조항은 대법원 판례상 인정된 이적 단체원의 허위사실 공표 행위만을 처벌하고 있으므로 비교적 처벌 대상이 명확하다고 할 수 있으나, '구성원'의 개념에 대하여는 목적수행죄와 같은 논란이 있을 수 있다.

행위 객체와 태양은 목적수행 허위사실 날조.유포죄에서 살펴본 내용과 같다. 허위사실 날조·유포행위에 '사회질서의 혼란을 조성할 위험성'이 인정되어야 함은 제4항의 구성 요건상 명백하다. 본죄가 성립하기 위해서는 행위 주체(자신이 이적단체 구성원이라는 것), 행위 태양(날조·유포행위를 한다는 것) 및 행위 객체(날조·유포하려는 사실이 허위이고 사회질서의 혼란을 조성할 우려가 있는 사항에 관한 것) 각각에 대한 인식이 있어야 한다. 인식의 정도는 목적 의식 또는 의욕에 이를 정도로 확정적일 필요는 없고 미필적 인식만으로도 충분하다.

위헌 논란이 계속 제기되었던 국가보안법 제7조에 대한 헌법재판소의 결정과 그 이후의 개정과정을 통해 국가보안법 제7조 제1항이 '국가의 존립·안전이나 자유민주적 기본질서를 위태롭게 할 위험성'을 성립요건으로 규정하고 있는 점을 고려할 때 본 조항에 대하여도 이를 성립요건으로 하는 것이 보다 합헌적인 해석으로서 본 규정의 남용을 방지할 수 있는 해석이라는 점은 자진지원죄와 같으며 법 규정에 명시해 주는 것이 바람직 할 것이다. 법정형이 목적수행죄와 동일한 점은 자진지원죄에서 검토한 바와 과잉금지의 원칙상

---

573) 대법원 2008. 4. 17. 선고 2003도758 전원합의체 판결.

문제점이 있으므로 차등을 두어 규정함이 타당할 것이다.

## 4. 소결

우리는 남북분단이라는 특수한 상황에 처해져 있어 국가보안법이라는 매우 강력한 안보형사법 체계를 갖추고 있다. 하지만, 국가보안법이 과거 군사독재 시절 국민의 기본권을 침해하는 수단으로 남용되면서 이에 대한 위헌 논란은 지속해서 제기되어 왔다. 그간 대법원 판례와 헌법재판소 결정에 의한 합헌적 법률해석을 기반으로 법 개정 등 많은 개선이 있었으나 아직도 이에 대한 논란은 현재 진행형이다.

그러한 점에서 국가보안법상의 처벌규정을 적용할 때에는 항상 그 남용의 위험성을 고려하여 매우 신중하여야 한다. 국가보안법은 허위사실 날조·유포에 대하여도 매우 중한 법정형을 규정하여 처벌하고 있다. 그러나 각 처벌규정은 앞서 살펴본 바와 같이 행위 주체나 범죄행위의 위험성, 법익침해의 정도를 구별하지 않고 일괄적으로 징역 2년 이상의 법정형을 규정하고 있어 과잉금지원칙에 위반될 수 있는 위헌적 요소를 가지고 있으며, 일부 개념은 불명확한 부분도 있다. 따라서 처벌규정의 법정형을 각 개별 죄질에 맞게 조절하고 그 처벌 조항이 남용되지 않도록 '국가의 존립·안전이나 자유민주적 기본질서를 위태롭게 할 위험성'을 성립요건으로 규정하는 등 처벌규정의 개념 등을 좀 더 명확하고 구체적으로 규정할 필요성이 있다고 판단된다.

# 제4절 새로운 형사처벌 규정의 도입 논란에 대한 검토

## Ⅰ. 개요

　허위사실 표현이 개인의 명예를 훼손하는 등의 개인의 인격권을 침해하지는 않지만 사회질서를 혼란하게 하는 심각한 상황을 초래하는 경우 이에 대한 형사적인 규제를 어떻게 할 것인지와 관련하여 현재 많은 논의가 계속되고 있다. 인터넷 논객이었던 이른바 '미네르바'의 경제논평과 전망에 대하여 당시 구 전기통신기본법상 허위통신죄를 적용하여 기소한 사건과 관련하여, 헌법재판소에서 위 법률조항에 대하여 위헌 결정이 선고되면서 현행법상으로는 허위사실을 유포하여 사회적 혼란을 야기하는 경우에 이를 특별히 처벌할 수 있는 규정이 없다. 하지만, 가짜뉴스 등 사회적 혼란을 야기하는 허위사실 유포행위가 더 극성을 부리고 있고 그와 관련된 사회적 피해도 크다는 문제점은 모든 국민이 인식하고 있는 상황이다. 특히, 최근 5·18 광주 민주화 항쟁과 관련된 사실을 왜곡하고 허위사실을 유포하는 사건들이 사회적 이슈가 되면서, 명백한 역사적 사실에 대한 왜곡과 허위사실 유포로 인해 사회적 갈등을 유발하는 행위에 대하여는 형사처벌을 해야 한다는 주장까지 제기되고 관련 법안[574]들이 발의되어 있는 상황이다. 따라서 허위사실을 공표함으로써 사회적 혼란과 갈등을 유발하는 행위에 대하여 이를 어떻게 규제하여야 하는지를 독일 등 외국의 상황 및 국내에서 논란이 되는 사안들을 검토하여 봄으로써 그 방향을 제시해 보고자 한다.

---

574) 5·18민주화운동 부정이나 폄하를 처벌하는 특별법안은 총 6건의 법안이 제20대 국회에 제출되어 심의를 거쳤으나 모두 통과되지 못하고 임기만료로 폐기되었다(구체적인 법안 내용에 대하여는 아래 별도 항목에서 살펴본다).

## II. 독일·미국의 입법 상황

최근에 주요 선진국들에서도 사회질서를 혼란케 하는 허위사실 유포, 이른바 가짜뉴스(Fake News)의 폐해가 심각해지자 가짜뉴스를 규제하기 위한 각종 대책들을 마련하고 있으며 그 개략적인 내용은 이미 살펴본 바 있다. 따라서 이번 항목에서는 사회질서를 혼란케 하거나 역사 왜곡으로 인한 사회저 갈등을 유발하는 허위사실 유포에 대한 형사적 규제를 하는 입법례가 있는 대표적 국가인 독일 등을 위주로 입법례를 살펴보도록 하겠다. 각 국가마다 역사적 배경, 사회적 환경에 따라 법제와 판례의 결론이 다소 다르지만, 우리 법제상 허위사실 표현행위를 형사적으로 규제하는 데 있어서 일응의 기준과 시사점을 제시할 수 있는 매우 유용한 사례들이라 하겠다.

### 1. 독일

독일은 명예훼손죄와 별도로 나치와 관련된 유태인 학살범죄에 대하여 부인하거나 왜곡하는 발언을 하는 것에 대하여 형법에서 이를 처벌하는 규정을 두고 있다. 국가사회주의(나치) 체제에서 약 6백만 명의 유태인이 국가에 의해 조직적으로 대량학살이 발생한 것은 역사적으로 명백한 사실임에도 1960년 이후 독일에서 이를 부인하는 극우주의자들의 주장이 계속되자, 독일 정부는 1960년 6월 30일 구 형법 제130조(계급선동투쟁)를 대중선동죄로 개정하여 이를 처벌하는 규정을 도입하였다.

통일 후 1994년 개정된 형법 제130조 대중선동죄 제3항에서 "누구든지 나치의 지배하에 저질러진 국제형법전 제6조 제1항의 범죄를 공공연히 부인하거나, 찬동하거나, 무해했다고 표현하는 행위로써 공공안전을 교란시킨 자는 5년 이하의 자유형이나 벌금을 받을 수 있다"라고 명시적인 처벌규정을 두고 있다.[575] 위 조항들에 대하여는 도입 당시부터 언론·출판의 자유에 대한 과도한 제한이라는 학자들의 비판이 제기되었으나,[576] 독일연방헌법재판소는 위 형법 제130조에 대한 헌법소원 사건 등에서 유태인 학살범죄 부정과 같은 명백한 허위사실은 의견형성에 기여할 수 없는 것이므로 독일 기본법 제5조의 언론·출판의 자유의 보호영역에 포함될 수 없는 것이라고 하면서 형법 제130조는 합헌이라는 판단을 여러 차례 한 바있다.[577] 최근까지의 구체적 판결 사례 등은 제2장에서 표현의 자유의 보호영역 등을 검토하면서 이미 살펴본 바 있다.

독일 형법 제130조 제3항의 보호법익과 관련해서는 나치 체제에서 범해진 집단학살에 대한 역사적 진실이라는 견해,[578] 생존자 내지 피해자 가족의 명예라는 견해[579] 등이 있으나 다수의 견해는 공공의 평온과 국가적 폭정에 의해 쓰라린 고통을 겪고 있는 희생자와 관련된 개인의 존엄으로 보고 있다.[580]

---

575) 1994년 법 개정으로 도입된 규정으로 독일 형법 제130조 제3항에서 "국가사회주의(나치) 지배하에서 범하여진 국제형법 제6조 제1항에서 규정된 종류의 행위를 공공의 평온을 교란하기에 적합한 방법으로 공연히 또는 집회에서 승인, 부인, 고무한 자는 5년 이하의 자유형 또는 벌금형에 처한다."라고 규정하였다가, 2002년 6월 26일 국제형법 시행법 제6조의 개정에 따라 조항의 문구가 "국가사회주의(나치) 지배하에서 범하여진 국제형법 제6조 제1항에서 규정된 종류의 행위를 공공의 평온을 교란하기에 적합한 방법으로 공연히 또는 집회에서 찬양, 부인, 경시한 자는 5년 이하의 자유형 또는 벌금에 처한다."로 변경되었다(BGBl. I S. 2254).

576) Daniel Beisel, 전게논문, S.997ff.; Mathias Hellmann/Julia Gärtner, 전게논문, S.961ff.

577) BVerfGE 90, 241; BVerfG NJW 2012, 1273 등.

578) Heribert Ostendorf, 전게논문, S.1065.

579) Joachim Jahn, 전게논문, S.182, 185; Sabine Leutheusser-Schnarrenberger, Deutscher Bundestag: Stenographischer Bericht 227. Sitzung(Plenarprotokoll 12/227), 1984. 5. 18. S.19671.

580) Krisitian Kühl, 전게논문, Rn. 1; Detlev Sternberg-Lieben/Ulrike Schittenhelm, §130, in: Adolf Schönke/Horst Schröder, Strafgesetzbuch, 30. Aufl. 2019, Rn. 1a.

## 2. 미국

미국은 독일과는 다른 역사적 배경을 가지고 있고, 시장의 자유론에 근거한 자율규제를 기반으로 하고 있으므로 역사 왜곡이나 사회질서 혼란유발 허위사실 유포를 형사처벌 하는 규정은 두고 있지 않다. 다만, 독일에서와 같은 홀로코스트 부인의 문제는 이른바 '증오표현(hate speech)', 즉 "인종·민족·종교·성별·연령·장애·성적지향 등의 이유로 증오 등을 표명하는 표현"의 문제로 다루어지고 있으며, 이와 같은 표현에 대하여도 앞서 살펴본 바와 같이 '명백하고 현존하는 위험'의 원칙 등 상당히 엄격한 기준에 의하여 그 위헌성 여부가 판단되고 있다.[581] 대표적인 사례가 신나치 단체인 국가사회당(NSPA: National Socialist Party of America)의 반유대 시위 사건이다.[582] 유태인 다수 거주 지역인 일리노이주 스코키(Skoki) 마을에서 국가사회당이 표현의 자유를 주장하며 나치 복장으로 반유대 시위 계획을 표명하자 마을주민들이 시위금지를 요구하는 청원을 주 법원에 제기하였고, 주 법원은 나치 마크 게시와 유대계 증오를 선동하는 표현물의 배포를 금지하는 명령을 내렸다. 이 사건에 대하여 연방대법원은 "나치 마크를 앞세운 시위는 상징적 발언으로 표현의 자유에 해당하며, 이에 대한 사전제한은 옳지 않다"라며 집회를 허가하여야 한다고 판단하였다. 그러나 이에 대하여는 법적 규제가 필요하다는 논란은 그 후에도 제기되고 있다.[583]

---

581) 박용숙, "미국에서의 증오표현행위의 규제에 관한 판례경향", 「강원 법학」, 제41권, 강원대학교 비교법학연구소, 2014. 2. 469면.

582) Smith v. Collin, 436 U.S. 953 (1978).

583) Jeremy Waldron 뉴욕대 교수는 「증오의 해악(The Harm in Hate Speech)」이라는 책에서 "인종·종교·성별 등의 편견에 기초한 증오표현은 법적인 규제가 필요하다."라는 주장을 제기하고 있다.; 한겨레 2012년 6월 4일 기사 참조 (http://www.hani.co.kr/arti/opinion/column/536023.html).

이와 달리, 미국과 유사한 법체계를 가지고 있는 캐나다는 허위사실 유포행위 자체를 처벌하는 형법[584])의 규정을 두고 있었으나, 연방대법원에서 위헌이 선고되었으며 상세 내용은 제2장에서 보호영역을 검토하면서 살핀 바 있다.[585])

## III. 사회 혼란을 야기하는 허위사실 유포행위에 대한 형사적 규제 논란

### 1. 구 전기통신기본법상 허위통신 처벌 규정 (일명 '미네르바' 사건) 검토

#### 가. 사건의 개요

2008년 7월부터 12월까지 '미네르바'라는 필명으로 다음 아고라 경제토론방에 국내외 경제 동향 분석 및 예측에 관한 글을 게시하였던 박○○은 네티즌들 사이에 경제예측이 정확하다는 소문이 퍼지면서 주목을 받게 되었고 사이버 경제 대통령이라고 불리면서 인터넷상뿐만 아니라 사회·경제 전반에 그 영향력을 미치게 되었다. 그러던 중 미네르바의 게시글이 정확한 사실에 기반을 둔 것이 아님에도 사회·경제 전반에 부정적 영향을 미치고 혼란을 초래하였다는 점을 이유로 미네르바라는 필명으로 글을 올렸던 박○○이 2009. 1. 22. 전기통신기본법 위반[586])으로 구속기소 되었다.[587])

---

584) Criminal Code, RSC 1985, c. C-46, Section 181. "1. Every one who wilfully publishes a statement, tale or news that he knows is false and that causes or is likely to cause unjury or mischief to a public interest is guilty of an indictable offence and liable to imprisonment for a term not exceeding two years.

585) R. v. Zundel[1992] 2 SCR 731.

586) 구 전기통신기본법(1996. 12. 30. 법률 제5219호로 개정된 것) 제47조(벌칙)가 적용된 사건으

피고인 박○○은 1심 재판 중 자신에게 적용된 전기통신기본법 조항이 위헌법률이라는 이유로 위헌법률심판제청신청을 하였으나 1심 법원인 서울중앙지방법원은 2009. 4. 20. 피고인에게 공익을 해할 목적이 있었다고 보기 어렵다는 이유로 무죄를 선고하면서 위 위헌법률심판제청 신청은 기각하였다. 이에 검찰 측에서 항소하자 피고인은 2009. 5. 14. 위 법률조항의 위헌확인을 구하는 헌법소원심판을 청구하였으며, 헌법재판소는 2010. 12. 28. 위 법률조항의 '공익' 개념이 불명확하여 국민에 대하여 일반적으로 허용되는 '허위의 통신' 가운데 어떤 목적의 통신이 금지되는 것인지 고지해 주지 못하여 명확성의 원칙에 위반된다는 취지로 위헌 결정을 하였다. 이에 검찰이 위 헌법재판소 결정을 이유로 공소를 취소하면서 사건은 최종 종결되었다.

## 나. 헌법재판소의 위헌 결정 내용

### (1) 헌법소원 사건의 주요 쟁점과 판단

헌법소원 사건에서 청구인은 다음과 같이 주장하였다. 우선, 본건 법률조항의 '허위의 통신'은 연혁적으로 보거나 관련 법 규정을 참고할 때 허위명의의 통신을 의미하는 것으로 해석해야 함에도, 법원이 이를 허위사실을 내용으로 하는 통신으로 해석하는 것은 위 규정의 불명확성에 기인한 것이라는 주장이다. 또한, 나아가 '공익' 개념 역시 추상적인 것으로서 헌법 제37조 제2항의 '공공복리' 개념의 동

---

로 "① 공익을 해할 목적으로 전기통신설비에 의하여 공연히 허위의 통신을 한 자는 5년 이하의 징역 또는 5천만 원 이하의 벌금에 처한다."라는 규정이었다.

587) 2009. 1. 검찰은 박○○씨를 허위사실 유포 사범으로 규정하고 수사에 착수하여 2009. 1. 7. 전기통신기본법 제47조 제1항의 허위통신죄로 긴급체포한 후, 2009. 1. 10. 구속영장을 발부받아 수사한 후 기소하였다.

어반복일 뿐 전혀 구체화 되어있지 아니한바, 이는 명확성의 원칙에 반하며, 인터넷상의 표현행위에 대한 규제는 「정보통신망 이용촉진 및 정보보호 등에 관한 법률」의 규제만으로도 충분한 상태이며, 지나치게 엄격한 진실의 요구는 민주주의를 지탱하는 진정한 자유와 창의·토론문화를 위축시킬 수 있음에도 불구하고 명백하고 현존하는 위험 및 엄격한 인과관계가 인정되지 않는 때에도 허위사실의 표현이라는 이유로 형벌을 부과하는 것은 과잉금지원칙에 위배되며, 시민적·정치적 권리에 관한 국제규약 제19조에도 위반된다고 주장하였다.588) 이와 같은 각 주장과 쟁점에 대하여 헌법재판소는 다음과 같은 명확성의 원칙 위반 등을 주된 이유로 재판관 9명 중 7명의 위헌의견으로 최종 위헌 결정을 내렸다.

### (가) '공익을 해할 목적'의 명확성의 원칙 여부

헌법재판소는 해당 조항의 '공익'은 "형벌조항의 구성요건으로서 구체적인 표지를 정하고 있는 것이 아니라, 헌법상 기본권 제한에 필요한 최소한의 요건 또는 헌법상 언론·출판의 자유의 한계를 그대로 법률에 옮겨 놓은 것에 불과할 정도로 그 의미가 불명확하고 추상적이라고 보았다. 결국, 수범자인 국민에 대하여 일반적으로 허용되는 '허위의 통신' 가운데 어떤 목적의 통신이 금지되는 것인지 고지하여 주지 못하고 있으므로 언론·출판의 자유에서 요구하는 명확성의 요청 및 죄형법정주의의 명확성 원칙에 위배하여 헌법에 위반된다"라고 판단하였다.589)

한편, 보충의견으로 '허위의 통신' 부분도 명확성의 원칙에 반한

---

588) 헌재 2010. 12. 28. 2008헌바157, 2009헌바88, 판례집 22-2하, 684.
589) 헌재 2010. 12. 28. 2008헌바157, 2009헌바88, 판례집 22-2하, 684.

다는 의견이 있었다. "본건 법률조항의 입법 연혁, 관련 조항의 체계에 비추어 보면, 이 사건 법률조항의 본래 입법 취지는 '허위의 명의를 이용한 통신'을 규제하려는 데 있었다고 볼 것이나, 장시간에 걸쳐 사문화된 상태에 있었던 이 사건 법률조항이 최근 몇 년 사이에 내용상 허위의 통신 행위에 대하여 갑작스레 적용되기 시작하면서, '허위의 통신'이 어떠한 행위를 말하는지 다시 의문이 제기되게 되었으며, '허위' 개념에는 내용의 거짓이나 형식의 오류가 모두 포함될 수 있기 때문에, 법률 용어로 사용하기 위해서는 보다 구체적인 부연 내지 체계적 배치가 필요함에도 이 사건 법률조항은 법조문 자체의 문언이나 관련 조항의 체계상 그와 같은 구체화의 취지를 명백하게 드러내지 아니한 결과, 애초 입법 취지와는 달리, 확대된 법률의 해석, 적용이 가능하게 되었다"라는 것이다. 결국 이 사건 법률조항은 '공익을 해할 목적'이 불명확하다는 점에서뿐만 아니라 '허위의 통신' 부분이 불명확하다는 점에서도, 죄형법정주의의 명확성 원칙에 위반된다는 의견을 제시하였다.590)

## (나) 과잉금지원칙 위반 여부

일부 재판관591)들은 과잉금지원칙에도 위반된다는 의견을 제시하였다. '허위사실의 표현'도 헌법 제21조가 규정하는 언론·출판의 자유의 보호영역에는 해당하되, 다만 헌법 제37조 제2항에 따라 제한될 수 있다고 보면서도, "본건 법률조항을 공익을 해할 목적의 허위사실을 내용으로 하는 통신에 적용하는 것은, '공익' 개념의 모호성, 추상성, 포괄성으로 말미암아 필연적으로 규제되지 않아야 할

---

590) 재판관 조대현, 김희옥, 김종대, 송두환의 보충의견.
591) 재판관 이강국, 이공현, 조대현, 김종대, 송두환의 보충의견.

표현까지 다 함께 규제하게 되어 과잉금지원칙에 어긋난다"라고 판단하였다. 나아가, 그렇게 되면 자신이 행하고자 하는 표현이 규제의 대상이 아니라는 확신이 없는 기본권 주체로 하여금 규제를 받을 것을 우려하여 스스로 표현행위를 억제하도록 할 가능성이 높은바, 제재에 대한 두려움으로 인하여 표현이 억제된다면, 언론·출판의 자유의 기능은 훼손될 수밖에 없다는 점을 이유로 본건 법률조항은 과잉금지원칙에 위배하여 언론·출판의 자유를 침해하는 것으로서 헌법에 위반된다고 보았다.

### (2) 헌법재판소 재판관 2인의 합헌 의견

한편, 재판관 2명(이동흡, 목영준 재판관)은 본건 조항이 합헌이라는 의견을 제시하였는데 그 구체적인 내용을 살펴보면 다음과 같다.592)

"① 본건 법률조항은 '공익을 해할 목적'이라는 초과주관적 구성요건을 추가하여 '허위의 통신' 가운데 구성요건해당성이 인정되는 행위의 범위를 대폭 축소시키고 있는데, 초과주관적 구성요건 부분에 대하여 객관적 구성요건 행위와 같은 정도의 명확성을 요구할 것은 아니다. 한편 법률상 '공익' 개념은 '대한민국에서 공동으로 사회생활을 영위하는 국민 전체 내지 대다수 국민과 그들의 구성체인 국가사회의 이익'을 의미하고, 공익을 '해할 목적'은 행위의 주요 목적이 공익을 해하는 것인 때를 의미하는 것이므로 그 의미가 불명확하다고 보기 어렵다. ② '허위의 통신' 부분과 관련해서는, 일반적인 '허위'의 관념은 내용의 거짓과 명의의 거짓을 모두 포괄하는 점 및 다른 형사처벌 규정에서의 '허위' 개념의 용례에 비추어 볼 때, 본건 법률조항의 '허위의 통신'에서 '내용이 거짓인 통신'이 배제된다는 해석은 불가능하다. 한편 '내용의 허위'란 내용이 진실에 부합하지

---

592) 헌재 2010. 12. 28. 2008헌바157, 2009헌바88, 판례집 22-2하, 685.

않는 것으로서, 전체적으로 보아 '의견 표명'이나 '제안'이라고 볼 수 있는 경우는 이에 해당하지 아니한다. '허위의 통신'은 그 의미가 명확하고, 죄형법정주의의 명확성 원칙에 위배되지 않는다. ③ 허위사실의 표현이 언론·출판의 자유의 보호영역에서 배제되는 것은 아니지만, 이는 원론적으로 사상이나 지식에 관한 정치적·시민적 표현행위라고 볼 수 없으므로, 그에 대한 규제를 심사함에 있어서는 엄격한 비례의 원칙을 적용하는 것보다는 '피해의 최소성' 원칙에서 일부 완화된 심사를 함이 상당하다. 따라서 본건 처벌규정은 허위사실의 유포에 의한 공중도덕이나 사회윤리의 침해 등을 방지하고 국민의 올바른 정보획득권을 보호하는 것으로서, 정당한 입법 목적달성에 기여하는 적합한 수단에 해당한다. ④ 한편 전기통신설비에 의한 허위사실의 유포는 강한 파급력을 가진 점, 명백한 허위의 사실이라도 통신이용자들에 의하여 자율적으로 신속하게 교정되기가 매우 어려운 점, 허위사실을 둘러싼 장시간의 논쟁에 막대한 사회적 비용이 소모될 수 있는 점 등을 참작하면, 지금 우리의 현실에서 일정한 범위의 명백한 허위통신에 대하여는 통상의 표현행위보다 엄격한 규제를 할 필요성이 있다. 더구나 이 사건 법률조항은 공연히 전기통신설비에 의하여 허위의 통신을 하는 것을 전적으로 금지하고 처벌하는 것이 아니라 그러한 행위 중 '공익을 훼손할 목적'이 있다고 인정된 행위에 한하여 처벌하고 있는 것이다. 따라서 이 사건 법률조항은 침해의 최소성 원칙에 반하지 않는다. ⑤ 또한, 본건 법률조항에 의하여 제한되는 기본권은 객관적 및 주관적으로 명백한 허위사실을 공익을 해할 목적으로 전파할 자유라는 점에서 보호되는 공익과 제한되는 기본권 사이에 현저한 불균형이 있다고 보기도 어렵다."라고 판단하였다.

## 다. 헌법재판소의 위헌 결정에 대한 비판적 검토

### (1) '공익을 해할 목적'의 명확성 여부

'공익'의 개념은 이미 헌법을 비롯한 다수 법률에 사용하고 있는 개념이다. 이미 형법 등 여러 형사처벌 규정에서는 '공익' 개념이 별 문제 없이 사용되고 있다. 형법 제165조는 불을 놓아 공용 또는 공익에 공하는 건조물 등을 소훼하는 행위를 처벌하고 있고, 동법 제178조는 물을 넘겨 공용 또는 공익에 공하는 건조물 등을 침해하는 행위를 처벌하고 있다. 또한 형법 제310조는 명예훼손죄의 위법성 조각사유로 공공의 이익을 들고 있다.

또한, '공익을 해할 목적으로'라는 구성요건은 허위사실 유포행위의 주관적 구성요건요소에 불과한 것으로 본건 처벌 조항에서 금지하는 행위는 '허위의 통신'이지 '공익을 해하는 행위'가 아니며, '허위의 통신'이 공익을 해할 목적으로 이루어질 때에만 처벌하겠다는 취지로 규정된 것이다. 즉, '공익을 해할 목적으로'라는 개념은 '허위의 통신'이라는 객관적 구성요건의 적용 범위를 제한하는 기능을 담당하는 것으로 처벌 대상은 '허위사실을 유포하는 행위'이다. 따라서 '공익'이라는 개념 때문에 자의적인 해석을 통한 허위사실 유포행위에 대한 형벌권 남용의 우려는 거의 없는 것이다.

다만, 형벌권을 통한 언론·출판의 자유 제한은 다른 기본권 제한에 비하여는 좀 더 명확하고 명백한 구성요건을 요한다는 점에서 '공익'의 개념을 좀 더 구체적으로 적시할 필요는 있으나, 그렇다고 해서 주관적 구성요건 요소인 '공익'의 개념이 바로 명확성의 원칙에 반하고 그로 인하여 본건 규정이 죄형법정주의에 반하는 위헌적인 조항이라고 단정하는 것은 지나치다고 판단된다.

## (2) '허위의 통신'의 명확성 여부

전기통신기본법의 제정 연혁 등을 이유로 헌법재판소 보충의견에서 일부 재판관 등은 본건 조항의 '허위의 통신' 부분도 명확성의 원칙에 반한다는 의견을 제시하였으나 이는 명확성의 원칙을 지나치게 엄격하게 해석한 결과로서 부당하다. 우선, 법 문언에 의하여도 '허위의 통신'이 '허위사실을 유포하는 통신 행위'를 포함한다는 것은 법문의 해석 및 법의 다른 규정과의 체계상 명백하다. 진기통신기본법 제2조 제1호는 "전기통신이라 함은 유선·무선·광선 및 기타의 전자적 방식에 의하여 부호·문언·음향 또는 영상을 송신하거나 수신하는 것"이라고 규정하고 있다. 그렇다면 '허위의 통신'은 '허위의 부호·문언·음향 또는 영상을 송신 또는 수신하는 것'이 당연히 해석상 포함되고 이는 곧 허위내용의 통신을 의미한다고 볼 수 있다.

아마도 허위내용의 통신이 포함되지 않는다는 의견은 기본적으로 본건 처벌 조항의 최초 입법 경위가 허위명의자 통신을 규제하기 위한 것을 주된 목적으로 하였다는 점[593]에 집착하여 그와 같은 결론을 도출한 것으로 보인다. 즉, 본 규정의 입법 경위를 고려할 때 '허위의 통신'이 허위사실까지 포함하는 것으로 보기 어렵다는 전제하에 '허위의 통신'의 규정 자체가 불명확하다고 결론을 내린 것으로 판단된다.

그러나 법의 해석에 있어서는 그 입법 경위 등을 고려하는 연혁적·역사적 해석도 고려해야 하지만, 그 법 조항의 문언과 법 규정 내의 체계를 고려한 해석이 기본이 되어야 법적 안정성을 해치지 않는 법

---

593) 이정훈, "전기통신기본법상 허위통신죄 규정의 연혁 및 의미", 「비교형사법연구」, 제11권 1호, 한국비교형사법학회, 2009. 7. 245면 이하.

해석과 적용이 가능할 것이다. 본건 조항은 1961년 처음 전기통신법에 규정된 이래 수차례의 개정에도 불구하고 유지되었고 그러한 점에서 보면 입법자들은 수차례 개정과정에서 허위내용 통신의 위험성도 인식하고 본 규정에 의한 대처를 위해 개정 없이 본건 조항을 유지한 것으로 볼 수 있다.

결국, 이 사건 처벌 조항은 법조문의 규정형식, 내용, 체계 등을 종합하여 볼 때, '허위의 통신'의 개념에 '허위내용의 통신'도 포함하는 개념으로 충분히 해석할 수 있으며 따라서 명확성의 원칙에 반한다고 할 수 없다. 위에서 살펴본 바와 같이 헌법재판소의 소수의견도 이와 같은 의견을 피력하였다.

### (3) 과잉금지원칙 위반

전기통신기본법상 본건 처벌 조항을 제정할 당시에는 전화나 전보 등 당시 보편적으로 사용하였던 단순한 통신 행위만을 예상하였고 현재와 같은 인터넷 기반이 구축된 다양한 전기통신 환경은 예상하지 못했을 것이다. 하지만 그렇다고 해서 본건 처벌 조항을 현재 인터넷 기반 허위사실 유포행위에 적용하는 것이 과잉금지원칙에 위반된다고 단정할 수는 없다.

우선, 전기통신상의 허위사실 유포행위가 개인의 명예훼손이 되는 등 타 형사법규에 위반되는 사항이 있다면 그 조항으로 처벌이 가능하나, 미네르바 사건과 같이 타인의 명예 등을 훼손하지 않고 단지 정책 등과 관련한 허위사실을 유포하는 경우 등은 국가보안법상 유언비어유포가 되지 않는 이상 현행법상 전기통신기본법 이외에는 이를 처벌할 규정이 없다.

반면, 인터넷을 기반으로 한 허위사실 유포행위는 종전의 통신과는 비교도 할 수 없을 만큼 전파력과 파급효과가 크며 그로 인한 사회·경제적 혼란을 야기할 가능성이 높다. 최근에는 가짜뉴스 등의 폐해가 더욱 커져 이를 규제해야 한다는 요구가 확대되고 있다. 이러한 상황에서 과거에 제정된 것이고 현재 상황을 예측하지 못한 법률조항이라고 해서 그 적용의 필요성이 큼에도 이를 적용하지 않는 것이 타당하다고는 할 수 없다.

특히, 전기통신기본법의 조항은 초과 구성요건적 요소인 '공익을 해할 목적'을 규정하고 있어 오히려 다른 법에 비하여 신중한 적용이 가능한 구조를 갖추고 있으며 법정형도 다른 법과 비교할 때 그리 과하다고 할 수 없다. 이와 같은 점을 고려할 때, 본건 조항의 적용이 과잉금지원칙에 위반된다고 단정할 수는 없는 것이다. 다만, 과거의 법률이고 거의 적용되지 않다가 현 체계 하에서 적용하는 것이 논란이 된다면 입법을 통하여 새로운 환경과 행위 등을 고려하여 적용할 수 있는 법안을 추진하는 것도 위헌 논란을 해결하는 방법이 될 수 있을 것이다.

### (4) 소결

이미 위헌이 선고되기는 하였으나 위 법률의 위헌성 여부에 대하여는 헌법재판소의 다수의견에 동의하기 어렵다. 이미 제시한 근거들을 요약하면 첫 번째로, '공익'이라는 용어가 사용된 법률은 총 315개, 조문 단위로는 총 823 조문에 이르는바, '공익' 개념은 우리 헌법과 법률, 학계 및 법 실무에서 널리 사용되어 온 개념이다. 전기통신기본법의 목적과 이 사건 법률조항의 구조에 비추어 보면, '공익을 해할 목적'이란 '전기통신의 영향력을 이용하여 정당한 사회질서를 혼란·교란하려는 목적'을 의미함을 일반인도 충분히 예상할 수 있다.

두 번째로, 이 사건 법률조항의 '허위의 통신'은 그 사전적 의미나

이 사건 법률조항과 기타 관련 규정들을 종합적으로 고려할 때 '허위의 사실에 대한 통신'을 포함하는 의미이다. 세 번째로, 언론·출판의 자유에 의하여 보호되는 표현은 진실인 경우와 진실인지 허위인지 밝혀지지 아니한 상태인 경우만이 해당하고, 허위사실로 밝혀진 경우, 나아가 그 허위사실의 표현이 공익을 해할 목적으로 이루어진 경우에 명백하고 현존하는 위험이 발생하였다고 볼 수 있어 이를 제재하고 처벌하는 것은 정당하다.

마지막으로, 이 사건 법률조항은 왜곡된 정보의 파급력으로 인한 사회적 혼란을 방지하고, 정보통신망에서의 의사소통에 정확한 정보를 제공하려는 것으로서 정당한 목적달성을 위한 적합한 수단에 해당하며, 행정제재만으로는 목적달성에 충분하지 않고, '공연성' 요건을 규정하여 구성요건을 한정하고 있으므로 침해의 최소성에도 반하지 않는다. 또한, 이 사건 법률조항에 의하여 달성되는 공익은 올바른 여론과 의사형성의 촉진으로서 충분한 보호 가치가 있는 반면, 제한되는 것은 허위사실을 표현할 자유로서 의견 표명이나 진실한 사실에 비하여는 보호 가치가 적다는 점에서 법익 균형성도 충족된다.[594]

헌법재판소의 위헌 결정으로 인해 정보통신망에서의 허위사실 유포행위에 대한 처벌에 공백이 생기게 되자 이를 보완하기 위한 법 개정안이 18대 국회에서 6건이 발의되어 논의되었으나, 합의점을 찾지 못하고 18대 국회 만료로 자동 폐기되고 말았다. 6개 법률안의 주요 내용을 살펴보면, ① 헌법재판소의 위헌 결정으로 효력이 상실된 제47조 제1항을 구체화하여 위헌성을 제거하고자 하는 내용과 ② 위헌 결정된 제47조 제1항을 삭제하고자 하는 내용으로 구분할 수 있다.

---

[594] 당시 법무부에서도 같은 취지의 의견서를 헌법재판소에 제출하였다.

개정의 주된 내용은 헌법재판소가 명확성의 원칙에 반한다고 판단한 '공익'의 개념을 대체하여 구체적인 내용으로 규정하려고 한 개정안이었으나, 모두 통과되지 못하고 폐기되었다. 그 외에도 전기통신기본법의 입법 연혁 자체가 현대의 인터넷상 허위내용의 통신을 전제로 제정된 것이 아니라는 점 등을 고려하여 전기통신기본법이 아닌 정보통신망법에 위와 같은 구체적인 허위사실 유포 처벌규정을 포함하는 개정안도 18대 국회에서 2건이 발의되었으나,595) 역시 18대 국회 회기 만료로 폐기되었다. 결국, 전기통신기본법 제47조 제1항은 헌법재판소의 위헌 결정 이후 효력을 상실한 채 대체 보완 입법이 이루어지지 않고 있다가 19대 국회인 2015. 1. 23. 진성준 의원 대표발의안으로 위 조항을 삭제하는 개정안이 발의되어 2015. 11. 30. 국회 본회의에서 통과됨으로써 삭제되었으며, 제20대 국회에서도 이에 대한 보완 입법은 이루어지지 못하였다.

## 2. 정보통신망에서의 가짜뉴스 규제를 위한 국내 입법 추진 경과

전기통신기본법에 대한 대체 보완 입법이 이루어지지 못한 상태에서 2017년 대선을 앞두고 또 다시 가짜뉴스 등 허위사실 유포로 인한 폐해가 심각해지자 제20대 국회에서 이를 규제하기 위한 정보통신망법 개정이 시도되어 아래 [표 9]와 같이 여러 법안들이 발의되었으나, 국회에서 논의만 되었을 뿐 결국 통과되지 못하고 임기만료로 폐지되어 구체적인 입법이 이루어지지 못하였다. 제21대 국회에서는 2020. 10. 현재 2건의 개정안이 발의되어 있다.596)

---

595) 2011. 1. 19. 정옥임 의원 대표발의안(의안번호 제1810653호), 2011. 2. 18. 이두아 의원 대표발의안(의안번호 제1810865호).

596) 2020. 7. 22. 윤영찬 의원 대표발의(의안번호 제2102291호), 2020. 6. 22. 정필모 의원 대표발의(의안번호 제2100825호).

[표 9] 정보통신망법 개정안 개요(제20대 국회 발의안 6건)

| 연번 | 의안 명<br>(발의자, 의안 번호) | 주 요 내 용 |
|---|---|---|
| 1 | 정보통신망 이용촉진 및 정보보호 등에 관한 법률 일부개정법률안(김관영 의원 등 26인, 2006708) 2017.4.11. 발의 | ① 가짜뉴스를 "거짓의 사실을 언론보도의 형식으로 제공해 이용자들이 오인하게 하는 정보"로 정의하고, 사생활 침해 또는 명예훼손 정보와 아울러 유통금지 대상정보에 포함시킴(안 제44조 제1항)<br>② 가짜뉴스도 사생활 침해 또는 명예훼손 정보와 아울러 요청에 의한 삭제 또는 반박내용의 게재의 대상으로 규정함(안 제44조의2 제1항)<br>③ 가짜뉴스에 대해서 삭제 또는 반박내용의 게재 요청이 있는 경우 삭제 및 임시조치 등의 필요한 조치를 하지 아니한 자에 대해서 3천만 원 이하의 과태료 부과(안 제76조 제1항 제6호 신설) |
| 2 | 정보통신망 이용촉진 및 정보보호 등에 관한 법률 일부개정법률안(주호영 의원 등 10인, 2006804) 2017.4.25. 발의 | ① 유통이 금지되는 불법정보의 유형에 '정치적 또는 경제적 이익을 위하여 고의로 거짓의 사실 또는 왜곡된 사실을 포함하는 내용의 정보'와 '「언론중재 및 피해구제 등에 관한 법률」 제2조 제15호에 따른 언론보도로 오인하게 하는 내용의 정보'를 추가함(안 제44조의7 제1항 제3호 및 제4호 신설)<br>② 위 규정을 위반하여 '고의로 거짓의 사실 또는 왜곡된 사실을 포함하는 내용의 정보를 유통한 자'와 '고의로 언론보도로 오인하게 한 자'에 대해서 2년 이하의 징역 또는 2천만 원 이하의 벌금 부과(안 제73조 제5호 및 제6호 신설)<br>③ 방송통신위원회는 정보통신망을 통하여 유통되는 정보가 제44조의7 제1항 각호의 어느 하나에 해당하는지 여부에 대하여 심의위원회가 심의 중인 경우에는 정보통신서비스제공자 또는 게시판 관리·운영자로 하여금 해당 정보에 관하여 심의 중에 있음을 알리는 표시를 하도록 명하여야 하고(안 제44조의8 신설), 이러한 방송통신위원회의 명령을 이행하지 아니한 자에 대해서는 3천만 원 이하의 과태료 부과(안 제76조 제1항 제5의3호 신설) |

| | | |
|---|---|---|
| 3 | 정보통신망 이용촉진 및 정보보호 등에 관한 법률 일부개정법률안(안호영 의원 등 17인, 2007095) 2017.5.30. 발의 | ① 가짜뉴스를 "정보통신망을 통해 상업적 또는 정치적으로 정보를 매개로 타자를 속이려는 기만적 의도성을 가진 행위로 수용자가 허구임을 오인하도록 언론보도의 양식을 띤 정보 또는 사실검증이라는 저널리즘의 기능이 배제된 가운데 검증된 사실로 포장하는 행위"로 정의함(안 제2조 제1항 제14호 신설) ② 정보통신서비스제공자는 자신이 운영·관리하는 정보통신망에 가짜뉴스가 게재되어 있을 경우 지체없이 그 내용을 삭제하여야 함(안 제44조의2 제7항 신설) ③ 위 규정을 위반하여 가짜뉴스를 삭제하지 아니한 자에 대해서는 3천만 원 이하의 과태료 부과(안 제76조 제1항 제6의2호) |
| 4 | 정보통신망 이용촉진 및 정보보호 등에 관한 법률 일부개정법률안(이은권 의원 등 12인, 2008094) 2017.7.26. 발의 | ① 가짜뉴스를 "거짓의 사실 또는 왜곡된 사실을 「언론중재 및 피해구제 등에 관한 법률」 제2조 제15호에 따른 언론보도로 오인하게 하는 내용의 정보"로 정의하고, 사생활 침해 또는 명예훼손 정보와 아울러 유통금지 대상정보에 포함시킴(안 제44조 제1항 제2호 신설) ② 정보통신서비스제공자에 대해서 위 규정에 해당하는 것으로 명백히 인정되는 정보의 지체없는 삭제 의무 부과(안 제44조의2 제3항 제3호 신설) ③ 위 규정을 위반하여 삭제하지 아니한 자에 대해서는 3천만 원 이하의 과태료 부과(안 제76조 제1항 제6호 신설) |
| 5 | 정보통신망 이용촉진 및 정보보호 등에 관한 법률 일부개정법률안(송희경 의원 등 10인, 2008392) 2017.8.4. 발의 | ① 가짜뉴스를 "거짓 또는 왜곡된 사실을 「언론중재 및 피해구제 등에 관한 법률」 제2조 제15호의 언론보도로 오인하게 하는 내용의 정보"로 정의함(안 제2조 제1항 제14호 신설) ② 정보통신서비스제공자는 자신이 운영·관리하는 정보통신망에 가짜뉴스가 게재되어 있는 경우 지체없이 그 내용을 삭제하여야 함(안 제44조의2 제4항 신설) ③ 위 규정을 위반하여 가짜뉴스를 삭제하지 않은 자에 대해서는 3천만 원 이하의 과태료 부과(안 제76조 제1항 제5의3호 신설) ④ 유통이 금지되는 불법정보의 유형에 '가짜뉴스에 해당하는 정보'를 추가함(안 제44조의7 제1항 제2의2호 신설) ⑤ 위 규정을 위반하여 가짜뉴스를 유포한 자에 대해서 7년 이하의 징역, 10년 이하의 자격정지 또는 5천만 원 이하의 벌금 부과(안 제70조 제2항) |

| | | |
|---|---|---|
| 6 | 정보통신망 이용촉진 및 정보보호 등에 관한 법률 일부개정법률안(이장우 의원 등 16인, 2008920) 2017.9.1. 발의 | ① 유통이 금지되는 불법정보의 유형에'본인 또는 제3자의 정치적·경제적 이익을 위하여 고의로 거짓의 사실 또는 왜곡된 사실을 「언론중재 및 피해구제 등에 관한 법률」 제2조 제15호에 따른 언론보도로 오인하게 하는 내용의 정보'를 추가함(안 제44조의7 제1항 제2의2호 신설) ② 위 규정을 위반하여 본인 또는 제3자의 정치적 또는 경제적 이익을 위하여 고의로 거짓의 사실 또는 왜곡된 사실을 언론보도로 오인하게 한 자에 대해서 1년 이하의 징역 또는 1천만 원 이하의 벌금 부과(안 제74조 제1항 제2의2호 신설) |

그러나 이와 같은 개정안의 내용은 다음과 같이 헌법상 언론·출판의 자유를 과도하게 제한하게 되는 여러 문제점을 가지고 있으므로 개정안 추진에 신중을 기해야 한다.

첫 번째로, 처벌되는 '가짜뉴스'의 정의가 명확성의 원칙에 위반될 우려가 있다는 문제점이 있다. 각 법안에서 규정하고 있는 '가짜뉴스'의 개념 정의를 보면 '거짓이나 왜곡된 사실을 언론보도로 오인하도록 만드는 정보',[597] '정치적 또는 경제적 이익을 얻기 위해 고의로 허위의 사실을 언론보도로 오인하도록 만드는 정보'[598] 등으로 정의하고 있다. 하지만 위와 같은 개념 규정들은 그와 같은 정보 유통 등에 형사처벌이라는 규제를 가하기에는 그 개념의 구성요소들이 명확하지 못하다. 특히, '언론보도'라는 구성요건 자체가 명확한 개념인지, 그 포섭범위가 너무 포괄적이지 않은지 등의 문제가 그것이다.[599] 또한, 언론의 형식을 갖추지 않은 경우에도 강력한 법적 규제가 필요한 사례가 발생할 수 있는데 이러한 경우는 오히려 규제할 수 없게 된다. 앞서 독일의 네트워크법집행법도 검토해 보았지만 그 법 역시도 '가짜뉴스'를 별도의 법적 개념을 통해 규제하지

597) 김관영, 이은권, 송희경 의원안.
598) 안호영, 이장우, 주호영 의원안.
599) 같은 취지: 황성기, 각주 62) 전게논문, 87면.

않고 형법상의 명확한 범죄유형을 예시하는 형태로 규정하고 있으며, 가짜뉴스 개념을 별도로 규정하여 규제하는 다른 해외 사례도 찾기 어렵다. 결국, 개정안들의 가짜뉴스 개념은 그 개념요소의 포괄성, 모호성, 추상성 등으로 인해 언론·출판의 자유를 과도하게 침해할 위험성이 있다.

두 번째로, 사적 검열에 해당할 수 있다는 문제점이 있다. 가짜뉴스 유통을 매개하는 정보통신서비스 제공자에 대한 법적 의무를 강화하고 이에 대한 형사처벌 규정을 두는 경우 정보통신서비스 제공자에 대한 영업의 자유까지 제한하게 되고, 형사처벌을 면하기 위하여 과도하게 정보통신망에서의 정보를 통제하고 검열하게 되는 사적 검열의 문제가 발생할 수 있다.[600] 특히, 개정안 중에는 정보통신서비스 제공자에게 상시적인 모니터링 의무 등을 부과하고 위반 시 제재나 법적 책임을 부과하고 있는데 이는 사실상 '사적 검열'을 강제하는 결과를 가져올 수 있다.[601] 위헌 논란이 제기되고 있는 독일의 네트워크법집행법조차도 불법적인 정보에 대한 일반적이고 상시적인 모니터링 의무를 부과하거나 위반 시 그에 대한 형사적 규제를 가하고 있지 않으며 그러한 입법례도 거의 없다.

세 번째로, 위와 같이 명확성의 원칙에 어긋나는 불명확한 가짜뉴스의 개념에 근거하여 정보통신서비스 제공자에 대하여 일정한 의무를 부과하고 위반 시 과도한 과태료 등을 부과할 경우 과잉금지원칙에 위반될 우려이다. 비록, 개정안에는 가짜뉴스 제작자나 직접 유포자가 아닌 정보통신서비스사업자에 대하여 과태료 이외에 벌금이나 징역형의 형사처벌을 가하지는 않고 있으나, 위반요건이 불명

---

600) 같은 취지: 최진응, "제20대 국회의 가짜뉴스 관련 입법안 분석", 「의정연구」, 제24권 제3호, 한국의회발전연구회, 2018. 12. 159면.

601) 황성기, 각주 222) 전게논문, 163-191면; 황성기, 각주 62) 전게논문, 89면 등.

확한 사안에 대하여 수천만 원의 과태료를 부과하는 것은 과잉금지 원칙에 위반될 우려도 있다. 그 이외에도 국가의 적극적인 개입은 자칫 자율적인 규제가 원칙인 인터넷 공론의 장이 위축될 우려도 있다는 점도 고려해 보아야 한다.

## 3. 5·18 특별법 등 역사부정 허위사실 유포 처벌 법안

### 가. 개요

최근에는 가짜뉴스 등 허위사실 유포가 과거 특정한 역사적 사실에 대한 왜곡과 부인 등으로 나타나면서 사회적 갈등이 심화하는 현상을 보인다. 대표적인 사례가 5·18민주화운동, 제주 4·3사건 등과 관련한 역사적 사실 부인, 폄훼 논란이다. 과거에도 5·18민주화운동과 관련하여 북한군 개입설 등 이를 부인하는 여러 주장이 있었으나, 최근 들어 인터넷 유튜브 등을 통해 그러한 주장 등이 확산하였고, 국회에서의 토론회 과정에서 의원들의 논란성 발언으로 인해 사회적인 갈등과 논란이 지속하고 있는 상황이다. 또한, 최근에는 일제강점기 위안부 동원이나 강제징용 등 반인도적인 불법행위와 관련된 역사적 사실인정과 관련하여서도 역사학자들 사이에서 논란이 일면서 사회적 갈등으로 확산하고 있다. 이러한 논란 속에서 5·18민주화운동, 제주 4·3사건 등에 대한 비방, 왜곡, 부인, 폄훼 등의 행위를 형사처벌 하자는 의견까지 제시되었고, 제20대 국회에서는 관련 법안까지 발의되어 논의된 바 있다. 그러나 헌법상 언론·출판의 자유에 대한 지나친 제한이라는 우려도 제기되고 있으므로, 이와 관련된 법안의 내용과 해외의 유사 입법례 등을 살펴보고 이와 같은 논란에 대하여 검토해 보고자 한다.

제20대 국회에서 역사 왜곡 주장에 대한 형사처벌을 신설하는 법안은 5·18민주화운동과 관련하여 6건, 제주 4·3사건과 관련하여 3건이 제출되어 국회에 심의를 거쳤으나 통과되지 못하고 제20대 국회 임기만료로 폐기되었으나, 제21대 국회에서도 입법이 추진될 경우 논란이 계속될 것으로 예상된다.

[표 10] 제20대 국회 5·18 역사 왜곡 처벌 특별법안의 주요 내용

| 연번 | 대표발의<br>(의안번호) | 주요 내용 |
|---|---|---|
| 1 | 박지원<br>의원<br>(2000065) | - 신문, 방송이나 각종 출판물 또는 정보통신망을 이용하여 5·18민주화운동을 비방·왜곡하거나 사실을 날조하는 행위를 한 자는 5년 이하의 징역 또는 5천만 원 이하의 벌금에 처하도록 함(안 제8조). |
| 2 | 김동철<br>의원<br>(2000208) | - 공연히 5·18민주화운동을 부인(否認)·왜곡·날조한 자는 7년 이하의 징역 또는 1억 원 이하의 벌금에 처하도록 함(안 제8조). |
| 3 | 이개호<br>의원<br>(2001006) | - 5·18민주화운동을 비방, 왜곡, 날조하거나 관련자 또는 단체를 모욕 또는 악의로 비방하거나 5·18민주화운동 또는 관련자에 대한 허위사실을 유포하는 사람은 7년 이하의 징역 또는 7천만 원 이하의 벌금에 처하도록 함(안 제8조). |
| 4 | 박광온<br>의원<br>(2014983) | - 5·18민주화운동에 대한 비방·왜곡·날조를 하거나 「5·18민주화운동 관련자 보상 등에 관한 법률」 제2조에 따른 관련자 및 유족 또는 5·18민주화운동 관련 단체를 모욕·비방하거나 5·18민주화운동 관련 허위사실을 유포한 자는 7년 이하의 징역 또는 7천만 원 이하의 벌금에 처함(안 제8조). |
| 5 | 이석현<br>의원<br>(2018609) | - 악의적 의도를 가지고 5·18민주화운동을 부인·폄하하거나 5·18민주화운동과 관련한 사실을 날조 또는 허위사실을 유포한 사람에 대하여 7년 이하의 징역형 또는 5천만 원 이하의 벌금에 처하도록 함(안 제8조). |
| 6 | 이철희<br>의원<br>(2018768) | - 5·18민주화운동에 대해 부인·비방·왜곡·날조 또는 허위사실을 유포한 자는 7년 이하의 징역 또는 7천만 원 이하의 벌금에 처함(안 제8조). |

[표 11] 제20대 국회 제주 4·3 사건 역사 왜곡 처벌 특별법안의 주요 내용

| 연번 | 대표발의<br>(의안 번호) | 주요 내용 |
|---|---|---|
| 1 | 박광온<br>의원<br>(2014977) | - 제주 4·3사건에 대하여 비방·왜곡·날조하거나 허위사실을 유포한 자는 7년 이하의 징역 또는 7천만 원 이하의 벌금에 처하도록 함(안 제8조). |
| 2 | 오영훈<br>의원<br>(2010912) | - 제주 4·3사건의 진실을 부정·왜곡하여 희생자와 유족의 명예를 훼손한 자는 3년 이하의 징역 또는 3천만 원 이하의 벌금에 처하도록 함(안 제32조). |
| 3 | 위성곤<br>의원<br>(2019332) | - 제주 4·3사건에 대하여 부인·비방·왜곡·날조하거나 허위사실을 유포한 자는 7년 이하의 징역 또는 7천만 원 이하의 벌금에 처하도록 함(안 제14조). |

## 나. 외국의 처벌규정 사례

### (1) 개요

역사적 사실에 대한 부정을 처벌하는 규정은 제2차 세계대전 당시 벌어졌던 나치의 유태인 대학살(일명 홀로코스트, 이하 '홀로코스트'라 한다)과 관련된 것으로, 이에 대한 법적 규제강화가 본격적으로 논의된 것은 1990년대 후반부 유럽에서부터였다. 서유럽 내에서 신나치와 극우파의 폭력 행위가 확산하고 그 동조자들이 사회적으로 공공연하게 발언권을 갖기 시작하면서, 홀로코스트 부정과 혐오표현은 심각한 사회 문제로 인식되었고, 특히 전쟁과 학살의 직접적 기억을 갖지 못한 전후 세대가 인터넷 등의 매체를 통해 이러한 극단주의에 쉽게 접근하여 선동될 수 있다는 우려가 제기되었다. 더구나 생존피해자들의 사후에는 허위사실유포로 인한 명예훼손 등 개인적 법익의 침해에 관한 법리로는 대처하기 어려워진다는 점도 홀로코스트 부정에 대한 규제법 제정을 서두른 배경 가운데 하나였다.

### (2) 역사부정 허위사실유포죄 처벌의 정당성

역사적 사실에 대하여 부정하는 허위사실을 유포하는 행위를 형사처벌하는 사례는 매우 제한적이다. 왜냐하면 우리가 알고 있는 역사적 사실은 단순한 사실 그 자체보다는 그 평가와 가치판단이 개입되어 있는 경우가 많다. 따라서 역사적 사실에 대한 논쟁은 사상의 자유시장에 맡겨야 하는 것이며 이와 관련한 형사처벌에 대하여는 매우 신중하여야 한다. 그런데도 예외적으로 특정한 역사적 사실을 부정하는 것을 형사처벌하는 경우는 홀로코스트 부정죄와 같이 반드시 절박한 필요성이 있어야 한다. 유럽에서 이를 처벌하는 법률들이 논거로 삼고 있는 주요 근거들은 다음과 같다.602)

우선, 역사부정죄의 기본 취지를 고려할 때 기본적으로 '역사적 진실의 추구'라는 점에서 그 근거를 찾을 수 있다. 어떤 국가이든 역사적 사실이 왜곡되고 부정당하게 된다면 그 국가의 역사적 정통성이 부인되게 되고 결국 국가적 혼란과 헌정질서 부인으로 이어질 수 있다. 이는 세계의 역사적 측면에서 국제사회에서도 마찬가지이다. 그러나 이러한 역사적 진실추구만으로는 특별한 역사적 사건에 대하여만 진실부정을 처벌하는 점에 대한 충분한 근거가 되지는 못한다.

두 번째 중요한 근거는 홀로코스트나 반인륜적 범죄행위를 부정하는 것이 결국 근대 입헌주의 국가와 국제사회가 추구하고 있는 최고의 가치라고 할 수 있는 인간의 존엄성을 침해하는 것이기 때문이다. 이러한 반인륜적인 범죄행위를 부정하는 것은 인간의 존엄성을 말살하는 범죄행위를 용인하고 조장하는 것으로 이어지게 되므로 각 국가, 더 나아가 국제사회는 이러한 역사부정행위를 용인하지 않

---

602) 홍성수, "역사부정죄의 정당성 근거: 한국 역사부정죄 법안에 대한 비판적 검토", 「법학 논총」, 제39집 제1호, 전남대학교 법학연구소, 2019. 2. 175-180면.

는 것이다.

세 번째 근거로는 역사부정을 처벌함으로써 반인륜적 범죄행위의 피해자와 그 후손들의 명예를 보호하는 것이다. 주로 역사적으로 자행된 반인륜적 범죄행위는 조직적이고 집단으로 자행된 것으로 그 피해는 광범위하고, 직접적인 피해자뿐만 아니라 그 유족들에게까지 장기간에 걸쳐 커다란 상처와 피해를 남긴다. 따라서 그러한 범죄행위를 부인하는 경우 피해자와 유족들의 명예를 훼손하거나 모욕하게 되는데 이를 방지하기 위한 측면도 있는 것이다.

네 번째로는 최근의 유럽 각국과 미국 등에서의 혐오범죄에서 볼 수 있듯이 역사부정이 소수자에 대한 차별과 혐오로 이어진다는 점이다. 홀로코스트 범죄의 부인이 유태인에 대한 혐오와 차별로 이어질 수 있듯이 반인륜범죄의 부정이 그 피해자들이 속한 특정한 집단에 대한 차별과 혐오로 이어지면서 특정 인종, 민족뿐만 아니라 일정한 이념이 다르다는 이유로 혐오와 차별이 행해질 수 있는 것이다. 이는 결국 또다시 반인륜적 살인이나 대량학살로 이어질 수 있다.

이러한 근거들에 의하여 각 유럽의 국가들은 아래에서 보는 바와 같이 일정한 역사부정행위에 대하여 형사처벌 하는 규정을 두고 있다. 대표적으로 나치의 유태인 대학살의 최대 피해자인 이스라엘은 1986년 8월 8일에 나치의 유태인 대학살 사실을 부인하는 경우 형사처벌하는 법률을 제정하였다.603) 결국 역사부정을 형사처벌하는

---

603) Denial of Holocaust(prohibition) Law 5746-1986(대학살 거부 금지에 관한 법률 [정의 1.]이 법에서는 "인류에 대한 범죄"와 "유태인에 대한 범죄"라는 "나치와 나치 협력자에 관한 법률, 5710-1950"과 같은 의미를 가진다. [대학살 거부의 금지 2.]나치 정권 동안 서면 또는 구두로 유태인 또는 인류에 대한 범죄행위를 거부하거나 그 가해자를 방어하는 표현을 한 경우에는 5년의 징역에 처한다. [나치 범죄에 대한 동정표현의 금지 3.]나치 정권 동안 서면 또는 구두로 유태인 또는 인류에 대한 범죄행위나 이에 대한 동정적 문장 표현을 게시한 경우 5년의 징역에 처한다. [허용된 게시 4.]이 법으로 공정하게 게시된 표현의 경우 유태인 또는 인류에 반하는 범죄에 대한 동정이나 신분을 표현하는 의도로 사용되지 않는 한 범죄가 되지 않는다. [소의 제기 5.]이 법에 따른 범죄에 대한 기소는 검찰총장의 동의를 얻어야 한다).

것은 단순히 역사적 진실에 반해서가 아니라 그 부정을 통해 인간의 존엄성을 부정하며, 관련 피해자들에게 지속적인 고통을 주고, 더 나아가 특정 집단에 차별과 혐오를 조장하게 된다는 점에서 심각성을 가지는 것이고 과거 문제가 아닌 현재의 문제로 볼 수 있는 것이다.[604]

## (3) 유럽 각국의 입법례

### (가) 유럽연합의 지침

유럽연합은 1966년 인종차별주의와 외국인 혐오행위를 방지하려는 목적으로 채택한 공동행동(Joint Action to Combat Racism and Xenophobia : Joint Action/96/44/JHA)에서 1945년 4월 8일 런던협정에 의해 첨부된 국제군사재판헌장 제6조에 규정된 범죄에 대하여 공공연히 부정하는 것을 금지하였다. 이는 피부색, 인종, 종교, 국적, 민족 등을 이유로 소수집단에 대한 차별을 금지하는 법안으로, 명시적으로는 '홀로코스트'라는 단어를 언급하지는 않았지만 역사부정 행위를 규제하는 규정을 두고 있었다.[605]

이에 대한 후속으로 2008년 11월, 유럽연합의 27개 회원국 대표들은 역사부정 규제조항을 포함한 결의(Framework Decision for Combating Racism and Xenophobia : Council Framework Decision/2008/913/JHA)에 합의하였고, 이 결의는 유럽연합 회원국의 영토 안에서 발생한 정보통신을 포함한 모든 방식으로 이루어지는 홀로코스트 부정에 대해 적어도 1~3년 이하의 징역형을 처할 수 있는 국내법규 제정지침을 명시하고 있다.[606]

---

604) 홍성수, 전게논문, 182면.

605) 이소영, "기억의 규제와 '규제를 통한 기억하기'?: 홀로코스트 부정(Holocaust denial) 규제 법제와 사회적 기억의 구성", 「법학연구」, 제21권 제4호, 경상대학교 법학연구소, 2013. 10. 414면.

606) http://eur-lex.europa.eu; 이소영, 전게논문, 414면.

(나) 독일 및 오스트리아

독일은 1960년대부터 나치의 유태인 학살 부정을 처벌하는 규정을 두고 있었다. 1994년 개정된 형법 제130조 대중선동죄 제3항에서는 "누구든지 나치의 지배하에 저질러진 국제형법전 제6조 제1항의 범죄를 공공연히 부인하거나, 찬동하거나, 폄하하는 행위로써 공공안전을 교란시킨 자는 5년 이하의 자유형이나 벌금으로 처벌한다."라고 명시하고 있다. 또한 2002년 집시법을 개정하여 동조 제4항에서 나치체제찬양죄[607]를 함께 처벌하고 있다.[608]

오스트리아도 제2차 세계대전 직후부터 나치금지법(Verbotsgesetz)의 제정을 통하여 친나치적 언행을 강력하게 처벌하고 있으며, 형법 제283조 선동죄 적용 범위의 확장해석을 통해서도 홀로코스트 부정을 규제해왔다. 1947년에 제정되어 1992년에 개정된 나치금지법[609]은 "인간존엄에 반하는 나치의 제노사이드를 인쇄물, 방송 혹은 여타의 미디어를 통하여 부정하거나, 크게 축소하거나, 동조하거나 혹은 정당화하려는 자는 최소 1년부터 최대 10년까지의 징역에 처하고, 그 행위의 위험성이 대단히 크다고 판단될 경우 20년까지의 징역에 처할 수 있다."라고 규정하고 있다.[610]

---

607) Das Gesetz zur Änderung des Versammlungsgesetzes und Strafgesetzbuches vom 24.3.2005. BGBl I S.969.

608) 이소영, 전게논문, 415면.

609) 오스트리아에서는 1947년 나치즘의 잠재적인 부활을 억제하기 위하여 법적 규제 장치를 마련하였고, 1992년에는 나치의 유태인 학살에 대한 부정이나 심각한 의미축소를 금지하는 법률로 개정하였다[국가사회주의 금지법: National Socialism Prohibition Law(1947, amendments of 1992)].

610) 제3g조: 제3a조-제3f조의 특징을 나타내는 방법으로 (국가사회주의 독일 노동자당을 소생시키거나 공감하는) 용의 또는 행동을 한 경우는 1년에서 10년, 특히 위험한 용의 또는 행동을 한 경우에는 최대 20년의 징역에 처한다.
제3h조: 누구든지 제3g조를 출판, 방송 또는 다른 미디어를 통하여 국가사회주의 대량학살, 다른 국가사회주의 범죄를 부정 또는 심하게 축소하는 것을 금지하는 것으로 개정한다.

(다) 프랑스

프랑스는 홀로코스트 부정과 관련해서는 일명 가소법(Gayssot Act)이라 불리는 「인종주의, 반유대주의, 외국인 혐오행위 처벌에 관한 법률」이 1990년에 제정되었다.[611] 이 법에 따르면 1945년 국제군사재판소규정 제6조에 명시된 반인도적 범죄에 대하여 이를 부정하는 행위는 처벌된다.

프랑스 의회는 2001년 아르메니아 대학살(1915년과 1923년 사이에 150만 이상의 아르메니아인이 사망한 사건)을 공적으로 인정하는 법률을 채택한 바 있는데,[612] 그 후 프랑스 의회는 아르메니아 대학살의 부정을 형사처벌하는 법률안에 대해 표결하였다. 주된 내용은 법률에 따라 인정된 대학살의 존재를 과격한 방식으로 최소화하거나 이의를 제기하는 자는 1년 이하의 징역 및 45,000유로 이하의 벌금에 처한다는 내용이었다. 그러나 프랑스 헌법재판소는 대학살 부정에 관한 법률(la loi la négation des génocides)에 대한 위헌결정을 선고하였다.[613] 즉, 프랑스 헌법재판소는 의회에 의해 2012년 1월 말에 채택된 1915년의 대학살에 대한 부정을 형사처벌하는 법률에 대하여 "공중질서와 제3자의 권리를 침해하는 표현의 자유와 통신의 자유의 행사의 남용을 억제하는 고발을 제도화하는 것은 입법자에게 합법적인 것이다. 그러나 민주주의의 조건이면서 다른

---

611) LAW No 90-615 to repress acts of racism, anti-semitism and xenophobia(1990).

612) 1915년 아르메니아 대학살의 인정에 관련된 것으로 상원에 의해 채택된 법률안(2000년 11월 7일) : "La France reconnaît publiquement le génocide arménien de 1915"(프랑스는 1915년의 아르메니아 대학살을 공적으로 인정한다).

613) Decision n° 2012-647 DC du 28 février 2012, considerant 6. ; 프랑스에서는 의회에서 표결된 법률에 대해 공포 전이라도 헌법재판소에 의한 적법 여부를 심사받을 수 있도록 정하고 있다(프랑스 「헌법」 제61조 : 법률은 공포 전에 헌법재판소에서 헌법에 적합한지의 여부를 심사받을 수 있다). 이와 같은 프랑스의 헌법재판소는 법률에 대한 심사를 사전에 예방적으로 할 수 있다. 프랑스 헌법재판소의 법률에 대한 사전심사, 예방적 심사는 프랑스 헌법재판제도의 큰 특징으로 볼 수 있다.

권리와 자유 존중의 보장 중의 하나인 자유 행사에 대한 침해는 추구된 목적과 적합하고 필요적이어야 한다."라고 판시하면서 "동법은 입법자가 표현의 자유와 통신의 자유의 행사를 헌법에 위반하여 침해한 것이다"라고 판시하였다.[614]

### 다. 우리의 역사부정 처벌법안 도입 여부 검토

#### (1) 개요

현행법상 5・18민주화운동이나 제주 4・3사건 등 과거 역사적 사실을 왜곡하거나 관련 사실을 비방, 폄훼하는 등의 표현을 하는 행위에 대하여는 피해자와 유족에 대한 명예훼손죄로 처벌할 수 있다. 지난 제20대 국회에서 추진되었던 법안들은 이처럼 피해자나 유족에 대한 명예훼손 성립 여부를 불문하고 특정한 역사적 사실에 대한 부인・비방・왜곡・날조・폄하・허위사실 유포행위 등을 처벌하려는 것으로 그 입법 취지는 "역사적 사실에 대한 명백한 부인과 허위사실 유포에 대한 사회적 논란과 국론분열을 방지하고 관련자들의 인격과 명예를 보호하려는 취지"[615]가 대부분이었다. 이와 관련한 최근의 심각한 사회적 갈등을 고려할 때 어느 정도 입법의 필요성을 검토해 볼 시기라고는 생각된다.

#### (2) 역사부정 처벌법안 도입의 근거

역사부정을 형사처벌하는 것은 언론・출판의 자유에 대한 중대한 제한이라는 점에서 유럽국가의 입법례와 그 입법 근거 등을 참고하여 신중하게 검토해야 할 필요성이 있다. 앞서 유럽의 제도를 살펴

---

614) Decision n° 2012-647 DC du 28 février 2012, considerant 6.

615) 5・18민주화운동에 관한 특별법 일부 개정법률안 제안이유(이철희 의원 대표발의, 의안번호 제2018768호).

보면서 검토한 역사부정 처벌법안의 입법론적 근거, 즉 ① 역사적 진실의 추구, ② 인간의 존엄성 부정, ③ 피해자와 유족들의 명예보호 ④ 차별과 혐오의 방지 등의 근거에 비추어 현재 우리 법안들의 입법 타당성 여부를 검토해 보도록 하겠다.

우선, 역사적 사실의 추구라는 근거와 관련해서는 역사적으로 명백히 확정된 사실에 대한 부정을 처벌하는 것이다. 따라서 역사적 사실에 대하여 일정한 법적 확인과 관련자 형사처벌 등 어느 정도 명백한 사실 확정이 이루어진 사건에 대하여 역사부정죄가 도입되어야 할 것이다.

현재 논란이 되는 사건들 중에는 한국전쟁 당시의 거창 민간인 학살사건,616) 제주 4·3사건, 5·18민주화운동 등과 같이 법률에 따라 역사적 사실에 대한 확인과 관련자 형사처벌이 어느 정도 이루어진 사건도 있다.

반면, 일제강점기의 위안부 강제동원 및 강제징용 등 반인도적 범죄617)에 대하여는 해방 이후 법적 청산과 관련자 처벌이 제대로 이루어지지 못하여 아직도 법적 확인 작업과 관련자 처벌 등 법적 청산이 진행 중이며, 그와 같은 이유로 이를 부정하는 주장이 일본은 물론 한국에서도 제기되고 있어 논란이 되는 상황이다. 법적인 확인

---

616) 거창사건은 1951. 2. 9.부터 1951. 2. 11.까지 경남 거창군 신원면 일원에서 국군병력이 공비 토벌을 이유로 주민 수백 명을 희생시킨 사건으로, 1951. 12. 16. 대구고등 군법회의에서 거창사건 군 명령권자와 명령수행자에 대한 유죄판결이 확정되었으며, 그 후 「거창사건등관련자의명예회복에관한특별조치법」의 공포에 따라 1996. 5. 11.부터 7. 4.까지 유족등록의 신청과 접수를 받은 결과 총 사망 548명, 유족 785명이 인정되었다. 그러나 현재까지 유족과 사망자에 대한 국가 차원의 배상은 이루어지지 않고 있으며 관련 법안이 제20대 국회까지 수차 제출되었으나 통과되지 못 하였다(제20대 국회 거창사건관련자의 배상 등에 관한 특별조치법안(박범계 의원 대표발의, 제2002184호) 법안검토 보고서, 법제사법위원회 전문위원 강남일, 2016. 11.).

617) 제19대 국회에서 일제 식민지배의 반인도적 범죄를 부인하거나 옹호 발언을 처벌하는 법안이 3건 발의되었으나 모두 임기만료로 폐지되었고, 20대 국회에서는 추가로 법안이 발의되지는 않았다.

과 관련자 처벌 등 법적 청산이 끝나지 못한 사건에 대한 역사부정을 처벌할 경우 운영과정의 혼란을 우려하는 견해도618) 있으므로 어떠한 사건을 역사부정죄의 대상으로 할 것인가는 신중한 검토와 논의를 거쳐야 할 것이다. 법적으로 확인된 역사적 사실이라 하더라도 역사적 진실의 추구만으로는 역사부정죄가 정당화되기 어려우므로 아래의 근거들이 함께 고려해야 할 것이다.

두 번째로, 필요한 근거는 인간의 존엄성을 부정하는 중대한 역사적 사건이라는 점이다. 현재 국내에서 논란이 되는 대부분의 사례는 국가기관이나 공권력을 동원하여 민간인을 대량 학살하는 등 인간의 존엄성을 말살하는 조직적이고 집단적인 반인도적 범죄행위가 있었다는 점이 대부분 확인되고 있다는 점에서 역사부정죄 대상의 근거가 어느 정도 인정될 수 있을 것이다. 다만, 이와 같은 근거 또한 반인도적 범죄행위가 어느 정도로 발생했는지의 역사적 사실 확정 문제와 연관되어 있다고 할 수 있으며, 그중 어느 정도의 반인도적 범죄사실에 대한 부정을 처벌함으로써 헌법 질서를 지킬 것인지에 대해 입법과정에서 충분한 논의가 필요하다. 결국 인간의 존엄성 보호라는 헌법적 가치를 심각하게 침해하는 사건이 명백한 경우에만 헌법상 표현의 자유를 제한하는 역사부정죄 도입의 근거로 인정될 수 있을 것이다.

세 번째 근거인 피해자와 유족의 명예 보호와 네 번째 근거인 차별 및 혐오의 방지는 서로 연관성을 가지는 근거이다. 우선 명예 보호의 측면에서 본다면 현행 형법상 개인이나 단체에 대한 명예훼손죄나 모욕죄로 어느 정도 처벌이 가능하다. 따라서 역사부정을 처벌한다는 것은 피해자 개인과 단체가 특정되지 않는 경우까지도 형사

---

618) 홍성수, 전게논문, 186면.

처벌 할 필요성이 있어야 한다. 만일 특정한 역사적 사실을 부정함으로써 그와 관련된 집단과 소속된 개인에 대한 차별과 혐오를 유발하고, 그러한 것이 민주사회의 국민 통합을 방해하고 사회적 갈등을 조장하여 심각한 사회적 문제가 될 수 있다면 이를 형사처벌 할 수 있는 근거가 될 수 있다. 향후 입법이 추진된다면 그러한 관점에서 충분한 검토가 필요하다.

위와 같은 점을 고려할 때 단순히 5 · 18민주화운동, 제주 4 · 3사건 등에 관련된 허위사실 주장을 어떻게 처벌할 것인가에 국한되기보다는, 반인도적 불법행위에 대한 부정과 왜곡에 대하여 어떻게 대응하여야 사회적 갈등을 해소하고 대한민국의 역사적 정통성과 헌정질서를 확고하게 유지할 수 있는지 심도 있는 고민과 헌법적 검토를 거쳐 처벌 범위와 정도를 신중하게 결정하여야 할 것이다. 특정한 역사적 사실 하나만을 선별하여 그 왜곡이나 부인을 형사처벌 할 경우는 다른 사안과 형평성 문제가 제기될 수 있고, 모든 역사적 사건에 대하여 이를 부인하거나 폄하하는 내용의 표현을 형사처벌 하게 될 경우 표현의 자유가 지나치게 위축될 수 있기 때문이다.[619]

독일과 오스트리아의 처벌사례, 프랑스의 위헌선고 사례 등을 참고하여 일단 그 처벌 대상의 기준을 제시해 본다면, ① 역사적으로 명백히 확정된 사실이고, ② 민간인 대량학살 등 반인도적 범죄행위이며, ③ 이를 부인하거나 폄하하는 것은 국가의 역사적 · 민주적 정통성을 부인하거나 국가의 헌법 가치를 훼손하는 것이고, ④ 이로 인해 희생자와 유족들의 명예가 심각히 훼손되고 사회적 차별과 혐오를 유발하는 사안에 한정하여야 할 것이다.

---

619) 5 · 18민주화운동에 관한 특별법 일부 개정법률안(이철희 의원 대표발의, 의안번호 제2018768호) 검토보고서, 법제사법위원회 전문위원 정연호, 2019. 3.

### (3) 처벌되는 역사부정 표현의 명확성 검토

제20대 국회에서 발의되었던 법안들에 규정되어 있는 형사처벌 대상행위의 유형을 보면 특정한 역사적 사실에 대한 부인이나 허위사실을 유포하는 행위뿐만 아니라, 이를 '폄하'하거나 '왜곡'하는 등의 내용이 포함되어 있는데 '폄하'는 '가치를 깎아 내림', '왜곡'은 '사실과 다르게 해석하거나 그릇되게 함'이라는 뜻으로,[620] 때에 따라서는 사실에 대한 일정한 평가가 개입된 의견 표명에 대해서도 형사처벌이 이루어질 위험이 있으므로 처벌 대상이 되는 행위를 특정하고 규정함에 있어서 이를 신중히 결정하여야 한다. 또한, 처벌 형량과 관련해서도 개정안에는 벌금뿐만 아니라 징역형까지 모두 가능하도록 되어있고, 특정 법안은 7년 이하의 징역까지 선고할 수 있도록 되어있는데 유럽국가 중 가장 처벌이 중한 독일의 경우에도 홀로코스트 부인죄에 대하여 최고 5년 이하 징역이 법정형 상한인 점을 고려할 때 우리 개정안의 법정형은 지나치게 중하다고 할 수 있다. 결국, 특정한 역사적 사실을 부정하는 행위에 대한 처벌에 있어서는 그 행위 태양과 처벌의 범위를 결정함에도 정치한 검토가 필요하다고 판단된다.[621]

## Ⅳ. 소결

사회질서를 혼란하게 하는 허위사실, 특히나 인터넷 등 정보통신망에 의한 가짜뉴스 등 허위사실유포가 급증하면서 이에 대한 처벌 필요성이 지속해서 제기되고 찬반 의견도 대립하고 있다. 형사처벌

---

620) 네이버 표준 국어사전(https://ko.dict.naver.com).

621) 같은 취지: 5·18민주화운동에 관한 특별법 일부 개정법률안(이철희 의원 대표발의, 의안번호 제2018768호) 검토보고서, 법제사법위원회 전문위원 정연호, 2019. 3.

을 찬성하는 입장은 인터넷 등 정보통신망에 의한 허위사실의 유포
는 강한 파급력을 가진다는 점, 허위사실을 둘러싼 장시간의 논쟁과
그로 인한 사회적 갈등과 혼란으로 막대한 사회적 비용이 소모될 수
있다는 점 등을 근거로, 일정한 범위의 명백한 허위통신에 대하여는
통상의 표현행위보다 엄격한 규제를 할 필요성이 있다고 지적한
다.[622] 반면에, 처벌을 반대하는 입장은 허위의 사실도 언론·출판
의 사유의 범위 내에 있으며, 허위사실의 적시 자체가 범죄의 구성
요건이 되는 경우는 예외적인 경우에 한정되고 이러한 경우에는 각
개별 법률을 통해 처벌할 수 있으므로,[623] 별도로 허위사실 유포행
위 자체를 처벌하기 위한 근거를 마련할 필요가 없다고 보는 입장이
다.[624] 최근 우리 사회는 인터넷과 사회관계망서비스(SNS) 등을 통
한 전기통신상의 정보교류 및 의사소통이 전 사회적으로 급속하게
확대되고 있고, 이를 통한 정보 접근과 그 파급력, 영향력이 기존의
제도권 언론을 추월하는 막강한 현실을 고려한다면 인터넷 등에서
익명성을 기화로 악의적 허위사실을 유포하는 행위로부터 우리 사
회를 방어할 장치가 필요하다.

2017년 대선을 앞두고 실시한 가짜뉴스에 대한 인식조사[625]에 의
하면 한국사회에서 가짜뉴스로 인한 문제점이 심각하다는 점에 대

---

622) 차형근, "인터넷 등을 통한 허위사실 유포행위에 대한 주요 쟁점 검토 : 전기통신기본법 제47
　　조 1항에 대한 헌법재판소의 위헌결정을 중심으로", 「언론 중재」, 제31권 제1호, 언론중재위
　　원회, 2011년 봄, 83면 이하.

623) 대부분의 허위사실의 적시 행위 자체가 구체적인 개인이나 공익 자체에 대한 위험을 직접 야
　　기하는 경우로 제한되므로, 「정보통신망 이용촉진 및 정보보호 등에 관한 법률」상 명예훼손
　　죄, 「형법」상 사기죄나 명예훼손죄, 신용훼손죄나 업무방해죄, 공무집행방해죄, 「공직선거법」
　　등으로 처벌이 가능하다는 주장이다.

624) 이정훈, 전게논문, 245면 이하.

625) 오세욱/정세훈/박아란, 전게 연구서, 116면 참조; 2017. 5. 9. 대선 직전인 2017. 3. 17.-3. 19.
　　까지 20-50대 성인남녀 1,084명을 대상으로 실시한 온라인설문조사이며 응답률 12.0%, 표본
　　오차 95% 신뢰수준에서 ±3.0%이다.

하여 동의하는 의견이 83.7%를 차지하고 있었고, 반면에 가짜뉴스에 대한 최근의 사회적 우려가 지나치다는 점에 동의하는 의견은 35.4% 정도였다. 또한 가짜뉴스가 사회적 문제가 되어 규제가 필요한 이유로는 사생활 침해 등 인격권 침해, 정치적 혼란, 사회적 혼란과 분열 등을 주된 이유로 들고 있었다.626) 가짜뉴스 문제를 해결하기 위한 가장 효과적인 대응에 대한 여론조사 결과에서는627) 방송과 신문의 자율적 규제도 10% 정도의 응답이 나왔으나, 게시자에 대한 형사처벌 30.6%, 방송과 신문의 징계 조치 43.4%의 응답이 나왔을 정도로 이에 대한 강력한 법적 규제가 필요하다는 것이 다수 여론이었다.

국민의 인식도 현재의 규제를 강화하여 언론사에 대한 징계 등 행정적 규제, 게시자에 대한 형사적 처벌 등이 가장 효과적인 대응 방안이라고 판단하고 있으나, 현재로서는 그와 같은 효과적 대응 법제가 체계화 되어있지 못한 상태이다. 따라서 형법 및 정보통신망법상의 명예훼손죄나 공직선거법상 허위사실 공표 등으로 처벌할 수 없지만 사회적인 혼란을 유발하는 악의적 허위사실 유포행위를 형사처벌하는 최소한의 규정은 필요하다고 할 것이다. 헌법재판소의 구 전기통신기본법 제47조 제1항에 대한 위헌 결정의 취지도 언론·출판의 자유를 제한하는 형벌법규는 명확하게 규정되어야 한다는 것이지 언론·출판의 자유를 위하여 허위사실의 유포행위까지 무제한 허용한다는 의미는 아니다.

현행법상 사회질서를 혼란하게 하는 악의적 허위사실을 유포하는 행위에 대하여는 형법 또는 정보통신망법상 명예훼손죄나 공직선거

---

626) 오세욱/정세훈/박아란, 전게 연구서, 123-124면.
627) 오세욱/정세훈/박아란, 전게 연구서, 126면.

법상 허위사실공표죄 등에 해당하는 경우를 제외하고는 이를 형사처벌 할 수 있는 일반적인 처벌규정이 없다. 또한 그 피해가 국가적 법익, 사회적 법익이기 때문에 민사적인 손해배상으로는 이를 규제하는 것이 불가능하고, 인터넷이나 사회관계망서비스(SNS)의 확산 전파 속도가 엄청나 행정적 규제인 사이트 폐쇄나 게시물 삭제만으로는 이에 대응하는 데 한계가 많은 것이 현실이다. 구 전기통신기본법상의 허위통신죄 위헌선고로 인해 천안함 폭침 및 북한의 연평도 포격과 관련된 유언비어 유포자628)들에 대한 공소가 취소되었을 뿐만 아니라, 향후 그와 같은 유언비어 유포행위를 처벌할 수 없게 되었다. 인터넷과 SNS의 발달로 국가안보, 정치, 경제, 사회 모든 분야에서 가짜뉴스 등 허위사실 유포가 극성을 부리고 있고 그에 대한 폐해는 이미 심각한 사회 문제로 등장하고 있다.

특히나, 최근 북한의 핵 개발을 저지하고 평화를 정착시키기 위한 남북과 북미 간의 노력이 진행 중인 상황이며, 새로운 정부의 각 분야에서의 개혁추진과 관련하여 건전한 토론과 협의를 거친 국민적 합의 도출이 절실한 상황에서 남북관계를 긴장시키는 등 국가안보에 중대한 영향을 끼치거나 국민적 갈등을 유발하는 악의적 허위사실 유포행위는 헌법과 법률에 따라 이를 규제할 필요성이 크다고 할 것이다.

이를 반대하는 입장에서는 종전의 광우병 관련 MBC PD수첩 사건, 미네르바 사건 등을 언급하며 과도한 언론·출판의 자유 제한을 우려하나, 위 사건들도 다른 측면에서 본다면 사회질서를 혼란케 하

---

628) 총 28명이 기소가 되었으며 전쟁이 발발, 긴급징집 등의 허위사실 공표로 인해 당시 국방부, 병무청 등에 문의 전화가 폭주하고 생필품 사재기 등 사회 불안이 야기되는 등의 심각한 내용이었으며, 거기엔 바그다드 폭격 사진을 연평도 폭격 사진인 것처럼 게시한 경우도 있었다(2010. 12. 17. 서울중앙지방검찰청 보도자료, 「연평도 폭격 관련 허위사실 유포사범 수사결과」).

는 허위사실 유포행위를 처벌하는 규정이 없었기 때문에 무리하게 관련 공무원의 명예훼손죄로 의율하거나, 장기간 적용되지 않았던 구 전기통신기본법 규정을 무리하게 적용하게 되면서 과도한 제한이라는 논란이 증폭된 측면이 없지 않다고 할 것이다. 다만, 모든 허위사실 표현을 형사처벌로 규제하기보다는 정부의 주요 정책 추진사항 등 공개토론의 장에서 자율적으로 정화될 수 있는 사안에 대하여는 그 여건을 조성하여 국민의 비판적 토론과 정보 교환으로 진실이 밝혀지고 허위사실은 자체 소멸하도록 하되, 심각한 사회질서의 혼란 방지나 국민의 생명·신체의 보호 등을 위해 긴급하고 중대한 사안에 대하여만 형사처벌이 고려되어야 한다고 판단된다.

# 제5장

# 현행 형사처벌 규정의 개선방안

# 제1절 형사처벌 규정 최소화를 위한 조건

형사처벌 규정을 아무리 정치하게 정비한다고 하여도 국가에서 이를 남용하게 된다면 역시 그 적용과정에서 지나친 형사처벌로 언론·출판의 자유가 위축될 수 있다. 허위사실을 공표하는 행위에 대한 형사처벌을 최소화 하고 그 남용을 방지하기 위해서는 형사처벌 이외의 다른 제재 수단의 실효성이 확보되어야 한다. 형사 고소를 하게 되면 수사기관에서 증거를 수집하고, 필요시 압수수색 등 강제수사권을 동원하여 신속한 수사를 통해 피해를 복구해 줄 것이라는 기대가 있기 때문에 허위사실 유포에 대하여 피해자들은 다른 피해 복구 수단보다도 우선 형사적인 구제수단을 선호하게 되는 측면이 있다. 따라서 허위사실 유포에 대한 신속한 차단 조치 등 행정적 조치, 반론보도 등 언론 중재, 민사소송을 통한 신속하고 충분한 손해의 배상 등 다른 피해 구제수단의 실효성이 확보된다면 그만큼 형사적인 제재의 필요성도 줄어들게 되고 결국 허위사실 유포에 대한 형사처벌이라는 강력한 제재는 필요 최소한의 범위에서 적용될 수 있다.

# Ⅰ. 가짜뉴스 등 허위사실 유포에 대한 신속한 대응

## 1. 허위사실 유포에 대한 신속한 차단 조치

가짜뉴스 등 허위사실이 유포되는 경우 그 유포자를 찾아내어 형사처벌을 하거나 손해배상을 청구하는 사후적인 조치도 필요하지만, 허위사실의 유포를 신속히 차단하여 개인적 인격권 침해나 사회질서의 혼란을 최소화하는 조치가 더 중요하다고 할 수 있다. 인터넷의 광범위한 전파 범위나 속도 등을 고려할 때 허위사실이 광범위하게 확산하고 나면 그 피해는 막대한 것으로 사후에 그에 대한 손해배상을 청구하거나 당사자들을 형사처벌 하는 것만으로는 명예훼손으로 인한 개인의 피해나 사회질서 혼란으로 인한 대규모 피해를 실질적으로 회복하기는 쉽지 않기 때문이다.

이에, 정보통신망법은 제44조의2에서 허위사실 등 타인의 권리를 침해하는 정보로 인해 인격권 등 권리가 침해된 피해자가 그 삭제를 요청할 수 있도록 하고, 정보통신서비스 제공자는 위와 같은 요청을 받으면 지체 없이 삭제·임시조치 등의 필요한 조치를 하고 즉시 신청인 및 정보 게재자에게 알리도록 하는 규정 등을 두고 있다(동조 제1항, 제2항). 특히, 정보통신서비스 제공자는 삭제요청을 받은 정보의 권리침해 여부를 판단하기 어렵거나 이해당사자 간에 다툼이 예상되는 경우에는 30일 이내의 기간으로 해당 정보에 대한 접근을 임시적으로 차단하는 조치를 할 수 있으며(동조 제4항), 정보통신서비스 제공자는 자신이 운영·관리하는 정보통신망에 유통되는 정보에 대하여 위와 같은 필요한 조치를 하면 이로 인한 배상책임을 줄이거나 면제받을 수 있도록 하고 있다(동조 제6항). 하지만 임시조치와 관련해서는 앞서 살핀 바와 같이 사적 검열 논란부터 게시자의 이의 절차 등 여러 절차적 정당성을 보장하지 못하는 제도라는 비판이 있으므로 이와 같은 제도가 합헌적으로 효율성 있게 운영되도록 신속히 법을 보완하여야 할 것이다.629)

## 2. 반론보도청구권 등 언론중재법상 구제조치의 실효적 보장

언론중재법상 반론보도청구권, 정정보도청구권 등의 내용과 절차에 대하여는 이미 언론·출판의 자유에 대한 비형사적 규제 부분에서 개략적인 내용을 살펴보았다. 2019년 한 해 동안 각급 법원에서 선고된 언론보도로 인한 명예훼손 및 초상권·성명권·사생활 비밀 등 기타 인격권 침해 소송의 판결 및 관련 언론 중재 청구 건수[표 12]를 보면 손해배상청구와 함께 정정보도와 반론보도 등 언론중재법상의 구제절차가 함께 활용되고 있음을 확인할 수 있다.

[표 12] 2019년 언론 관련 소송 건수(각 청구별 건수)630)

| 청 구 명 | 건 수 | 비율(%) |
|---|---|---|
| 정정보도 | 165 | 30.4 |
| 반론보도 | 54 | 9.9 |
| 추후보도 | 5 | 0.9 |
| 손해배상 | 272 | 50.1 |
| 기사삭제 | 38 | 7.0 |
| 보도금지 | 9 | 1.7 |
| 합계 | 543 | 100.0 |

그러나 실제 소송결과 정정보도청구소송의 원고 승소율은 37.6%(62건), 반론보도청구소송의 승소율은 46.3%(25건)로 실제 소송에 가더

---

629) 같은 취지: 문재완, 각주 227) 전게논문, 126면.
630) 언론중재위원회, 「2019년 언론관련 판결 분석」, 2020. 11면.

라도 승소율이 높지 않다.[631] 사회적 영향력이 큰 언론기관을 상대로 개인이 소송을 제기하여 소송절차를 진행한다는 것은 그 비용이나 시간, 입증 면에서 상당히 어려움이 따른다는 것을 보여주는 점이다. 그런데 위 543건의 사건 중 기사삭제 등을 제외한 나머지 정정·반론·추후·손배 네 가지 청구권 관련 사건(총 496건)을 대상으로 조정을 거친 사실이 있는지를 확인한 결과 92.7%의 사건이 언론중재위원회의 조정 등을 거친 것으로 니터났다.[632] 따라서 소송전의 단계로 언론중재위원회를 통한 조정이나 중재가 실효성 있고 원활하게 이루어진다면 당사자의 허위사실 유포 등으로 인한 피해자의 권리구제가 좀 더 충실하게 이루어질 수 있을 것이다.[633] 또한, 언론중재위원회의 시정 권고의 효율성을 높이는 것도 하나의 방법이 될 수 있으며 이를 위해서는 이 제도에 대한 기준, 절차를 정비하여 시정 권고가 해당 언론기관에서 받아질 수 있도록 일관성 있게 시행해야 한다는 의견도 있다.[634]

## II. 인터넷 표현행위에 대한 책임성 확보

### 1. 인터넷 게시자 개인의 책임성 강화

허위사실 공표 행위는 공표자가 그 신원을 밝히는 경우도 있지만 많은 경우 익명으로 유포되는 경우가 많다. 특히나 인터넷과 같이

---

631) 언론중재위원회, 전게 보고서, 20면.

632) 언론중재위원회, 전게 보고서, 43면.

633) 현행법 체계 하에서는 정정보도청구권, 반론보도청구권 등을 행사하더라도 해당 언론기관에서 받아들여지지 않는 경우에 법원에 소를 제기하거나 언론중재위원회에 조정, 중재 등을 신청할 수 있다(언론중재법 제18조, 제24조 등).

634) 언론중재위원회, 「언론중재위원회 시정권고 효과 분석 및 개선방안 연구」, 2012. 40면.

익명으로 의견이나 사실을 게시할 수 있는 상황에서는 익명성 뒤에 숨어서 허위사실을 게시하는 경우가 빈번하게 발생하고 있다. 2019년 통계에 의하면 명예훼손 등으로 인한 손해배상 소송 건수 중 인터넷 매체의 경우가 전체 소송 건수의 61.7%를 차지하고 있는데,635) 인터넷의 익명성과 편의성, 신속 전파성 등이 고려되어 많이 이용되기 때문으로 판단된다. 허위사실의 공표 행위에 대하여 형사처벌을 최소화 하려면 가장 사용 빈도수가 높은 인터넷상에서 익명으로 근거 없이 허위사실을 유포하는 행위 등에 대한 자율적인 규제나 게시자의 책임이 강조되어야 한다.

이른바 '인터넷 실명제'에 대한 헌법재판소의 위헌 결정636) 이후 방송통신위원회는 본인 확인제가 폐지되는 것에 대비하여 사업자의 자율규제를 촉진하고, 가해자 인적사항의 신속한 확인 및 피해자의 피해확산 방지 등을 강화하겠다는 내용의 대책을 발표한 바 있다.637) 주요 내용은, 서비스 사업자로 하여금 스스로 모니터링·필터링 활동을 강화하고, 사업자 단체인 한국인터넷자율정책기구(KISO)에서 불법게시자 제재 및 피해자 권리구제에 대한 표준 약관과 윤리강령을 제정하는 등 사업자의 자율규제를 촉진하고, 피해확산 방지를 위한 임시조치와 관련해서는 임시조치가 필요한 사안인지 여부의 판단을 신속히 하기 위해 기준 및 처리방법을 구체화하고, 방송통신심의위원회의 불법 게시물 감시 횟수를 늘릴 뿐만 아니라 명예훼손 등 범죄행위에 대하여는 집중 신고 기간을 설정하는 등 적극적으로 대처하겠다는 내용이었다.

---

635) 언론중재위원회, 각주 630) 전게 보고서, 14면.

636) 헌재 2012. 8. 23. 2010헌마47 등, 판례집 24-2상, 590.

637) 방송통신위원회 보도자료, 「본인 확인제 없어졌다고 악플 허용 아니다.」, 2012. 9. 28.(방송통신위원회 홈페이지-알림마당-보도자료).

그러나 지난 정부의 이와 같은 정책 추진으로 인해 명예훼손, 사생활 침해 등 권리 침해 정보에 대한 포털의 '임시조치' 등이 급증하면서 정보 게재자의 언론·출판의 자유가 위축되고, 사회적 이슈 등 정치적 표현 등이 불법 유해정보로 차단되고 있어 인터넷상 언론·출판의 자유를 제한한다는 비판 등이 제기되자, 2017년 새로운 정부 출범 후 방송통신위원회는 인터넷상 언론·출판의 자유를 신장하고, 역기능에 대한 대응을 강화하기 위한 새로운 개선방안을 발표하였다.[638]

구체적으로는 포털 등의 임시조치에 대한 이용자의 반론기회를 보장하고, 임시조치 관련 분쟁을 신속하고 효율적으로 해결하기 위한 '온라인 명예훼손 분쟁조정위원회'를 설치하고, 불법·유해정보를 신속하고 철저하게 차단하기 위해 그러한 정보의 유통을 인지한 인터넷 방송사업자 등의 삭제·접속차단을 의무화하며, 피해자 요청 시 긴급심의를 실시하여 삭제·차단 대응 기간을 2~3일 정도로 단축하고, 가짜뉴스 확산을 방지하기 위해 민간 팩트체크 기능을 지원하고, 가짜뉴스 신고를 활성화하며, 사실관계에 논란이 있는 정보에 대해서는 '논란(disputed)' 표시를 부착하도록 하는 등의 대책 등이 포함되는데, 익명성으로 인해 발생할 수 있는 문제점과 그에 대한 개인의 책임 확보 방안에 대한 구체적인 대책은 포함되어 있지 않다.

인터넷상 익명의 게시가 허용된다고 하여도 타인의 명예를 훼손하거나 명백한 허위사실을 유포하는 게시자에 대하여는 그에 따른 철저한 민형사상 법적 책임이 따른다는 점을 공지하고, 익명이라 하더라도 불법을 저지르는 가해자는 반드시 추적되어 법적 책임을 지게 되는 관행이 확립되도록 여러 보완책을 마련하는 것도 필요할 것이다.

---

638) 방송통신위원회 보도자료, 「방송통신위원회 2018년도 주요 업무 업무계획 발표」, 2018. 1. 30.(방송통신위원회 홈페이지-알림마당-보도자료).

## 2. 정보통신서비스 제공자의 책임 강화

### 가. 정보통신서비스 제공자의 책임

허위사실을 인터넷 등 정보통신망에 직접 공표하는 행위자에 대하여 법적 책임을 추궁하는 것은 당연하나, 명백한 명예훼손적 내용이나 공공의 이익에 반하는 허위의 정보들이 유통되도록 방치하는 정보통신서비스 제공자에 대한 법적 책임도 어느 정도 강화해야 할 필요성이 있다. 왜냐하면 정보통신서비스 제공자는 실제 허위사실의 대규모 유통을 차단할 수 있는 기술적 권한을 가지고 있기 때문에 명백한 허위사실로서 타인의 권리를 침해하는 등의 내용에 대한 신속한 차단 조치를 하지 않을 경우 그 사업자에 대하여 책임이 없다고 단정하기는 어렵기 때문이다. 정보통신망 사업으로 막대한 이익을 창출하면서 그 운영과 관련하여 불법적인 정보나 허위정보를 유통하게 방치하도록 한 사업자에게는 어느 정도의 법적 책임을 지우도록 하는 것이 합리적이며 피해자의 보호를 위해서도 필요하다. 다만, 사업자에게 과도한 책임을 지우면 그 자체로 인터넷상의 언론·출판의 자유가 위축될 수 있기 때문에 피해자 보호와 언론·출판의 자유 양자 간의 조화를 이룰 수 있도록 책임 범위를 설정해야 할 것이다.

### 나. 현행법상의 책임 규정 및 개선 필요성

이미 살펴본 정보통신망법상의 임시조치 등 규정과 책임면제 규정은 2001년 정보통신망법이 전면 개정되면서 도입되었다가 2007년 개정을 거쳐 지금의 절차가 정비되었으나, 이와 관련해서는 운영에 있어 아직도 개선되어야 할 점이 많다는 지적이 있다.

특히, 게시물로 인한 피해자의 삭제요청 절차나 사업자의 처리절차 등과 관련된 구체적인 요건 등이 법에 규정되어 있지 않고 삭제된 정보의 복원과 관련된 부분도 규정이 없다는 점, 게시물의 삭제 여부에 대한 판단이 전적으로 사업자에게 맡겨져 있고 당사자의 이의신청에 대하여 그 구체적인 절차나 그와 관련된 사후적인 사법심사에 의한 통제 장치가 없다는 점, 면책 여부도 임의적 면책으로 되어있어 그 요건이나 효과가 불명확 하다는 점 등이 개선되어야 본 제도가 게시자, 피해자, 사업자 등에게 균형 있는 책임을 분배하고 피해구제를 명확히 할 수 있는 방법이 될 것이다.639) 제20대 국회에서 가짜뉴스 대응을 위한 여러 법안들이 제안되어 있고 그중에는 인터넷 사업주의 책임을 강화하는 법안들도 다수 있었으나, 이미 살펴본 바와 같이 '가짜뉴스'라는 다소 불명확한 개념에 근거를 둔 과도한 의무 부과와 제재로 사적 검열의 결과를 가져오거나 과잉금지원칙에 위반되는 과도한 언론·출판의 자유 제한이라는 문제점이 지적되었다. 제21대 국회에서는 총괄적인 제도 개선을 통한 합헌적인 정보통신서비스 제공자 책임 강화 방안이 심층적으로 검토되어야 할 필요가 있다.

## III. 민사소송의 신속한 진행과 손해배상의 실효성 확보

### 1. 민사소송의 신속한 진행

허위사실 공표로 인한 명예훼손 등으로 민사상 손해배상을 청구한 경우 그 구제를 위하여 소송에 대개 장시간이 소요될 뿐만 아니라640) 피해자 측에게 소송비용 등 과다한 비용과 노력이 필요하여

---

639) 같은 취지: 김현귀, 전게논문, 314-324면; 박용상, 전게서, 1413-1414면.

640) 2016년부터 2017년 상반기까지의 법원 통계(2019년 법원행정처 국회 법제사법위원회 제출 자료)에 의하면 전국 법원의 민사사건의 처리 기간이 심급당 평균 4.8개월이 걸리는 것으로 나타나 대법원 판단까지 받아서 확정되기에는 최소 1년 6개월 정도의 시간이 소요되는 것으로 나

피해구제 수단으로서의 실효성이 떨어지고, 특히나 허위사실을 유포한 측에 대하여 고의, 과실 등의 귀책사유와 손해 기타 법익침해에 대한 구체적 입증이 필요하다는 점 때문에 피해자 입장에서는 민사소송에 필요한 자료와 증거를 확보하기 위해 우선 형사 고소 등을 선호하는 것이 현실이다. 허위사실 유포자가 막강한 언론기관인 경우에는 개인이 이를 상대로 민사소송을 통해 소송을 진행하는 것 자체가 엄청난 시간과 돈과 노력이 들기 때문에 형사 고소를 통해 권력기관인 수사기관을 동원하게 되는 것이다.

## 2. 손해배상 및 원상회복조치의 실질화

허위사실의 보도나 공표 등으로 자신의 명예를 훼손당한 피해자는 가해자를 상대로 민사상 일반 불법행위의 규정에 따른 손해배상을 청구할 수 있다. 그러나 명예훼손으로 인한 재산상 손해는 가해행위와 손해 발생 사이의 상당인과관계 입증이 곤란한 경우가 많을 뿐만 아니라, 상당인과관계가 인정된다고 하더라도 구체적 손해액의 산정이 곤란한 경우가 많다. 결국 이와 같은 이유로 명예훼손으로 인한 손해배상 사건에서는 실무상 위자료만을 청구하는 사건이 대부분이고 결국 위자료 액수가 명예훼손으로 인한 손해배상청구 소송으로 보전 받는 피해의 대부분이라고 할 수 있다. 앞에서 살펴본 바와 같이 인터넷의 발달로 인해 정보의 전파 속도가 빨라 허위사실 등의 전파의 속도와 범위가 엄청나고 그 피해도 증가하고 있으므로 이와 같은 점을 고려하여 실질적인 손해를 보전 받을 수 있는 방안이 필요하다.

언론중재위원회에서 2019년 언론보도 관련 손해배상청구사건

타나고 있으며, 실제에 있어서는 대법원에서의 판결 선고가 늦어져 더 지연되는 경우도 많다.

272건을 분석한 통계[641]에 의하면 원고승소율이 93건(34.2%)에 불과하고 그 인용액은 5백만 원 이하가 50건(53.8%)으로 절반 이상을 차지하여 그 인용액도 대부분 재산적, 정신적 손해를 보전 받기에는 매우 적은 액수였다. 또한 최근 명예훼손 소송에서 피해자가 개인인 경우 위자료 액수를 분석해 보면 전체 163건 중 50건(30.6%)만이 1,000만 원 이상의 위자료가 인정되었으며 5,000만 원 이상의 위자료가 인정된 사건은 3%인 5건에 불과했다.[642] 결국 개인이 민사소송을 통해 보전 받을 수 있는 손해배상액은 받은 피해에 비하여 상당히 적은 금액에 불과하다는 점을 알 수 있다.

현대사회에서 개인의 인격권의 중요성은 날로 커지는 반면 정보화의 발달로 허위 언론보도 등으로 인한 피해는 단순히 인과관계로 입증될 수 있는 것 이상이 발생하기도 한다. 2015년에 개인의 신용이나 정보 등에 대한 위변조, 유출 등에 대하여 징벌적 손해배상을 인정하는 법안이 도입된 것을 고려하면, 개인의 인격권의 중요 내용인 명예가 훼손된 경우에도 명백한 고의에 의한 경우에는 징벌적 손해배상을 도입하여 피해자의 손해를 보전하고, 허위사실 등을 유포하는 가해자에게 이를 억제할 수 있는 충분한 제재를 가하는 방법도 고려하는 것이 형사적인 처벌을 최소화하는 방법이 될 수 있을 것이다.

우리 법제상 징벌적 손해배상제도는 2011년 '하도급거래공정화에 관한법률'에서 최초로 도입된 이후 2019. 5. 현재까지 총 16개의 개별 법률에서 특정한 요건 하에 인정되고 있을 뿐 허위사실 유포로 인한 명예훼손 등 일반적인 손해배상 사건까지 전면 인정되지는 않

---

641) 언론중재위원회, 각주 630) 전게 보고서, 27면-28면.

642) 명예훼손 소송에서 위자료가 인정된 사례 중 2015. 7. 31.까지 선고된 대법원 판결과 2012. 7. 1.부터 2015. 7. 31.까지 선고되어 확정된 고등법원, 지방법원 상소심 판결을 중심으로 분석하였다.

고 있다. 징벌적 손해배상을 모든 손해배상 소송에 전면 도입하는 내용의 법안이 현재 국회에 제출되어 있는데,643) 허위사실 유포로 인한 심각한 손해와 그 폐해를 줄이기 위해서는 징벌적 손해배상의 도입도 적극적으로 검토해 볼 필요성이 있다. 물론, 이에 대하여는 이중처벌 금지, 과잉처벌 금지, 적법절차 위반 등에 해당할 수 있어 그 도입에 신중하여야 한다는 우려도 있다.644)

하지만 미국의 경우에는 이미 징벌적 손해배상이 전면 인정되고 있고, 독일의 경우도 민사소송에 있어 징벌적 손해배상 제도를 전면 도입하고 있지는 않지만 허위사실보도로 인한 손해배상 소송에서 징벌에 가까운 다액의 손해배상을 명하는 사례가 증가하고 있다. 또한, 최근에는 앞서 살핀 바와 같이 네트워크법집행법(NetzDG)을 도입하여 정보통신서비스 제공자에게 징벌적 수준의 과태료까지 부과하는 법안을 시행한 점을 고려한다면, 우리나라도 가짜뉴스 등 허위사실 공표로 인한 심각한 폐해를 방지하기 위해서 징벌적 손해배상을 도입하는 방안을 적극적으로 검토해 볼 필요가 있다고 판단된다.645) 또한, 손해배상과 함께 기사삭제청구권 등 다양한 방법으로 원상을 회복할 수 있는 청구권을 인정하여 단순히 재산상 손해만으로는 회복할 수 없는 부분에 대한 실질적 원상회복이 이루어질 수 있도록 해야 할 것이다.

---

643) 제20대 국회에는 민법의 특례로서 일반적인 징벌배상 책임을 인정하는 '징벌적손해배상에관한법률안' 등이 5건 발의되어 심의를 거쳤으나 모두 통과되지 못하고 제20대 국회 임기만료로 폐기되었다. 제21대 국회에서는 징벌적 배상에 관한 2개 법안(의안번호 제2101840호, 박주민 의원 대표발의; 의안번호 제2103916, 오기형 의원 대표발의)이 의원입법으로 발의되어 있다.

644) 국회법제사법위원회 전문위원 징벌적배상법안(박영선 의원 대표발의, 의안번호 제2000283호) 검토보고서, 2016. 11. 10면; 법무부 연구용역, 「징벌배상제도의 부작용 방지대책 연구」, 2013 등.

645) 부작용이 우려되는 점에 대하여는 개정안 내용과 같이 손해배상액 상한액을 어느 정도 설정한 징벌배상제도를 도입하여 시행하는 것도 방안이 될 수 있을 것이다.

# 제2절 현행 형사처벌 규정의 개정

현행법상 허위사실의 공표 행위에 대하여 그 공표된 내용의 허위성을 문제 삼아 형사처벌을 하는 규정들은 명예훼손죄(형법상 명예훼손죄, 정보통신망법상 명예훼손죄 등), 공직선거법상 허위사실공표죄(후보자비방죄도 포함), 국가보안법상 허위사실 날조·유포죄 등이다. 종진에 진기통신기본법상의 허위통신죄는 헌법재판소의 위헌 결정으로 인해 폐지되었고 현재 대체입법이 마련되지 않은 상태이지만, 현재는 과거 명백한 역사적 사실에 대하여 이를 부정하는 허위사실을 공표하는 행위까지도 처벌해야 한다는 새로운 논의가 시작되어 국회에서 이를 형사처벌하는 입법안이 검토 중이다. 이와 같은 현행 규정과 새로운 처벌규정의 도입과 관련하여 본 저서에서 최종적으로 합헌성 여부를 검토한 결과 필요한 개선방안을 정리하면 다음과 같다.

## Ⅰ. 명예훼손죄 규정의 정비

### 1. 구성요건의 통일적 정비

현행 명예훼손죄 처벌규정과 관련해서 사실적시 명예훼손은 지나친 규제라는 논란이 있고, 지난 제20대 국회에서도 이와 관련된 개정 논의가 있었음은 앞에서 살핀 바와 같다. 향후 제21대 국회 논의 사항들을 지켜보아야 하겠지만, 인터넷 발달로 인한 확산 속도나 피해의 광범위성, 사실적시 명예훼손이라 하더라도 그 피해의 복구가 민사적 구제만으로는 아직 충분치 않은 현실 등을 고려할 때 신중한 검토를 통해 결론이 내려져야 할 것으로 판단된다. 허위사실 적시 명예훼손죄에 대하여는 개인적 인격권 침해에 대한 폐해 등이 더 크므로 현행 형사처벌 규정의 존치가 필요하다는 것이 다수의 견해이지만, 광범위한 처벌규정이나, 적용과정의 과도한 수사권 남용을 우려하는 시각이 많으므로 이에 대한 정비가 필요하다.

우선, 형법상 명예훼손죄와 그에 대한 가중처벌 규정이라고 할 수 있는 출판물에의한명예훼손죄, 정보통신망법상 명예훼손죄의 경우 그 수단만 다를 뿐임에도 그 구성요건 요소가 달리 규정되어 있고, 위법성조각사유를 규정한 형법 제310조의 적용 여부도 달라, 같은 명예훼손적 표현에 대하여도 범죄성립 여부에 차이가 발생할 수 있다. 특히, '비방 목적'이라는 추가 구성요건 요소를 두고 있는 출판물에의한명예훼손죄, 정보통신망법상 명예훼손죄 등은 이미 본론에서 상세히 검토해 본 바와 같이 '비방'의 개념이 다소 불명확하여 적용과정에서 헌법상 명확성의 원칙에 반할 수 있는 우려가 있다. 따라서, 위 3가지 유형의 명예훼손범죄에 대하여는 비방 목적을 삭제하여 그 구성요건을 통일성 있게 규정하고 위법성조각사유의 적용도 통일될 수 있도록 하되, 그 행위 태양에 따른 양형만을 달리하도록 개정하는 것이 필요하다고 판단된다.

## 2. 반의사불벌죄의 친고죄 개정

반의사불벌죄로 규정되어 있는 소추 요건도 친고죄로 변경하여 피해자의 고소가 없음에도 수사기관이 수사를 진행하는 일이 없도록 하여야 한다. 그럼으로써 언론·출판의 자유를 제한하는 국가형벌권 발동이 피해자의 고소 없이도 진행됨으로써 국가기관이나 권력층에 의하여 남용되지 않고 신중하게 이루어지도록 해야 할 필요가 있다. 이에 대한 개정안들 3건이 제20대 국회에서는 논의만 되고

통과되지 못하였으나, 제21대 국회에서는 이에 대한 개정이 이루어
지기를 기대해 본다.

## 3. 사실(진실)적시 명예훼손죄의 폐지 논의

우리 형법상 사실(진실)적시에 의한 명예훼손죄까지 처벌하도록
하는 것에 대하여 언론·출판의 자유를 지나치게 제한하는 것이라
며 영미법계 국가와 같이 비범죄화 하여야 한다는 주장이 제기되고
있다. 특히, 2018년 성폭력 피해자들의 이른바 '미투(Me Too)' 폭로
등을 계기로 성폭력 피해자들 보호를 위해서는 사실적시 명예훼손
죄를 폐지해야 한다는 주장까지 제기되면서 논란이 거세진 바 있
다.[646] 허위사실 공표 명예훼손죄의 개선에 있어서 이와 같은 논의
도 참고가 될 수 있으므로 이에 대한 논란을 간략히 살펴보면 다음
과 같다.

### 가. 형사처벌 규정 폐지론의 논거

민사적인 구제방안을 중요시하는 영미법계의 입법추세를 근거로
명예훼손죄 형사처벌 규정의 폐지를 통한 비범죄화를 주장하는 견
해로,[647] 그 주요 근거는 다음과 같다.

우선, 명예훼손은 각 개인 간에 일어나는 일로서 사회질서 유지와
공익과는 무관한 민사적 사안이므로 민사상 손해배상으로 충분하며

---

646) 제20대 국회에서 형법 제307조 제1항의 사실적시 명예훼손죄를 삭제 또는 수정하는 내용의 법
률안 개정안이 총 6건 발의되었으나 임기만료로 폐기되었다.; 미투 막는 '사실적시 명예훼손
죄' 폐지 물건너가나(2019. 1. 방문, http://news.heraldcorp.com/view.php?ud=20180411000066).

647) 소성규, "명예훼손으로 인한 손해배상책임에 있어서 면책법리에 관한 연구", 「민사 법학」,
제18호, 한국사법행정학회, 2000. 5. 577면; 신평, 「명예훼손법」, 청림출판, 2004, 312-312
면; 신평, "새로운 명예훼손법 체계의 구축에 관한 시도", 「공법연구」, 제31집 제3호, 한
국공법학회, 2003. 3. 214면.

여기에 형벌이 개입해서는 안 된다는 논리이다. 형사 고소는 손해배상을 받기 위한 하나의 수단에 불과한 것이라는 주장도 이와 연관이 있다.648)

두 번째로, 현행 헌법상 명예훼손죄는 추상적 위험범으로 보는 것을 전제로 주장되는 근거이다.649) 상해, 절도 등의 개인적 법익에 대한 죄는 그 피해 발생 결과가 명백하지만, 명예훼손죄에 있어서는 실제로 그 피해를 정확히 특정하기 어렵다는 것이다. 또한, 명예권과 유사한 프라이버시 침해의 경우 그 처벌을 위한 형법규정이 존재하지 않는다는 점에서 명예권 침해도 형사법 영역에서 벗어나게 하는 것이 옳다는 주장도 함께 제기되고 있다.650)

세 번째는, 언론·출판의 자유의 가장 큰 가치는 자유민주주의 사회에서 강제력을 독점하고 있는 국가 및 그 국가를 운영하는 공직자들에 대한 비판과 감시라고 할 것인데, 명예훼손죄를 형사처벌 할 경우 감시와 비판의 대상이 되어야 할 국가가 명예훼손 형사처벌 제도의 운영자가 되므로 국가에 대한 국민의 비판은 위축될 수밖에 없다는 주장이다.651)

구체적으로 보자면 첫 번째와 두 번째의 근거는 현행 명예훼손죄가 위헌이라기보다는 민사적으로 규제하는 것이 합리적이라는 주장이고, 세 번째 근거는 언론·출판의 자유를 지나치게 제한하는 위헌적인 요소가 있으므로 이를 폐지하자는 주장이라고 볼 수 있다.

---

648) 소성규, 전게논문, 577면.

649) 신평, 전게서, 312-312면.

650) 신평, 전게논문, 214면.

651) 박경신, "명예의 보호와 형사처벌제도의 폐지론과 유지론 : PD수첩 광우병보도 수사에 즈음하여", 「서강 법학」, 제11권 제1호, 서강대학교 법학연구소, 2009. 6. 370면.

## 나. 형사처벌 규정 유지론의 논거

언론·출판의 자유 못지않게 개인의 인격권 및 사생활의 자유 역시 보호되어야 하고, 명예권 역시 형법적으로 보호할 만한 가치가 충분하며, 손해배상의 청구 가능성과 국가형벌권에 기초한 형사처벌의 문제는 다른 차원의 문제이므로 명예훼손죄 처벌규정은 유지 되어야 한다는 주장으로 그 대표적인 논거는 다음과 같다.

우선, 최근 언론매체의 발달로 명예훼손적 표현의 전파 속도가 빠르고 피해가 큰 반면, 민사소송은 소송비용의 부담도 크고 재판 기간의 장기화로 인하여 신속한 피해구제가 어려워 그 사이 실추된 명예 및 그로 인한 손해를 완전하게 회복하기는 쉽지 않다. 또한, 미국과 달리 징벌적 손해배상을 손해배상 전반에 도입하고 있지 않고 있는 우리 법제 하에서는 충분한 피해보상이나 그로 인한 형사적 규제와 같은 강력한 효과를 거둘 수 없다. 따라서 민사적 구제수단 만으로는 개인의 명예가 충분히 보장될 수 없으며, 명예훼손 행위에 대한 형사규제의 필요성이 있다는 주장이다.652) 두 번째로, 명예훼손죄 폐지를 주장하는 근거 중 정부비판에 대한 통제 위험성에 대한 반론으로 주장되는 것으로, 정부에 대한 비판은 공적인 사안이 되므로 현행법상으로 일부 허위가 있어도 대부분 합법성이 인정되고, 진실로 간주가 되면 역시 공적인 사안으로 책임이 면제되므로 실제로 현행법이 그대로 집행이 된다고 하더라도 상당 부분 형사처벌로 인한 정부비판 통제 위험은 제거될 수 있다는 점을 근거로 주장한다.653)

---

652) 주승희, "인터넷상 명예훼손죄의 비범죄화 주장 검토", 「형사법연구」, 제25호, 한국형사법학회, 2006. 6. 305-306면 참고.

653) 박경신, 각주 651) 전게논문, 376면 참고.

## 다. 논란의 검토

우리 헌법재판소는 직접 명예훼손죄에 대한 판단은 아니지만 같은 장의 모욕죄 적용과 관련된 헌법소원 사건에서 인격권의 중요성을 강조하면서, "사람의 인격을 경멸하는 표현이 공연히 이루어진다면 그 사람의 사회적 가치는 침해되고 그로 인하여 사회구성원으로서 생활하고 발전해 나갈 가능성도 침해받지 않을 수 없으므로, 모욕적 표현으로 사람의 명예를 훼손하는 행위는 분명 이를 금지시킬 필요성이 있다는 점"을 분명히 하였다.654)

정보통신망법 제70조 제1항의 명예훼손죄 처벌규정과 관련하여서도 "정보통신망을 이용한 명예훼손범죄가 급증하는 추세에 있고 이로 인한 사회적 피해가 심각한 점을 고려할 때 명예훼손적인 표현을 규제함으로써 인격권을 보호해야 할 필요성은 매우 크다는 점"을 재차 강조하였다.655) 구체적으로는 위 정보통신망법상 명예훼손 처벌규정이 합헌이라는 근거로, "① 명예훼손적 표현을 규제하면서도 '비방할 목적'이라는 초과주관적 구성요건을 추가로 요구하여 그 규제 범위를 최소한도로 하고 있고, ② 헌법재판소와 대법원은 정부 또는 국가기관의 정책결정이나 업무수행과 관련된 사항에 관하여는 언론·출판의 자유를 최대한 보장함으로써 정보통신망에서의 명예 보호가 언론·출판의 자유에 대한 지나친 위축효과로 이어지지 않도록 하고 있으며, ③ 민사상 손해배상 등 명예훼손 구제에 관한 다른 제도들이 형사처벌을 대체하여 인터넷 등 정보통신망에서의 악의적이고 공격적인 명예훼손행위를 방지하기에 충분한 덜 제약적인 수단이라고 보기 어렵다는 점" 등을 제시한 바 있다.656)

---

654) 헌재 2013. 6. 27. 2012헌바37, 판례집 25-1, 506.
655) 헌재 2016. 2. 25. 2013헌바105 등, 판례집 28-1상, 26.

개인의 인격권을 침해하는 명예훼손적 표현을 어떠한 수단을 통하여 제한할 것인가는 각 나라마다 다른 방식을 취하고 있다.[657] 미국과 같은 일부 국가의 경우 명예훼손 행위에 대하여 민사적 수단을 통해 제재를 하고 있지만 극히 예외적이며 이는 각 국가의 입법정책의 문제라고 할 것이다. 우리 헌법은 헌법 제21조 제4항에서 명시적으로 언론·출판의 자유와 관련된 명예 보호에 대하여 일정한 제한을 직접 규정하고 있다. 또한, 개인의 인격권도 헌법 제10조에 의하여 보호되고 있기 때문에 우리의 입법권자들은 타인의 명예를 보호하기 위하여 민법상의 손해배상 제도뿐만 아니라 형법 제307조 이하의 명예훼손죄에 관한 규정을 두는 등 형사적 규제까지 가능하도록 하고 있다. 다만, 개인의 인격권을 충실히 보호하되, 형법 제310조를 두어 정당한 사유 등 일정한 요건을 충족한 경우에 면책을 인정하는 것으로 인격권과 언론·출판의 자유가 균형과 조화를 이루도록 한 것이다. 따라서 현행 명예훼손죄 처벌규정이 헌법상 언론·출판의 자유를 침해하는 위헌적인 규정이라고 단정할 수는 없다.[658] 다만, 현재 명예훼손죄의 성립과 관련한 공연성 인정이 대법원 판례[659])에 의하면 전파 가능성을 기준으로 판단되고 있으나, 이는 명예훼손죄 처벌 범위의 지나친 확대의 우려가 있으므로 과잉금지원칙 등을 고려하여 신중히 적용되어야 한다.

---

656) 헌재 2016. 2. 25. 2013헌바105 등, 판례집 25-1, 506.

657) 일본의 경우도 형법 제230조 제1항에서 공연히 사실을 적시하여 사람의 명예를 훼손한 경우에는 진실 유무를 불문하고 형사처벌하고 있으며, 형법 제230조의2에서 "공공의 이해에 관한 사실에 관계되고 또한 그 목적이 오로지 공익을 도모하는 것이라고 인정되는 경우에는 사실의 진부를 판단하여 진실한 것의 증명이 있는 때에는 벌하지 아니한다."라고 규정하여 공익을 위한 진실인 경우 처벌하지 않는 특례를 두고 있다.

658) 같은 취지: 박종보, "언론의 자유와 명예훼손 고소사건 수사 : MBC PD수첩의 광우병 보도사건을 중심으로", 「언론과 법」, 제8권 제1호, 한국언론법학회, 2009. 6. 253면.

659) 대법원 2004. 4. 9. 선고 2004도340 판결.

## II. 공직선거법상 허위사실공표죄 등의 개정

### 1. 낙선목적 허위사실공표죄의 법정형 하한 개정

공직선거법상의 허위사실공표죄는 정치적 언론·출판의 자유나 선거운동의 자유의 과도한 제한이라는 논란이 있기는 하지만 명백한 허위사실의 공표 행위를 대상으로 하는 점, 선거와 관련한 가짜뉴스 등의 유포가 심각한 문제가 되는 점 등을 고려할 때 그 필요성이 인정되고 그 범죄구성요건 규정 체계도 명확성의 원칙이나 과잉금지원칙에 반한다고 볼 수 없다.

다만, 낙선목적 허위사실공표죄(공직선거법 제250조 제2항)와 관련해서는 그 양형에 있어서 법정형 하한을 500만 원으로 규정하고 있어 기소가 되어 유죄가 인정되는 경우에는 선거법상 당선무효가 선고될 수밖에 없는 구조로 되어있다. 이는 법관의 양형 자율권을 지나치게 제한할 뿐만 아니라 허위사실이라고 하여도 그 내용이나 공표방법에 따라 경중의 차가 있음에도 불구하고 일률적으로 당선무효가 선고되도록 하고 있다. 특히, 국민의 선거로 선출된 공무원의 직위를 박탈하게 하는 것은 사실상 국민의 선거권행사를 침해하는 결과를 가져올 수도 있는 등 그 형량을 규정함에 있어 과잉금지원칙에 위반될 소지가 있으므로 이에 대한 개선이 반드시 필요하다고 판단된다. 따라서 현행 공직선거법 제250조 제2항의 법정형 하한 규정은 법정형 하한을 삭제하거나 감경하는 방향으로 개정을 추진함이 상당하다.

## 2. 후보자비방죄의 폐지 검토

공직선거법상 허위사실공표죄뿐만 아니라 공직선거법상 사실을 적시하여 후보자를 비방하는 행위를 처벌하는 후보자비방죄에 대하여는 허위사실공표죄보다 더 많은 비판과 위헌 논란이 제기되고 있다. 현행 공직선거법상 후보자비방죄는 허위사실이 아닌 객관적인 진실을 적시한 경우에도 '비방'이라는 이유로 그 표현행위에 대하여 형사적 제한을 가하는 것으로, 선출직 공직후보자의 검증 과정에서 나타난 의혹 제기나 진실한 사실적시 등도 비방에 해당할 경우 형사처벌을 받게 된다.

그러나 관련 사례나 판례에서 살펴보았듯이 구성요건요소 중 '후보자가 되고자 하는 자', '비방'이라는 개념 자체가 불명확하여 비슷한 사안의 경우에도 수사기관과 법원의 판단이 달라 후보자비방이 인정되는 경우도 있고 그렇지 않은 경우가 있을 정도로 후보자비방죄의 성립과 위법성 조각 여부를 판단하기 매우 어렵다. 또한, 후보자비방죄가 인정되어 유죄가 선고된 사례를 보면 대부분 그 적시된 사실이 허위이거나 허위인지는 명백하게 확정되지는 않으나 허위일 가능성이 매우 높은 사안이 대부분으로 사실상 후보자비방죄는 진실한 사실을 적시한 경우에 적용된다기보다는 허위사실공표죄의 입증 부담을 줄여서 기소하는 편법으로 적용될 수 있는 위험이 있다고 할 수 있다.

이러한 점에서 후보자비방죄는 명확성의 원칙에 반하거나, 선거에 있어 후보자의 공약이나 정책 검증 등의 기능을 하는 정치적 언론·출판의 자유를 지나치게 제한할 수 있는 규정이므로 후보자비방죄의 폐지 여부도 검토해 보아야 할 시기라고 판단된다. 그렇게 함으로써 선거 과정에서 후보자를 검증할 수 있는 정치적 표현의 자유와 선거운동의 자유를 좀 더 보장할 수 있으며, 언론·출판의 자유에 대한 지나친 제한이라는 논란도 불식 시킬 수 있을 것이다.

## III. 국가보안법상의 허위사실 날조·유포죄 구성요건 및 법정형 정비

### 1. 유형별 법정형의 차별화

국가안보를 위하여 반국가단체의 지령을 받거나 이와 연관되어 허위사실을 유포하는 행위를 처벌하고 있는 국가보안법상 허위사실 날조·유포죄에 대하여는 허위사실 유포행위의 주체를 반국가단체의 지령을 받은 경우와 그렇지 않은 경우 등을 구별하지 않고 모두 징역 2년 이상의 동일한 법정형에 따라 처벌하고 있는데 이는 과잉금지의 원칙에 반할 우려가 있으므로 개정할 필요성이 있다.

허위사실 유포행위의 주체가 반국가단체 구성원 또는 지령을 받은 자(제4조 제1항 제6호), 이적단체 구성원(제7조 제4항), 일반인(제5조 제1항)이냐에 따라 각 다른 조항에서 구별하여 규정하고 있으나, 법정형에 있어서는 2년 이상의 유기징역으로 차이가 없으며, 일정한 목적을 필요로 하느냐, 예비음모를 처벌하느냐 정도에 차이가 있을 뿐이다. 본건 규정이 적용되어 처벌되는 사례들은 많지 않지만, 일반인의 경우까지 반국가단체 구성원과 동일하게 처벌하는 것은 반드시 개정되어야 할 사항이라고 판단된다.

## 2. 구성요건의 명확성 강화

법정형 등을 고려할 때 국가보안법상 허위사실 날조·유포죄는 '사회질서를 혼란케 할 우려가 있는 사항에 대하여 허위사실을 날조하거나 유포'하는 것에 대하여 그 행위가 '국가의 존립·안전이나 자유민주적 기본질서를 위태롭게 한다'라는 점, 즉 '행위의 위험성'을 성립요건이라고 해석할 필요가 있다.

위헌 논란이 계속 제기되었던 국가보안법 제7조에 대한 헌법재판소의 결정과 그 이후의 개정과정을 통해 국가보안법 제7조 제1항이 '국가의 존립·안전이나 자유민주적 기본질서를 위태롭게 할 위험성'을 성립요건으로 규정하고 있는 점을 고려할 때 자진지원죄에는 이를 성립요건으로 하는 것이 보다 합헌적인 해석으로서 본 규정의 남용을 방지할 수 있는 해석이다.

따라서 최소한 자진지원죄 만큼은 이러한 성립요건을 명확히 기재하여 위헌 논란을 불식시키는 법 개정이 필요하다고 판단된다. 그 외에도 국가보안법 전반에 대하여는 여전히 개폐 논의가 진행되고 있으므로 허위사실 유포 관련 처벌규정도 그 전반적인 논의 과정에서 국민의 기본권을 보호하되, 국가안보에 대한 위협도 방어할 수 있는 바람직한 방향으로 논의가 전개되는 것이 필요하다.

## IV. 사회질서 혼란유발 허위사실 표현의 형사적 규제

### 1. 도입의 필요성

국가안보와 함께 사회질서의 유지도 대한민국 헌법 질서를 수호하기 위해 중요한 헌법상 보호법익 중 하나이나, 구 전기통신기본법상 허위통신죄가 위헌 결정이 선고되면서 사실상 사회질서를 혼란하게 하는 허위사실 유포행위에 대하여는 현재 이를 형사적으로 규제할 아무런 법적 장치가 없는 실정이다. 규제 필요성이 있음에도 이를 규제할 수 있는 적법한 법률이 없게 되면 오히려 다른 법률을 편법 적용하거나 과잉 적용하는 부작용이 발생하는데, 형사처벌 규정을 적용함에 있어서는 이는 오히려 더 큰 기본권 침해를 가져오게 된다는 점을 우리는 앞선 사례에서 이미 경험한 바 있다.

이른바 가짜뉴스 등 허위사실이 유포되는 경우 개인적인 법익이 침해되었다면 명예훼손죄 등으로 의율할 수 있을 것이나 이를 형사적으로 의율하지 못하는 경우 여론의 광장에서 자율적으로 정화되고 진실이 밝혀지도록 기다릴 수밖에 없다. 하지만 때에 따라서는 허위사실의 내용이나 전파 속도 등을 고려할 때 사회질서를 극도로 혼란하게 하거나 자체 정화시스템에 의하여 진실이 밝혀지기 기다리기에는 허위사실 전파로 인한 폐해가 크고 범위가 넓은 경우에는 필요 최소한으로 국가공권력이 개입하여 이를 방지할 필요가 있는 경우도 있다. 그러한 허위사실 유포행위에 대하여는 이를 형사적인 방법으로 제한하여 사회질서를 보호하여야 한다.

구 전기통신기본법 위헌 결정 이후 많은 입법적 대안들이 제시되었으나 현재까지 아무런 대체입법이 만들어지지 않고 있는 상황에서 최근 가짜뉴스와 언론 조작 등으로 인한 사회적 폐해는 갈수록 커지면서 정보통신망법 개정안 등 다양한 방안들이 논의되고 있다. 최근에는 5·18민주화운동을 부정하는 발언, 일제강점기의 일본에 의한 강제징용이나 위안부 동원을 부정하는 주장 등에 대하여도 사회적인 쟁점이 되면서 명백한 역사적 사실을 왜곡·부정하는 허위사실 공표 행위에 대하여도 형사처벌 해야 한다는 의견이 개진되고 있다. 이와 같은 상황들을 고려할 때 명백한 허위사실을 지속해서 공표하여 민주주의의 근간을 흔드는 사회 혼란을 가져오고 그로 인해 국가안보에 영향을 미칠 위험성이 있는 허위사실 표현행위에 대하여는 어느 정도 형사적 규제가 필요하다는 점은 국민도 인식하고 있다고 판단된다. 국민의 표현행위에 어느 범위까지 국가의 형사처벌권이 개입하여야 하는지는 지금까지 살펴본 쟁점들을 고려하여 국회에서 상세한 논의를 거쳐 국민적 합의로 규제 법안이 마련되어야 할 것이다.

## 2. 입법의 구체적 방안

위헌 결정으로 무효가 된 구 전기통신기본법상 허위통신죄를 대체하는 처벌규정을 현행 전기통신법에 신설하는 방안을 검토해 볼 수 있겠으나, '전기통신의 효율적 관리'라는 법 제정 취지 등을 고려할 때 사회질서 유지 등을 위해 특정한 유형의 허위사실 유포 사범에 대한 처벌 조항을 위 법에 두는 것은 부적절하다고 판단된다. 또한, 별도의 특별법에 '가짜뉴스'의 개념을 규정하고 이를 규제하는 방안은 허위사실 유포 사범 처벌의 통일성과 효율성을 기할 수 있고 사회변화에 따른 신속한 법률 개정 등이 가능하다는 장점이 있으나, 규정 내용 등이 많지 않은 점 등을 고려할 때 별도의 특별법 형식도 적절하다고 판단되지 않는다.

결국, 외국의 입법례처럼 특정한 유형의 허위사실 유포행위에 대한 처벌규정을 형법에 마련하되, 허위사실 유포행위의 성격이나 결과의 중대성 등을 고려할 때 형법상 '공안을 해하는 죄'의 장에 규정하거나, 최근 허위사실 유포가 주로 정보통신망을 통해 유포되는 점을 고려할 때 정보통신망법에 관련 규정을 도입하는 방법도 체계적인 논리상 적절할 것으로 판단된다. 구체적인 규정형식은 구체적인 항목을 개개로 예시하는 형식이 명확성의 원칙에는 좀 더 확실하게 부합한다고 할 것이나, 형법의 규정 형식상 예외적인 형식이므로 다른 조항과의 조화 등을 고려할 때 '국가안보나 사회질서를 위태롭게 하는 허위사실 유포' 등으로 포괄적인 형식660)으로 규정하는 것이 적절할 것이다. 다만, 입법과정에서 필요할 경우 이를 좀 더 구체적으로 예측할 수 있는 예시를 서술형으로 적시하는 방안도 검토될 수 있을 것이다.661)

---

660) '국가안보', '사회질서' 등은 위헌이 선고된 '공익'개념보다는 좀 더 구체적이고 명확한 개념이라고 판단되며 종전의 헌법재판소 결정례와 법의 규정 사례에 비추어 볼 때도 명확성의 원칙에 위반된다고 단정하기 어려우나, 결국은 입법과정에서 상세히 검토하여 구체화 할 사안이라고 판단된다.
661) 구체적 예시로 '전쟁·테러 등 국가안보 관련 사항, 경제·보건 등 사회질서 관련 사항 등'.

제6장

# 결 론

근대 입헌주의 국가가 수립되고 자유민주주의가 발달하면서 언론·출판의 자유는 자유민주주의 체제의 가장 핵심적인 기본권으로서 매우 중요시되어 왔다. 언론·출판의 자유는 신체의 자유와 함께 인간이 자유를 누리고 만끽하기 위해 가장 중요한 기본권이다. 자유롭게 말할 수 있는 자유가 보장되지 않는다면 이를 통한 개인의 인격 발현도, 대화와 토론을 거친 이론 형성과 사회적 합의도, 국가와 사회를 지탱할 수 있는 제도의 성립도 불가능 하게 된다. 특히, 국민의 의사를 반영한 정치, 자유로운 논의와 토론을 기반으로 하는 자유민주주의 제도 하에서는 언론·출판의 자유가 없으면 그 제도 자체가 성립하기 어렵다. 즉, 언론·출판의 자유는 자유민주주의를 살아있게 만드는 공기와 같은 존재이다.

　언론·출판의 자유는 이와 같은 기능을 바탕으로 지속해서 신장하여 왔다. 과거 근대 국가에 있어서는 언론매체가 지금만큼 발달하지 못하였고 전통적인 언론기관은 방송사, 신문사, 출판사 정도였다. 따라서 일반 개인은 자신의 의사를 대중에게 표현하고 싶어도 언론기관에 접근하기 어려웠으며 자신의 의사를 많은 사람들에게 전파하고 의견을 모으기도 어려웠다. 결국 근대 입헌주의가 도입된 직후

언론·출판의 자유는 개인보다는 주로 언론·출판 기관의 자유 보호에 더 집중되어 있었다고 할 수 있다. 그러나 현대사회로 접어들면서 디지털 기술과 정보통신망의 발달은 언론기관뿐만 아니라 각 개인도 인터넷 유튜브(Y-Tube)와 사회관계망서비스(SNS) 등을 통해 자신의 의견을 대중에게 쉽고 빠르게 언제든지 전파할 수 있는 상황을 만들어 주었다. 일반 대중으로부터 받는 관심도의 차이는 있이도 이제는 각 국민이 인터넷과 사회관계망서비스(SNS)를 통해 자신의 의견을 얼마든지 대중에게 전달할 수 있고 더 나아가 개인 방송을 할 수 있는 시대가 도래한 것이다. 이는 과거 언론·출판의 자유가 논의되던 시대에 비하여는 그 환경이 엄청나게 변화하였고, 그만큼 언론·출판의 자유도 신장하였다는 것을 보여주고 있다.

하지만 언론·출판의 자유가 신장한 만큼 그에 따른 부작용도 나타나고 있다. 언론·출판의 자유라는 명목으로 타인의 인격권을 침해한다든지, 공공의 복리에 반하는 악성 유언비어 등이 발달한 기술을 기반으로 급속도로 번져가는 상황이 발생한 것이다. 특히 최근 들어 가짜뉴스 등 허위사실의 급속하고 광범위한 유포로 인한 인격권 침해, 선거 과정의 공정성 훼손, 사회적 갈등의 발생 등의 부작용은 전 세계적인 현상이며, 독일과 미국 등 선진국에서는 이를 방지하기 위한 여러 가지 대책을 수립해 나가고 있는 상황이다.

자유민주주의 정치제도 하에서 헌법상 언론·출판의 자유가 가지는 중요성이 아무리 높다고 하여도, 언론·출판의 자유라는 명목으로 헌법이 보장하고 있는 다른 기본권을 침해하거나 헌법이 보장하고 있는 핵심적인 가치를 침해하는 경우에는 일정한 제한을 받을 수밖에 없다. 우리 헌법도 제21조 제1항에서 언론·출판의 자유를 인정하면서도 제21조 제4항에서 일정한 한계를 명백히 밝히고 있다.

결국 언론·출판의 자유도 타인의 인격권을 침해하는 등 일정한 경우에는 헌법 제37조 제2항에 따른 기본권 제한의 원칙에 따라 법률로써 제한될 수 있다. 최근 들어 전 세계적으로 심각한 문제로 대두되는 가짜뉴스 등의 문제는 결국 허위사실 표현에 해당하는 것으로, 허위사실 표현에 대한 법적 규제가 언론·출판의 자유 보장과 관련하여 어느 정도까지 가능한가에 대한 헌법적 논란이 가짜뉴스에 대한 법적 규제, 특히 형사적 규제와 관련하여 지속해서 제기되고 있다.

개인의 의견을 표명하는 것과 특정한 사실을 공표하는 것 모두 언론·출판의 자유의 내용에 포함되는 것이나, 그 보장이나 제한 정도는 의견 표명과 사실적시가 다르고 그 내용의 진위 등에 따라서도 달라진다. 특히, 자신의 주관적 가치판단을 공표하는 의견 표명이나 의견 표명과정에서 객관적으로 진실한 사실을 적시하는 경우는 언론·출판의 자유로서 최대한 보장이 되어야 하나, 허위사실을 표현하는 행위는 달리 보아야 한다. 우선, 언론·출판의 자유의 다양한 기능과 중요성을 고려할 때, 허위사실 표현이라 하더라도 언론·출판의 자유의 보호영역에 포함된다고 보는 것이 기본권 보호에 충실한 해석이 된다.

하지만 허위사실 표현은 언론·출판의 자유의 보호영역에 포함되는 것이라고 하더라도 달리 취급될 수밖에 없다. 왜냐하면, 허위사실을 공표하는 행위는 비판과 감시, 자유로운 의사형성 등을 통해 민주주의 토대를 형성하는 언론·출판의 자유의 중요 기능을 수행하는 데 있어서 의견 표명이나 진실을 주장하는 것과는 차이가 있기 때문이다. 또한, 타인의 명예를 훼손하는 결과를 가져와 오히려 언론·출판의 자유가 보장하려고 하는 개인의 인격권 실현에 도움이 되지 않고 더 나아가 사회적 혼란을 야기할 수도 있다. 이와 같은 이유로 가짜뉴스 등 허위사실 표현행위에 대하여는 헌법과 법률에 따라 법적 규제가 행해지고 있으며 가장 강력한 제한인 형사처벌까지 이루어지고 있다. 하지만 국가형벌권도 국민으로부터 국가가 부여받은 권한으로 국민의 자유와 권리를 보장하기 위해서는 언론·출판의 자유와 인격권 등 다른 기본권이 충돌하는 경우 각 기본권이 적절한 조화를 이루며 행사될 수 있는 방안을 찾아 필요 최소한으로 행사되어야 한다. 따라서 가짜뉴스 등 허위사실에 대한 형사적 규제도 헌법적인 한계 내에서 합헌적으로 이루어 져야 한다.

그러한 차원에서 본 저서에서는 대표적인 대륙법계 국가인 독일과 영미법계 국가인 미국의 법과 제도, 관련 판례 등을 비교·검토하였다. 독일과 미국도 각 국가의 역사적 배경, 사회적 환경, 헌법의 규정형식 등에 따라 허위사실 표현에 대한 법적 규제에 차이가 있었고, 그 안에서 합헌적 규제를 위해 각종 제도를 개선하는 노력을 시도하고 있었다. 어떠한 규제방식이 가장 적절한 것이라고 단정할 수는 없지만 각 제도의 비교를 통해 우리의 현행 규정의 헌법적 문제점과 향후 개선방안을 도출하는 데 시사점을 얻을 수 있었다.

우리 헌법은 제21조 제1항에서 언론·출판의 자유를 인정하면서도 독일이나 미국과 달리 제21조 제4항에서 일정한 한계를 명백히 밝히고 있다. 그러한 점에서 우리 헌법은 언론·출판의 자유에 대한 우월적 지위를 인정하기보다는 다른 기본권과 헌법 가치들의 조화를 추구하고 있다고 할 수 있다. 그러한 헌법적 배경 하에서 현재 허위사실 표현에 대하여는 다양한 법적 규제가 이루어지고 있다.

대표적인 비형사적 규제로 언론중재법상의 제도, 민법상의 손해배상과 원상회복조치, 정보통신망법상의 임시조치 등이 있다. 이러한 비형사적 규제도 합헌성 논란이 있을 만큼 강력한 규제 효과를 발휘하는 경우도 있으나 급속히 확산하는 가짜뉴스 등 허위사실에 대한 신속한 대응과 억제의 효율성 면에서는 형사적 규제에 비하여 일정한 한계가 있는 편이다. 반면, 형법상 명예훼손죄 처벌규정, 공직선거법상 허위사실공표죄 등 형사적 규제는 신속한 증거수집과 차단, 유포자 처벌 등 허위사실 표현 억제의 효율성 측면에서는 비형사적 규제에 비하여 강하다고 할 수 있지만 기본권 침해의 정도가 비형사적 규제에 비하여 크므로 규제의 합헌성 논란도 많다.

　허위사실 표현에 대한 형사처벌 규정에 대하여 독일과 미국 등 주요 국가와 비교 분석해 보고, 우리 대법원 판례와 헌법재판소 결정, 학계의 합헌성 논의, 대표적인 사례분석 등을 통해 합헌성 여부를 심도 있게 검토해 본 결과, 각 규정 내용 자체 및 적용과정에서 일부 위헌적인 요소가 있다는 점을 확인할 수 있었다. 허위사실 적시 명예훼손죄는 일부 구성요건요소인 '비방의 목적'의 불명확성 문제와 반의사불벌죄 소추 조건으로 인한 국가형벌권 남용의 위험성이 있었고, 공직선거법상 허위사실공표죄는 지나치게 높은 법정형 하한규정으로 인해 사실상 당선무효가 강제되어 과잉금지원칙에 위배되는 문제점이 있었다. 국가보안법상 허위사실 날조·유포죄도 각 다른 범죄 주체의 행위에 대하여 그 위험성을 구분하지 않고 획일적이고 높은 법정형을 규정하여 과잉금지원칙에 위반될 우려가 있었다. 이러한 규정들에 대하여는 합헌적인 방향으로의 개선이 필요하다.

　하지만 이와 같은 현행 형사처벌 규정만으로 현재 문제가 되는 가짜뉴스 등 허위사실 표현을 모두 규제할 수는 없다. 특히, 타인의 명예를 훼손하거나, 선거 관련성이 있거나, 북한과 관련되어 있는 허위사실 표현은 아니지만 사회적 혼란을 야기하는 허위사실 표현에 대하여는 현행법으로는 이를 형사처벌 할 수 없는 상황이다. 이를 형사처벌 하기 위한 추가적인 입법이 필요한 것인가에 대하여는 학계와 실무에서 많은 논의가 진행되고 있다.

우선은, 추가적인 형사규제 전에 허위사실이 공론의 장에서 충분히 논의되고 검증됨으로써 진실 여부를 밝혀내고 허위는 퇴출할 수 있도록 하는 여건을 조성하여야 할 것이다. 국민의 주요 관심 사안이 되어 가짜뉴스 등이 자주 유포되는 국가의 정책이나 정치적 사안에 대하여는 해당 정부 기관 등이 상시 모니터링을 하며 신속히 정확한 사실관계를 확인하여 공지할 수 있는 시스템을 갖추어야 한다. 그렇게 함으로써 일반 국민도 주요 국가정책이나 현안에 대하여는 관련 정보에 접근하여 정확한 사실관계를 파악할 수 있도록 해야 한다. 또한, 사회질서를 혼란케 하는 중대한 허위사실이 유통되는 경우에는 신속하게 이를 차단하거나 삭제할 수 있도록 하는 방법도 필요하다. 외국의 사례처럼 언론사 등 민간 차원의 자율적인 가짜뉴스 자정 활동의 활성화도 필요하다고 판단된다.

그런데도 현재 전 세계적으로 가짜뉴스 등 허위사실 유포로 인한 폐해가 심각하고 선진국에서도 이에 대한 대응 체계를 정비하고 있다. 우리도 가짜뉴스 등 허위사실의 유포로 최근 들어 심각한 사회적 갈등을 겪고 있는 점 등을 고려할 때 가짜뉴스 등 허위사실 표현으로 인한 사회 혼란을 방지하기 위한 추가적 보완 입법을 검토할 필요가 있다고 판단된다. 제20대 국회에서는 이른바 뉴스형식의 허위사실 유포행위인 '가짜뉴스'에 대한 법적 규제를 강화하기 위한 다양한 법안들이 제출되어 논의되었으나 통과되지 못하였다. 대부분 '가짜뉴스'를 개념적으로 정의하고 이와 관련된 유포행위에 대한 행정적, 형사적 규제 등을 도입하는 내용의 법안들이다. 제21대 국회에서는 반드시 형사처벌이 아니더라도 다양한 정책 추진과 보완 입법이 헌법적 한계 내에서 신중하게 추진되어야 한다고 생각된다.

　결국, 허위사실 표현의 형사적 규제에 있어서는 그 규제가 언론·출판의 자유를 지나치게 제한하는 수단으로 활용될 수 있다는 위험성을 항상 인식하고, 헌법적 한계를 넘어서지 않도록 그 법적 규제에 대한 통제와 감시가 이루어져야 한다. 허위사실 표현의 형사적 규제도 결국은 헌법이 보장하고 있는 인간의 존엄성, 자유민주적 기본질서 등 헌법의 핵심가치들을 보호하기 위한 것이기 때문이다.

# ▌참고문헌

## 1. 국내 문헌

### 【 단행본 】

계희열, 「헌법학(상)」, 박영사, 2001.
_____, 「헌법학(중)」, 박영사, 2004.
권영성, 「헌법학원론」, 법문사, 2010.
김옥조, 「미디어법」, 커뮤니케이션북스, 2005.
김철수, 「헌법학신론」, 박영사, 2009.
김일수/서보학, 「형법각론」, 제9판, 박영사, 2018.
김종현, 「이른바 '가짜뉴스'에 관한 헌법적 연구」, 헌법재판소 헌법재판연구원,
　　　2019. 9.
대검찰청, 「흑색선전사범 주요쟁점」, 2014.
_____, 「국가보안법 해설」, 2016. 12.
_____, 「공직선거법 벌칙해설」, 제9개정판, 2018.
_____, 「2018 범죄분석」, 통권 제151호, 2018.
_____, 「제7회 동시지방선거 선거사범 통계분석자료」, 대검찰청 선거수사
　　　지원과, 2018.
박상기, 「형법각론」, 제8판, 박영사, 2011.
박용상, 「명예훼손법」, 현암사, 2008.
방승주, 「헌법사례연습」, 박영사, 2015.
법무부, 「독일형법」, 법무부 형사법제과, 2008.
_____, 「징벌배상제도의 부작용 방지 대책 연구」, 법무부 연구용역보고서, 2013.
법제처 편, 「헌법주석서I」, 2010. 3.
서울중앙지방검찰청, 「명예훼손실무연구」, 2015.
서울중앙지방검찰청, 「美쇠고기 수입반대 불법폭력시위사건 : 수사백서」, 서
　　　울중앙지방검찰청 공안제2부, 2009.

성낙인, 「헌법학」, 법문사, 2017.

신 평, 「명예훼손법」, 청림출판, 2004.

신동운, 「형법각론」, 제2판, 법문사, 2018.

안경환, 「미국 헌법의 이해」, 박영사, 2014.

양 건, 「헌법강의」, 제8판, 법문사, 2019.

언론중재위원회, 「언론중재위원회 시정권고 효과 분석 및 개선방안 연구」, 2012.

_____, 「(2015년도) 언론관련판결 분석보고서」, 2016.

_____, 「(2016년도) 언론관련판결 분석보고서」, 2017.

오세욱/정세훈/박아란, 「가짜 뉴스 현황과 문제점」, 한국언론진흥재단, 2017. 5.

오영근, 「형법각론」, 제5판, 박영사, 2019.

유기천, 「형법학 : 각론강의 상」, 일조각, 1982.

이부하, 「헌법학 (상)」, 법영사, 2019.

임성식/이경렬, 「선거사범의 처벌과 당선무효에 관한 비교법적 연구」, 한국형
사정책연구원, 2006.

임 웅, 「형법각론」, 제10판, 법문사, 2019.

전광석, 「한국헌법론」, 집현재, 2011.

정병욱, 「공직선거법」, 박영사, 2006,

정성근/박광민, 「형법각론」, 삼지원, 2002.

정웅석/최창호, 「형법각론」, 대명출판사, 2018.

정재황, 「신헌법입문」, 제9판, 박영사, 2019.

정종섭, 「헌법학원론」, 제12판, 박영사, 2018.

중앙선거관리위원회, 「영국국민대표법」, 1988.

중앙선거관리위원회, 「각국의 선거제도」, 2001.

한수웅, 「헌법학」, 제9판, 법문사, 2019.

허 영, 「한국헌법론」, 전정15판, 박영사, 2019.

황교안, 「국가보안법」, 박영사, 2011.

## 【논 문】

계희열, "헌법상 언론출판의 자유", 「법학논집」, 제34집, 고려대학교 법학연구소, 1998. 12., 1-44면.

권오걸, "공직선거법상 후보자비방죄에 대한 연구 : 표현의 자유와 선거의 공정과의 조화의 관점에서", 「법학연구」, 제49집, 한국법학회, 2013. 3., 159-185면.

김광재, "선거운동기간 중 인터넷 실명제의 헌법적 고찰 : 헌법재판소 2015. 7. 30. 2012헌마734, 2013헌비338 결정에 대한 비판적 검토", 「법학논총」, 제41집, 숭실대학교 법학연구소, 2018. 5., 53-85면.

김경환, "인터넷 공간의 잘못된 기사와 새로운 피해구제 법안", 「언론중재」, 제133호, 2014년 겨울, 102-131면.

김균미, "가짜뉴스와의 전쟁 이길 수 있을까", 「관훈저널」, 제146호, 관훈클럽, 2018. 3., 67-75면.

김래영, "공직선거법 제251조 후보자비방죄에 대한 헌법재판소 결정 비판", 「변호사」, 제45집, 서울지방변호사회, 2014. 1., 389-416면.

김봉수, "공인(公人)에 대한 명예훼손법리의 함의(含意)와 그 한계 : 미국의 '공인이론'에 대한 비판적 검토를 중심으로", 「형사정책」, 제25권 제3호, 한국형사정책학회, 2013. 12., 47-72면.

김상겸, "국가보안법 개정론 : 헌법국가의 관점에서", 「헌법학연구」, 제10권 제4호, 한국헌법학회, 2004. 12., 155-185면.

김선택, "기본권보장의 발전과 기본권학의 과제", 「공법연구」, 제37집 제2호, 한국공법학회, 2008. 12., 53-81면.

김우성, "표현의 자유의 보호영역", 「저스티스」, 통권 제153호, 한국법학원, 2016. 4., 5-36면.

김윤홍, 「명백하고 현존하는 위험의 원칙에 관한 헌법적 고찰」, 서울대학교 석사학위논문, 서울대학교 대학원, 1988.

김익현, "[진단] 가짜뉴스 현상에 대한 두가지 고찰 : 의도된 가짜와 매개된 가짜라는 관점을 중심으로", 「언론중재」, 제142호, 언론중재위원회, 2017. 3., 6-15면.

김일수, "국가보안법은 철폐되어야 한다.", 「인권과 정의」, 제203호, 대한변호사협회, 1993. 7., 9-16면.

김일환, "기본권의 제한과 침해의 구별필요성에 관한 고찰", 「공법연구」, 제27
    집 제2호, 한국공법학회, 1999. 6., 317-333면.

김일환/홍석한, "선거운동 규제에 관한 비교법적 고찰", 「미국헌법연구」, 제25
    권 제1호, 미국헌법학회, 2014. 4., 31-63면.

김재형, "언론의 사실보도로 인한 인격권 침해", 「서울대학교 법학」, 제39권
    제1호, 서울대학교 법학연구소, 1998. 5., 189-219면.

김종철, "공선법상 '낙선목적 허위사실공표죄'와 당선무효강제규정의 위헌성 :
    소위 '조희연 교육감 사건' 제1심 판결을 중심으로", 「법학연구」, 제25
    권 제2호, 연세대학교 법학연구원, 2015. 6., 181-215면.

_____, "공직선거법 제250조 제2항(낙선목적 허위사실 공표죄)과 관련한 대
    법원 판결에 대한 헌법적 검토 : 소위 '정봉주 사건'을 중심으로", 「법
    학연구」, 제22권 제1호, 연세대학교 법학연구원, 2012. 3., 1-32면.

_____, "공직선거법상 인터넷언론규제에 대한 비판적 고찰", 「언론과 법」, 제
    8권 제2호, 한국언론법학회, 2009. 12., 1-27면.

김준호, "공인에 대한 명예훼손 : 그 민형사상 면책 구조에 관한 판례 이론의
    분석", 「동북아법연구」, 제9권 제2호, 전북대학교 동북아법연구소, 2015.
    9., 353-385면.

김재협, "정정보도에 관한 헌법재판소 결정의 의미와 파장", 「언론중재」, 제27
    권 제3호, 2007년 가을, 78-97면.

김해웅/고재욱/김동희/전삼현, "온라인상의 가짜뉴스와 법적제재에 관한 이론
    적 연구", 「한국IT정책경영학회 논문지」, 제11권 제2호, 한국IT정책
    경영학회, 2019. 4., 1173-1178면.

김현귀, "정보통신망법상 임시조치제도와 표현의 자유", 「법과사회」, 제46호,
    법과사회이론학회, 2014. 6., 297-326면.

노희범, "상업광고 규제의 합헌성 심사 기준", 「헌법논총」, 제17집, 헌법재판
    소, 2006., 207-253면.

문재완, "공인에 대한 명예훼손", 「법조」, 제51권 제8호, 법조협회, 2002. 8.,
    210-254면.

_____, "음란과 헌법상 표현의 자유의 보호영역 : 헌법재판소 2009. 5. 28.

2007헌바83결정을 중심으로", 「언론과 법」, 제8권 제2호, 한국언론법 학회, 2009. 12., 293-329면.

_____, "허위사실의 표현과 표현의 자유 : 한국과 미국의 판례 비교를 중심으로", 「공법연구」, 제39집 제3호, 한국공법학회, 2011. 2., 113-142면.

_____, "인터넷상 권리침해의 구제제도 : 헌법재판소 결정과 향후 과제", 「외법논집」, 제37권 제1호, 한국외국어대학교 법학연구소, 2013. 2., 111-129면.

_____, "프라이버시 보호를 목적으로 하는 인터넷 규제의 의의와 한계", 「언론과법」, 제10권 제2호, 한국언론법학회, 2011. 12., 1-37면.

박경신, "허위사실유포죄의 위헌성에 대한 비교법적인 분석", 「법학연구」, 제12집 제1호, 인하대학교 법학연구소, 2009. 4., 1-44면.

_____, "명예의 보호와 형사처벌제도의 폐지론과 유지론 : PD수첩 광우병보도 수사에 즈음하여", 「서강법학」, 제11권 제1호, 서강대학교 법학연구소, 2009. 6., 357-380면.

_____, "미네르바 사태를 통해 본 표현의 자유", 「기억과 전망」, 제21호, 민주화운동기념사업회, 2009. 12., 287-318면.

_____, "인터넷임시조치제도의 위험성-남이 싫어하는 말은 30일 후에 하라", 「중앙법학」, 제11집 제3호, 중앙법학회, 2009. 10., 7-51면.

박동천, "명예훼손과 표현의 자유", 「동향과 전망」, 제90호, 2014년 봄, 45-78면.

박신욱, "온라인서비스제공자의 책임 및 그 확장과 관련된 독일 네트워크 법집행법(NetzDG) 연구", 「법학연구」, 제21집 제2호, 인하대학교 법학연구소, 2018. 6., 269-304면.

박용숙, "미국에서의 증오표현행위의 규제에 관한 판례경향", 「강원법학」, 제41권, 강원대학교 비교법학연구소, 2014. 2., 467-509면.

박정훈, "인터넷서비스제공자의 관리책임 - 미국의 통신품위법 제230조와 비교법적 관점에서 -", 「공법연구」, 제41집 제2호, 한국공법학회, 2012. 12., 511-544면.

박종보, "언론의 자유와 명예훼손 고소사건 수사 : MBC PD수첩의 광우병 보도 사건을 중심으로", 「언론과 법」, 제8권 제1호, 한국언론법학회, 2009. 6., 243-287면.

박진애, "표현의 자유와 국가안보 - 국가안보와 관련한 독일기본법상 표현의 자유의 제한에 대한 비교법적 고찰 -", 「헌법학연구」, 제14권 제1호, 한국헌법학회, 2008. 3., 197-222면.

_____, "표현의 자유의 관점에서 바라본 인터넷에서의 허위사실유포", 「언론과 법」, 제8권 제1호, 한국언론법학회, 2009. 6., 129-170면.

방승주, "선거운동의 자유와 제한에 대한 평가와 전망", 「헌법학연구」, 제23권 제3호, 한국헌법학회, 2017. 9., 25-67면.

_____, "헌법상 인격권의 보호", 「법학논총」, 제27집 제4호, 한양대학교 법학연구소, 2010. 12., 283-290면.

_____, "헌법재판소와 대법원의 남북관계 관련 판례에 대한 헌법적 평가", 「공법연구」, 제39집 제2호, 한국공법학회, 2010. 12., 203-229면.

_____, "직업선택의 자유 - 헌법재판소의 지난 10년간의 판례를 중심으로 -", 「헌법논총」, 제9집, 헌법재판소, 1998., 211-276면.

배병일, "언론보도로 인한 명예훼손과 기사삭제청구권", 「동아법학」, 제72호, 동아대학교 법학연구소, 2016. 8., 121-143면.

서보건, "기본권의 보호범위와 인터넷상 표현의 자유", 「유럽헌법연구」, 제10호, 유럽헌법학회, 2011. 12., 313-339면.

소성규, "명예훼손으로 인한 손해배상책임에 있어서 면책법리에 관한 연구", 「민사법학」, 제18호, 한국사법행정학회, 2000. 5., 551-577면.

송기춘, "이른바 "허위사실유포죄"는 없다 : 전기통신기본법 제47조 제1항의 해석 및 위헌론", 「민주법학」, 통권 39호, 관악사, 2009. 3., 47-92면.

송석윤, "공적 인물의 인격권과 언론의 자유 : 독일 연방헌법재판소와 유럽인권법원의 캐롤라인 결정을 중심으로", 「공법연구」, 제39집 제1호, 한국공법학회, 2010. 10., 223-254면.

신상현, "위법한 명예훼손 게시물의 삭제 및 차단의무에 관한 소셜네트워크 운영자의 형법적 책임 - NetzDG에 대한 비판적 검토 -", 「법학연구」, 제20집 제3호, 인하대학교 법학연구소, 2017. 9., 61-92면.

신  평, "새로운 명예훼손법 체계의 구축에 관한 시도", 「공법연구」, 제31집 제3호, 한국공법학회, 2003. 3., 191-216면.

심영섭, "가짜 뉴스 난무... '가짜 뉴스 방지법' 추진 : 독일 총선 관련 언론 보도와 이슈", 「신문과 방송」, 통권 제557호, 한국언론진흥재단, 2017. 5., 20-25면.

_____, "독일의 언론보도 피해와 구제 제도", 「세계의 언론 법제」, 제14호, 2003년 하권, 33-65면.

오윤식, "공직선거법상 허위사실공표죄 등에서 사실진술과 의견의 구별, 그리고 허위성의 증명", 「사법」, 제33호, 사법발전재단, 2015. 9., 197-245면.

오일석/지성은/정운갑, "가짜 뉴스에 대한 규범적 고찰", 「미국헌법연구」, 제29권 제1호, 미국헌법학회, 2018. 4., 157-193면.

유의선, "가짜뉴스의 법적 규제 : 사회적 법익 보호를 중심으로", 「언론과 법」, 제17권 제2호, 한국언론법학회, 2018. 8., 39-68면.

윤성옥, "가짜뉴스의 개념과 범위에 관한 논의", 「언론과 법」, 제17권 제1호, 한국언론법학회, 2018. 4., 51-84면.

윤정인, 「자유권 보호영역의 범위와 한계」, 고려대학교 박사학위논문, 고려대학교 대학원, 2013. 2.

윤지영, "공직선거법 제250조 제2항 허위사실 공표죄의 구성요건과 허위성의 입증", 「형사판례연구[20]」, 한국형사판례연구회, 2012. 6., 589-632면.

이노홍, "상업적 광고규제와 표현의 자유 보호론 재검토", 「홍익법학」, 제17권 제1호, 홍익대학교 법학연구소, 2016. 2., 213-244면.

이동훈, "언론중재법상 정정보도청구권의 헌법적 함의", 「공법학연구」, 제16권 제3호, 한국비교공법학회, 2015. 8., 93-114면.

이부하, "공인(公人)의 인격권과 표현의 자유", 「서울법학」, 제20권 제1호, 서울시립대학교 법학연구소, 2012. 5., 43-77면.

이상현, "소셜네트워크서비스(Social Network Service)가 선거에 미치는 영향과 선거법상 규제 : 미국과 캐나다를 중심으로", 「형사법의 신동향」, 통권 제32호, 대검찰청 검찰미래기획단, 2011. 9., 84-109면.

이성대, "현행 테러방지법상 독소조항의 의혹과 개선방향", 「성균관법학」, 제30권 제3호, 성균관대학교 법학연구소, 2018. 9., 313-340면.

이소영, "기억의 규제와 '규제를 통한 기억하기'?:홀로코스트 부정(Holocaust denial) 규제 법제와 사회적 기억의 구성", 「법학연구」, 제21권 제4호, 경상대학교 법학연구소, 2013. 10., 405-430면.

이수종, "정정보도청구권의 법적 성격에 관한 연구", 「언론중재」, 제31권 제4
　　호, 언론중재위원회, 2011년 겨울, 81-98면.

이우영, "표현의 자유 법리와 헌법재판소의 위헌법률심사 기준", 「서울대학교
　　법학」, 제53권 제2호, 서울대학교 법학연구소, 2012. 6., 285-317면.

_____, "미국 위헌법률심사 기준의 정립과 우월적 지위이론(Preferred Position
　　Doctrine)의 의의 : 표현의 자유 법리를 중심으로", 「공법학연구」, 제12권
　　제4호, 한국비교공법학회, 2011. 11., 299-329면.

이장희, "한반도 평화체제의 구축에 대비한 북한의 법적 지위 관련 판례의 검
　　토 ", 「헌법학연구」, 제24권 제4호, 한국헌법학회, 2018. 12., 35-68면.

이재일, "독일 형법전 체계 내에서의 명예훼손 및 모욕에 관한 죄", 「(최신)외
　　국법제정보」, 한국법제연구원, 2008. 8., 9-28면.

이정훈, "전기통신기본법상 허위통신죄 규정의 연혁 및 의미", 「비교형사법연
　　구」, 제11권 제1호, 한국비교형사법학회, 2009. 7., 245-278면.

임종섭, "언론의 위기와 가짜뉴스 파동 : 뉴스에 가짜는 없다", 「관훈저널」, 통권
　　제142호, 관훈클럽, 2017년 봄, 87-93면.

임종훈, "미국헌법에 있어서 언론의 자유에 대한 접근방법 : Two Tracks 접근
　　방식을 중심으로", 「미국헌법연구」, 제10호, 미국헌법학회, 1999. 7.,
　　153-188면.

임지봉, "명백·현존하는 위험의 원칙과 표현의 자유", 「공법연구」, 제34집 제
　　4호 제1권, 한국공법학회, 2006. 6., 165-191면.

장성호, "한국의 인터넷 실명제 유형과 발전방안", 「사회과학연구」, 제36집 제
　　1호, 전북대학교 사회과학연구소, 2012. 6., 31-61면.

전광백, "반론보도청구권", 「성신법학」, 제12호, 성신여자대학교 법학연구소,
　　2012. 2., 43-75면.

전종익, "위헌심판의 심사 기준 - 선거운동과 표현의 자유를 중심으로 -", 「서울
　　법학」, 제18권 제1호, 서울시립대학교 법학연구소, 2010. 5., 243-271면.

정광현, "기본권경합과 본안심사 : 기부금품 모집 등록제 합헌결정에 대한 비
　　판", 「중앙법학」, 제20권 제4호, 중앙법학회, 2018. 12., 49-93면.

조 국, "일부 허위가 포함된 공적 인물 비판의 법적 책임 : 공직선거법상 허
　　위사실공표죄 판례 비판을 중심으로 ", 「서울대학교 법학」, 제53권 제

3호, 서울대학교 법학연구소, 2012. 9., 175-202면.

조소영, "반론보도청구권의 헌법적 의미와 그에 대한 헌법적 평가", 「공법학연구」, 제7권 제4호, 한국비교공법학회, 2006. 11., 153-181면.

_____, "정정보도청구권에 대한 헌법적 평가 : 언론중재법과 헌재결 2006. 6. 29. 2005헌마165를 중심으로", 「헌법판례연구」, 제8권, 한국헌법판례연구학회, 2006. 12., 309-340면.

_____, "정치적 표현행위에 대한 공직선거법상의 한계에 대한 헌법적 검토 - 공직적격검증을 위한 의혹제기와 공직선거법상의 허위사실공표죄 -", 「공법연구」, 제44집 제1호, 한국공법학회, 2015. 10., 145-166면.

_____, 「표현의 자유의 제한방법론에 관한 연구 : 미국의 연방대법원 판례를 중심으로」, 연세대학교 박사학위논문, 연세대학교 대학원, 2000. 12.

조재현, 「언론·출판의 자유의 보호영역에 관한 연구 : 보호영역에 관한 미국·독일·우리나라의 접근방법을 중심으로」, 연세대학교 박사학위논문, 연세대학교 대학원, 2001. 8.

주승희, "인터넷상 명예훼손죄의 비범죄화 주장 검토", 「형사법연구」, 제25호, 한국형사법학회, 2006. 6., 287-308면.

주정민, "온라인 언론보도 내용의 기사삭제청구권과 잊혀질 권리", 「언론과 법」, 제14권 제2호, 한국언론법학회, 2015. 8., 39-62면.

차형근, "인터넷 등을 통한 허위사실 유포행위에 대한 주요 쟁점 검토 : 전기통신기본법 제47조 1항에 대한 헌법재판소의 위헌결정을 중심으로", 「언론중재」, 제31권 제1호, 언론중재위원회, 2011년 봄., 83-93면.

최정학, "공직선거법 제250조 제2항 '낙선목적 허위사실공표죄'의 엄격해석론 : 조희연 서울시 교육감의 허위사실공표행위와 관련하여", 「인권법연구」, 제1권, 한국방송통신대학교 법학과, 2015. 2., 45-62면.

최진응, "제20대 국회의 가짜뉴스 관련 입법안 분석", 「의정연구」, 제24권 제3호, 한국의회발전연구회, 2018. 12., 153-162면.

한갑운/윤종민, "가짜뉴스의 규율방법에 대한 법적 고찰", 「과학기술과 법」, 제8권 제1호, 충북대학교 법학연구소, 2017. 6., 59-90면.

한경환, "기사삭제청구권의 인정 근거 및 요건", 「대법원판례해설」, 제95호, 법원도서관, 2013., 181-201면.

한수웅, "자유권의 보호범위", 「헌법학연구」, 제12권 제5호, 한국헌법학회, 2006. 12., 41-81면.

한위수, "공인에 대한 명예훼손의 비교법적 일고찰 ; '현실적 악의 원칙(actual malice rule)'을 중심으로", 「언론과 법」, 창간호, 한국언론법학회, 2002. 12., 145-186면.

한인섭, "국가보안법 폐지론", 「헌법학연구」, 제10권 제4호, 한국헌법학회, 2004. 12., 123-154면.

허순철, "영국 선거법상 허위사실 공표와 표현의 자유", 「공법학연구」, 제19권 제4호, 한국비교공법학회, 2018. 11., 33-69면.

허일태, "국가보안법 폐지의 정당위성", 「형사정책」, 제16권 제1호, 한국형사정책학회, 2004. 6., 237-274면.

홍선기, "현행 테러방지법의 비판적 고찰", 「비교법연구」, 제17권 제1호, 동국대학교 비교법문화연구원, 2017. 6., 131-158면.

홍성수, "역사부정죄의 정당성 근거 : 한국 역사부정죄법안에 대한 비판적 검토", 「법학논총」, 제39집 제1호, 전남대학교 법학연구소, 2019. 2., 173-201면.

홍성우, "국가보안법의 운용실태와 기본적 인권의 침해", 「인권과 정의」, 통권 제145호, 대한변호사협회, 1988. 9., 24면 이하.

황성기, 「언론매체 규제에 관한 헌법학적 연구 - 방송 통신의 융합에 대응한 언론매체 규제제도의 개선방안 -」, 서울대학교 박사학위논문, 서울대학교 대학원, 1999.

_____, "헌법적 관점에서 본 미네르바판결 - 소위 '허위사실유포죄'의 헌법적 문제점을 중심으로 -", 「인권과 정의」, 통권 제395호, 대한변호사협회, 2009. 7., 6-29면.

_____, "2010년 언론관계 판례의 동향", 「언론과 법」, 제10권 제1호, 한국언론법학회, 2011. 6., 99-151면.

_____, "사적 검열에 관한 헌법적 연구", 「세계헌법연구」, 제17권 제3호, 국제헌법학회 한국학회, 2011. 12., 163-191면.

_____, "방송의 공정성 확보를 위한 제도적 개선방안에 관한 연구", 「법학논총」, 제31집 제1호, 한양대학교 법학연구소, 2014. 3., 93-118면.

_____, "가짜뉴스에 대한 법적 규제의 문제", 「관훈저널」, 제146호, 관훈클럽,

2018. 3., 83-91면.

황용석/정재관/정다운, "가짜뉴스 관련 국내 입법안 분석과 그 한계, 위헌성 여부를 중심으로", 「사회과학연구」, 제25권 제2호, 동국대학교 사회과 학연구원, 2018. 6., 101-123면.

황창근, "정보통신망법상의 임시조치의 문제점과 개선과제", 「정보법학」, 제 13권 제3호, 한국정보법학회, 2009. 12., 253-281면.

황태희, "인터넷 게시물의 규제와 이용자보호 : 독일 망 집행법을 중심으로", 「법학논문집」, 제42집 제2호, 중앙대학교 법학연구원, 2018. 8., 225-253면.

**【보도자료】**

대검찰청, 「제7회 전국동시 지방선거 사범 수사결과」, 보도자료, 2018. 12. 14.

방송통신위원회, 「본인확인제 없어졌다고 악플허용 아니다.」, 보도자료, 2012. 9. 28.

_____, 「방송통신위원회, 2018년도 주요 업무계획 발표」, 보도자료, 2018. 1. 30.

법무부 검찰과거사위원회, "「피디수첩 사건」 조사 및 심의결과", 보도자료, 2019. 1. 9.

서울중앙지방검찰청, 「인터넷 허위사실 유포사범 '미네르바' 구속기소」, 보도 자료, 2009. 1. 22.

_____, 「연평도 포격 관련 허위사실 유포사범 수사결과」, 보도 자료, 2010. 12. 17.

**【인터넷 자료】**

https://www.seoul.co.kr/news/newsView.php?id=20141010500239

http://hooc.heraldcorp.com/view.php?ud=20150831000644

http://www.mediawatch.kr/news/article.html?no=253167

https://www.ytn.co.kr/_ln/0101_201803271236190357

http://news.chosun.com/site/data/html_dir/2017/05/02/2017050200228.html

https://www.hankookilbo.com/News/Read/201504211152095343

https://www.sangiin.go.jp/japanese/joho1/kousei/syuisyo/199/touh/t199008. htm

중앙선데이, 20대 국회의원 당선자 선거법 재판현황, 중앙선데이 제566호,
　　2018년 1월14일-15일

서울경제 시론, 인터넷 실명제 위헌결정 유감(명재진), 2012. 8. 28.(화) A35면


## 2. 국외 문헌

### 【독일 문헌】

Beisel, Daniel, Die Strafbarkeit der Auschwitzlüge. Zugleich ein Beitrag zur
　　Auslegung des neuen §130 StGB, in: NJW 1995, S.997ff.

Epping/Hillgruber, GG Art. 2, in: BeckOK Grundgesetz, 41.Edition(2019. 2. 15.)

Frowein, Jochen, Reform durch Meinungsfreiheit, in: AöR 105(1980), S.169ff.

Gostomzyk, Tobias/Ladeur, Karl-Heinz, Das Netzwerkdurchsetzungsgesetz und
　　die Logik der Meinungsfreiheit, in: K & R 2017, S.390ff.

Grimm, Dieter, Die Meinungsfreiheit in der Rechtsprechung des
　　Bundesverfassungsgerichts, in: NJW 1995, S.1697ff.

Hellmann, Mathias/Gärtner, Julia, Neues beim Volksverhetzungstatbestand –
　　Europäische Vorgaben und ihre Umsetzung, in: NJW 2011, S.961ff.

Jahn, Joachim, Strafrechtliche Mittel gegen Rechtsextremismus, 1998, S.182ff.

Köhler, Michael, Zur Frage der Strafbarkeit des Leugnens von Völkermordtaten, in:
　　NJW 1985, S.2389ff.

Kriele, Martin, Ehrenschutz und Meinungsfreiheit, in: NJW 1994, S.1897ff.

Kühl, Kristian, § 130 Volksverhetzung, in: Karl Lackner/ Kristian Kühl, StGB,
　　29. Aufl., 2018.

Larenz, Karl/Canaris, Claus-Wilhelm, Lehrbuch des Schuldrechts, Band II ·
　　Halbband 2, Besonderer Teil, 13.Aufl., 1994.

Leutheusser-Schnarrenberger, Sabine, Deutscher Bundestag: Stenographischer
　　Bericht 227. Sitzung(Plenarprotokoll 12/227), 1984. 5. 18.

Mager, Ute, Meinungsfreihiet und Ehrenschutz von Soldaten, in: Jura 1996,

S.405ff.

Ostendorf, Heribert, Im Streit: Doe strafrechtliche Verfolgung der "Auschwitzlüge", in: NJW 1985, S.1065ff.

Peifer, Karl-Nikolaus, "Fake News und Providerhaftung", in: CR 12/2017, S. 809ff.

Regge, Jürgen/Pegel, Christian, § 188, in: Wolfgang Joecks/Klaus Miebach (Hrsg.), Münchener Kommentar zum StGB, 3. Aufl., 2017

Rudolphi, Hans-Joachim/Rogall, Klaus, § 188, in: Jürgen Wolter(Hrsg.), SK-StGB, 9.Aufl., 2015.

Schäfer, Jürgen, § 130 Volksverhetzung, in: Wolfgang Joecks/Klaus Miebach (Hrsg.), Münchener Kommentar zum StGB, 3.Aufl., 2017.

Schmidt-Jortzig, Edzard, § 141 Meinungs- und Informationsfreiheit, in: Josef Isensee/Paul Kirchhof, Handbuch des Staatsrechts der Bundesrepublik Deutschland, Band VI: Freiheitrechte, 3.Aufl., 2009.

Schmitt Glaeser, Walter, Die Meinungsfreiheit in der Rechtsprechung des Bundesverfassungsgerichts, in: AöR 113(1988), S.52ff.

Schmitt Glaeser, Walter, Meinungsfreiheit, Ehrenschutz und Toleranzgebot, in: NJW 1996, S.873ff.

Scholz, Rupert/Konrad, Karlheinz, Meinungsfreiheit und allgemeines Persönlichkeitsrecht, in: AöR 123(1998), S.60ff.

Sternberg-Lieben, Detlev/Schittenhelm, Ulrike, § 130, in: Adolf Schönke/Horst Schröder, Strafgesetzbuch, 30. Aufl., 2019.

Stürner, Rolf, Die verlorene Ehre des Bundesbürgers – Bessere Spielregeln für die öffentliche Meinungsbildung?, in: JZ 1994, S.865ff.

Uhlitz, Otto, Politischer Kampf und Ehrenschutz, in: NJW 1967, S.129ff.

Wendt, Rudolf, Art. 5, in: Ingo von Münch/Philip Kunig(Hrsg.), Grundgesetz -Kommentar, Band 1, 5.Aufl., 2010.

Wenzel, Karl Egbert, Das Recht der Wort- und Bildberichterstattung, 4.Aufl., 1994, Kap. 5.

Wimmers, Britta /Heymann, Jörg, Zum Referntenentwurf eines

Netzwekrdurchsetzungsgesetzes(NetzDG)-einekritische    Stellungnahme,
in: AfP 2017, S.93ff.

〈정부 자료〉

Baden-Württemberg Innenministerium, Hinweis für die Durchführung von
Versammlung, Dezember 2015.
Entwurf eines Strafgesetzbuches (StGB) E 1962 (mit Begründung)
Bundestagsvorlage, 1962.

【영미 문헌】

Baker, C. Edwin, HUMAN LIBERTY AND FREEDOM OF SPEECH
(Oxford University Press, 1989).
Emerson, Tomas Irwin, THE SYSTEM OF FREEDOM EXPRESSION
(Unitage Books, 1970).
_____, Toward a General Theory of First Amendment, 72 Yale L.J.
877 (1963).
Hager, T. R., Recent Development; Milkovich v. Lorain Journal Co.; Lost
Breathing Space–Supreme Court Stifles Freedom of Expression by Eliminating
First Amendment Opinion Privilege, 65 Tul.L.Rev. 944 (1991).
Levy, Leonard Williams, ORIGINS OF THE BILL OF RIGHTS (Yale
university Press, 1999), ch. 5 (at 103-132).
Meiklejohn, Alexander, POLITICAL FREEDOM: THE CONSTITUTIONAL
POWERS OF THE PEOPLE, (Oxford University Press, 1966).
Mill, John Stuart, ON LIBERTY (CreateSpace Independent Publishing
Platform, 2015).
Nimmer, Melville Bernard, The Right to Speak From Time to Time : First
Amendment Theory Applied to Livble and Misapplied to Privacy, 56
California Law Review, 1968.
Redish, Martin H., The Value of Free Speech, 130 U.Pa.Lev. 591 (1982).

Rowbottom, Jacob, *Lies, Manipulation and Elections- Controlling False Campaign Statements*, 32(3) Oxford Journal of Legal Studies 507 (2012).

Rustad, Michael L., & Koenig Thomas H., *Rebooting Cybertort Law*, 80 Wash.L.Rev. 362 (2005).

Rustin-Paschal, Nichole, *Online Behavioral Advertising and Deceptive Campaign Tactics: Policy Issues*, 19 Wm. Mary Bill Rts. J. 916 (2011).

Sack, Robert David, 1 Sack on Defamation : Lible, Slander, and Related Problems 29, at 5-23-5-29(3rd ed. 1999.)

Tribe, Laurence Henry, AMERICAN CONSTITUTIONAL LAW (The Foundation Press, 2d ed, 1988).

Troiano, Melissa A., *The New Journalism? Why Traditional Defamation Laws Should Apply To Internet Blogs*, 55 Am.U.L.Rev. 1447 (2006).

【일본 문헌】

大渕敏和, 最高裁判所判例解説, 刑事篇 平成6年度, 1996. 12. 25. 발행.

# ▌찾아보기

## (ㅎ)

## 이문한

현) 법무연수원 부원장 겸 총괄교수

**학력**
1990 서울 휘문고등학교 졸업
1994 한양대학교 법학과 졸업
2004 미국 UCLA Law School 연수(Visiting Scholar)
2009 한양대학교 대학원 법학과 졸업(석사, 헌법전공)
2020 한양대학교 대학원 법학과 졸업(박사, 헌법전공)

**경력**
1995 제37회 사법시험 합격, 1998 사법연수원 수료(27기)
1998 서울지방검찰청 검사
2006 법무부 인권국 검사
2008 대검찰청 검찰연구관
2011 부산지검 동부지청 형사3부장검사
2012 대구지검 상주지청장
2013 대검찰청 공안3과장
2014 대검찰청 공안2과장
2015 서울중앙지방검찰청 공공형사부장검사
2017 국회 법제사법위원회 전문위원
2019 서울북부지방검찰청 차장검사
2020 의정부지검 고양지청장

**연구논문 및 저서**
테러방지법 정비방안(경기법조 제12호, 수원지방변호사회, 2005.)
미국 보석제도 개혁 경과(형사법의신동향 제10호, 대검찰청, 2006. 10.)
대용감방의 인권적 문제점과 개선방안(법조 제620호, 법조협회, 2008. 5.)
공직선거법상 허위사실공표죄와 정치적 표현의 자유(형사법의신동향 제68호, 대검찰청, 2020. 가을)
공직선거법 벌칙해설(대검찰청, 공동집필, 2014.)

이메일: lawtree@spo.go.kr, lawtree007@gmail.com

# 가짜뉴스 형사처벌과
## 언론 · 출판의 자유

초판인쇄  2020년 12월 30일
초판발행  2020년 12월 30일

지은이  이문한
펴낸이  채종준
펴낸곳  한국학술정보㈜
주소  경기도 파주시 회동길 230(문발동)
전화  031) 908-3181(대표)
팩스  031) 908-3189
홈페이지  http://ebook.kstudy.com
전자우편  출판사업부  publish@kstudy.com
등록  제일산-115호(2000. 6. 19)

ISBN  979-11-6603-255-4 93360